"十四五"职业教育国家规划教材

高等职业教育在线
开放课程配套教材

高职学生心理健康教育与指导

（第二版）

主　编　徐龙海
副主编　刘雪巍　郭立栋
参　编　李　坦　张慕文　袁　晶　田　健
　　　　何　杰　吕心佩　武建胤　贾春红

GAOZHI XUESHENG XINLI JIANKANG JIAOYU YU ZHIDAO

中国教育出版传媒集团
高等教育出版社·北京

内容提要

本书是"十四五"职业教育国家规划教材、高等职业教育在线开放课程配套教材。

本书依据教育部相关文件精神进行编写。全书内容共十二章，涵盖了高职学生学习、生活的主要问题，包括大学生心理健康概述、大学生心理咨询、自我意识与人格、大学生学习心理、大学生生命教育、大学生人际关系、大学生情绪管理、大学生恋爱与性心理、大学生压力管理和挫折应对、大学生职业生涯规划、大学生有效沟通和大学生团队精神。本书另附课堂活动手册，有利于开展灵活多样的教学活动。本书编写体例新颖，以案例或者知识引入理论学习，引导学生从现象中发现问题、思考问题并设法解决问题，并设计了拓展阅读等栏目。为了利学便教，部分学习资源（如微课）以二维码形式提供在相关内容旁，可扫描获取。此外，本书另配授课用电子资源，包括电子教案、课件、心理案例等。

本书适合作为高等职业院校心理健康教育课程配套教材，也可作为大学生自我心理调整的课外辅导书。

图书在版编目(CIP)数据

高职学生心理健康教育与指导/徐龙海主编. —2版. —北京：高等教育出版社，2023.8(2024.7重印)
ISBN 978-7-04-060195-4

Ⅰ.①高… Ⅱ.①徐… Ⅲ.①心理健康-健康教育-高等职业教育-教材 Ⅳ.①G444

中国国家版本馆CIP数据核字(2023)第070729号

| 策划编辑 | 雷 芳 | 李光亮 | 责任编辑 | 雷 芳 | 封面设计 | 张文豪 | 责任印制 | 高忠富 |

出版发行	高等教育出版社		网 址	http://www.hep.edu.cn
社 址	北京市西城区德外大街4号			http://www.hep.com.cn
邮政编码	100120		网上订购	http://www.hepmall.com.cn
印 刷	上海盛通时代印刷有限公司			http://www.hepmall.com
开 本	787mm×1092mm 1/16			http://www.hepmall.cn
印 张	20.75		版 次	2019年7月第1版
字 数	488千字			2023年8月第2版
购书热线	010-58581118		印 次	2024年7月第2次印刷
咨询电话	400-810-0598		定 价	48.00元

本书如有缺页、倒页、脱页等质量问题，请到所购图书销售部门联系调换
版权所有 侵权必究
物 料 号 60195-00

第二版前言

本书依据中共教育部党组《高校思想政治工作质量提升工程实施纲要》和《高等学校学生心理健康教育指导纲要》要求，通过2017—2019年对全国12所高职院校学生的跟踪调研，在充分了解当前高职学生心理状况、心理需求及常见心理问题，并广泛听取专家、学者意见的基础上编写而成，符合新时代高职学生心理发展特点，可有效满足现实教学需求。本书有以下特色。

1. 课程思政，立德树人

本书编写基于课程思政理念，落实立德树人的根本任务，以"德技并修，心学结合"为引领，教材内容渗透工匠精神、价值观引领等思政元素，在帮助大学生走出心理误区的同时，培育学生理性平和、积极向上的健康心态，助力学生成长为身心健康的高素质技术技能人才。

2. 特色鲜明，内容实用

本书以高职学生为对象，注重对接高等职业教育心理健康教育培养目标，坚持"服务专业学习、服务职业能力培养、服务学生可持续发展"的理念，根据学生心理阶段性特征和未来职业岗位对心理素质的要求安排章节内容，形成了认识篇、探索篇、应对篇、提升篇四个部分共十二章内容。本书旨在帮助高职学生正确认识和处理成长、学习、情绪和职业生活中遇到的心理行为问题，促使高职学生提升自强意识、成才意识、创业意识和自我价值感。

3. 纸数融合，利教便学

本书融合现代信息技术，采用纸数一体的教材编写形式，在传统纸质教材的基础上增加数字化内容，以一章多"码"的形式展现，包括微课视频等，为学生自主学习提供学习资源，方便学生更好地掌握知识点、拓展知识面，具有一定的前瞻性。

4. 活页装订，形式创新

本书设计了大量课堂活动，采用活页装订方式，单独成册，方便学生操作实践。活动题型丰富，可操作性强，能有效地提升教学效果。

在编写的过程中，我们参考了许多资料，在此对相关作者表示感谢！

由于水平有限，书中难免存在不足之处，恳请读者批评指正。

编 者

2023年7月

目录

认识篇

第一章 开启蓬勃人生——大学生心理健康概述   3
- 第一节 走进心理健康 4
- 第二节 正视心理问题 10
- 第三节 共筑健康心路 17

第二章 驱走心灵阴霾——大学生心理咨询   26
- 第一节 揭秘心理咨询 27
- 第二节 接受心理咨询 34
- 第三节 认识心理疾病 38

第三章 认识闪亮的我——自我意识与人格   49
- 第一节 探寻自我意识 50
- 第二节 挖掘自我宝藏 56
- 第三节 发挥人格优势 61

探索篇

第四章 撷取知识宝珠——大学生学习心理   73
- 第一节 初识学习含义 74
- 第二节 走出学习困境 77
- 第三节 掌握学习妙招 83

第五章 绽放生命光彩——大学生生命教育   91
- 第一节 追寻生命意义 92
- 第二节 初识心理危机 101
- 第三节 应对心理危机 105

第六章 掌握相处之道——大学生人际关系   111
- 第一节 透视人际关系 112
- 第二节 破除人际困扰 118
- 第三节 巧解人际冲突 128

应对篇

第七章　塑造阳光心态——大学生情绪管理　　137

第一节　正确认识情绪 ... 138
第二节　学会接纳情绪 ... 144
第三节　积极管理情绪 ... 149

第八章　解读爱情密码——大学生恋爱与性心理　　156

第一节　诠释爱的真谛 ... 157
第二节　解读爱的行为 ... 162
第三节　培养爱的能力 ... 168
第四节　浅谈爱与性 ... 172

提升篇

第九章　磨砺成功之剑——大学生压力管理与挫折应对　　181

第一节　有效管理压力 ... 182
第二节　正确应对挫折 ... 186
第三节　培育积极品质 ... 196

第十章　掌舵人生航向——大学生职业生涯规划　　200

第一节　探索职业生涯 ... 201
第二节　规划职业航向 ... 207
第三节　开通求职之路 ... 212
第四节　从容走进职场 ... 219

第十一章　搭建心灵桥梁——大学生有效沟通　　225

第一节　认识有效沟通 ... 226
第二节　了解沟通现状 ... 232
第三节　提升沟通素养 ... 236

第十二章　凝聚团队力量——大学生团队精神　　248

第一节　了解团队合作 ... 249
第二节　促进有效沟通 ... 256
第三节　发扬团队合作精神 ... 258
第四节　打造高效团队 ... 263

主要参考文献　　268

附赠高职学生心理健康教育与指导（第二版）课堂活动手册

第一章　开启蓬勃人生
——大学生心理健康概述

第二章　驱走心灵阴霾
——大学生心理咨询

第三章　认识闪亮的我
——自我意识与人格

认识篇

第一章
开启蓬勃人生
——大学生心理健康概述

> 正心以为本，修身以为基。
>
> ——司马光

进入大学的你，在经历丰富多彩的校园生活的同时，是否也有一丝迷惘与困惑？近年来，大学生抑郁、自杀等问题日益引发社会关注。大量的生活经验告诉我们，只有心理健康的人，才能把握自己、适应环境、面向未来、自强不息，才能充分展示生命的价值。

心理问题在大学生中屡见不鲜，保持心理健康对大学生来说十分重要。那么究竟什么是心理健康呢？影响大学生心理健康的因素有哪些呢？又有哪些解决心理问题的办法呢？带着这些疑问，我们一起来开始我们的心理健康之旅。

学习目标
1. 了解心理健康的含义。
2. 提升识别不同心理问题的能力。
3. 能够准确把握自身心理健康水平。
4. 掌握提高心理健康水平的方法。
5. 保持心理健康，树立正确的世界观、人生观、价值观。

第一章 开启蓬勃人生——大学生心理健康概述

第一节 走进心理健康

抑郁与心理健康

小林进入高职院校的时候，在班内成绩排名第一，第一学期期末，她本来对奖学金志在必得，却未能如愿。她的情绪从此一落千丈，变得郁郁寡欢，无心学习，也无法处理好与同学的关系，还整夜失眠，最后不得不去医院精神科检查。经诊断，她患了抑郁症。

（资料来源：教学或咨询案例）

认识心理健康

故事评析

抑郁是大学生常见的情绪困扰，严重影响大学生的生活、学习等。一般处于抑郁状态的学生情绪都比较低落、不稳定，不爱搭理人，做事情没有兴趣，时间长了，容易造成不良的情绪积聚，对学习、生活造成影响。如果没有找到正常发泄渠道，就可能会沉迷于网络游戏等，严重的则会患上抑郁症。有这种情绪的大学生要多和身边的朋友谈心、交流，以释放压力、缓解症状，努力恢复到正常状态。周围的人也要多关心他们。

一、什么是健康

许多人认为身体没有疾病或身体没有缺陷就是健康。然而，这种理解并不全面。例如：精神病人可能没有任何躯体疾病，但他是不健康的。世界卫生组织（WHO）指出："健康不仅是没有疾病，而且还包括躯体健康、心理健康、社会适应良好和道德健康。"因此，健康应是生理健康与心理健康的统一，二者是相互联系、密不可分的。

人民健康是民族昌盛和国家富强的重要标志。习近平总书记在党的二十大报告中明确提出，要"推进健康中国建设"，特别强调要"重视心理健康和精神卫生"，这充分体现了对人民健康的高度重视，彰显了以人民为中心的发展思想。

二、什么是心理健康

矛盾的女孩

小夏是一名大一新生，读初中时，偶然一次被老师和同学误会后，就一直不敢和别人对视，后来慢慢发展到不敢和别人讲话。小夏读高中时和同学交往得少，上了大学想改变一下自己，看着周围的同学都能和别人愉快地相处，她非常羡慕。有时候和同学面对面走过，很想和别人打招呼，但是又怕打招呼以后不知道说什么，自己会十分尴尬，担心如果让别人感觉到了自己的尴尬，别人就会觉得自己很奇怪，这样还不如不打招呼。因此小夏一直处于既渴望又害怕与他人交往的矛盾中。

（资料来源：教学或咨询案例）

故事评析

小夏处于矛盾的心理状态中，存在一定的心理问题。心理健康的人，一般心理的各个方面及活动过程都处于良好或正常的状态，能保持理性平和、智力正常、认知正确、情感适当、意志合理、态度积极、行为恰当、适应良好的状态。

拥有良好的人际关系是心理健康的重要标志之一，那么除了人际关系，还有哪些重要的概念和内容与心理健康相关呢？

（一）心理健康的概念

许多学者曾从不同角度探讨过心理健康的定义和内涵，并就此提出过许多观点和看法。1946年第三届国际心理卫生大会曾为心理健康下过这样的定义："所谓心理健康是指在身体、智力以及情感上与他人的心理健康不相矛盾的范围内，将个人心境发展成最佳状态。"还具体指明心理健康的标志是：身体、智力、情绪十分调和；适应环境，人际关系中彼此能谦让；有幸福感；在工作和职业中，能充分发挥自己的能力，过有效率的生活。

一般认为心理健康主要是指人心理上的一种持续、积极、有效率的状态。它包含两层含义：一是没有心理疾病。这是心理健康的基本条件，如同身体没有疾病是身体健康的基本条件一样。二是有一种积极发展的心理状态。这是心理健康最本质的含义，它意味着要消除一切不健康的心理倾向，使一个人的心理处于最佳的发展状态。

（二）心理健康的标准

心理健康是相对于心理不健康来说的。健康心理学根据心理测验统计结果、症状分析和个人内心体验等来评价人的心理健康水平，用健康与不健康来表达人的心理状态。事实上，在健康与不健康之间有一个很大的空间，心理健康与心理不健康之间没有明显的分界线。由于人们对心理健康的理解不同，心理健康的标准存在一定的分歧。

马斯洛和米特尔曼提出的心理健康的十条标准被公认为"最经典的标准之一"。这十条标准如下：①有充分的安全感；②充分了解自己，并对自己的能力做适当的评价；③生活的目标切合实际；④与现实的环境保持接触；⑤能保持人格的完整与和谐；⑥具有从经验中学习的能力；⑦能保持良好的人际关系；⑧能适度地表达与控制情绪；⑨在不违背社会规范的条件下，能对个人的基本需要做恰当的表达；⑩在符合集体要求的前提下，能较好地发挥自己的个性。

我国传统文化中虽然没有直接提出"心理健康"，但在有关"人"和如何做人方面，以及论述理性人格上，阐述了心理健康者的特点。具有代表性的是儒家文化中的心理健康标准，即：具有良好的人际关系；适当约束自己的行为；保持情绪的平衡与稳定；正确认识周围的环境；保持积极的生活态度；完善自我的发展目标。

这个标准将心理健康的内涵提升到人与社会、人与自然关系的高度。体现在人与社会的关系中，就是人与社会的和谐统一；体现在人与自然的关系中，就是人道与天道的统一。

（三）大学生心理健康的标准

落 差

小敏是一名大一的学生，她从小就是个好学生，成绩优秀，能力突出，在大家的赞扬和羡慕中长大。她上大学前认真制订了学习和工作计划，本以为可以一直保持这种优势，可是恰恰相反：竞选班干部失败，第一学期期末考试也没得到班级第一，和同学关系也不尽如人意，想找个说话的人都找不到……这些压得她喘不过气来。她不知道怎么做才能回到原来优秀的自己，因此非常焦躁不安。

（资料来源：陈艳，《心理健康教育》第三版，高等教育出版社，2019年）

故事评析

小敏出现这样的情况，一方面是因为她对可能遇到的挫折和困难心理准备不足，出现了暂时性的适应困难；另一方面也是因为她对自我的定位不合理，夸大了现实自我，形成了过高的理想自我，这使得她对学校生活过于乐观，遇到挫折后不能及时调适。加之很少有人能理解和帮助她，更使她出现了越来越焦躁不安的情绪。

大学生是处于特定年龄阶段的特殊群体，应具有与年龄和角色相适应的心理行为特征，根据我国大学生的生理、心理和社会特征，大学生心理健康应从以下几个方面把握。

1. 智力正常

智力正常是大学生学习、生活与工作的基本心理条件，也是适应周围环境变化所必需的心理保证，因此衡量此方面时，关键看是否正常地、充分地发挥了效能：即是否有强烈的求知欲，乐于学习，能够积极参与学习活动。

2. 情绪健康

情绪健康的标志是情绪稳定和心情愉快。其内容有：愉快情绪多于负面情绪，乐观开朗，富有朝气，对生活充满希望；情绪较稳定，善于控制与调节自己的情绪，既能克制又能合理宣泄；情绪反应与环境相适应。

3. 意志健全

意志健全的大学生在各种活动中都有自觉的目的性，能适时地做出决定并运用切实的、有准备的方法解决所遇到的问题，在困难和挫折面前，能采取合理的反应方式，能在行动中控制情绪、言而有信，而不是盲目行动、畏惧困难、顽固执拗。

4. 人格完整

人格完整是指有健全统一的人格，即个人的所想、所说、所做都是协调一致的。其表现为：人格结构的各要素完整统一，具有正确的自我意识，不产生自我同一性混乱，以积极进取的人生观作为人格的核心，并以此为中心把自己的需要、目标和行动统一起来。

5. 自我评价正确

正确的自我评价是大学生心理健康的重要条件，大学生能恰如其分地认识自己，摆正自己的位置，既不以自己在某些方面高于别人而自傲，也不以某些方面低于别人而自惭形秽，能够自我悦纳，喜欢自己，接受自己，适度自尊、自强、自制、自爱，正视现实，积极进取。

6. 人际关系和谐

良好而深厚的人际关系是事业成功与生活幸福的前提。其表现为：交往动机端正，乐于与人交往，既有广泛而深厚的人际关系，又能在交往中保持独立而完整的人格；既能客观评价别人和自己，又善取人之长补己之短；既有自知之明，不卑不亢，又能宽以待人，乐于助人。

人际关系和谐

7. 社会适应正常

社会适应正常指个体与客观现实环境保持良好的秩序。社会适应正常的人不仅可以用有效的办法应对环境中的各种困难，不退缩，还能根据环境的特点和自我意识的情况努力进行协调，或改变环境适应个体需要，或改造自我适应环境。

8. 心理行为符合年龄特征

人在不同的年龄阶段，都有与之相对应的不同的心理行为表现，从而形成不同年龄阶段独特的心理行为模式。心理健康的人应具有与同年龄段大多数人相符合的心理行为特征。

一般说来，心理健康的人都能够善待自己、善待他人、适应环境、情绪正常、人格和谐。心理健康的人并非没有痛苦和烦恼，而是他们能适时地从痛苦和烦恼中解脱出来，积极地寻求改变不利现状的新途径。他们能够深切地领悟人生冲突的严峻性和不可回避性，也能深刻地体察人性的善恶。他们是那些能够自由、适度地表达、展现自己个性的人，并且和环境和谐地相处。他们善于不断地学习，利用各种资源，不断地充实自己。他们也会享受美好人生，明白知足常乐的道理。他们不会去钻牛角尖，而是善于从不同的角度看待问题。

总之，心理健康的人对自己而言，有良好的自我意识；对别人而言，友好、宽容，有良好的人际关系；对环境而言，有良好的适应能力。

拓展阅读

大学生心理健康标准新论

当前，大学生心理健康也有了新标准——情绪积极且可控，道德观念良好，学业应对自如，社交健康。

1. 情绪积极且可控

在当前社会背景下，大学生应该能够正确处理各种因素导致的负面情绪，能察觉到自己正在被负面情绪影响，并努力摆脱负面情绪，懂得利用正面情绪来强化动机。积极的情绪应该多于消极的情绪，主导的心境应是平和、乐观、愉悦的。自制力与意志力强，能控制自己的行为，为实现目标而做出行动，停止或减少无益行为，不做出伤害他人和自己的行为。

2. 道德观念良好

心理健康的大学生，应当践行并内化社会主义核心价值观，爱国爱党，懂得尊重他人，具备同理心与同情心，有美德有操守。大学生应该带头响应政策法规，遵守公序良俗，对他人的付出予以肯定。

3. 学业应对自如

大学生应具备碎片化学习的意识与能力。在完成学业方面，心理健康的大学生应该对自己的大学生活有较强的自我管理意识和较清晰的人生规划；能以积极的心态参与学习、社团等活动，渴望表现积极向上的一面；能克服惰性，主动培养学习兴趣，探索学习方法，进行自主学习与自我激励；能应对学业压力与挫败感并试图改善；能坚定信心、突破自我，增强意志力与执行力；能正确面对生活中遇到的艰难险阻。在生理学角度，能集中并保持注意力、记忆力以满足学业要求，能作息规律，保证足够的睡眠时间与良好的睡眠质量；思维敏捷、思路清晰，达到较强水平的逻辑思维能力；精力充沛，正常完成学业而不感到过分疲惫。

4. 社交健康

在社交不断网络化的时代，大学生应妥善处理网络社交与现实社交的关系，清醒理智地看待网络社交，不在网络社交的伪装与虚拟中迷失自己，不沉迷成瘾，少接触与传播负能量。加强现实社交，了解与他人彼此间的权利和义务，对与他人关系中自己所处的位置有准确的把握，能客观了解他人、关心他人的要求，并对其进行真心的赞美和善意的批评。积极地进行沟通，并保持自身人格的完整性。

[资料来源：邵阳学院学报（自然科学版）2021年第4期。有改动。]

三、合理规避心理健康认识的误区

普遍来讲，心理健康一方面是指人的心理表现发展水平，另一方面是指为了改善不良心理而进行的各种提高心理发展水平的活动。对于心理健康的评判标准，人们在认识方面存在诸多分歧。但对于绝大多数人来说，如何正确认识心理健康，如何规避心理健康的认识误区，远比如何对心理健康进行定义更具有现实意义。常见的关于心理健康的认识误区有以下几点。

（一）身体健康就是心理健康

世界卫生组织（WHO）在1981年就指出，真正的健康不仅包括身体健康，还包括心理健康。同时，心理健康与身体健康又有着紧密的联系，身体健康是心理健康的重要基础，心理健康是身体健康的有力保障。

（二）只要心理不变态，就是心理健康

心理不健康有许多种形式，心理变态只是其极端形式而已。

（三）精神疾病是心理问题

许多人把心理不健康与有心理问题等同于患有精神疾病，这是一种误解。现代社会竞争压力大，许多人有心理问题，但这不代表其患有精神疾病。同样，精神疾病可能会伴有心理问题，但并不是说精神疾病就是心理问题。精神疾病的诊断有严格的医学标准，不可以随意定义。

（四）心理健康就是永远没有心理困扰

对于一个心理健康的人来讲，心理健康的状态也是像波浪线一样波动起伏的。世界上不存在永远没有烦恼的人。

一个心理健康的人，并不代表他时时处于一种愉悦开心的状态。他也会遇到种种不开心的事，但是他总能及时调整好自己的状态，从不良的情绪中走出来。相反，心理不健康的人，往往不能正视生活中遇到的坎坷，容易掉入情绪陷阱。因此，心理健康并不代表永远没有困扰，而是可以及时从困扰中走出来。

（五）只有少数人会有心理问题

实际上，人在的这一生，或多或少都会遇到一些心理问题。只是有些人重视，有些人不在意罢了，又或者有些人根本意识不到心理问题对自己的影响。

（六）心理健康问题与纪律、道德、思想等方面的问题毫无关系

大家普遍认为，对处于求学阶段的大学生来说，当他们出现一些纪律、道德、思想等方面的问题时，只关注其道德品质方面的问题就可以，可以忽略了其心理成因。例如，一名喜欢上课瞌睡的同学，往往被认为是喜欢偷懒，品质有问题。但事实上也可能是其父母关系不和，严重影响孩子休息所致。所以，心理健康问题往往与纪律、道德、思想等方面的问题有一定的关联。

（七）心理有问题不要紧，忍忍就好了

长久以来，由于对心理健康知识的宣传与普及的欠缺，很多人把心理问题妖魔化。甚至有人宁愿说自己得了严重的躯体疾病，也不愿承认自己有心理问题。诚然，确实有一些人自我调节能力好，当心理出现问题时，可以通过自我调节让自己的状态逐步恢复至正常

水平。但我们不能忽略的是，依然有很多人得了心理疾病，却讳疾忌医，导致问题越来越严重，最终耽误了最佳治疗时期。所以，当你出现心理问题时，无论大小，都一定要大胆地向身边的亲人或专业人士求助。

第二节　正视心理问题

身边的故事

从专科到斯坦福博士后：一个"95"后的逆袭之路

近日，"95"后小伙何世豪讲述自己"逆袭"经历的视频在网上走红。1995年的何世豪出生于山东菏泽的医生世家，有一个姐姐，何家人对这个男孩子寄予厚望。视频中，他回顾了自己从考入专科院校到通过专升本考试，此后继续考研、读博，如今进入斯坦福大学访学的求学历程。回顾近十年的求学之路，他感慨"每一步都走得真切又踏实，充实又满足。"

（资料来源：澎湃新闻）

故事评析

从普通专科到国际名校，何世豪在"一路开挂"的求学过程中付出了极大的努力。比如，为了不浪费时间，他会在宿舍熄灯后拿着书本去男厕所学习，借着厕所里的灯光翻看1 000多页的内科学教科书。最终他如愿以偿，一步步实现求学目标。

当代大学生群体，承受着学业、情感、就业、生活等方面的多重压力，心理健康问题值得重视。《中共中央关于制定国民经济和社会发展第十四个五年规划和二〇三五年远景目标的建议》中提出，要重视青少年的身体素质和心理健康教育。心理健康和身体健康必须放在同等重要的位置，心理健康教育工作关乎学生的健康、安全，关乎孩子们背后的各个家庭的幸福和社会稳定。

一、大学生心理发展的特点

（一）成人感和独立性明显增强

随着生理特性的成熟，大学生不仅从体态上感到自己已像成人，而且从内心体验上也具备了成人感，因而他们强烈要求他人和社会把他们当作成人，极力摆脱他人对他们的约束和干涉，强烈要求独立自主。

（二）智力发育到高峰期，精力旺盛

大学生正处于人生充满活力的青春期，精力充沛、血气方刚、思维敏捷、充满热情、富有创新精神，对未来充满憧憬，易接受新生事物，需求多元化，尤其是精神方面的需要，要求丰富多彩的文化生活、希望自己取得成就、关心社会和未来的发展等，强烈渴望参加各种社团组织以锻炼和展示自己的能力，获取更多的人生经验。

（三）自我意识增强

自我认识和自我评价能力明显提高，自主性和自尊心明显增强。但有些急功近利，在某些需要得不到满足时又容易因怀疑自己的能力而走向自卑。

（四）情感丰富但情绪不稳定

由于各种需求的增加使得情绪体验丰富多彩，但由于心理不够成熟，自我控制能力较弱，情绪的波动性较大。

（五）注重友谊，交往需求迫切

大学生渴望友谊和被理解、被接纳，人际交往范围扩大，交往能力提高。但由于交往心理不够成熟，对人际关系期望过高，有时可能会因陷于交往误区而烦恼。

（六）性意识发展迅速，异性交往愿望强烈

大学生虽然在生理上性发育已成熟，但在性心理发展、性角色观念和性角色行为等方面亟待完善。大学校园是青春洋溢的世界，每一个大学生都有充分的机会与同龄异性接触，因此性意识的迅速发展以及与之相伴随的恋爱问题便成为大学生心理发展过程中的一个重要内容。但正确的性角色观念和性角色行为尚未完全建立，他们往往不善于处理与异性交往及恋爱中的一些问题，导致心理冲突，影响其身心健康。

二、大学生常见的心理问题

最新调查结果表明，当代大学生中常见的心理问题有：大学生活适应问题、情绪问题（包括交流问题）、情感问题、人际关系问题、学业问题、性教育问题和特殊群体学生的心理健康问题。

（一）大学生活适应问题

大学生活初体验

小红，女，18岁，某大学一年级新生。小红是独生女，备受父母关爱，家中生活事宜均由父母料理。入学后，她非常想家，小红诉说道："我后悔来这里上大学，我简直待不下去了，天天想家。早上醒来一睁眼想到不是在家里，真不是滋味。课间和课后到处

都听不到乡音，我总觉得是被抛弃到异地来的外乡人，觉得哪里都不如家乡好。我看不进书，却不敢不看，担心期末考试不及格会留级，拿不到毕业证，让家里人失望。从内心来说，我后悔上大学，也不知来干什么。我完全没有在家时的活跃状态，觉得大学生活没有中学时代的丰富多彩，一点儿也不充实。"

（资料来源：李斌，《高职大学生心理健康教育》第三版，高等教育出版社，2020年）

故事评析

　　从高中跨入大学，大学生不仅要完成身份角色的认同，更要完成心理上的认同。很多大学生步入大学后，新鲜感一过，就会变得迷茫、不知所措，很容易出现适应问题。由于高中课业负担比较重，学生都以学习为中心，再加之某些家长的过分溺爱，不少人都是"饭来张口，衣来伸手"。到了大学以后，没有家长在身边，这些学生连吃饭都需要别人帮忙送到宿舍，洗衣服如果没有洗衣机就不洗。甚至有的同学出现了因身体健康问题而要求家长陪读的情况，类似情况实在堪忧。

　　大学生生活适应问题在大一新生中表现最为突出。大学新生来自全国各地，以往的家庭环境、受教育环境、成长经历等相差很大。来到大学后，在自我认知、同学交往等方面都要进行全面的调整和适应。

（二）情绪问题

 身边的故事

感情的困惑

　　升入大学后，小张谈了个女朋友，一开始两人感情很好。后来由于某些原因，女朋友提出分手，小张为此悲痛欲绝。分手以后，他的情绪一落千丈，再也无心学习，也无法处理好自己的人际关系，还经常失眠。最后去当地精神卫生中心检查，经医院诊断，小张得了抑郁症。

（资料来源：教学或咨询案例）

故事评析

　　对于大学生而言，抑郁症的发病概率是非常大的，很容易影响到大学生的身心健康。但是，需要注意区分抑郁症与抑郁情绪，此外，还要关注焦虑情绪，有相关情绪要积极面对，寻求家人、朋友及专业人士的帮助。

1. 焦虑情绪

　　焦虑问题在大学生中普遍存在，这种焦虑往往并非来自现实生活中的某种威胁，而是来自内心的感受。发作时往往无明确对象和具体内容，对大学生的心理健康却会造成严重的侵害。需要注意的是，我们在这里说的焦虑问题并非焦虑症，而是一种焦虑情绪，大学生可以通过自己的自我积极调节而走向正轨。

2. 抑郁情绪

很多原本开朗活泼的学生，突然变得郁郁寡欢，对什么都缺乏兴趣，不愿与人交流，上课时注意力也不集中，很可能就是出现了抑郁情绪。同样需要注意的是，我们在这里说的抑郁情绪并非抑郁症，但如果任由抑郁情绪发展，就很有可能会发展成为抑郁症，甚至会酿成更严重的后果。

3. 不稳定情绪

"努力做一个情绪稳定的成年人"，似乎已经成了很多大学生的口头禅。很多大学生在接受心理咨询时，坐下后开头说的第一句话便是："我不知如何控制自己的情绪，我经常会无缘无故地发怒。"

情绪问题

大学生正处于朝气蓬勃的青春年华，情感自然丰富而强烈，不稳定与内隐性是其显著特征。高低不稳，喜怒无常，易因一点小事而大发雷霆，也易因一点挫折而一蹶不振。无论哪种情况，都是需要我们关心和关注的重点。

（三）情感问题

勇于走出幻想

小林，女，18岁，某高校一年级学生。高中时在溜冰场认识了一位社会青年，两人很快陷入热恋之中。可上大学以后，两人两地相隔，矛盾重重，前两天男友向她提出了分手。小林内心非常痛苦，无法接受，感到很伤心、很无助、很不甘心。心里总是想着以前两人在一起时开心快乐的时光，现在面对他冷漠无情而又决绝的态度，她总是不能相信那是真的，总是幻想着两个人还能和好，心里很苦很累。最近更是感觉自己快要崩溃了。有时候还会用头撞墙，甚至想到了自杀。

（资料来源：李斌，《高职大学生心理健康教育》第三版，高等教育出版社，2020年）

故事评析

小林应面对现实，接受分手的事实，而不应一味地停留在过去的回忆以及和好的幻想里。要积极进行自我心理调适，如找亲人或知心好友倾诉、适当地把情感转移到其他的人或事物上、学会辩证地看待问题等，尽快消除心灵创伤，恢复心理的平衡与健康。

失恋是恋爱中常见的挫折现象，许多大学生为此痛不欲生。失恋所引起的消极情绪若不及时化解，就易导致身心疾病。大学生在校期间处理好自己的情感问题，树立正确的世界观、人生观、价值观，对其以后步入社会走进婚姻，都有着非常重要的影响。

（四）人际关系问题

宿舍里的烦心事

小雨最近遇到了一件烦心事，那就是和舍友的交往问题。随着彼此不断地了解，舍友们彼此的陌生感早已不存在，小雨发现大家之间的交往越来越勉强，有时甚至为了一件小事就生气斗嘴。曾经听人说过，大学的朋友都多了一个心眼，没有人会轻易地敞开自己的心扉，彼此间像有一种利益纷争似的……有时小雨真的不想去维持这种关系，觉得独自一人生活更好，但她知道这是不可能的。她多希望大家在寝室能够继续像一家人一样快乐地生活。

（资料来源：教学或咨询案例）

故事评析

这个案例只是大学生人际关系问题一个缩影，宿舍问题多，有些鸡毛蒜皮的小矛盾如果没有及时得到化解，日积月累，就会成为学生心理问题的导火索。

进入大学生活，远离了原来的熟悉的环境，面对新的人群，有人欢喜有人忧。因为生活习惯和脾气性格的各种差异，部分同学会出现对各种人际关系的极大的不适应。虽然大学生活变得更加开放自由，可也有不少同学坦言，在大学里，他们变得更加"孤独"。不敢也不知道如何与别人交流，久而久之，也就懒得去改变，从而影响了其心理健康。

（五）学业问题

目标的缺失

小静，女，大一新生。在大学生活的几个月里，小静觉得过得很开心。没有妈妈的唠叨，没有考大学的压力，每天也没有那么多课程，学习相对轻松了很多。可是她觉得自己的学习积极性、自觉性大不如以前，上课也明显不像高中那样认真了，做作业拖拖拉拉，敷衍了事。有时候她会莫名地感到消极与不安。

（资料来源：李斌，《高职大学生心理健康教育》第三版，高等教育出版社，2020年）

故事评析

大学生学习目标的缺失，不管是在一般的大学，还是在重点大学，这都是一个普遍存在的现象。中学学习讲究"严格"和"监督"，而大学学习赋予了学生更多"自由"。在自由之下，大学生如何才能养成良好的学习习惯，掌握恰当的学习方法呢？大学生又该如何处理学习的事情呢？这是值得认真思考的问题。

进入大学之后，虽然学习压力较高中时期有所缓解，但是真正想在学业上做出一番成绩，也是需要下功夫的。不少大学生面临着学习动力不足、学习困难、学习目的不明确、成绩不理想等问题。他们不知道为何而学，因何而学，终日蒙混过关，浑浑噩噩。

（六）性教育问题

 身边的故事

同居的故事

小强与小美是高校"夫妻部落"中的成员，两人在校园附近租下一套房子，过起了同居生活。两人在接受采访时坦言，双方对未来都没有太明确的想法，目前生活在一起只是为了"相互取暖"。

故事评析

虽然这只是少数案例中的一个，但是对于大多数学生来说，他们对性充满渴望，但是真正了解的并不多。爱和性不仅是心理和生理上的体验和感受，它背后还有一个严肃的责任问题。对于大学生来说，要健康、科学地对待性问题，更要理智思考并约束自己的行为，这是大学生心理健康很重要的一部分。

中国疾控中心和清华大学医学院调查研究结果显示，近年来，中国大学生对待性行为的态度越来越开放。同时，大学生感染艾滋病病毒（HIV）的人数不容小觑，这不得不引起我们的重视。除此之外，未婚妊娠和人工流产也在侵害着大学生的身心健康，而对性教育的重视不够，就是导致以上种种的重要原因之一。当代大学生接受系统的性教育十分必要。

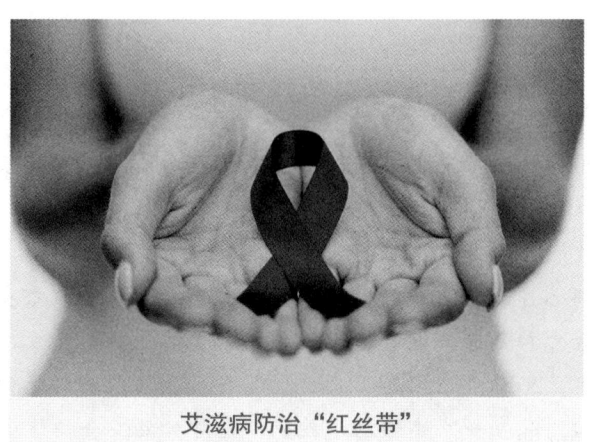

艾滋病防治"红丝带"

（七）特殊群体学生的心理健康问题

大学生里，特殊群体虽然只占很小一部分，但是他们对于自己的家庭来讲，却形成了很大的影响。对于这部分同学，我们更应该多投入精力与时间，让他们在学校大家庭中也能体会到家的温暖。

1. 贫困生心理健康

 身边的故事

校园里的"精准扶贫"

　　国内多家高校利用大数据研究学校校内一卡通的消费情况，对于那些平均消费较低的学生进行特别关注，再结合学生各种现实条件进行比较分析，筛选出一批需要特殊帮助的学生。对于这批学生，学校会给学生的饭卡一次性充值160元。整个过程，不会公开，也无须申请。既维护了孩子的尊严，又真正帮助了有需要的孩子。

（资料来源：央视新闻）

故事评析

　　高校默默地帮助有困难的学生，是守护大学生心灵的方式。这让他们知道，这个世界有的人在"偷偷"爱他们。这不仅是在资助贫困生，也是在保护他们柔软的内心，更是在告诉他们，你们只需尽情地在高校的海洋里翱翔，无须顾虑其他。

　　近年来，随着我国精准扶贫工作的全面开展，贫困学生的心理健康问题也越来越多地受到社会各界的关注。如何在对这部分学生进行经济帮助的同时，又能注重其心理健康的维护，很多学校采取了各种有效的办法，都值得借鉴和推广。

2. 残疾学生

 身边的故事

感恩生活！感谢生命！

　　李雪，女，1990年出生于河北省沧州市农村的一个小村庄。父亲小儿麻痹，母亲重度残疾，李雪先天双下肢畸形，日子过得十分艰辛。后来父亲去世，李雪开始肩负起整个家庭的重担，也过早地懂得了生活的不容易。

　　2010年，李雪考入了一所大专院校。为了凑齐学费，她暑假都在打工中度过。大学期间，靠着自己的努力和勤奋，李雪多次获得国家奖学金和助学金，曾获得"中国大学生自强之星"提名奖。2013年6月毕业后，为了照顾重度残疾的母亲，李雪放弃了北京面试成功的工作，回到家乡一家连锁商厦就职，负责食品安全快速检测工作。后来又参与公司重点项目（IGA）评估工作，其间，公司通过星级评估。这一路，李雪付出着，成长着，也收获着。

（资料来源：中国残疾人就创业平台）

故事评析

生活吻我以痛，我却报之以歌。李雪用自己的实际行动向我们诠释了乐观与坚强的力量，感动和鼓舞了无数人。命运最怕勇敢的人，在成长的路上，愿各位有梦想的同学都能够披荆斩棘，自由翱翔。

"十三五"期间，我国残疾人受教育的权利进一步得到保障，有近半数的残疾学生在普通学校就读。与此同时，伴随着高等教育的改革与发展，数万名残疾考生进入普通高等学校就读。但是，受成长经历的影响，部分残疾大学生对健康心理的需求更加迫切。他们渴望能与人正常交流交往。我们应通过真正的关心与关怀，使其更好地融入学校生活、融入社会。

第三节 共筑健康心路

 身边的故事

回归心理

以下是大学新生王某与心理咨询师的对话。

"老师，我是刚刚入学不久的大学新生。进入大学前，我幻想大学生活充满了浪漫、幸福，可是来到学校后却觉得人地两生。特别是到了周末、假日，看到当地同学陆续回家或与老同学团聚，我的思乡之情便油然而生。我是多么留恋过去的中学时代、过去的同学和朋友、过去熟悉的生活环境，甚至后悔报考了外地的学校。我觉得大学时代还不如过去的中学时代好，人长大了上了大学，生活却没什么意思，还不如少年时代好玩。老师，您说我这种心理是不是不正常呀？"

"每年入学的新同学中都有与你情况类似的。这是大学新生经常遇到的心理问题，心理学上称为'回归心理'。具体表现是迷恋过去，有一种希望回到过去的心态。它主要是由于新入学的大学生对大学生活不适应，对新环境十分陌生造成的，由于人地两生而特别留恋过去，从而想回到过去那个熟悉而亲切的环境中去。你的心理也是这种回归心理。"

（资料来源：教学或咨询案例）

故事评析

"回归心理"是一种正常的心理。每个人，尤其是第一次离家的年轻人更容易产生这种心理。因为还没有与新同学建立起友好熟悉的关系，对新环境中的一切都没有对自己家乡那种亲切、熟悉和热爱的感觉，如果遇到一些挫折或不愉快的事情，这种回归心理

就会增强。这就是大一的学生相比高年级的学生与中学时的同学联系得更多的原因。离家较近些的同学，甚至还会利用劳动节、国庆节的时间，买火车票回家跑一趟，即使在家只能待上一两天，也要来回跑一趟。这种心理会随着对新环境的熟悉而改变。

在学生时期，保持心理健康，对于大学生形成独立健全的人格、积极向上的精神品质都有极其重要的作用。要恰当地处理好各种心理问题，首先要了解大学生心理问题的各种影响因素。

一、大学生心理问题的影响因素

随着社会的发展和进步，大学生的心理健康也受到了各方的关注，而导致大学生心理问题的原因也成为大家思考的问题。就当前大学生面临的问题而言，其影响因素大致可以分为以下几方面，如图1-1所示。

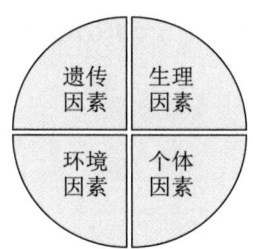

图1-1 大学生心理问题影响因素

（一）遗传因素

遗传是个体的某些特征特性在代际间传递的过程，它是影响大学生心理健康水平的重要因素。一般来说，人作为一个独立的个体，心理活动是不会直接在代际间进行传承的。但是，人又无处不在受着遗传因素的制约，比如说人的神经、躯体、气质、智力等都会受到遗传的影响。因此遗传也是产生心理问题的重要因素。

需要注意的是，虽然遗传奠定了心理发展的基础，但它并不能对心理发展的过程做出约束，也不能限制心理发展所能达到的高度。

（二）生理因素

研究发现，生理因素也是引发心理问题的重要因素。生理因素主要包括人的神经系统和身体发育等方面的特点。第一，如果孕期母亲的身体营养不良，情绪不好，就可能会影响到孩子各种机能的发育，进而影响到其身体健康和心理健康的正常发展；第二，脑神经递质的变化也会对人的心理健康水平产生重要的影响；第三，脑和整个神经系统保持正常的生理运转，有利于维持人的心理健康。

（三）环境因素

1. 家庭环境

父母是孩子人生的第一任老师，家庭是孩子成长的奠基石。家庭对学生的成长与发展的重要作用是不言而喻的，家庭环境因素主要包括以下几个方面。

（1）家庭的教养方式。

加州大学戴安娜·鲍姆林德教授曾对孩子的发展质量是否会受到父母教养风格的影响做出研究，她经过长期的试验与观察后将父母的教养方式分为四类：专制型、溺爱型、忽视型、权威型。

① 专制型父母。这类父母的典型特点是"高标准、高要求"。强调绝对的控制和无条件的服从。孩子必须在父母制定的一系列行为准则下活动，如若违反，便会受到严厉的惩罚。研究发现，专制型父母养育的孩子，会有孤僻和多疑的特点，同时容易充满怨气。

② 溺爱型父母。这类父母的典型特点是"低要求、高反应"。这些父母经常会认为孩子还小，很少对孩子提要求，他们对孩子很温和，甚至还会有一些放纵。溺爱型父母养育的孩子，往往是最不成熟的，习惯于我行我素，很少顾及他人的感受。

③ 忽视型父母。这类父母对孩子完全持冷漠的态度，他们既不爱孩子，也不管孩子，完全放任。这是最不可取的教育方式。在这类家庭里长大的孩子，往往缺乏爱的体验，容易在情感方面走上弯路。

④ 权威型父母。这类父母的典型特点是"高要求、高反应"。这类父母的教育方式既严格又理性，既民主又耐心，最有利于孩子的成长。他们会对孩子的行为做出适当的要求与规范，也会提出相对合理的要求。权威型父母养育的孩子，往往是身心最健康的。

（2）家庭的情绪氛围、家庭结构、家庭经济状况等。

若出生在一个时常出现争吵的家庭，孩子从小就受到不和睦因素的影响，那么长大后也会形成暴躁、易怒的性格，导致其在大学中也易表现出这方面的心理健康问题。

家庭结构一般是指家庭中父母关系结构，其包括单亲家庭、重组家庭、无亲家庭、正常家庭等。

家庭经济状况也是影响大学生心理健康的一大重要因素，尤其是在进入大学之后，学生来自全国各地，因此，相互攀比的现象时常出现。而一些家庭条件较差的学生在攀比中处于弱势，受到讥讽或是嘲笑，就有可能将负面情绪转移到家庭中，甚至是父母身上，认为是父母不好才导致自己在别人面前丢脸，等等。这些错误的想法导致大学生心理健康状况不容乐观。

2. 学校环境

学校环境是学生赖以生存和发展的土壤，良好的校园环境不但可以有效调动大学生的积极性和主动性，还可以提高学习效率，促进心理健康水平的发展，从而为国家现代化职业教育的发展培育大批优秀人才。而不健康的校园环境则会阻碍大学生身心的健康发展，对其一生造成不可挽回的影响。在这里，我们需要特别指出的是，学校环境不仅指有形的校园环境，也指无形的校园环境。

大学繁杂的教学内容和多变的教学方式，代替了中学"填鸭式"的教学，有些同学因不能尽快熟悉和适应这种新的学习生活，会倍感紧张和焦虑。有些学校在各项评优过程中，过分突出智育成分，忽视德智体美的全面发展，重知识的传授和专业技能的培养，忽视学生全面素质的培育，导致许多学生盲目追求高分数，忽视社会实践的锻炼，淡化了他们适应集体生活、参与各种有益的集体活动的积极性。校园内种类多样的认证考试，用人单位越来越看重就业者的文凭、证书和学历，给学生带来了极大的精神压力。

第一章 开启蓬勃人生——大学生心理健康概述

身边的故事

学校里的"怪人"

张某，从小性格内向、胆小、孤僻。父母对她要求极严甚至苛刻，父亲动起怒来特别可怕。父母很正统、古板，对张某的限制很多，不准她和陌生孩子交往。父亲认为女孩子在外蹦蹦跳跳、打打闹闹是不正经的，还容易上坏人的当，因此除了学校和家，张某很少在外玩耍。

谈到不愉快的经历，张某还记得：初中时，一向成绩很好的她，有一次没回答好老师的提问，老师就当众批评她、挖苦她，她难过得直流眼泪。大一时，同寝室一位同学A来自农村，家境不好，张某就经常主动帮助她，可这样反而伤了A的自尊，A不但不把张某当朋友，反而时常挑剔她、指责她、刁难她，故意当着她的面和其他同学亲亲热热，冷落她、孤立她。这使张某委屈极了，难过极了。她恨自己，认为自己是不受欢迎的人。

不知不觉地张某就变得害怕和人接触，愈来愈害羞，她认为自己是个怪人，怪毛病就是害羞。一年多来，她从不主动与人讲话，与人讲话时也不敢直视对方，眼睛躲闪，像做了亏心事。她一说话脸就"发烧"，低头盯住脚尖，心怦怦跳，浑身起鸡皮疙瘩，好像全身都在发抖。

她也害怕老师。上课时，只有老师背对学生写板书时她才不紧张。只要老师面对学生，她就不敢朝黑板的方向看。常常因为紧张，对老师所讲的内容感觉不知所云。更糟糕的是，现在在亲友、邻居面前她说话也"不自然"了。由于这些毛病，她极少去社交场所，很少与人接触。平常她最大的娱乐就是在家里上网，因为她认为"在虚拟世界里交往比较有安全感"。

从大一下学期起她就申请了走读，除了上课和考试，基本上不与同学有任何交往。她表示自己和"不熟悉"的人在一起生活会感觉不自在，自己难以适应大学生活。长期以来，她一直经受着心理障碍的困扰和折磨，这已经给她的生活和学习造成了很大的影响。

（资料来源：教学或咨询案例）

故事评析

大学生应积极面对自己身边的人和事，循序渐进地与人交流，打开闭锁的心理，优化自身性格，摆正自己的位置。学校也应该为大学生的成长提供包容开放的环境，让每名学子都能"遇见更好的自己"。

3. 社会环境

人的根本属性是社会性，人是社会的人。作为在社会中成长的人，社会因素对大学生心理的健康发展有着非常重要的影响。当今社会飞速发展，信息爆炸式呈现，而大学生作为涉世不深的新群体，世界观、人生观、价值观尚未完全形成，很容易受到各种不良信息的误导。由此导致心理扭曲，给大学生带来极大的困扰。如若再得不到及时有效的疏导，恐怕最终会形成严重的心理问题。

（1）社会文化因素。当代大学生处在多种文化交叉、多种价值观冲突的时代。随着社会变革的深入，多种文化大量涌入，各种文化发生着从未有过的碰撞与冲突。面对不同于以往的文化背景和多种价值选择，一些同学常感到矛盾、疑虑、混乱、彷徨、无所适从和压抑。这种长时间的心理失调，必然会给大学生心理发展带来不良影响。

（2）大众传媒因素。科学技术的发展，使得大众传媒手段越来越丰富，广播、电视、报纸、杂志、网络日新月异地发展，尤其是互联网的普及，传播速度极大提高，信息容量无限增大。大学生作为社会最活跃、最敏感的群体，求知欲强但分辨能力弱，崇尚科学但欠辩证思维，所受的影响最大，大众传媒中的很多不健康的因素都会给他们的思想和行为带来消极影响，并导致一些心理问题的产生。

（3）市场经济因素。市场经济引入竞争机制，这种竞争随着社会变革的深入，呈现更加激烈的趋势。一方面为人们充分发挥聪明才智、展开平等竞争提供可能和契机，另一方面又给人们的现实生活带来巨大压力。社会现实冲击了大学生平静的心理，引起情绪波动，并由此引发他们自我的觉醒，开始注重现实，讲求实效，互相展开公平竞争。而这种竞争对于一些意志薄弱的学生无疑是一种挑战，当他们遇到挫折的时候就容易缺乏自信，不敢面对现实，因此产生各种错误或消极的心理。市场观念也给大学生的心理发展带来负面影响，不少学生舍弃自身价值和理想的实现去单纯地追逐经济目标，这种价值取向必然导致个人至上、金钱至上、享乐至上的观念泛滥。

（四）个体因素

个体因素是影响大学生心理素质和产生心理问题的重要原因。主要有以下几个方面。

1. 自我评价不客观

大学生的自我意识、自我控制能力和自我评价能力，虽然随着年龄增长发生了飞跃，但思维中的形象成分仍在起作用，思维过程很容易表面化和片面化，自我认识还不全面，自控能力还较弱，自我评价易受情感波动的影响，对事物的观察和思考容易理想化，客观上他们的心理并未发展成熟。有的只看到自身长处，自以为是，傲慢无礼，对自己期望值过高；有的只看到自己的不足，心灰意冷、缺乏自信，对自己不抱任何希望；有的甚至对自己一无所知。自我评价的消极、混乱，既不利于提高自身心理素质，又影响自己融入群体和与他人交往。

2. 心理承受能力弱

心理素质差，心理承受能力弱，是当代大学生普遍存在的一个问题。大学生在成长的过程中，学校和老师都予以特别的关心和爱护。有的学生在家里是父母的掌上明珠，占有特殊地位。因此，许多学生感情比较脆弱，娇气，爱虚荣，喜赞扬，缺乏在困难和逆境中的锻炼，经不起挫折。对于考试失败、遇到困难、犯错误受批评、同学关系紧张等，心理上往往难以承受，随之而来的可能是灰心丧气，悲观失望，自暴自弃。

3. 强烈的心理冲突和薄弱的自控能力

在现实生活中大学生往往会面临彼此不相容、相互不可兼得的状况，这时就容易出现心理冲突。心理冲突往往给人以挫折感，强烈的心理冲突不仅使他们的内心世界中的各种价值观念之间发生冲突，也使他们陷入无尽的困惑和苦闷之中，极大地消耗心理能量，会使心理功能得不到发挥而影响心理健康。有些同学缺乏必要的自我约束和调控能力，在感情和理智发生冲突时，易受情绪的影响，往往不能冷静、及时地调节自己，甚至还会放任感情，行为冲动，常常因此发生一些意想不到的悲剧。

4. 性成熟

大学生的性生理已基本成熟，性心理也有很大变化。他们渴望接近异性，但由于经验不足，阅历太浅，又缺乏理性，对性爱意识、欲望表露出盲目性和欠严肃性，容易进入低级情感的误区而无法自拔，导致情绪不稳、心理冲突甚至行为异常；有时热恋双方会因为情感一时难以自控，发生冲动和越轨行为，但事后又出现悔恨、焦虑、恐怖性心理；当爱情与就业形成两难选择时，男女双方易出现强烈的心理失调，严重时会因失恋出现极度低落的情绪。

二、提高大学生心理的自我调节能力

大学生心理健康的影响因素，不仅有客观的，还有主观的。大学生是自己心理健康的主人，因此，要切实维护大学生的心理健康水平，离不开大学生自身的觉醒与参与。

（一）强化心理健康意识

良好心理健康意识的树立是心理健康的第一步。研究表明，学习了解过心理健康知识的大学生，在遇到各种突发状况时，往往有着良好的自我调节能力；而那些对心理健康知识一无所知的大学生，在面对各种意外状况时，往往束手无策，很容易酿成不良后果。因此，大学生要自觉树立良好的心理健康意识，学习心理健康课程，拓宽心理健康视野，帮助自己发展良好的心理健康水平。

（二）培养健康的生活方式

对于大学生来说，健康的生活方式主要是指作息合理、膳食平衡、用脑科学、运动适度、拒绝烟酒五个方面。心理健康水平与生活方式息息相关，一般来说，健康的心理状态往往离不开健康的生活方式。因此，在大学期间培养健康的生活方式，是十分有必要的。

1. 合理安排学习、生活节奏

大学生的主要任务是学习，很多心理活动都与学习有关。研究表明，适度的压力和焦虑情绪，有助于个体提高思考力和机敏度。因此大学生在学习上应给自己施加一定的压力，这种压力对大学生心理健康发展及学业的完成是必要的，但不能过分加重负担。大学校园生活是丰富多彩的，这为我们合理安排生活节奏、积极参加多种多样的文体活动提供了十分有利的外在条件。这样既有助于调节紧张的学习生活，又有助于开阔视野、广交朋友，让我们发现自己在各方面的潜力，增加与他人相处的经验，从而充分体验大学生活的快乐。这种平稳的积极状态，能使大学生充分发挥其潜在能量，增强自信，使自己的生活有节奏感、劳逸结合，提高学习效率，得到最佳的适应。

2. 热爱一项体育运动

体育运动不仅能增强体质、祛病强身，而且还能提高心理素质、塑造健康心理。大学生爱好一项体育运动，经常锻炼身体，不仅能为步入社会打下良好的身体素质基础，而且能舒缓学习和生活压力带来的焦虑情绪。其实不论是参加体育运动，还是在一旁观看体育比赛，人们都能感受到一种良性的心理刺激，这种心理刺激和心理感受能提高应激能力、减少紧张情绪，还利于培养团队合作精神，减小心理问题发生的可能性，有效预防精神疾病等。

3. 建立良好的人际关系

人际关系是一种简单而复杂的社会关系，同时也是衡量心理健康水平的重要标准之一。一个人在生活中能否建立良好的人际关系，能否与亲人、同事、同学、朋友产生良好的互动，直接关系到其心理健康的水平。

大学生大多背井离乡独自求学，在遇到困难矛盾时，同学朋友的适当关心往往让他们倍感温暖；反之，如若孤身一人，形单影只，想必无论是谁，心里也不会好受吧。

4. 寻找合适的情绪宣泄方法

在这个充满压力的社会，很多人都会有不良的情绪。有不良情绪不可怕，可怕的是不良情绪出现之后，很多人把它压抑下来了。作为大学生，要摆正自己对待不良情绪的态度，寻找合适的方式来进行情绪宣泄，从而获得良好的心理状态。

5. 积极参加集体活动

 身边的故事

在集体中不断进步的女孩

小君，大一学生，性格沉静，喜欢看书。目前她在社团里负责一些工作，大二就要当社团负责人了，但在大二的工作过程中，她发现自身存在很多不足。

首先，她原本认为自己是个做事雷厉风行的人，相对来说喜欢做管理类的工作。但在一年多的实践中，她发现自己做起事来并没有那么利索，反而经常丢三落四，有些事情做得有头无尾、不仔细，到最后给老师验收时总抱着"您看看有什么问题"的心态让老师去找错误，而不是她理想中的"都好了，没有问题"，直接可以让人放心的状态。其次，在管理方面，她认为自己偏于执拗沉默，有事会在自己心里想，不擅长沟通，在现实中造成了不小的问题。虽然老师很亲切，没有架子，但她就是没办法放开自己，把自己想说的说出来。她不知自己在怕什么，久而久之自己的话也不被重视了。最后，在社团中和其他人相处得不是很愉快，遇到矛盾不是积极与人沟通，而是容易上纲上线，直接否定别人。

虽然有很多的不足，但是小君一点儿也不担心。她打算，根据遇到的情况积极进行自我调整，让自己更好地成长和进步。

（资料来源：单慧娟，《大学生心理健康教育》，江苏大学出版社，2019年）

故事评析

积极参加集体活动是引导大学生提升思想境界、修身养性、树立服务社会意识的有效途径。参加集体活动，有助于在校大学生更新观念，吸收新思想与新知识，提升心理健康水平。

个人的发展离不开集体。大学生在参加集体活动的过程中，可以丰富知识、增进情感，同时也可以磨炼意志，提高心理承受能力，而且还能提高大学生的积极性、主动性。只有在集体中，大学生才能真正地得到成长与发展；只有在集体中，大学生才能真正地融入校园大家庭；也只有在集体中，大学生才能更加关注自己的发展，关注自身的心理健康。

三、学会寻求专业心理咨询

 身边的故事

专业心理咨询改变人生

小芳是一位19岁的大学生。大二时，她突然觉得自己的脑子渐渐"转不动"了，人也高兴不起来，对什么都没有兴趣，也没有什么信心，上课也听不进去。心理委员通过同学了解到这个情况，立即反馈给了辅导员，随后辅导员也立即反馈给了心理咨询中心，并为其预约了心理咨询。同时，辅导员也发动班上的学生干部、党员来关心她。在小芳20岁生日时，好朋友和同学们陪她一起过了生日。最终，在大家的共同帮助和关怀下，小芳慢慢地走出了阴影，开始勇敢地面对生活，同时学习上也取得了进步，还获得了奖学金。

（资料来源：教学或咨询案例）

故事评析

很多大学生都认为心理问题出现后，可以进行自我调节。有这种意识固然是好的，可对于一些严重且难以自我调节的心理问题，就有必要寻求专业心理咨询的帮助了。心理咨询不同于普通说教，而是真正能够站在来访学生的角度，利用平等、共情、真诚、接纳与积极关注、尊重等专业技术去帮助来访学生解决问题。所以，出现心理问题的同学，可以积极寻求专业心理咨询的帮助。

目前国内很多高校都设有心理健康中心，配有专职心理咨询师，通过提前预约的方式，面向全校师生开展无偿心理服务。随着我们心理健康水平的发展，市场上现在也出现了很多专业的心理咨询机构，有需要的大学生也可以在这些机构中自由选择。

知识清单

（1）关于健康的定义，世界卫生组织指出，健康不仅是没有疾病，而且还包括躯体健康、心理健康、社会适应良好和道德健康。

（2）要正确认识心理健康，就要合理规避心理健康认识的几大误区。

（3）大学生常见心理问题有大学生活适应问题、情绪问题、情感问题、人际关系问题、学业问题、性教育问题和特殊群体学生的心理健康问题。

（4）大学生心理问题的影响因素有遗传因素、生理因素、环境因素、个体因素。

（5）提高大学生心理自我调节能力的方法有强化心理健康意识、培养健康的生活方式等。

 资源推荐

一、推荐书籍

1.《天才在左 疯子在右》

该书以独特的视角记录了一个特殊群体（精神病患者）的生活，让人们对这个群体放下成见，有真正的了解。作者高铭本身并不从事文学创作和研究，2004年，一次偶然的机会，他接触了一些精神病患者，这群特殊的人引起了他的好奇，于是他在2004—2008年，通过各种渠道，利用几乎所有的闲暇时间，探访精神病院、公安部等机构，投入大量时间和精力关注精神病患者的内心世界，他先后采访了上百个精神病患者，但只有少数人愿意与他进行近距离交流。高铭在天涯网站以"精神病人的世界"为题连载与之相关的经历，经过加工整理，于2010年出版了《天才在左 疯子在右》。2016年，又增加了之前因故未能收入的10个故事。

（资料来源：高铭：《天才在左 疯子在右》，武汉大学出版社，2016年）

2.《心理学与生活》

这本书语言流畅，通俗易懂，深入生活，把心理学理论和知识与人们的日常生活和工作联系起来。该书贴近生活，深入实践，具有独特的风格，是大众了解心理学、更好地理解人性和全面提高自身素质的极好读物。作者形象地将使用该书学习心理学比喻成一次"智慧的旅行"。选择它，相信你一定不虚此行。

（资料来源：格里格，津巴多：《心理学与生活》，人民邮电出版社，2014年）

二、推荐电影

1.《少年的你》

一场高考前夕的校园意外，改变了两个少年的命运。陈念性格内向，是学校里的优等生，努力复习、考上好大学是高三的她唯一的念头。同班同学的意外坠楼牵扯出一连串不为人知的故事，陈念也被一点点地卷入其中……在她最孤独的时刻，一个叫小北的少年闯入了她的世界。大多数人的18岁都是明媚、快乐的，而他们却在18岁这个夏天提前尝到了成人世界的漠然。一场秘而不宣的"战斗"正在上演，他们将一起守护少年的尊严。

2.《大鱼海棠》

在天空与人类世界的大海相连的海洋深处，生活着掌管着人类世界万物运行规律的"其他人"。居住在"神之围楼"里的女孩"椿"，十六岁生日那天变作一条海豚到人间巡礼，被大海中的一张网困住，一个人类男孩因为救她而落入深海死去。为了报恩，她需要在自己的世界里帮助男孩的灵魂——一条拇指那么大的小鱼，成长为比鲸更巨大的鱼并回归大海。在这个过程中，历尽艰辛，在这个过程中，也充满了爱，各种爱交汇在一起，感动得让人落泪。在痛哭流涕中，我们也逐渐领悟到，爱与诚是生命里最珍贵的礼物。

第二章
驱走心灵阴霾
——大学生心理咨询

> 走上人生的旅途吧，前途很远，也很暗。然而不要怕，不怕的人的面前才有路。
>
> ——鲁迅

从远古时代，人就开始探索各种方法以摆脱心灵的痛苦，现代意义上的心理咨询则诞生于20世纪初。近年来，它作为一种专门的、需要专业技术的活动得到越来越多的人的关注。心理咨询在开发人的潜能、促进身心健康、提高生活质量、实现来访者的自我完善方面发挥着重要的作用，有着其他谈话、聊天无法比拟的效果。随着生活节奏的加快，一些心理问题变得越来越普遍，大众对心理咨询的需求也越来越大。但是，许多人对心理咨询还不够了解，甚至有着各种各样的偏见，本章我们将一起揭开心理咨询的"神秘面纱"，学习如何利用心理咨询解决生活中的困扰，促进个人成长。

学习目标

1. 了解心理咨询的含义、心理咨询的对象、心理咨询的范围等。
2. 能够根据心理咨询的目标，从多个方面促进自身的心理健康。
3. 能够树立正确的心理求助意识，利用心理咨询促进个人成长。
4. 既认识到心理咨询对个人成长、成才的作用，也能充分发挥个人的力量进行自我完善，使自己成为有利于国家和社会的人。

第一节　揭秘心理咨询

敢于接受心理咨询

刚迈入大学的小丽，最近一回宿舍就感到很紧张。她有一个舍友，每天晚上打电话打到很晚，而小丽习惯早睡早起，舍友在宿舍一打电话她就睡不着。小丽越睡不着就越生气，越生气就越睡不着，前天晚上她终于忍不住对那位舍友发火了。两人到现在也没和好，还是谁也不理谁。小丽认为宿舍本来就是大家共同生活的环境，应该统一作息，她觉得自己没有错，因此一直不愿意跟那位舍友道歉。但是这样僵持下去她感到很痛苦，白天上课经常走神，饭也吃不好，觉也睡不好。小丽把自己的烦恼告诉一位学姐后，学姐建议她去学校的心理健康中心做心理咨询。小丽听后，连忙摇头说："我不去，我没病！"经过学姐耐心地解释，小丽认识到不是"有病"的人才去咨询，于是她鼓起勇气来预约了一次心理咨询。

（资料来源：教学或咨询案例）

故事评析

许多同学跟小丽一样，对心理咨询讳莫如深，觉得自己很"正常"，完全没有必要进行心理咨询。这表明很多大学生对心理咨询不了解，存在一些刻板印象。实际上，当我们感觉痛苦，并且遇到的问题对我们的生活有一定的妨碍时（如小丽上课无法集中注意力，食欲不振，睡眠不佳），是完全可以考虑进行心理咨询的。去心理咨询，并不代表我们"有病"，正常人也会遇到心理方面各种各样的问题。

一、什么是心理咨询

（一）心理咨询的含义

什么是心理咨询，此问题目前没有一个统一的界定，但是总体来说，心理咨询是指心理咨询师利用心理学的理论和方法，协助来访者解决其心理方面的问题，帮助来访者更好地适应社会、发挥自身潜能的活动。心理咨询包含以下内容。

（1）心理咨询体现着心理咨询师对来访者进行帮助的过程。这一过程建立在良好的咨访关系基础之上，心理咨询师运用专业技能及其所创造的良好咨询氛围，帮助来访者学会以更有效的方式对待自己和周围环境，促进个人的成长和发展。

（2）心理咨询是一系列心理活动的过程。心理咨询师在咨询过程中帮助来访者更好地理解自我，学习更有效地生活的策略，这其中包含心理咨询师和来访者一系列的心理活动。来访者在咨询过程中需要接受新的信息、学习新的行为、学会调整情绪和解决问题的技能等。

（3）心理咨询是由专业人员从事的一项特殊服务。心理咨询师必须接受严格的专业训练，拥有这项服务所必需的知识和技能，其中包含对来访者的关注、倾听能力，对来访者问题的分析与评估能力，以及在心理学相关原理的指导下，能够运用各种技术和方法为来访者提供帮助的能力。

（4）心理咨询有独特的目标。心理咨询师在咨询过程中要助人自助，帮助来访者认识自己、分析问题、确定目标、做出决定、解决难题，最终达到发挥自身潜能，更好地适应社会的目标。

（二）心理咨询师和来访者的定义

心理咨询师是经过心理学及相关专业训练的、专门从事心理咨询活动的专业人员。在学校里，心理咨询师多数情况下会被称为心理老师。心理咨询是一项专业的工作，心理咨询师需要经过专业的、科学的训练，但是，心理咨询师不是简单的"倾诉对象"——在来访者心情不好时陪伴来访者的人，心理咨询师的作用是"授人以渔"，帮助来访者更好地认识自己、接纳自己、充分发挥自身潜能，并传授一些心理自助技巧给来访者，协助来访者渡过难关，最终使来访者达到一个自己更满意的状态。

我们一般将前来咨询的人称为"来访者"。来访者是存在某方面的心理困惑或心理问题，走进心理咨询室接受专业心理咨询服务的人。在学校，来访者又被称为来访学生，是存在心理困惑或心理问题，但是没有出现异常心理的学生，或者是因为患心理疾病正在服药且需要辅以心理咨询的学生。心理异常的学生需要到专业的精神机构接受诊断和治疗，不能成为学校心理咨询师的服务对象。

（三）心理咨询的特点

1. 助人自助

心理咨询师会在咨询过程中运用心理咨询的原理和方法来帮助来访者解决其心理困扰，这个过程不是心理咨询师直接解决问题，而是"助人自助"的过程，目的是让来访者自己找到解决问题的方法。

2. 互动性

很多人认为心理咨询和一般看病的过程一样，因此，进了心理咨询室之后就会喋喋不休地先给心理咨询师讲一堆的问题和症状，讲完之后等着心理咨询师"开处方"。其实心理咨询师和来访者的交互并非一问一答的过程，而是互动的过程。卡尔·罗杰斯认为，心理咨询应该以来访者为中心，心理咨询师不需要扮演专家的角色，心理咨询师所说的话更多的是表达对来访者的共情和理解。心理咨询师会提问，但这种提问不是为了"开处方"，而是为了促进来访者自身的探索和思考，启发来访者找到解决问题的办法。

3. 心理性

什么样的问题适合前去咨询心理咨询师呢？总体来说，咨询的问题应该属于心理学范畴，与人的认知、情感、意志、行为相关，例如，情绪问题、人际交往问题、恋爱问题，以及个人成长问题。

二、心理咨询的对象和种类

 身边的故事

"奇怪"的舍友

武晓晓宿舍新来了一位名叫小寒的舍友,这位舍友看上去有些另类:她平时话不多,喜欢独来独往;在宿舍时经常看着窗外发呆,有时候自言自语。近期,这位舍友的行为愈发"奇怪"了。最近一周,她情绪很不稳定,一会儿哭,一会儿笑,其他舍友以为她因为遇到伤心事或遭受打击所以变得阴晴不定,大家都不敢上前跟她说话,在宿舍说话也自觉地压低声音。昨天晚上,武晓晓和另外一位舍友在宿舍小声聊天时,小寒突然大发雷霆:"你们又在说我坏话?有什么事不能光明正大地说,非要在别人背后说三道四吗?"武晓晓解释说:"我们没有说你坏话,我们在聊我家里的事,因为怕打扰你休息,所以我们说话很小声。"但是小寒还是怒气难消,认定她们对自己有意见、在背后议论自己。今天早晨刚起床,小寒就对着门口大声说:"谁在门口絮絮叨叨地说我坏话?快走开!"武晓晓说:"门口没人说话啊,小寒你是不是看错了?"小寒肯定地说:"我没看错,有两个女生一直在门口说我坏话,还有我家里的事!叫她们走开!"

(资料来源:教学或咨询案例)

故事评析

小寒怎么了?她能前去进行心理咨询吗?答案是"不能",因为小寒出现了幻视和幻听,还有类似妄想的症状,可能患有精神类的疾病,她需要到精神病医院去诊断并接受治疗,不能进行心理咨询。

(一)心理咨询的对象

心理咨询的工作对象可以分为三类:一是精神正常,但遇到了与心理有关的现实问题并请求帮助的人,或者是希望在某一方面做得更好的人;二是精神正常,但是心理健康出现问题并寻求帮助的人群;三是临床治愈的精神疾病病人。前两类是心理咨询的主要人群。心理咨询的对象是心理正常的人,心理正常又可以分为心理健康和心理不健康。

健康人群会面临诸如婚姻家庭、择业、亲子关系、子女教育、人际关系、学习、恋爱、自我发展、情绪管理、压力应对等方面的问题,他们会期待做出理想的选择,顺利度过人生的各个阶段,获得平和的心境,尽可能地发挥个人的潜能,或寻求良好的生活质量,这时他们就可以寻求心理咨询的帮助。

(二)心理咨询的种类

1. 按照咨询的性质和对象分类

按照咨询的性质和对象,心理咨询可以分为发展性咨询、健康性咨询和障碍性咨询。

(1)发展性咨询。发展性咨询的对象为无明显的心理冲突、基本适应环境的健康人群。

咨询主要是针对成长中不同阶段出现的心理困惑和心理问题进行心理辅导，如婚姻家庭问题、择业求学问题、职业适应和发展问题等。咨询主要是引导求助者面对自我发展的问题做出理想的选择，以便顺利度过人生的各个阶段。咨询是为了来访者更好地认识自己，扬长避短，充分发挥潜能，提高学习和生活的质量。

（2）健康性咨询。健康性咨询的对象在现实生活中有各种烦恼和压力，有明显的心理矛盾和冲突，如新生入学后因环境适应不良而焦虑，因学习成绩难以提升而苦闷，因单相思或失恋而不能自拔、过度自卑，等等。咨询主要是对来访者在学习、工作和人际关系等方面的适应不良提供帮助。咨询的目的是排除心理困扰，减轻心理压力，提高适应能力。

（3）障碍性咨询。障碍性咨询的对象已出现某些心理疾病的症状，如焦虑症、抑郁症、强迫症，影响了正常的学习和生活，故主动寻求帮助。咨询的目的是找到对策，克服心理障碍，恢复心理健康状态。需要注意的是，若心理问题严重到已出现心理障碍，就必须接受系统的心理治疗，心理咨询只是辅助手段。

2. 按照咨询的人数分类

按照咨询的人数，可以将咨询分为个体咨询和团体咨询。

（1）个体咨询。个体咨询是指由一位心理咨询师对一位来访者进行的咨询。个体咨询既可采用面谈的方式，也可以通过打电话、发信函等方式进行。由于这种咨询没有他人在旁，咨询对象一般顾虑较少，可以无保留地表达自己的真实思想，所以这是心理咨询中最常用的类型。个体咨询具有保密、易于交流、咨询有深度、因人制宜等优点。

（2）团体咨询。团体咨询相对个别咨询而言，指的是将具有同类问题的来访者组成小组或更大的团体，进行共同讨论、指导和矫治的咨询。团体咨询是在团体情境下进行的一种心理辅导形式，它是以团体为对象，运用适当的辅导策略和方法，通过团体成员之间的互动，促使个体在交往中通过观察、学习、体验，探讨自我、认识自我、接纳自我，调整和改善与他人的关系，学习新的态度和行为方式，激发个体潜能，增强适应能力的过程。与个体咨询相比，团体咨询可以节省人力、时间，扩大咨询的社会影响，集中解决成员相似的或比较迫切的心理问题。另外，有一些心理问题在团体中辅导效果更佳，如社交恐惧症。

对心理咨询的误解

心理咨询是缓解心理压力与增强心理承受能力的好办法。但现实中还有不少人对心理咨询存在一些认识上的误区。

1. 心理咨询就是聊天

心理咨询不同于一般意义上的聊天，尽管心理咨询的方式主要是谈话，但心理咨询师能够同时运用心理学的专业理论知识和社会学、哲学、医学等方面的知识，有严格科学的理论体系和操作规程，可以达到解决心理问题的目的，帮人解除心理危机，促进人格的发展。

2. 有病的人才需要心理咨询

目前人们对心理咨询虽有所了解，但仍有人认为这是用来"治精神病"的，或者认为人们一般已经到了出现精神疾病的程度才来寻求咨询。其实，心理咨询最一般、最主要的对象，是健康人群，或者是存在心理问题的亚健康人群，而不是人们常误会的"病态人群"，病态人群如精神分裂症患者、躁狂症患者等是精神科医生的工作对象。

3. 做心理咨询很"丢人"

有一些人认为寻求心理咨询是不光彩、不体面的事，于是往往是偷偷摸摸地做心理咨询，唯恐被别人发现。就如身体不适一样，我们要休息、锻炼和保健，在心理不适时也同样要休息、锻炼和保健。就心理问题求助于心理咨询并不意味着有什么不正常。相反，却表明了个体具有较高的自我认知和生活目标，希望通过心理咨询更好地自我完善，生活得更幸福，而不是回避和否认问题。寻求心理咨询并非有些人理解的"有病"，而是一个人的心理天空暂时被荫蔽了，他希望借助心理咨询从这种荫蔽状态里走向晴天。一些发展性的心理咨询如自我规划、职业选择、潜力提升等则更是和"有病、不正常"毫无关系。

4. 心理咨询师具有透视人心的本领

有些来访者将心理咨询师神化，认为心理咨询师是研究心理学的，应该一眼就能看出来访者的心理问题，否则就是不称职的。有些来访者羞于表达内心感受，不愿将自己的心理活动吐露出来，认为咨询师可以猜出来。实际上，心理咨询师对来访者开展工作需要以来访者提供的问题为基础，正如有人因感冒就医，医生在制订治疗方案前需要先用体温计测出其体温一样。

5. 好的心理咨询，做一次就有效

心理咨询不同于一般的药物治疗，心理咨询很少是做一次就有效的。许多问题是"冰冻三尺，非一日之寒"，这些有性格方面的原因，也有现实方面的原因，而且还可能涉及其他方面的原因。心理咨询需要一个了解的过程，一个讨论、分析、操作、反馈、修正、实践的过程，一般不能做一次就解决问题。

（资料来源：陈艳、朱静、袁海燕，《心理健康教育》第三版，高等教育出版社，2019年）

三、心理咨询要遵守的约定

 身边的故事

第一次心理咨询

小林最近常常感觉心情低落，对什么都没有兴趣，好像每天都很疲惫，没有精力去做事情。在心理委员的建议下，小林选择接受心理咨询。这是小林生平第一次接受心理咨询，他有些紧张不安，不知道应该跟心理咨询师聊些什么，也不知道哪些内容应该让心理咨询师知道、哪些不该让心理咨询师知道。当心理咨询师问起小林的成长经历，他吞吞吐吐地说："我，我小时候，挺好的，很好。"实际上，他不敢告诉咨询师他从小父母离异，和妈妈一起生活，妈妈常常严厉责骂他，导致他童年非常不开心，后来常常陷入自我责备之中，上小学时他还遭受过校园欺凌。一方面，小林害怕心理咨询师知道他的过往之后，会用异样的眼光看他，给他贴标签；另一方面，小林害怕心理咨询师泄露自己的信息，让老师和同学知道他的私事。在心理咨询师的讲解中，小林才知道他在咨询室所说的内容心理咨询师都会替他保密，此外，心理咨询师还会遵守价值中立原则，不会用自己的价值观来评判他。小林的疑虑打消了，他便开始大胆地倾诉自己的想法和感受。

（资料来源：教学或咨询案例）

故事评析

心理咨询是一种专业的活动，跟其他专业一样，心理咨询师也需要遵守一些基本的原则。了解这些原则之后，来访者可以打消一些不必要的顾虑，更好地接受心理咨询。

心理咨询的方式和内容是多种多样的，面对众多不同的问题、不同的对象，心理咨询需要遵守一些基本的原则。这些原则既可以保证咨询工作的有效进行，也能维护来访者的利益、减少来访者的后顾之忧。

（一）保密原则

在心理咨询中，来访者可以坦诚、开放地把自己的信息告诉心理咨询师，这种坦诚、开放意味着对心理咨询师的信任，心理咨询师也有替来访者保密的义务。根据心理咨询伦理守则，心理咨询师应尊重来访者的个人隐私权，不仅对来访者的有关资料严格管理、保密，也不得在咨询室以外的地方随便谈论来访者的事情。

保密原则的使用是有限制的，以下几种情况属于保密例外：①来访者是性虐待或其他虐待行为的未成年受害者；②来访者有自杀倾向，或来访者身处高度危险的状态；③来访者有强烈伤害他人的倾向；④法庭要求提供个案资料。

（二）价值中立原则

在心理咨询过程中，心理咨询师应当尊重来访者的价值准则，避免把自己的价值观强加给来访者，或强迫来访者接受自己的观点、态度。心理咨询师也不能以自己的价值观念为准则，对来访者的行为进行任意的价值判断。当来访者的价值观与自己的价值观相冲突的时候，要暂时放下自己的价值观体系，认真倾听，了解来访者的态度和观点。在准确了解的基础上，予以接纳和理解，然后再进行分析、比较，引导来访者自己去判断是与否，最终做出自己的选择。比如来访者跟心理咨询师讨论他失恋的痛苦时，心理咨询师不能主观臆断，认为失恋是小事，是对方不够好，不值得来访者伤心。对于来访者的那些与心理咨询问题无关的价值观体系，比如来访者的喜好、审美、生活方式、性取向等，心理咨询师可以不欣赏、不赞同，但不能妄加评判和指点，更不能好为人师地要求来访者改变。当然，价值中立原则不是说不要价值准则，更不是要心理咨询师去赞同或迎合来访者的价值观念；相反，心理咨询师必须有非常明确的价值观，并且对此心中有数，只有如此，才能在实践中对自己的价值信念体系给来访者施加的影响有足够的预见性，并应在来访者自愿的前提下，有意识地利用自己的价值观影响来访者。

（三）理解性原则

理解性原则是指心理咨询师认识到来访者的心理和行为是可以理解的，抱着一种尝试或尽力去理解来访者的心态深入体验来访者的心理世界和精神世界。也就是说，要求心理咨询师能够设身处地体会来访者的情绪和情感体验，正确理解来访者的思想，使来访者能够在精神上得到理解与支持。作为心理咨询师，在一对一的心理帮助活动中，这种理解和支持是建立良好的咨访关系和使咨询起作用的关键因素。

（四）助人自助原则

心理咨询师的咨询过程不是替来访者出主意、想办法的过程，而是帮助来访者自己想清楚问题所在，并自己找出解决问题的方法的过程。在咨询过程中，来访者自己能够获得成长，因为咨询是"授人以渔"，而不是"授人以鱼"。

（五）自愿原则

这也就是"来者不拒、去者不追"原则。到心理咨询室求助的来访者必须完全出于自愿，这是确立咨访关系的先决条件。每一次咨询都应当以来访者愿意让自己有所改变为前提，心理咨询师不能以任何形式强迫来访者接受心理咨询。没有咨询愿望和要求的人，心理咨询师不应主动去找他（她）并为其做心理咨询。只有自己感到心理不适，为此而烦恼，并愿意找心理咨询师诉说烦恼以寻求心理援助的人，才能够解决问题。在咨询过程中，来访者有任何的心理不适，都可以和心理咨询师沟通，并商讨调整咨询方案或者转介其他心理咨询师。来访者也有终止咨询的权利。

（六）时间限定原则

心理咨询必须遵守一定的时间限制。咨询时间一般规定为每次50分钟左右（初次受理或出现危急情况时可以适当延长），原则上不能随意延长咨询时间。为什么在时间上必须加以限制呢？首先，事先对咨询时间予以限定，可以让来访者有一定的安定感，使来访者能够充分珍惜并有效利用这一段时间。其次，这可作为日常生活中成长的催化剂。一般情况下，咨询次数为一周一次或两次，这样可以使来访者在间隔期间充分回味咨询时的体验，并将新学到的东西运用于实践中。因此，一次时长为两小时的咨询不如一次时长为一小时、分两次咨询的效果好。再次，可以促使来访者对现实原则进行学习。要让来访者知道，心理咨询师也有自己的生活，除自己以外，还有其他人要找心理咨询师咨询。这样就可以促使来访者从咨询中的快乐原则转移到现实原则，进而得以成长。最后，限制时间是为了促使来访者产生分离的体验。人生是一个分离的连续过程，与母体的分离、与家庭的分离（上学、结婚等）、与孩子的分离（孩子成长、结婚等）、与配偶的分离（离异、死别等）、与工作的分离（离职、退休等）等，这一系列的分离都是痛苦和伤感的。但从某种意义上来说，分离也含有成长的意思。因此，限定一定时间，让来访者重复这些分离所带来的伤感和复杂体验，可以促进他的健康成长。但是，咨询时间的限定也不是绝对的。根据来访者的心理状态、心理发展程度和年龄大小，可以调整时间和间隔，以及调整咨询次数。

（七）情感限定原则

咨访关系的确立和咨询工作顺利开展的关键，是心理咨询师和来访者心理的沟通和接近。但这也是有限度的。私下接触过密不仅容易使来访者过于了解心理咨询师的内心世界和私生活，阻碍来访者的自我表现，也容易使心理咨询师失去客观公正地判断事物的能力。因此，心理咨询在场面设定时，原则上禁止心理咨询师与来访者保持咨询室之外的任何接触和交往，心理咨询师也不能将自己的情绪带进咨询过程，不能对来访者产生爱憎和依恋，更不能在咨询过程中寻求爱憎、欲求等方面的满足和实现。

（八）重大决定延迟原则

心理咨询期间，若来访者的情绪过于不稳定，原则上应规劝其不要轻易做出诸如退学、转学、离婚等重大决定。在咨询结束后，来访者在情绪得以安定、心境平复之后再做决定。此方面应在咨询开始时告知来访者。

第二节　接受心理咨询

如何准备接受心理咨询

正在上大一的英华同学，因为高考失利，考上了一所她不喜欢的大学。新学校里的许多事情她都看不惯：她认为舍友只知道看视频、玩游戏，一点儿也不像她之前的同学；学校的图书馆座位太少、开放时间太短，想找个安静的地方来学习也找不到……开学已经两个多月，英华还是无法适应这所大学里的生活，她常常感觉情绪低落，对很多事情提不起兴趣，对前途悲观失望，觉得自己的一生就要在平庸中度过。英华和舍友的关系非常疏远，大家很少一起聊天，她觉得很孤独，时常回想高中时和舍友一起嬉戏打闹的日子，幻想着时光能够倒流。最近一周，英华晚上躺在床上总是难以入睡，白天大部分时间精力不足、无精打采。看到学校张贴的"如何预约心理咨询"的海报，她拿出手机扫码并填写了一个预约表。手机页面显示"预约成功"，英华感到有些忐忑，不知道自己需要在咨询前准备些什么，在咨询过程中需要注意什么。

（资料来源：教学或咨询案例）

故事评析

第一次预约心理咨询，大家可能和英华同学一样，对心理咨询怀有许多疑问，不知道如何接受咨询。在咨询前了解相关信息，并做好相应的准备，能减轻我们内心的不安。

第二节　接受心理咨询

一、咨询前的准备

（一）提前预约

每一所高校都有专门的心理健康服务机构，通常对大学生免费开放。如果想前去咨询，应提前预约，一来可以让工作人员尽快安排合适的时间、地点和心理咨询师给来访者，二来可以让心理咨询师做好充分的准备。来访者可以事先弄清楚在哪里预约、如何预约，例如许多高校推出了线上预约服务，用手机就可以预约心理咨询。

（二）了解相关规定

有的来访者第一次走进咨询室之前，内心会有许多顾虑，例如，担心心理咨询师会泄露自己的秘密，怀疑心理咨询师会透视人心、看到自己的"黑暗面"，等等。实际上，心理咨询是一项专业活动，需要遵循一些原则，熟悉这些原则之后，来访者会更加理性地看待心理咨询。此外，每个心理健康服务机构都有自己的咨询室、相关规章制度，如开放时间、咨询场所，了解相关规定有助于咨询的顺利进行。

二、咨询过程中应注意的问题

身边的故事

心理咨询中的自助意识

英华同学怀着期待的心情提前来到等候室，等待心理咨询师给她开出一剂良方，解决她目前遇到的困扰。值班的同学告诉她心理咨询师在右手边的咨询室等她，她迫不及待地走了过去。心理咨询师请她坐下，并简单地做了自我介绍，然后问英华："能跟我说一下你的情况吗？"

终于有一个人愿意认真倾听她的烦恼了，英华立刻打开话匣子："老师，我是信息系大一新生，来学校两个多月，我觉得自己完全无法适应这里的生活，总幻想着时光能够倒流，重新参加一次高考，然后去一所更好的大学。高中时我在我们市里最好的学校学习，学习成绩一直是班上前十名。我家里的条件很不好，全家都靠着爸爸打工挣来的钱生活。爷爷的医药费、我和妹妹的学杂费是一笔不小的开支，为了多挣点钱，爸爸经常加班，周末也很少休息。妈妈除了照顾我们，还要忙家里的农活，家里种了不少庄稼，大部分事情都要妈妈一个人处理。作为家里的长女，我一直很努力，希望有一天我能替爸爸妈妈分担一下，让他们不要那么辛苦。但是高考太紧张了，考前两科时手一直发抖，笔都握不稳，其他科目也都发挥得不好。分数出来之后我感到很绝望，因为高考是我唯一的机会，我却没有把握住。"

心理咨询师点了点头，示意英华继续说下去。

"原本我想再复读一年，可是我们那里的复读班收费太贵，我们家负担不起，我只能

第二章　驱走心灵阴霾——大学生心理咨询

硬着头皮报了这里。但是，这所学校真的跟我想象中的大学完全不符。舍友和同学几乎都不学习，每天玩手机、打游戏，没有一点学习的氛围，跟我高中时完全不一样。我不想像他们一样颓废，被不好的风气影响，所以不愿意跟他们一起，但是我感觉很孤独、很无助，做梦都想着离开这里，老师，你说我该怎么办？"

心理咨询师关切地看着英华，说："你刚才说你高考发挥得很不好，想复读但是家里负担不起，所以才报了这所学校。身边大部分同学不喜欢学习，你感觉他们太颓废，不愿意跟她们接触，但是又感觉很孤独、很无助，是这样吗？"

英华回答说："是的，老师，您能告诉我，我该怎么做吗？"

（资料来源：教学或咨询案例）

故事评析

心理咨询师会给出答案吗？应该不会。因为心理咨询的过程是心理咨询师协助来访者解决其自身问题的过程，来访者想要解决自身的问题，最终需要靠自己，心理咨询师会引导、启发来访者，但不能越俎代庖替来访者解决问题。

（一）来访者要有自助意识

心理咨询不同于去医院看病——医生问，病人答。在心理咨询过程中，除了需要心理咨询师的启发、引导、帮助，还需要来访者积极主动地配合。有的来访者抱着"受教"的态度前去咨询，对心理咨询师的分析、判断全盘接受并深信不疑。这实际上不利于取得良好的咨询效果。来访者不能完全依赖心理咨询师给出建议，而要有自助意识，主动地进行自我探索，积极地去解决自己面临的问题。有的来访者问心理咨询师"你说我该怎么办？"当心理咨询师没有给出具体的建议，就认为这位心理咨询师不专业，这种看法是错误的。心理咨询师不能越俎代庖，替来访者解决问题，而应当授人以渔，协助来访者解决问题。

（二）真诚坦率地交流

有的来访者因为担心个人的隐私被泄露，或对心理咨询师不够信任，咨询时隐去某些重要问题，让心理咨询师难以做出正确的判断。真诚坦率的交流，意味着来访者将自己的情况、自己的感受如实告诉心理咨询师，不夸大其词也不刻意隐瞒。在咨询室中，来访者可以放心地将心中所有的疑问提出来与心理咨询师讨论，讨论的过程也是来访者自我探索、自我反思的过程。

（三）来访者要有耐心

很多时候心理咨询的效果并不是"立竿见影"的，来访者可能需要咨询一段时间才能解决自己的问题。咨询过程中也可能出现反复的情况，原本已经缓解的症状又复发。对此，来访者需要保持耐心，心理的发展、变化需要一个过程，欲速则不达。此外，有些来访者的问题持续的时间较长，去改变旧有的思维模式和行为习惯需要一段时间的努力。

（四）认真完成咨询作业

良好的咨询效果不仅仅取决于咨询室中的谈话，也取决于来访者咨询作业的完成情况。咨询师往往会给来访者布置一些"家庭作业"，让来访者自己去完成。这些作业有以下作用：①帮助来访者留意自己的想法、情感和行为，这有助于来访者进行自我探索；②让来访者将咨询中学到的东西运用于日常生活中，学会自己解决自己的问题；③鼓励来访者尝试新的更加适应的行为，改变原来的行为模式，帮助来访者获得成长和进步。认真完成咨询作业，能增强咨询的效果。例如，要改变头脑中错误的认知，需要不断地察觉自己的想法，纠正不合理的信念。有的来访者回家不练习，总想从心理咨询师那里讨得一种灵丹妙药从而一劳永逸，导致咨询效果大打折扣。

三、咨询后续事宜

（一）考虑是否需要更换心理咨询师

心理咨询师与来访者应当是平等的合作关系，两者共同努力实现咨询目标。如果与咨询师之间合作不佳，可以考虑更换心理咨询师。

在众多的心理咨询师中，如何挑选适合自己的呢？

首先，心理咨询师的专业性要过关；其次，最关键的一点是要遵从自己内心对于心理咨询师的感受，这也是在整个心理咨询中重要的部分。一个好的、适合自己的心理咨询师可以让人们有以下感受。

1. 可以信任他

心理咨询发挥作用的关键是来访者和心理咨询师之间可以建立有效的工作联盟，而建立这样的工作联盟的基础就是信任。如果你在心理咨询中，感受到心理咨询师是可以信任的，感到放松而安全，说明你与心理咨询师十分合适；如果你感到自己无法信任心理咨询师，这时你可以把顾虑告诉对方，若实在无法信任，则说明双方并不合适。

2. 愿意向他倾诉

在心理咨询初始阶段，如果你愿意向心理咨询师倾诉，那么有利于后面心理咨询的开展。如果在心理咨询初始阶段，你就感觉不是很愿意向心理咨询师倾诉，这有可能意味着你们是不适合的。在心理咨询中期，如果你不愿意倾诉，有可能是心理咨询阶段的原因，你也可以将你的顾虑开诚布公地告诉心理咨询师。

3. 感到被倾听、被接纳和被理解

在一段良好的咨访关系中，你会从心理咨询师那里充分地感受到被倾听、被接纳和被理解。心理咨询师不仅仅只关注你的故事，也关注故事背后的模式。心理咨询师对你的好奇是带着尊重和渴望的，而不是"八卦"和试探的。

4. 感到有成长和改善

你决定进行心理咨询，一定是因为你遇到了困惑，因此，决定你和你的心理咨询师是否合适的关键就是你在心理咨询中是否感受到了自己的成长和改善。这个过程也许需要你保持耐心，但在一段合适的咨访关系中，这种成长迟早会出现。

（二）总结自己的收获

若来访者的问题解决了，咨询达到预期的目标，就可以结束咨询。咨询结束后来访者应该总结自己在咨询过程中的收获，努力将咨询中学到的东西运用于生活，巩固更具适应性的新认知和新行为。并总结经验，以便日后遇到类似的问题有足够的资源来应对。

第三节 认识心理疾病

小丽的痛苦

大二学生小丽近半年一直感觉很痛苦,在家人的建议下,她来到精神科看医生。小丽做事认真负责、追求完美,但是近半年她这种"追求完美"的态度让她苦不堪言。例如,早上叠被子,如果有一点没叠好,她就会重新叠,有时候甚至花半个小时来叠被子,导致她上课频频迟到。走出宿舍后,她常常怀疑门没有锁好,就反复去检查。有一次,和舍友约好一起去逛街,刚到达商场,她怀疑门没有锁好,坚持要回宿舍重新锁门,让舍友感觉很扫兴,对她颇有微词。近期,看了一些关于流行性疾病的报道,她觉得一定要注意个人卫生,于是不停地洗手,手洗得红肿还是无法停止。

(资料来源:教学或咨询案例)

故事评析

可以看出,小丽内心很痛苦,一方面她知道自己没必要这样"追求完美",另一方面她又控制不住自己,因而内心产生冲突。这是神经症的典型表现。

心理问题如果没有得到及时、妥善地解决,随着时间的推移,个体的认知和情绪可能会扭曲,困扰的程度会逐步加深,症状出现泛化并使个体的社会心理功能受损,进而演化成各种心理疾病。个体的成长环境和家庭教养过程中长期存在的心理偏差可能导致人格障碍。心理疾病易感的人格特质加上强烈的负性生活事件刺激有可能诱发严重的精神疾病。面对这些异常心理,应当做到"尽早发现、科学诊断、及时治疗"。

在大学生群体中较常出现的心理疾病和精神障碍主要有神经症、心境障碍、应激相关障碍、人格障碍等。

一、神经症

神经症,在生活中常被误称为"神经病",是一组非精神病性功能性障碍,主要表现为持久的心理冲突,病人觉察到或体验到这种冲突并因之深感痛苦且心理功能或社会功能受损,但没有任何可证实的器质性病理基础。

神经症具有以下几个共同特征。

(1)心理冲突。神经症病人意识到自己处于一种无力自拔的自相矛盾的心理状态,通俗地讲就是自己总是跟自己过不去,自己折磨自己,病人知道这种心理是不正常的或是病态的,但是不能解脱。

(2)精神痛苦。神经症是一种痛苦的精神障碍,喜欢诉苦是神经症病人普遍而突出的表现之一,他们一般自知力完整,有求助意愿。

(3)比较持久。神经症是一种持久性的精神障碍,不同于各种短暂的精神障碍。

(4)社会心理功能受损。神经症性心理冲突中的两个对立面互相强化,形成恶性循环,日益严重地妨碍着病人的心理功能或社会功能。

(5)心因性。神经症是一组心因性障碍,人格因素、心理社会因素是主要致病因素,患者虽然诉说各种不适,但却没有相应的躯体疾病与之相联系。神经症是大学生中最多见的一类心理疾病,有关资料显示,大学生群体神经症的发病率在整个社会群体中占绝对比例,并有上升的趋势。

依据其临床表现,神经症可以区分为以下几类。

(一)恐惧症

恐惧症是指对某一特定的物体、活动或者处境所产生的持续紧张、毫无理由的惧怕,从而出现回避反应,患者明知这种反应不合理,但在相同场合或情境中仍会反复出现,并难以自控。恐惧症的临床表现主要有三种类型:社交恐惧、场所恐惧、特定恐惧。在青年大学生中以社交恐惧最为常见,发病率约占总人口的2.6%,女性患者多于男性。

1. 症状表现

这主要包括:恐惧被别人注视;恐惧自己会做出丢脸的言谈举止;怕自己在别人面前张口结舌;怕吃饭时由于有人注视而丑态百出;恐惧得手发抖以致无法写字;害怕自己在公共场所呕吐;回避见人,尽量不去公众场合;极度焦虑,出现面红、心慌、震颤、出汗、恶心、尿急等躯体症状;在公共厕所里因恐惧而解不出小便;等等。

2. 主要病因

(1)生理因素。精神病学教授戴维西汉指出,社交恐惧症的发病是因为人体内一种叫"5-羟色胺"的化学物质失调。这种物质负责向大脑神经细胞传递信息,这种物质过多或过少都可引发人们的恐惧情绪。

(2)心理因素。社交恐惧症患者一般自尊心较强,害怕被别人拒绝,或者对自己的外貌没有信心,有完美主义倾向,过分害怕事情的负面结果。

(3)家庭、社会环境等外部因素。家庭搬迁或转学过于频繁、从小受家长约束而很少与人交往或本身所处的社会环境较为恶劣等都容易导致社交恐惧。

3. 应对措施

(1)正确解读社交恐惧。恐惧是人类最原始的情绪体验之一,存在于每个人身上,恐惧甚至可以认为是个体潜意识中的快感体验。自我如何解读社交恐惧很重要。如果你认为你的社交恐惧是一种病,那么你会感到沮丧和失败;如果你解读为"我不爱社交",那么你会获得内心宁静。社交是要花精力的,哲学、文学、科学上有成就的人,多半是不喜欢社交的一群人。坦诚地接纳自己,承认自己不善社交,允许自己的不完美甚至甘愿自己有些另类、讨人嫌,是根治社交恐惧的良方。

(2)直面恐惧冲击。心理学研究表明,恐惧可能引起逃避,而回避行为又会诱发或加深恐惧。在坦诚接纳自己的同时,我们还可以尝试直面社交恐惧的冲击。首先,可以预约个体心理咨询或者参加一些团体心理辅导,因为这样的交往环境对社交恐惧症患者来讲更为"安全",而且参与者还可以学到一些基本的社交技巧;其次,可以让自己出现在大街商场、大规模活动、小聚会等各类公共场合，在恐惧刺激出现时练习肌肉放松，达到对恐惧的交互抑制，然后尝试在公众场合下发表自己的观点或演讲，通过"系统脱敏"的方式达到对恐惧的自然接纳。每当自己取得一点进步时就给自己奖励，长期的、有计划的练习会使病症有很大的改观。

（二）焦虑症

焦虑症是指持续性精神紧张或发作性惊恐状态，常伴有明显的植物神经系统功能紊乱。发病率约占总人口的 2%～4.7%，发病年龄多在 15 岁～40 岁，女性患者比男性患者多一倍。临床上可以分为两种类型：急性焦虑发作，即惊恐障碍；广泛性焦虑障碍，又称慢性焦虑症。在青年大学生中以广泛性焦虑障碍较为常见，个体充满了过度的、长期的、模糊的焦虑和担心，而这些焦虑和担心通常没有一个明确的原因，自己也说不清楚存在何种威胁。

1. 症状表现

（1）病理性焦虑反应。持续性或发作性地出现莫名的恐惧、害怕、紧张不安；有一种期待性的危险感甚至濒死感；患者担心自己会失去控制，可能突然昏倒或"发疯"。急性焦虑症可使患者数分钟内不能动弹，惊恐情绪反应可持续较长时间，反复发作，使患者陷入惶恐不安，对发病心有余悸；持续性焦虑状态则表现为终日忧心忡忡，坐卧不安，对外界事物敏感，常常草木皆兵，提心吊胆。70% 的患者同时伴有抑郁症状，对前途失去信心和期望，情绪易波动、易怒。另外，还可能会有认知方面的障碍，对周围环境不能清晰地认识和感知，思维变得简单模糊；过分关注自身的健康状态，担心疾病再次发作。

（2）躯体症状。心悸、心慌、胸闷、胸痛、气短、心跳呼吸频率加快；失眠、梦魇、疲乏感、工作学习效率低；肌肉紧张、颤抖、手指麻木；尿频、头昏目眩、月经失调；心神不宁、坐立不安、搓手顿足、来回踱步、注意力无法集中等。

2. 主要病因

（1）生理因素。焦虑症患者往往会有 5-羟色胺、去甲肾上腺素等多种神经递质的失衡，因此也具有一定的遗传性。

（2）心理因素。当人们长期面临威胁，处于不利环境之中或遭遇重大的生活事件时，易感人群就容易患焦虑症。

3. 应对措施

（1）药物治疗。焦虑症患者应当接受药物治疗，常用的抗焦虑剂有安定等，部分焦虑症患者还需要结合抗抑郁治疗。焦虑症的治疗效果预期较好。

（2）心理治疗。患者主要应学习放松训练，可以借助放松训练的音乐指导语在躺卧坐立、行走等各种情境中练习肌肉放松，重复训练达到运用自如的程度。

（三）强迫症

强迫症，又称强迫性障碍，是指个体被持续的、反复出现的、不必要的，且又感到不能阻止其出现的概念或思想干扰而出现的失调行为。其特点是意识的自我强迫与反强迫同时存在，二者的冲突导致患者紧张不安，十分痛苦。发病率约占总人口的 0.1%，发病年龄多在 15 岁～30 岁，男性多于女性，脑力劳动者和城市居民多于体力劳动者和农村居民。

临床上可以分为强迫思维和强迫行为两大类。

1. 症状表现

（1）强迫思维。①强迫性穷思竭虑：患者对自然现象或者日常生活事件发生的原因进行反复无效的思考，比如"人为什么有两只眼睛，而不是三只""无穷大有多大，无穷小有多小"等。②强迫性疑虑：患者对自己做过的事情经反复地考虑和检查后仍不放心，比如总怀疑门没有锁好。③强迫性对立观念：因两种对立的词句或概念反复在脑中相继出现而感到苦恼和紧张，如想到"拥护"，立即出现"反对"；说到"好人"时，立即想到"坏蛋"；等等。

（2）强迫行为。①强迫性仪式动作：患者每次要通过一套程序化的动作来完成日常生活中的某件事，比如上床睡觉一定要进五步再退两步，先脱左脚的鞋和袜子，然后把左脚的袜子放在左脚的鞋上，等等，否则会感到不安。②强迫性洗涤：反复多次洗手、洗头、洗物件，总感到洗不干净，比如，有位重症患者每次洗手要用掉一整块香皂，历时2~3个小时，直至深更半夜才罢休。③强迫性询问：反复向身边的人询问同一事件，患者总感觉不放心。④强迫性计数：不可控制地数台阶、电线杆，做一定次数的某个动作，否则感到不安，若漏掉了就要重新数。

2. 主要病因

（1）心理因素。强迫症患者的性格一般拘谨、忧虑、认真仔细、力求准确、缺乏灵活性、追求完美、爱钻牛角尖、过分严格要求自己、喜爱整齐和有秩序等，家庭教育过程中极端强调认真仔细的生活习惯容易促成这种性格特征。

（2）心理社会因素。强烈或持久的精神因素的作用或激烈的情绪体验的影响，往往是强迫症发病的直接原因，比如由于工作、生活环境的变迁，责任加重，处境困难，担心意外，家庭不和或由于丧失亲人受到突然的惊吓等。

3. 应对措施

（1）阻断法。当不自觉出现强迫观念或强迫行为时，通过大声喊"停"、默念"毫无必要"或者用橡皮筋弹手腕等方式来强行中止，同时给自己替代安排其他活动，实现注意力的转移。连续的训练有助于形成新的条件反射，达到消除强迫观念和行为的目的。

（2）药物治疗。强迫症一般起病缓慢、病程较长，症状可持续多年或时轻时重，随着年龄的增长，症状逐步减轻。病前有较明显的精神因素、强迫性性格特征不显著、病程较短、无阳性家族史者，症状可能自发缓解；病前性格特征明显、发病年龄较早、病程较长者，只有长期结合药物治疗方能治愈。

（四）躯体形式障碍

身边的故事

怀疑自己患病的武阳

刚上大学的武阳又来找班主任请假，这已经是他本月第四次请假了，请假的理由依然是：外出体检。原来武阳从三个月前就怀疑自己的心脏出现了问题："有时候感觉心脏好像停止跳动了，让我觉得自己快要死了。"他去了不同的医院体检，体检结果都显示他

的心脏没有问题，但是武阳觉得这些医院检查得不够仔细，或者医院的设备不行，自己的心脏"肯定"有问题。身边人都不理解他，他感到很痛苦。武阳对班主任说："昨天我又感觉胸口疼，无法呼吸，如果不及时治疗，恐怕我活不久了。"

（资料来源：教学或咨询案例）

故事评析

一个"没病"的人总觉得自己"有病"，这听起来有些奇怪，但这就是躯体形式障碍的主要特点，即患者感觉过敏，总觉得自己的身体出了毛病，但是去医院检查却查不出来。

躯体形式障碍是一种以持久的担心或相信各种躯体症状的优势观念为特征的神经症。患者因这些症状反复就医，各种医学检查和医生的解释均不能打消其疑虑。即使有时患者确实存在某种躯体障碍，但不能解释症状的性质、程度或病人的痛苦与先占观念。临床上分为：疑病症、躯体化障碍等，在青年大学生群体中以疑病症较为常见。

1. 症状表现

（1）疑病的心理障碍。患者坚信自己患有严重疾病，为此到处求治，找过许多医生，但反复检查均无阳性特征，或有小毛病但与本人感觉不相称。出现疑病性烦恼、不适感、感觉过敏，对自身健康过分关注。

（2）疼痛。约有2/3的患者有疼痛症状，常见部位为头部、下腰部或右腋窝。这种疼痛描述清楚，有时甚至主诉全身痛，但查无实据。

2. 主要病因

（1）心理因素。患者大多性格敏感多疑、主观固执、以自我为中心、自怜和孤独。男性多具有强迫性人格，女性则多与表演性人格有关。

（2）心理社会因素。婚姻破裂、子女离别、人际交往减少、孤独不稳定等均可成为疑病症的诱因。当然，有的患者是之前得过重大的躯体疾病，并由此促发了强烈的自我暗示和条件联想。

3. 应对措施

（1）慎重诊断。必须经过严格细致的体检和实验检查，切实排除器质性疾病的可能才能下结论，否则可能延误病情，危害身体健康。

（2）心理治疗。经过反复检查无器质性病变后应适时地求助于心理治疗，了解心理社会因素致病的可能，配合心理医生发掘和分析症状背后潜在的心理冲突，从而缓解症状。

（3）药物治疗。一方面辅以药物，帮助消除某些躯体不适症状；另一方面，接受正规的心理医生的治疗。

（五）神经衰弱

神经衰弱是一种神经系统功能失调症，是由各种精神因素引起的高级神经活动过度紧张，导致大脑神经功能紊乱而暂时性失调。据调查，神经衰弱在大学生中的发生率为8.5%，男女之间没有显著差异。

1. 症状表现

（1）脑功能异常。易疲劳和衰竭、健忘，注意力难以集中或不能持久，记忆力明显减退，体力、精力不足；情感脆弱，情绪波动大，易被激怒，有时容易兴奋激动，又迅速转为忧虑沮丧，悲喜无常、烦躁不安；对内外刺激感觉过敏（比如感到头部的血管搏动、怕光、怕声音）；头脑持续性钝痛、头晕脑涨。

（2）睡眠障碍。失眠、早醒、难以入睡、多梦、白日嗜睡但不解困、昏昏沉沉。

（3）植物神经功能紊乱。心悸、心慌、胸闷、胸痛、消化不良、腹胀、食欲降低、无力、周身不适、多汗、尿频、阳痿早泄、月经不调、痛经、血压不稳等。

2. 主要病因

（1）心理因素。调查发现，性格胆怯、自卑、抑郁、依赖性强、敏感多疑、主观任性、急躁好强、自制力差的人更容易罹患神经衰弱。

（2）心理社会因素。学习负担过重、家庭期望过高、父母不和、人际关系紧张、亲人亡故、感情破裂、升学就业困扰、性心理困扰等是诱发青少年神经衰弱的主要心理社会因素，其中部分因素使得大脑神经活动长期持续性过度紧张，导致大脑兴奋和抑制功能失调而产生神经衰弱。

（3）生理因素。体质不佳、近期患躯体疾病，有时也易诱发神经衰弱。感染、中毒、营养不良、内分泌失调等也会对神经系统产生不良的影响。

3. 应对措施

（1）心理治疗。可以寻求专业的心理治疗，充分倾诉内心痛苦、焦虑的感受，分析起病的原因，同时可以通过放松训练、音乐治疗、生物反馈治疗等解除精神压力和紧张情绪，并增加自己的心理自由度（比如允许自己有缺点，不怕使别人失望）。

（2）药物治疗。针对某些症状，适当地采用药物辅助治疗，如抗焦虑药物、抗抑郁药物、解除睡眠障碍药物。

（3）日常调整。保证规律的作息时间，每天坚持适量户外运动、练习静坐、温水淋浴等有助于缓解神经衰弱的症状。

二、心境障碍

从"上进"变为"颓废"的欣怡

欣怡能歌善舞，是班上的"文艺标兵"。她热衷于参加学校组织的各种文艺类活动，并且获得多个奖项。私下里，欣怡很注重个人形象，对发型、服饰非常讲究。可是，最近一个月，欣怡好像变了一个人，变得邋遢、懒惰，每天躺在床上不想动，有时候头也不梳、脸也不洗。之前喜欢唱歌，最近不唱了，同学喊她一起参加文艺活动，她说："没兴趣。"一位好心的舍友劝诫她："欣怡，你这么优秀一个人，怎么变得这么颓废？我实在看不下去了！"欣怡回答说："我没你想的那么优秀，我一直都是个很差劲的人，活着简直是浪费粮食!"她的回答让舍友吓了一跳:"你得了那么多的奖项,说明你很优秀,怎么能说自己差劲呢?"欣怡摇了摇头:"那些都不值一提。我的痛苦,跟你说了你也不会明白。"

(资料来源:教学或咨询案例)

故事评析

故事中的欣怡跟以前相比好像"变懒"了,个人卫生习惯变差了,对很多事情失去了兴趣,对自我的看法也十分消极,而且主观上感觉很痛苦,这种状态持续了一个月。显然,她出现了"心境障碍"。

心境障碍,又称情感性精神障碍,是以明显的持久的心境高涨或心境低落为主的一组精神障碍。伴有相应的认知和行为改变,严重者可有幻觉、妄想等精神病性症状。大多有反复发作倾向,治疗缓解后或发作期间精神状态基本正常,但部分患者有残留症状或转为慢性。根据其临床表现可以分为:躁狂发作、抑郁发作、双相障碍、持续性心境障碍。在大学生群体中较为常见的为抑郁发作,也就是人们通常所说的抑郁症。

抑郁症,也叫忧郁症,是一种持久的心境低落状态,常伴有焦虑、躯体不适和饮食睡眠障碍。抑郁症的发病率为3%~5%,是当代社会常见的心理疾病,被称为精神病学上的"流感",也是日常生活中"原因不明"的自杀行为的重要诱因。

1. 症状表现

(1)情绪低落。患者在外表上并不一定有明显的异常表现,但自觉心情压抑、沮丧、苦闷、无精打采,对日常活动缺乏兴趣。虽然患者可以像正常人一样表露出喜怒哀乐的情绪变化,但其总的心理倾向是孤独、空虚、忧郁和悲伤,常暗自哭泣。

(2)认知障碍。患者自我评价过低,消极地看待自我、自己的经验和自己的未来(抑郁症患者认知"三联征")。悲观消沉,思维迟缓,自责内疚,甚至出现罪恶妄想,其内在核心信念是"无助"和"不可爱"。

(3)意志行为能力低下。精神不振,反应缓慢,对学习、工作缺乏信心,效率低下,意志行为退缩,缺乏动力和活力,尽量回避与人交往和担负责任。

(4)躯体症状。全身疲乏,缺乏体力和精力,常有胸闷、心悸、腹痛、食欲不振、便秘、月经失调、性欲下降、失眠、多梦、早醒等症状。

(5)自杀倾向。大多数患者有消极观念,声称"生不如死",重症患者有自杀的风险。

2. 主要病因

抑郁症的病因比较复杂,发病常常与多个方面的影响有关。

(1)心理因素。根据大量的案例分析和诊疗经验发现,抑郁症患者具有一些心理素质和性格特征上的易感因素,比如过度自卑、悲观固执、敏感多疑、胆小软弱。

(2)心理社会因素。抑郁症的发病通常以具体的生活事件为诱因,如身体重病、家庭变故、经济困难、被虐待或忽视,同时社会支持不足,各种心理压力没有得到及时的疏导,都会促使抑郁症发生。

(3)生理因素。抑郁症的发病还与大脑神经递质的异常有关,如5-羟色胺和去甲肾上腺素这两种神经递质之间的不平衡,就可能导致抑郁症或焦虑症,因此抑郁症还具有一定的遗传性。

3. 应对措施

（1）科学诊断，接受心理治疗。当出现抑郁症可疑症状时，应及时到专业的心理咨询中心或医院精神卫生门诊寻求科学诊断，切忌根据个人的主观经验或心理测试结果随意给自己或他人贴上"抑郁症"的标签，以免凭空制造心理压力。经专业诊断患有抑郁症的个体，应坚持接受心理治疗，比如认知矫正、行为训练、生物反馈治疗。

（2）辅以药物治疗。抑郁症患者（尤其是重症患者）通常情绪低落，思维迟缓，意志行动能力下降，并伴随一系列饮食、睡眠和行为障碍，为了能够更好地帮助患者改善情绪状态、提升认知行为改变的动力与活力、调整日常生物节律，一般需要在精神科医生的指导下辅以抗抑郁药物治疗。

（3）坚持自我调整。心理治疗和药物治疗的疗效巩固需要患者自身做一些努力和尝试。心理学家森田正马创立的"森田疗法"对于抑郁症患者的自我调整和生活应对有很好的启发，按照森田疗法中"顺其自然，为所当为"的核心生活理念，抑郁症患者在日常生活中应该在省思的同时坚持完成基本学习和工作安排，保证正常的生物节律和生活节奏。因为心理的困扰随时存在于我们每个人身上，那么我们就应该"带着症状去生活"，这样不仅可以避免因生活失败带来的交互影响，还可能在顺利完成某些任务时获得正向的强化和对症状的领悟。

三、应激相关障碍

应激相关障碍，旧称反应性精神障碍或心因性精神障碍，指一组主要由心理、社会（环境）因素引起异常心理反应而导致的精神障碍。一般起病急骤，持续时间长，失常程度严重。临床上常见三种类型：急性应激障碍、创伤后应激障碍、适应障碍。由于自然灾害和事故（如地震、泥石流、海啸、车祸）的发生，亲人或家园遭到重大损伤，这容易诱发创伤后应激障碍。

1. 症状表现

（1）意识模糊状态。受刺激发病后，对周围事物感知不清，迷惑，注意力涣散，定力障碍。严重者可出现表情呆滞、不语不动、对外界刺激无反应。

（2）抑郁状态。在强烈的精神创伤下，情绪低落、沮丧、兴奋降低、悔恨内疚、应答反应迟缓、低声细语、消极悲观。

（3）偏执状态。发病后敏感多疑，捕风捉影，表现出紧张、恐惧，继而出现牵连观及被害妄想等。妄想具有现实性和易露的特点，也可能伴有幻觉和错觉。

2. 主要病因

该病的发作与外部刺激有直接的因果关系，个体的性格可能较为脆弱、敏感，倾向于将外界发生的事情归因于自身。

3. 应对措施

（1）迅速消除或避开刺激情境。患者的症状表现常反映患者的内心矛盾和精神创伤的内容，消除刺激原因，及时治疗能较快康复，且很少留后遗症。如无重大精神创伤，无复发之忧。

（2）心理疏导。引导患者宣泄情绪，仪式性地完成未遂心愿（比如丧失亲人后却没有为亲人送终而引起的内疚、自责和悲痛，需要补充完成祭奠仪式来表达哀伤），做好日常生活安排等，有助于患者尽快调整情绪和精神状态。

（3）药物治疗。适当应用精神药物，针对不同的病症可服用抗抑郁、抗偏执、抗兴奋药物，缓解精神紊乱状态，重症患者最好住院治疗和观察。

四、人格障碍

人格障碍又称变态人格、人格异常、病态人格，是指人格特征明显偏离正常，形成了一贯的反映个人生活风格和人际关系的异常行为模式。这种模式明显影响其社会功能，可造成对社会环境的适应不良，病人为此感到痛苦。

1. 症状表现

人格障碍在临床上表现为多种类型，大学生群体较常见的有以下几类。

（1）偏执型人格障碍。主要特征是固执、猜疑、心胸狭窄、好嫉妒。自我评价过高，对挫折与拒绝过分敏感，且在遇到挫折时易于责备他人或推诿责任。具有歪曲体验的倾向，易于把别人本来中性的甚至友好的行为表示看成敌视或蔑视行为。在生活和工作中容易与他人发生摩擦，难以相处。以男性居多。

（2）强迫型人格障碍。表现为刻板保守，过分要求严格与完美无缺，责任感过强，缺乏安全感。常顾虑小事而忽略大事，有时因顾虑太多、害怕犯错误而犹豫不决。内心常伴有强烈、矛盾的冲动和欲望，徘徊于服从或反抗、控制或爆发的两个极端。这种人容易与人竞争、比较，过分注重干净，缺乏幽默，不宜与人有感情上的往来和交流。

（3）冲动型人格障碍。又称攻击型人格障碍，主要特征是行为冲动不计后果，伴随阵发性的情感爆发；强烈的愤怒爆发常诉诸暴力，做出破坏和伤人的攻击行为。

（4）表演型人格障碍。也叫癔病型人格障碍，主要特征是过分做作、夸张、感情用事，通过戏剧性的行为引人注意。患者受暗示性强，依赖性强，以自我为中心，感情易变化，易激动，对人感情肤浅。以女性居多。

（5）分裂型人格障碍。主要表现为观念、行为、外貌妆饰奇特，情感冷漠，人际关系有明显缺陷。患者通常比较孤独、沉默、隐匿，不爱进行人际交往，不合群。既无什么朋友，也很少参加社会活动，显得与世隔绝。他们虽然因此而痛苦，但并不能意识到自身的问题。

（6）反社会型人格障碍。表现为缺乏正常人之间的爱和责任感，以致经常违反各种社会规则，甚至实施违法犯罪行为。患者大多为高度利己主义者，极端自私；无视道德规范和行为准则，经常逃学；对人感情肤浅，甚至冷酷无情，即使对自己的亲人、朋友也缺乏真情实意；谎话连篇，经常欺骗或有意捉弄他人；自制力差，好攻击，易冲动，有时以破坏行为来取乐；日常生活缺乏目的性、计划性和完整性；自尊心强，遇到挫折时向外归因，且强词夺理。

2. 主要病因

（1）环境因素。儿童早期的成长环境和家庭教育对人格的发展非常重要，父母过于严厉、过于溺爱，或幼年遭受重大创伤性事件以及家庭周围不良的社会环境，都会对儿童人格的发展产生严重的负面影响。

（2）生理因素。经过对脑电图的研究发现，人格障碍者的大脑皮层成熟延迟，即冲动控制能力和社会意识发展延迟。随着大脑皮层的逐渐成熟，人格障碍一般到中年以后会渐趋缓和。

3. 应对措施

人格障碍一旦形成就很难纠正，不易改变。目前尚没有很好的治疗办法，但可以做一些调适。

（1）药物治疗。尽管药物不能改善患者的人格结构，但可以缓解某些并发症状，帮助患者改善精神状况。

（2）心理治疗。通过参加治疗性团体、认知行为治疗、家庭系统治疗等帮助患者寻求一种与自己人格特点冲突较小的生活方式，从而减少由冲突带来的痛苦和病情恶化。

（3）精神外科治疗。通过手术改善一些人格障碍。

知识清单

（1）心理咨询是心理咨询师利用心理学的理论和方法，协助来访者解决其心理方面的问题，帮助来访者更好地适应社会、发挥自身潜能的活动。

（2）心理咨询师是经过心理学及相关专业训练的、专门从事心理咨询活动的专业人员。

（3）来访者是存在某方面的心理困惑或心理问题，走进心理咨询室接受专业心理咨询服务的人。

（4）心理咨询的特点是助人自助，心理咨询师与来访者之间具有互动性，咨询的问题应当属于心理学范畴。

（5）心理咨询的工作对象可以分为三类：一是精神正常，但遇到了与心理有关的现实问题并请求帮助的人，或者是希望在某一方面做得更好的人；二是精神正常，但是心理健康出现问题并寻求帮助的人群；三是临床治愈的精神疾病病人。

（6）按照咨询的性质和对象划分，可以将心理咨询分为发展性咨询、健康性咨询和障碍性咨询。按照咨询人数划分，可以将心理咨询分为个体咨询和团体咨询。

（7）心理咨询要遵守保密原则、价值中立原则、理解性原则、助人自助原则、自愿原则、时间限定原则、情感限定原则和重大决定延迟原则。

资源推荐

一、推荐书籍

1.《蛤蟆先生去看心理医生》

这本书讲述了原本爱笑、爱闹的蛤蟆先生一反常态，变得邋遢、郁郁寡欢。在朋友的建议下，蛤蟆先生开始去见心理咨询师苍鹰。在咨询过程中，蛤蟆先生逐渐学会了觉察自己的感受、描述自己的情绪，并找出自己常用的管理情绪和处理人际关系的方式，学会了审视和探索自己。经过十次咨询，蛤蟆先生终于重新振作起来。作者借苍鹰的口吻表达了健康人的一些特点：活得真实，能够觉察自己的感受，为自己负责，独立自主，用理性而不是情绪化的方式来行事，能够从经历中思考和学习。

（资料来源：戴博德：《蛤蟆先生去看心理医生》，天津人民出版社，2022年）

2.《也许你该找个人聊聊》

此书是一位心理治疗师的回忆录，讲述了发生在诊室中的故事。在这个小小的密闭空间里，人们会展现出最真实、最脆弱的一面；也是在这里，人们获得了陪伴和倾听，也获得了宝贵的觉察、成长与改变。在书中，我们会看到四个来访者的故事，以及第五个寻求帮助的人——心理治疗师自己的故事。这本书从心理治疗师和来访者的双重视角展现了心理治疗的过程，让我们发现：无论身份背景有多相异，人类面对的烦恼其实都相通——爱与被爱、遗憾、选择、控制、不确定、死亡，这些都是我们身而为人必须共同学习面对的议题。

（资料来源：戈特利布：《也许你该找个人聊聊》，上海文化出版社，2021年）

二、推荐电影

1.《你好，疯子！》

该电影讲述了七个素不相识的人在毫不知情的情况下被关进了精神病医院，经过医院初步核实，他们当中只有一个人有精神病，院长许诺他们七个将这个真正患病的人找出来，其他人就能出院。为了出院，他们使尽浑身解数，将"疯子"的种种极端、怪异的行为表现得淋漓尽致。这部影片荒诞的剧情也会让人思考：心理正常与心理异常之间究竟有何不同？两者是否存在着本质性的差异？

2.《心灵捕手》

这部影片讲述了一个少年时受到父母虐待而产生心理问题的天才青年威尔，他在做麻省理工学院的清洁工时解开了一位著名数学教授公开给学生出的难题。一次斗殴后威尔被法庭宣判送进少年监护所。数学教授向法官求情并保释了威尔，希望能和他一起研究数学，可是威尔却不愿意与他合作。教授为威尔找了心理医生做心理辅导，但这些心理医生均被智商极高的威尔羞辱，不愿再为威尔做心理辅导。教授无奈之下请大学同学及好友、心理咨询师尚恩帮忙。从开始的一言不发到言辞激烈地与心理咨询师互相伤害，再到最终彻底地从过去的伤痛中解脱出来并和心理咨询师拥抱痛哭，每一次面对真诚的心理咨询师，威尔对自己的自我认知都会更深入一步。最终，心理咨询师消除了威尔的心理痼疾，在朋友查克的鼓励与劝告下，威尔也找到了自我和爱情。这部影片为我们展示了心理咨询给人带来的巨大改变，这是普通的谈话、聊天无法达到的。

第三章
认识闪亮的我
——自我意识与人格

> 知人者智，自知者明。胜人者有力，自胜者强。
>
> ——老子

在雅典的德尔菲神庙上刻着三句箴言，其中有一句是："认识你自己。"有人曾经问古希腊哲学家泰勒斯："何事最难为？"泰勒斯回答道："认识你自己。"心理学家通过一系列实验，发现有时候我们也不清楚自己为何如此思考、如此行动，但是我们会给自己的行为编造合理的"理由"，用来解释自己的行为并说服自己。可见认识自己并非易事，但是，"认识自己"这件事情又让许多人为之着迷，他们一生都在寻求更加了解自己的方式。老子的《道德经》中有这样一句话："知人者智，自知者明。"俗话也说："人贵有自知之明。"这就是说能清醒地认识自己、看待自己，才能算得上是聪明，行事为人才能更加明白。同时，正因为我们能够正确地认识自己，才能够推己及人，更好地理解他人。

学习目标
1. 了解自我意识的基本概念。
2. 能够区分不同的人格，并对自我的自尊水平和能力做出积极评价。
3. 能够用辩证的观点看待不同的人格，充分发挥自己的人格优势。
4. 学会在集体主义背景下审视自己的个性特点，培养有利于社会和他人的性格特点。

第一节 探寻自我意识

缺乏自控力的佳佳

佳佳的学习成绩在班里一直名列前茅，在老师和同学眼里，她聪明、勤奋，是大家学习的榜样。但是佳佳却不这样认为，她觉得自己自控力差，常常管不住自己。比如上周六她原本计划复习英语，但是早上九点多才起床，整理内务又花了两个多小时，很快就到了吃午饭的时间，但英语书都没有打开过。佳佳每个月都会给自己制订计划，但是十有八九没有完成。她在日记里写道：我希望自己像姐姐一样学习高效、考上心仪的学校，但总是克服不了懒散的毛病。

（资料来源：教学或咨询案例）

故事评析

有时候我们跟佳佳一样，会反思自己，也就是把自己当作一个观察和评价的对象。好像有两个"我"，一个是观察者、评论者，另一个是被观察、被评论的"我"。其实，这时候我们就调用了"自我意识"。

想象一下：你在照镜子时，发现自己额头上长了一颗青春痘，眼睛周围还有明显的黑眼圈，你忍不住责怪自己："最近不该熬夜！"这就是自我意识，自我作为一个对象吸引了我们的注意，或者说意识集中在了自我上。

一、什么是自我意识

自我意识是个人对自身以及自己同客观世界的关系的认识，是一种多维度、多层次的心理系统，是人格调控系统的核心。从形式上看，自我意识表现为认知的、情感的、意志的三种形式，分别称为自我认识、自我体验和自我调控。自我认识是自我意识的认知成分，指个体对生理自我、心理自我和社会自我的认识。自我体验是自我意识的情感成分，在自我意识的基础上产生，反映个体对自己所持的态度。自我调控是自我意识的意志成分，指个体对自己行为与心理活动的自我作用过程。

从内容上看，自我意识分为生理我（躯体我）、社会我和精神我。心理学家詹姆斯认为，人最先是从自己的躯体知道自己的存在，产生了"生理我"，即产生对自己身体、健康状况、外貌、动作技能等方面的感受，如照镜子、美容护肤都是躯体我的表现。而后与人交往，从他人对自己的反应中以及自己的社会角色中，体验出自己的"社会我"，形成对自己在社会中的经济状况、政治地位、声誉、威信等方面的自我评价和自我体验，如自己是贫穷还是富裕，是否受人尊重和信任，在集体生活中举足轻重还是无足轻重，别人对自己是亲近还是疏远等。再后来从生活的成败得失中,在心理发展中,产生对自我心理品质、精神状态的认识体验,逐渐形成"精神我",如自己的理解力、记忆力是强还是弱,想象力是丰富还是匮乏,思维是敏捷还是迟钝,行动的自觉性是高还是低,自制力是强还是弱,等等。

从自我观念的角度来看,又可把自我意识分为现实我、投射我和理想我三个部分。"现实我"是个体站在现实的角度所认识到的真实的自我,是对个体的现实状况和实际行为的最真实的反映。"投射我"是个体想象中的他人眼中的自我,与现实我可能存在差距,但是对于现实我的形成却起着非常重要的作用,因为人们总是把他人对自己的看法和评价作为重要参考,来形成对自我的认知。"理想我"是指个体经由理想或为满足内心需要而在意念中建立起来的有关自己的理想化形象;由于人们总是按照理想自我来塑造自己,因此理想自我往往是现实自我努力的方向。在正常情况下,当"理想我"的形成建立在对现实我有较为客观的认识之上时,"理想我"和"现实我"就会慢慢协调一致,从而使自我意识得到健康而良好的发展。

故自我意识就是不同形式的自我和不同内容的自我的相互联系,从而构成了一个人个性的综合调控系统,这一系统在人的个性发展中占据着重要地位。

二、大学生自我意识的特点

大学生自我意识的特点可以概括为以下几个方面。

(一)独立意识强,关注个人发展

上大学意味着独立生活的开始,生活上的独立促进心理上的独立,大学生开始更多地关注自己,关心自己的现状和未来发展。大学生不断地寻求自己未来的道路,并为之进行周密的计划和安排。同时,大学生还会产生一种孤独感,并产生和别人交流的欲望,表面上大家生活在自己的世界里,内心却涌动着想被别人理解、想与别人沟通的渴望。

(二)自我评价能力有了很大发展

到了大学阶段,学生对自己的认识和评价发生了很大的变化,但并非不注重外在的东西,而是更加注重内在的素质。随着年级的升高,大学生对自我的社会属性,包括社会地位、社会角色、社会责任、社会义务等越来越关注。从总体上看,现代大学生看到的更多的是自己的优势、优点,对自我的评价有些偏高。有些学生过分看重自己的优势,而看不到自己的缺陷,这也可能走向另一个极端,即出现盲目自大、目中无人的心理状态,这对学生的发展是极为不利的。研究发现,低年级的学生自我评估的倾向比较明显,这是因为他们刚从中学毕业,他们自认为是"天之骄子",但是经过几年的大学学习、观察和体验,他们的自我评价会趋于平衡,对自己的评价会更为客观、现实。

(三)自我体验强烈而复杂

在自我评价提高的基础上,能够认识到自我的价值、地位和作用,责任感增强,自尊心有突出的表现,在学习和各项活动中争强好胜,但一旦受挫和失败就会产生内疚和压抑的情绪。成功与失败都会引起大学生强烈的情绪反应。

（四）自我控制能力明显提高

随着独立性的提高，大学生的自我控制力增强，一般情况下，大多数学生能够理智地处理同学之间的矛盾和冲突，克服自己对专业学习的厌倦情绪，顺利通过考试，按学校的规章制度和要求管理自己。

三、大学生自我意识的偏差

 身边的故事

自我意识存在偏差的欣雨

欣雨是会计专业的大二学生，她近期总感觉心情烦躁，上课无法专心听讲，晚上也睡不好。原来，欣雨的表哥考上了一所重点大学的研究生，舅舅多次在欣雨母亲面前"显摆"，让欣雨感到很不舒服。欣雨认为舅舅原本就瞧不起自己，现在他儿子考上了研究生他就更加鄙视自己了。她觉得一定要争一口气，让亲戚们知道她不比表哥差，于是决定和表哥报考同一所大学。但是欣雨在学习方面基础薄弱，那些数学方程式，很多她都看不懂，英语资料书上的单词、语法更是让她头疼。一方面，她觉得自己不是"读书的料"，另一方面她又告诉自己"不能轻易放弃，一定要考上"，常常感觉内心挣扎、十分痛苦。

（资料来源：教学或咨询案例）

故事评析

如果我们对自己的看法不够客观、全面，如只看到自己的缺点而忽视了自己的优点，这时就会产生自我意识偏差。故事中的欣雨，当身边的人（她的表哥）表现得非常优秀时，相比之下她就显得十分"普通"，她因为自尊心得不到满足，就产生了自卑感。为了克服自卑感，她决定强迫自己去做一件自己原本就不擅长的事情，因而内心挣扎、十分痛苦。

（一）自负与自卑

从自我认识来看，大学生自我意识的偏差主要表现为自负和自卑。

1. 自负

适当的自尊和自信是激励人们力争上游、勇攀高峰、追求崇高理想的巨大动力，但过分自尊就会导致自负。自负的人往往听不进别人的批评，唯我独尊，盛气凌人。这种人由于缺乏自知之明，总认为自己对而别人错，把自己的意志强加在别人身上，所以不能与他人和睦相处，自己也容易受到伤害。

2. 自卑

当一个人的自尊心得不到满足又不能恰如其分、实事求是地自我分析时，就容易产生

自卑心理。形成自卑心理后，人们往往会从怀疑自己的能力转变为不能表现自己的能力，从怯于与人交往转变为自我封闭，本来经过努力可以达到的目标，也会因认为"我不行"而放弃追求。

（二）迷茫与孤独

从自我体验来看，大学生自我意识的偏差表现为迷茫和孤独。

1. 迷茫

大学生正处在青年期，思想解放、思维活跃、关注自我、崇尚自我，注重自我完善、自我塑造、自我实现，具有强烈的自我价值感和自主意识，自我观念非常强烈。但是，由于许多大学生的自我意识尚未成熟、完善，他们对价值的判断和选择缺乏稳定而统一的标准。在这种情况下，大学生面对市场经济条件下价值的多元化和思想观念相互冲突的现象，不少人常处于难以取舍的困惑境地。

2. 孤独

在进行自我体验和内心感受时，一方面大学生在大学广阔的空间中可以更好地发现自我、认识自我；另一方面因没有足够的实践机会来检验自我意识的合理性与非合理性，一部分人在短时间内找不到归宿，精神无所归依。

（三）逆反与顺从

 身边的故事

逆反心理在作怪

受传染性极强的病毒影响，学校决定封校，不让学生随意出校门。张超对学校的做法极度不满。

有一天，他去找辅导员理论，说："老师，为什么要封校？"辅导员回答他："封校也是为了大家的安全着想，客观地讲，校内比校外要安全得多。而且作为大学生，我们也有义务积极配合地方的相关政策，主动减少外出，防止病毒的传播。我知道封校会给大家的生活带来许多不便，但是为了自身以及同学们的安全，很多问题是可以克服的。"张超不服气地说："但是我的高中同学小华的学校就没有封校，人家不是一样好好的吗？"辅导员解释说，各个地方风险程度不一样，管理措施也不尽相同。但是，张超听不进去辅导员的话，内心还是很不满。

有一天，他的同学小华给他打电话，说他们学校最近查出来一些疑似病例，现在全校学生都很谨慎，并嘱咐张超尽量减少外出。听了小华的话，张超觉得辅导员的话还是很有道理的。

（资料来源：教学或咨询案例）

故事评析

可以看出，张超同学对学校的某些规章制度和管理方式存在着逆反心理，并且听不进去他人的劝告。

从自我控制的角度来看，大学生自我意识的偏差表现为两个方面。

1. 逆反心理

逆反心理是大学生自我意识发展中的一种非理性的产物，具有以下特征：①盲目性。一些大学生凡事不管正确与否都盲目抵制，反其道而行之；凡事无论是可行还是不可行，只要我想干就干，随心所欲，不考虑后果，表现出很大的盲目性；②抵触性。大学生的逆反心理与社会的某些行为规范、道德要求存在着一定程度的不相容，会产生应付、抵制、消极对抗的态度；③放纵性。具有逆反心理的大学生往往听不进别人的忠告、劝阻、批评，我行我素；④极端性。逆反心理在很大程度上是一种极端性的表露，一些大学生对待别人要求自己做的事情常常持"你让我干，我偏不干"的态度。

2. 顺从心理

有些大学生性格内向、独立能力差、无主见、甘当配角、缺乏独立意识，具有趋同性，缺少独当一面的勇气。顺从心理强烈的大学生容易接受暗示和受人指使，在紧急和困难情况下常常惊慌失措，生活上多无头绪。

四、大学生自我意识的调适方法——接纳自我

接纳自我就是接受自己本来的样子，能够用辩证的态度看待自己，知道自己既有好的一面，也有不足的地方。

有很多方法可以帮助我们很好地接纳自我，下面给大家介绍两种被广泛证明行之有效的方法。请记住，好的方法只有被频繁运用于生活中才能发挥它的效用，如果只是停留在认知层面而不去实践，那么好方法的功效会大打折扣。

（一）了解天性的力量

如果你认为自己在某个方面有些极端（或者不完美），并因此感到很苦恼，那么不妨从"了解天性的力量"做起。

事实上，人类所有的行为都有积极的一面，不同的思维方式和行为风格适用于不同的环境和场合，本身并没有绝对的"好"与"坏"。例如：像自恋这样的特质也有其可取之处，自恋的人往往会打破规则，产生一些创造性的解决办法，而循规蹈矩的人反而往往无法做到。

一个人身上特质的越极端，带来的后果越有可能两极分化。清楚地了解你的潜质可能会带来的优势和劣势，会让你更加灵活、有效地使用自己的特质，避免许多麻烦。所以问题的重点不是"如何改变我的某种特质"，而是"如何运用我的某种特质"。当你找到自己的风格所产生的力量时，在某些处境下即使结果并不是最理想的，你产生的防御感也不会十分强烈。

此外，当我们意识到自己的某些特质会导致一些负面影响时，我们往往会发展出一些优势进行补偿。例如：一个不善于表达的人，在表达之前他会思考并检查自己想要表达的东西，最后形成"慎言"的优势，其中的转化是这样的：

我的弱点：不善于表达，有时候他人难以理解我
↓
我的偏好：在表达之前仔细检查自己想要表达的东西
↓
我的强项：说话谨慎，善于思考

如果你一直纠结于你的某个"弱点"，不妨想想这个弱点对你而言有哪些"好处"，让自己完成从"我的弱点"到"我的偏好"再到"我的强项"之间的转化。这也充分说明了我们身上的优点和缺点往往相伴而来，就像一枚硬币的两面。接纳自己，意味着接纳完整的"我"，接纳"我的各个部分"。接纳不代表认同，我们接纳自己的不足，不是说我们认可这些"不足"，而是意味着用平和的心态去看待这些不足，为更多的可能性打开大门。

（二）学会自我关怀

自我关怀就是像关怀他人一样关怀自己，将自己当成好朋友一样去进行对话。克里斯廷·内夫认为，自我关怀包含三个核心的成分：第一，善待自己，就是以友爱的方式理解自己，而不是严厉地批评或指责自己；第二，认识到共同人性，认识到每个人都不完美，感受与他人在生命体验上的契合，而不是被自己的痛苦孤立和隔离；第三，静观当下，察觉我们的体验，如实地感知此时此刻正在发生的事情，而不是忽视或夸大自己的痛苦。

研究表明，当我们粗暴地对待自己时，大脑的神经系统实际上处于战斗戒备状态：杏仁核会发出信号，释放肾上腺素和皮质醇激素（高浓度的皮质醇激素会减少人的愉悦体验从而易导致抑郁），使血压增高。相反，当我们备受鼓舞、得到支持时，大脑会分泌一些能让我们镇定的物质，从而让我们感到安全。

自我关怀分为三步。第一步，承认自己目前的处境。如果你感觉痛苦、不安，则不妨对自己说：我正在承受痛苦，我感到不安。承认现实，可以帮我们改变抗拒心态，不再逃避问题。第二步，理解共同的人性，建立与他人之间的关联。我们可以对自己说：我并不孤单，在此刻，或许很多人跟我有一样的苦恼。寻求关联和归属感是人的天性，当我们将自己隶属于某个更大的群体时就会得到安抚。第三步，关怀自己，用友善的身体姿势（如拥抱自己、轻抚自己的脸颊、双手交叠放在胸前）、友善的话语关怀自己。可以主动安慰自己，相信自己会找到解决问题的办法渡过难关，一切都会过去的。自我关怀的身体姿势和话语能让我们放下抗拒和不安，感受到爱与支持。

如果你对自己的某个方面（如"总是讨好他人"）难以接受，可以这样进行自我关怀。

第一步：承认目前的处境。"我总是忍不住去讨好别人，生怕别人不喜欢我，有时候会勉强自己做一些不喜欢的事情，也不敢对别人说'不'，这让我很痛苦，我不喜欢这样的自己。"

第二步：理解共同人性。"我并不孤单，很多人跟我一样常常不自觉地去讨好别人，他们能对我的痛苦感同身受。"

第三步：关怀自己。"我能理解你，你希望别人喜欢你，害怕被拒绝。没事的，我会一直在这里陪着你，和你一起想办法。或许，表达真实的自己，他人也能接受你；又或者，你需要多爱自己一些，从内心认可自己，而不是总向他人寻求爱与认可。"

自我和谐量表

第二节 挖掘自我宝藏

身边的故事

低自尊的小雅

小雅来自一个偏远地区的农村家庭,父母常年在外打工,她和弟弟都是由爷爷奶奶带大的。奶奶身体不好,小雅从小就要分担很多家务,家里人都夸她"能干"。高考过后,小雅被一所职业院校录取了。小雅怀着兴奋的心情来上大学,但是没过多久就开始感觉自己哪里都不对劲:学校的女生大都打扮时尚,跟她们比起来,自己看上去很土;大部分同学每月有两千元生活费,可以买各种好看的衣物、饰品,但是小雅一个月只有几百元生活费,连吃饭都需要十分省。前几天,小雅的鞋坏了,她在某电商平台上买了一双便宜的新鞋,可是这双新鞋有一股浓浓塑料味,一位舍友捂住鼻子对小雅说:"你买的什么鞋?味道太大了!"舍友本来是随口一说,小雅以为她在取笑自己,忍不住躲在被窝里哭了。小雅越来越讨厌自己,讨厌自己的贫穷,讨厌自己的外貌,讨厌自己的一切……

(资料来源:教学或咨询案例)

故事评析

从这个故事可以看出,小雅原来所处的环境中,其他人都称赞她,让她觉得自己还不错。但是换了一个新环境后,比较的对象和比较的角度变了,小雅便看到了自己的"不足",感觉自尊心被伤害了。

一、自尊

自尊是个体在多大程度上喜欢、看重并认可、接纳自我。自尊反映了一个人的价值感和对自我的态度,是评价个体心理健康水平的一个重要指标。研究表明,与高自尊的大学生相比,低自尊者更容易出现抑郁、焦虑、暴力行为和自杀等心理问题;高自尊与积极情绪正相关,低自尊与消极情绪正相关。总体来说,高自尊者通常生活得更健康、更快乐,能更好地应对压力,面对困难时更可能坚持。但值得注意的是,虽然研究表明高自尊者通常比低自尊者具有更好的心理适应性和社会适应性,但是高自尊者有多种类型,有的高自尊者具有更强的攻击性和防御性,对威胁或者负面反馈很敏感。

(一)自尊的来源

有的心理学家认为自尊主要来源于重要他人的认可和看重,有的心理学家则强调具体的自我评价的影响,如你对自己智力、外貌、运动能力等的评价会影响你的自尊水平。大部分学者都同意我们对自己的评价,以及别人对我们的评价,都会影响我们的自尊。

自我概念中的重要领域也会影响自尊。例如，有些人的自我价值完全取决于他们在学校的表现，如果考了好成绩，他们的自尊水平会大大提升，外表的改变对他们的自尊几乎没有影响；而另一些人的自我价值可能基于他们的外表吸引力，漂亮的新发型会提升他们的自尊水平，但是在学校考取好成绩对他们的自尊没有多大影响。

（二）自尊的需要

马斯洛提出了需要层次理论，他把人的各种需要按照发生的先后次序分为五个层次，依次为：生理的需要、安全的需要、爱和归属的需要、尊重的需要以及自我实现的需要，如图 3-1 所示。马斯洛认为，需要是由低级向高级不断发展的，只有低级需要满足之后才会有高级需要的产生和发展。高级需要的满足能引起更合意的主观效果，即更深刻的幸福感、宁静感以及内心生活的丰富感。

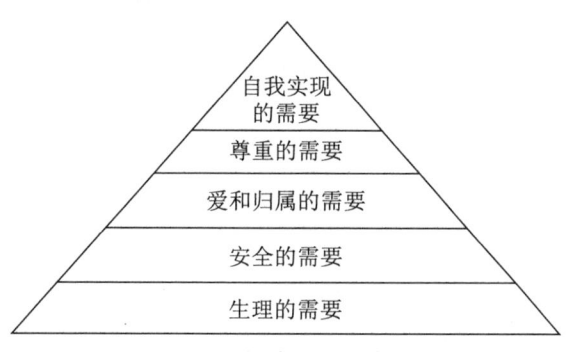

图 3-1 马斯洛需要层次理论

生理的需要是个体维持生存最原始、最基本的需要，包括饮食、睡眠、呼吸等需要。安全的需要是指人们要求安全、稳定、受到保护、免受恐吓、对秩序的需要，包括个人生命财产安全、劳动医疗保障、社会安定和谐等。爱与归属的需要是个体要求与他人建立联系和关系的需要，包括感情的付出和接收。尊重的需要也叫作自尊的需要，是指个体拥有一种获得对自己稳定的、通常较高的评价的需要，即一种对于自尊、自重和来自他人尊重的需要或欲望。我们需要自我尊重，也需要获得别人的尊重。马斯洛认为，自尊需要的满足带来一种自信的感情，使人觉得自己在这个世界上有价值、有力量、有能力、有用处和必不可少。这一需要受挫，个体就会产生自卑、弱小以及无能的感觉。

前四个需要也被马斯洛称为"缺失性需要"，它们能否实现，直接关系到个体的生存。自我实现的需要也叫成长性需要，自我实现是指人对于自我发展和自我完成的欲望，"一位作曲家必须作曲，一位画家必须绘画，一位诗人必须写诗，否则他就无法安静"，也就是一种使人的潜能得以实现的倾向。

（三）为何需要自尊

自尊反映了人们的优势和社会地位。高自尊者似乎带有类似于其他社会动物的高地位姿态。例如，占统治地位的大猩猩往往显得自信和舒适，不焦虑、不退缩。人类的高自尊也许反映了这个人社会地位高，或者值得尊敬。

自尊的需要也可能产生于归属或关系的基本需要。进化理论认为，早期那些能够生存并传递基因的人是能够与他人保持良好关系的人,而不是被驱逐自立生活的人。因此,自尊可能是一种"社会标尺",反映了个体在任何时候都感到被人接纳的一种内在指标。

自尊是一种安全感。人类预期自己死亡会引发焦虑(事实上是恐惧),人们试图通过专心于有价值、有意义的活动来抵御这种焦虑。自尊的需要可能来源于以发现自我价值来摆脱死亡焦虑的需要。

需要注意的是,一些人自尊过了头,就变成了自恋。自恋是夸大的自我观、寻求他人赞赏并利用他人的倾向的结合体。自恋在极端情况下是一种人格障碍。

拓展阅读

大学生调节自尊水平的方法

我们可以从三个方面努力,去调整自己的自尊水平。

1. 改变对自己的看法

(1)认识自己。"周哈里窗"(图3-2)是心理治疗中用来进行自我思考的一种工具,它对我们认识自我很有帮助。周哈里窗假设自我认知存在四个区。

	自己知道	自己不知道
他人知道	开放区	盲区
他人不知道	隐藏区	未知区

图3-2 周哈里窗

① "开放区"。开放区是自己知道、他人也知道的部分。
② "盲区"。盲区是关于自己的、他人知道但自己却没有清楚地意识到的部分。
③ "隐藏区"。关于自己的、他人不知道但自己却知道的部分。
④ "未知区"。关于自己的、他人和自己都不知道的部分。在某些新情况下,个体会"发现自我"。

如果一个人的"开放区"扩大了,他的自尊水平往往会增强。为此,我们可以这样做:

① 将"盲区"转化为"开放区"。需要善于倾听,能够请求周围人对自己提出意见。即使别人对我们提出了批评,我们也要对他们表示感谢,因为这让我们更了解自己。

② 将"隐藏区"转化为"开放区"。其主要工具是自我披露,即坦诚地表达自己的想法和感受,即使我们并不确定所说的与对方的是否一致或能令对方高兴。当然,在进行自我揭露的时候,要小心谨慎、注意措词。

③ 将"未知区"转化为"开放区"。让自己进入不熟悉的环境和尝试新的经历。

(2)接受自己,对自己诚实。如果有人邀请你跳舞,而你不会跳,那么你有两个选择:要么你为此感到羞耻,不承认自己不会跳舞,随便编一个不跳舞的借口。然而,这会带来以下弊端:你自己会感觉不自在,邀请你的人也有可能会感觉不自在,并且如此一来你也没机会学习跳舞；要么你承认自己不会跳舞，如此一来情况就不一样了：你的内心更平静了，对方也会理解，也许还会提议教你跳舞。每个人都有自己的优势和劣势，承认并接受它们，我们会感觉内心更加坦然。

2. 行动起来，不惧失败

大的成功必然会提高我们的自尊水平，但我们并不是每天都能获得学习上、生活上的成功。当然，在日常生活中我们也可以设置一些目标，尽管这些目标并不远大，但一旦达成，就会让我们的自尊得到改善。因此，重要的是立刻行动起来。

3. 改变与他人的关系

（1）自我肯定。自我肯定是表达出自己的想法、愿望、感受的同时又尊重别人的想法、愿望、感受的能力。它是可以不带挑衅地说"不"，是不带歉意去要求某些事情，是面对批评时的冷静回应。低自尊者常常比其他人更难自我肯定，他们可能会这样想："如果我拒绝，对方会生气。"或"如果我说出自己的想法，我们会闹翻。"

（2）换位思考。换位思考是一种倾听、感受、理解、尊重他人观点的能力，即使我们并不能够完全同意他人的观点。真诚的换位思考为自尊的发展提供了巨大的动力。它使我们可以与他人保持亲近的关系、得到他人的欣赏。

（3）增加社会支持。社会支持由四个成分构成：尊重的支持（如"我们知道你是一个不错的人"），情感的支持（如"我们在你身边，我们爱你"），工具性支持（如"我们会帮你"），信息的支持（如"这条信息对你有用"）。社会支持会为自尊带来两种宝贵的养料：被爱的感觉和被帮助的感觉。

（资料来源：安德烈、勒洛尔，《恰如其分的自尊》，生活·读书·新知三联书店，2015年）

二、对自我能力的看法

持"能力实体观"的刘飞

刘飞和王阳两人是舍友，经常结伴学习。大一下学期，刘飞和王阳一起参加了学校的数学建模大赛，分别获得全校第七名和第九名的好成绩。老师建议他们利用课余时间多加训练，以便参加两个月后的省赛。刘飞却决定放弃省赛，他对王阳说："我觉得我的水平太差劲了，在我们学校尚且有这么多比我水平高的人，参加省里的比赛我肯定名落孙山，因此我不打算参加省赛了。"王阳惊讶地说："我们平时总是一起学习，我一直觉得你的水平很高，你为什么不相信自己？再说，就算现在水平不够，不还有两个月的训练时间吗？"刘飞摇了摇头，答道："两个月的时间改变不了什么，我的能力已经固定了。"王阳再三劝解，但是无效。王阳相信经过两个月的训练，就算省赛不能获得名次，他的建模水平肯定会得到提高，于是全身心地投入训练中。最终王阳获得了省赛一等奖。

（资料来源：教学或咨询案例）

故事评析

有时我们对自己的看法和别人对我们的看法之间会产生差异，如上述故事中的刘飞认为自己的水平"太差劲了"，他的舍友王阳却一直认为他的水平很高，在日常生活中我们经常会见到这种认知上的差异，比如有的女孩总是觉得自己太胖，于是拼命减肥，她的家人和朋友却一致认为她太瘦了，需要适当补充营养。从上述故事中，我们还可以看出，刘飞不相信自己能在省赛中取得好名次，他推测自己会名落孙山。在遇到挑战时你是不是也曾怀疑自己的能力不能胜任？王阳认为经过两个月的训练，他们的水平会得到提高，但是刘飞认为自己的水平已经固定了，经过训练也不会得到提高。但最终，王阳获得了省赛一等奖。

（一）自我效能感

自我效能感是指人们对自己的能力能否胜任某项活动的主观判断，它是我们对自己的能力所持有的信念。心理学家班杜拉最早提出自我效能感，并进行了一系列相关的研究，发现拥有高自我效能感的儿童和成人更加容易坚持不懈，焦虑和抑郁的情况更少，他们生活得更健康，并且在学术上更成功。

自我效能感会导致自我实现的预言。如果我们相信我们能做某事，那么我们就会为之全力以赴，采用各种各样的方法，最终达到目标。随着我们完成一件很难完成的事，我们的自我效能感也会增强。相反，如果个体的自我效能感低，我们就容易认为自己不能成功，也就不去努力，一件事情失败之后我们可能认为下一件事情也不会成功。

（二）成就目标理论

心理学家卡罗尔·德维克认为，人们对能力持有不同的内隐观念。一种为能力实体观，持这种观点的人认为能力是稳定的，不可改变的特质。根据这个观点，有些人会比另一些人更聪明，但是每个人的能力都是固定的。另一种为能力增长观，持这种观点的人认为能力不是固定不变的，而可能随着知识的学习、能力的培养得到加强。通过努力工作、学习和练习，知识会得到增长，能力也将提高。

持有能力实体观的学生倾向于建立表现目标，他们选择不需花费太多精力并且成功可能性很大的任务，以最好的成绩表现他们聪明的一面，因为拼命努力换取的成功还不足以说明自己天资聪颖。学习有困难的孩子更容易形成能力实体观。

相反，持有能力增长观的学生，他们多设置掌握目标，并寻找那些能真正锻炼自己能力、提高自己技能的任务，因为进步才意味着能力的提高；失败并不可怕，它只是说明自己还需要付出更多的努力，自己的能力并没有受到威胁。

持有能力实体观的学生更关心的则是能否向其他人证明自己的能力，他们关注的是自己而不是任务。持有能力增长观的学生其学习是为了个人的成长，他们关心的是能否掌握任务，而不是与他人相比，自己的表现是否出众。这类学习者会积极地寻求帮助，使用较高水平的认知策略，运用更有效的学习方法。

二者的区别具体见表3-1。

表 3-1　两种目标导向的区别

维　度	表现目标	掌握目标
成功的含义	高分，高水平的表现	改善，进步
看重的方面	展现比别人高的能力	努力学习
满足的原因	比别人做得好	努力学习，迎接挑战
对错误的看法	无能，产生焦虑	错误是学习中的一部分
关注的焦点	学习的结果	学习的过程
努力的原因	高分，优于他人	学习新东西
评价标准	与普通大众进行比较	自身的进步
任务选择	非常容易或非常难的（防御性策略）	有挑战性的
学习策略	机械式的，应付式的学习	理解，有意义的学习，元认知（即对认知活动的监控和反省）

（资料来源：陈琦、刘儒德：《当代教育心理学》第二版，北京师范大学出版社，2007年）

第三节　发挥人格优势

 身边的故事

性情不同的双胞胎

兰庭和新月是同胞姐妹，两人长相相似并且在同一个班级学习，但是同学们都能很快地认出谁是兰庭，谁是新月：兰庭说话声音洪亮、笑口常开，喜欢和同学们"高谈阔论"，她走路抬头挺胸、健步如飞，没事儿就在操场上和同学们你追我赶；而新月说话声音轻柔，脸上偶尔有忧郁的表情，常常一个人静静地坐着不说话，喜欢在教室里看书，不喜欢去操场上活动。

（资料来源：教学或咨询案例）

故事评析

在日常生活中我们常能看到人与人之间心理和行为方面的差异，比如，你的同学当

中有的人沉默寡言、不苟言笑，有的人活泼开朗、笑口常开；有的人做事从容不迫、不慌不忙，有的人做事火急火燎、争分夺秒；有的人安于现状、不思进取，有的人志存高远、艰苦奋斗；等等。这些差异是如何形成的呢？是什么造成了这些差异呢？上述心理上和行为上的差异就是人格差异的表现。

世界上没有两片相同的树叶，同样的，世界上没有两个人格完全相同的人。人不用去寻求人格，随着我们的成长，人格自然产生，一旦产生之后，人格就具有相对的稳定性。虽然你的人格与众不同，但无论是在家里、学校或其他场合，你的人格都会表现出一致性。

一、什么是人格

领会人格

《红楼梦》中的林黛玉不只是刚进贾府时表现出敏感多疑、多愁善感、不善交际的人格特点，在其他时候亦是如此，我们可以说这是她的思想、情感、行为的独特模式。那么，什么是人格？人格是个体的行为、思维和情感所表现出来的独特的心理行为模式。人格是一个复杂的结构系统，它包含许多成分，其中最主要的有气质、性格等。人格具有以下特点。

（1）独特性。人格是在遗传、环境、教育等先后天因素的交互作用下形成的。不同的遗传素质、环境等，使个体形成了独特的人格特点。强调人格的独特性的同时，我们也应当看到，生活在同一个社会群体中的人也有某些相同的人格特征，例如：中华民族是一个勤劳的民族，"勤劳"就是我们这个民族的人所具有的共同的人格特点。

（2）稳定性。人格具有相对的稳定性，在行为中偶然发生的，仅在某一时刻表现出来的心理特性不能称之为人格。例如一位平时口若悬河的男生，在应聘时变得谨慎少言，我们不能说"谨慎少言"是这位男生的人格特点。说人格具有稳定性，并不是说人格是一成不变的，随着年龄的增长、环境的改变或者重大变故的发生，人格也会有相应的变化。

（3）协调性。人格是由多种成分构成的有机整体，具有内在的一致性，受自我意识的调控。人格的协调性也是心理健康的指标之一。当一个人的人格结构各方面协调一致时，他的人格就是健康的；否则，就会出现适应困难，甚至是"人格分裂"。

（4）功能性。人格会影响到一个人的生活方式，甚至会决定某些人的命运。例如，面对同样的机遇，做事犹豫不决的人很容易错过机会，行为果断的人则会抓住机会努力实现自我。

（一）气质

气质是一个人心理活动典型而稳定的动力特征，包含心理活动的强度、速度、灵活性与指向性等方面的特征。人的气质差异是与生俱来的，受神经系统活动过程的特性制约。

1. 气质类型学说

（1）气质的体液说。希波克拉底认为，人体有四种体液：血液、黏液、黄胆汁和黑胆汁，这四种体液在人体所占的比例不同，人的气质类型也不同，其中占优势的体液主导着人的气质类型。他据此提出了四种不同的气质类型：多血质、黏液质、胆汁质和抑郁质。

希波克拉底的体液学说尽管受到后人的怀疑和批评，但他的理论对后世的影响依然很大，他对气质类型的四种划分被人们广泛采纳。

（2）气质的高级神经活动类型学说。生理学家巴甫洛夫在研究高等动物的神经活动时，发现神经活动有两个基本过程：兴奋过程和抑制过程。兴奋过程和抑制过程包含三个特性：强度、平衡性和灵活性。强度是指神经细胞经受强烈刺激或持久工作的能力，平衡性是指兴奋与抑制过程一致性的程度，灵活性是指兴奋与抑制过程相互转换的快慢难易。巴甫洛夫将高级神经活动分为四种类型，而这四种高级神经活动的类型恰好与希波克拉底的四种气质类型一一对应，见表3-2。巴甫洛夫的工作为气质类型提供了科学依据。

表 3-2　气质类型与高级神经活动类型对照表

气质类型	高级神经活动类型	表现特征
胆汁质	兴奋型（强、不平衡）	严重外倾，情绪体验强烈且外露、爆发迅猛、平息快速，思维灵活但粗枝大叶，精力旺盛、争强好斗，直率、果敢，但遇事容易鲁莽，感情用事
多血质	活泼型（强、平衡、灵活）	外倾，情感体验不深且外露，思维敏捷但不求甚解，活泼好动，善于交际，乐观、健谈，适应性强，但缺乏耐心和毅力，容易见异思迁
黏液质	安静型（强、平衡、不灵活）	内倾，情绪反应缓慢、持久且不外露，情绪稳定，安静沉着，思维灵活性略差但考虑问题细致周到，办事谨慎细致，主动性差，行动迟缓
抑郁质	抑制型（弱型）	情绪体验深刻、细腻持久，情绪抑郁，多愁善感，优柔寡断，不善交际、孤僻离群，行为举止缓慢，胆小，善于觉察别人觉察不到的细小事物

2. 气质的特点及意义

需要注意的是，气质是人的天性，它表明的是心理活动的动力特征，没有好坏之分，也不能决定一个人的社会价值和成就的高低。例如，俄国四位作家就是四种气质类型的代表，普希金具有明显的胆汁质特征，赫尔岑具有多血质的特征，克雷洛夫属于黏液质，而果戈理属于抑郁质。他们虽然气质不同，但是都在文学上取得了杰出的成就。

气质对个体的身心健康具有一定的影响。不同气质的个体在情绪表达、适应性、敏感性等方面存在差异，这些差异会影响个体的躯体健康和对某些疾病的易感性，例如，情绪抑郁、多愁善感、敏感细腻等气质特征是某些身心疾病的易感因素。

（二）性格

性格是一个人对现实的态度和习惯化的行为方式中表现出来的比较稳定的人格心理特征。性格是在后天环境中，人与客观世界相互作用的过程中逐渐形成的，是人最核心的人格差异。性格主要体现在对自己、对别人、对事物的态度和所采取的言行上。性格受社会文化的影响，具有社会道德评价含义，有好、坏之分，最能反映一个人的精神风貌。性格表现了一个人的品德，受人的人生观、世界观、价值观的影响。比如，有的人大公无私，有的人自私自利；有的人正直、勤劳，有的人虚假、懒惰。

性格是一个人经常性、习惯性的表现，具有跨情境的一致性。但性格又具有可塑性，随着现实环境的变化和重大生活事件的发生，性格会发生一定程度的改变。同时，性格也受生物学因素的影响。研究发现，脑损伤或脑病变会影响人的性格，一个额叶（图3-3）受损伤的人，性格会发生明显的变化。

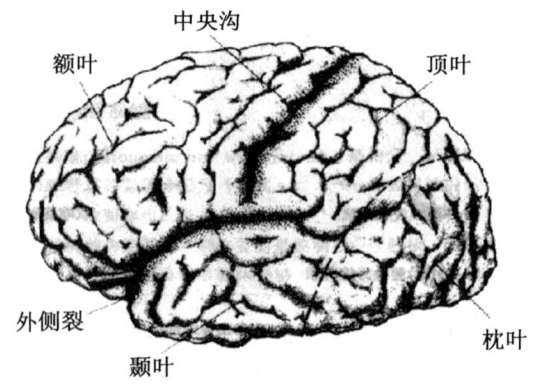

图 3-3　大脑的不同脑区

二、人格理论

（一）特质理论

如果让你来描述一下你的同班同学，你可能会说文文勤奋、守时，上课从来不迟到，她总是坐在第一排认真听讲、做笔记；小明待人友好，乐于助人，很多时候虽然不是他值日，但是他总是帮助其他同学打扫卫生；刘伟好动，做事比较马虎；许柔比较内向，话不多……

注意到没有，你用了一系列的形容词来描述你的同学，或者说你使用了一些"特质"来说明每位同学的独特之处。这也是理解人格的一种方式，就是将人格视为一系列特质的组合。

1. 奥尔波特的人格特质理论

奥尔波特在 1937 年首次提出了人格特质理论，他把人格特质分为两大类：共同特质与个人特质（图 3-4）。共同特质是指在某一社会文化形态下，大多数人或某一群体所共有的特质。共同特质可用来研究人格的文化差异。个人特质是个体身上所独有的特质。根据个体特质在生活中的作用，个人特质又可以分为三种：首要特质，它是一个人最典型、最有概括性的特质，它影响到个体行为的方方面面，如多愁善感可以说是林黛玉的首要特质；中心特质，是构成个体独特性的几个重要的特质，每个人身上有 5~10 个，如林黛玉的敏锐、细腻等都属于她的中心特质；次要特质，是指个体的一些不太重要的特质，这些特质往往只在某些特殊情况下才会表现出来，这些次要的特质，除了亲近他的人，其他人很少知道。

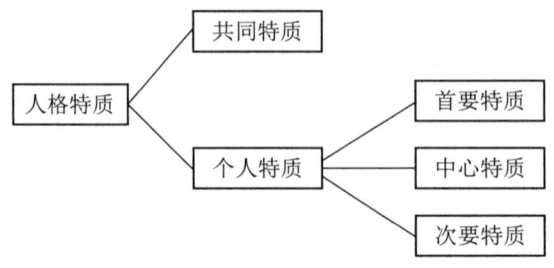

图 3-4　奥尔波特的人格特质结构图

2. 大五人格理论

早期的心理学家基于词汇学假设来寻找核心人格特质。近年来，研究者们在人格描述模式上形成了比较一致的观点，他们称之为大五人格，大五人格包含了涵盖人格描述的五种特质。

（1）开放性（Openness）。在这一特质上得分高的个体表现出审美、求异、富于想象力、情感丰富、独立等特质；相反，则表现为踏实的、常规的和从众的。

（2）责任心（Conscientiousness），也叫尽责性。在这一特质上得分高的个体具有公正、有条理、尽职、自律、克制、谨慎等特点；相反，则表现为紊乱、粗心大意和意志薄弱。

（3）外倾性（Extraversion）。在这一特质上得分高的个体表现出热情、喜好社交、活跃、冒险、风趣、乐观、有激情等特点；相反，则表现为孤僻、严肃、冷淡等。

（4）宜人性（Agreeable）。在这一特质上得分高的个体具有心地善良、利他、令人信任、依从、移情、谦虚等特点；相反，则表现为无情、可疑、不合作等。

（5）神经质（Neuroticism），也叫情绪稳定性。在这一特质上得分高的个体具有焦虑、敌对、压抑、冲动、脆弱、缺乏安全感、自怜自艾等特点；相反，则表现为平和、安全和自满。

以上五个维度的首字母缩写连起来即 OCEAN（海洋），代表了人格的海洋。

（二）人格类型理论

人格类型理论主要用来描述一类人与另一类人的心理差异，即人格类型的差异。人格类型理论有很多，我们在这里主要讲 A-B 型人格理论和斯普兰格性格类型说。

1. A-B 型人格

心脏病学家弗里德曼和罗斯曼最早提出 A-B 型人格的概念。A 型人格的主要特点是：性情急躁、争强好胜、情绪不稳定、缺乏耐心、常有时间紧迫感。他们成就欲高，上进心强，有苦干精神，做事认真负责，生活常处于紧张状态，但办事匆忙，社会适应性差，属于不安定型人格。赖特认为 A 型人格的基本成分是：时间紧迫感——做事快、感到时间不够用；长期亢奋状态——每天大部分时间处于紧张状态；多面出击——总是想同时做一件以上的事情。

B 型人格的特点是：性情不温不火，举止稳当，对工作和生活的满足感强，竞争意识弱，喜欢慢步调的生活节奏。在需要审慎思考和耐心的工作中，B 型人格比 A 型人格表现更好。

在研究工作压力、冠心病与心理健康时，学者常使用这种人格划分。研究表明，A 型人格比 B 型人格更容易患心血管方面的疾病。

急性子的家豪

家豪是学生会的一名干部，也是他们班的班长。家豪平时走路快，说话也快，做起事情来雷厉风行。有一次，学生干部一起开会，老师布置任务时，只见家豪一会儿拿出笔记本写些什么，一会儿拿出手机发送消息。会议刚结束，家豪就对老师说："老师，您布置的任务我已经安排下去了。"还有一次，老师说要给同学们订购一批笔记本，不一会儿，家豪就告诉老师："我对比了四家平台，选出了几款性价比非常高的笔记本，您看看。"老师便对他称赞不已。虽然家豪很注重效率，但是有时候会缺乏耐心，一些同学认为他"性子太急""脾气很大"。

（资料来源：教学或咨询案例）

故事评析

张家豪有一些典型的Ａ型人格特点，如做事匆忙、时间紧迫感强、做事认真负责、缺乏耐心等。

2. 斯普兰格性格类型说

性格与气质不同，它主要受后天影响，并且具有道德评价的含义。一个人性格的好坏，受到其所持价值观的强烈影响。心理学家斯普兰格则从价值观的角度出发，根据人类社会文化生活的六种形态，划分出六种性格类型。

（1）经济型。这种类型的人注重实效，其人生目标是追求利润和获得财富。

（2）理论型。这种类型的人具有探究世界的兴趣，能客观冷静地观察事物，力图把握事物的本质，尊重事物的合理性，以追求真理为人生目标。

（3）审美型。这种类型的人富于想象、追求美感，把感受事物的美作为人生目标，对现实生活不太关注。

（4）权力型。这种类型的人具有较强的权利意识，注重权力享受，支配性强，其全部的生活价值和最高的人生目标在于满足自己的权力欲望，得到某种权力和地位。

（5）社会型。这种类型的人关心他人、乐于助人，把奉献社会作为最高的人生目标。

（6）宗教型。这种类型的人信奉宗教，把信仰视为最高的人生目标。

（三）人格的心理动力学理论

弗洛伊德认为，人格对于个体是个谜，因为个体也无法知道自己内心深处的动机。弗洛伊德及其追随者的理论被称为心理动力学理论。该理论认为，人的各种心理、行为并非完全由个体的意志决定，而是受控于无意识当中的本能、欲望和冲动等，因此，真正驱动人格的是我们基本上没有觉察到的力量。

弗洛伊德在治疗癔病时发现，有的病人只有在催眠状态下才能回忆起过去的一些经验，而这些经验在清醒时完全不能被意识到，就好像它们从来没有发生过一样。弗洛伊德认为，某些经验和与之相伴随的情绪体验被推到意识之外是致病的原因，由此他假设，在意识之外，还有一种心理结构，即无意识。打个比方，一座水中的冰山，露出水面的一小部分相当于意识，水面下的相当大一部分则是无意识。无意识中包含了大量的原始冲动、本能及欲望，由于这些原始冲动、本能及欲望不被社会道德许可，所以被压抑到无意识中。早期的经验在意识状态下想不起来，并不是它们消失了，而是被推入了无意识。无意识中的内容并不是僵化的、固定不变的，而是处于一种活跃的状态，随时寻找机会进入意识中。但是由于它们与社会准则和个人理念相冲突，人们设法阻止它们进入意识，如果这种努力失败了，就会导致各种疾病。

1. 心理结构：本我、自我和超我

在无意识概念的基础上，弗洛伊德创建了他的人格结构理论。他认为人格是由本我、自我、超我三个系统组成的，这三个系统处于不断的对立冲突之中。

（1）本我。本我是最基本的人格系统，包含出生时就有的驱力。本我是原始的无意识本能，包含性、攻击等基本的驱力源。本我按照快乐原则行事，追求对冲动的即时满足，而不考虑愿望是否有现实可能性，是否能被社会道德许可。如果由本我单独控制，在餐厅就餐时你将无法忍受等待而直接抢夺邻桌的食物。

（2）自我。自我是人格中现实的一面。它通过与外部世界的接触发展而来，是本我与外界关系的调解者，使我们能够应对生活中的实际需求。在超我形成之后，自我需要不断地调节本我的冲动与超我的要求之间的矛盾。自我按照现实原则行事，是使个体能够延迟满足即时需要和有效行事的调节机制。

（3）超我。本我的对立面是超我。超我代表一个人的良知和良心，是习得的社会道德态度。它是个体在成长过程中通过内化道德规范、内化社会及文化环境的价值观念而形成的，包含一套调节和控制我们行为、思维等的内部标准和规范。超我要求自我按照社会所许可的方式去满足本我，它遵循的是道德原则。它作为一种道德良知，在发现我们犯错误时惩罚我们，在生活理想实现时奖励我们。

弗洛伊德认为，本我、自我、超我中占主导地位的系统决定了一个人的基本人格结构。但是这三股力量不断地产生内部冲突，无论是适应性的还是心理病理性的思想、情感和行为，都是这些力量冲突的产物。本我、自我和超我之间的动力学很大程度上由焦虑掌控。焦虑是一种在不必要的想法或情感出现时的不舒服的感觉，主要来自不被接受的冲动所产生的威胁，例如：想和父亲打一架的冲动会让人产生焦虑。为了应对焦虑，人发展出了各种各样的防御机制。

防御机制是个体面临挫折或紧张的情境时，在其内部心理活动中具有自觉或不自觉地解脱烦恼，减轻内心不安，以恢复心理平衡与稳定的一种适应性倾向。防御机制是一种无意识的应对机制，能够帮助我们克服焦虑、适应外部世界。但是使用不当时，会妨碍人的成长，甚至导致心理病理。常见的防御机制见表3-3。

表3-3 常见的防御机制

防御机制	定　　义	举　　例
压抑	将痛苦体验和不可接受的冲动排除在意识之外，即"动机性遗忘"	不去想不好的体验："我不要再想它了！"
合理化	为不可接受的情感和行为寻找一个合理的解释来掩盖自己或他人的潜在动机或情感	逃课，借口说是因为教室空气不好
反向作用	无意识地将威胁性的内部愿望和梦想夸张表现为对立面	对喜欢的人态度粗鲁；对不喜欢的人异常友好
投射	将自己的威胁性感受、动机或冲突看成别人的	认为自己不诚实，就判断别人也不诚实
倒退	表现出幼稚行为，或倒退至感觉更安全的人生早期阶段以应对内部冲突和感受到的威胁	即使能正常表达，也要使用儿语应对困境

续表

防御机制	定义	举例
替代	将不可接收的愿望或内驱力表现为中性或威胁更小的方式	大力关门；对其他人（并非自己发火的对象）吼叫
认同	无意识地表现出比自己更强大或更好相处的人的特点来应对威胁和焦虑的感受	被欺负的小孩开始欺负别人
升华	将不可接受的性或攻击性内驱力转变为社会文化接受的活动	通过足球、橄榄球或其他身体接触项目发泄愤怒

（注：压抑是自我尝试的第一个防御机制，但是如果压抑不住，其他防御机制就开始起作用）

2. 性心理发展阶段

弗洛伊德指出，一个人的基本人格在6岁之前的一系列敏感时期或人生阶段就已基本形成，这段时期的经历会影响人的一辈子。在这一发展阶段，儿童从自身的体验和看护人的引导和干预中形成了人格。弗洛伊德把性的欲望称为"力必多"，个体性心理的发展主要是力必多的投注和转移。在任一阶段遇到的问题和冲突都会影响成年后的人格，如果在某一阶段没有发展好，可能导致"固着"，即个人的快感寻求停留在该阶段。

（1）口唇期。从出生到1.5岁，儿童处于口唇期。这是第一个性心理阶段，快乐和挫折体验集中在嘴、吸吮和喂食上，婴儿通过口唇的活动获得快感。缺少喂食或过度喂食的婴儿，成年后仍然会遗留某些口唇期的行为方式。例如：有的儿童或成人喜欢吃手指、咬笔头，有的人喜欢抽烟、饮酒，这都是口唇快感的发展。

（2）肛门期。2岁—3岁的儿童处于肛门期。这是第二个性心理阶段，快乐和挫折体验集中在肛门、排泄以及如厕训练上。这段时期也是对儿童进行大小便训练的时期。如果训练过严或过松，会导致肛门期的固着。结果是到了成年，要么过分拘谨、固执，有高度的条理性，要么过分杂乱无序、邋遢，没有条理。

（3）生殖器期。3岁—5岁的儿童处于生殖器期。这是第三个性心理阶段，快乐、冲突和挫折体验集中在生殖器和应对乱伦相关的爱恨、嫉妒等情感和冲突。在这一时期，出现一种特殊的现象：儿童开始爱恋父母中异性的一方，对异性父母的冲突常常通过对同性父母的认同来解决。

（4）潜伏期。5岁—13岁的儿童处于潜伏期，不再需要应对性和攻击内驱力。这是第四个性心理阶段，儿童的主要兴趣是智力、创造力、人际关系和运动技能的进一步发展。这时期儿童的兴趣转向外部。弗洛伊德认为人格发展的最重要方面发生在6岁之前，不受早期阶段冲突的干扰而自然地进入潜伏期是人格健康发展的一个标志。

（5）生殖期。这一阶段始于青春期，贯穿整个成年期，是人格发展的第五个阶段。生殖器中的个体将迎来成熟的人格、爱和工作的能力，以及通过互相满足和互相帮助建立人际关系的能力。如果前几个阶段发展顺利，个体就可以建立持久的性爱关系。

三、常见的人格障碍

人格障碍是持久的、偏离文化期望并导致痛苦或功能损害的思维模式、情感模式，或与他人建立关系的模式，或冲动控制模式。人格障碍的个体，不仅自己感觉很痛苦，给其他人也带来了痛苦，而且其心理和社会功能也受到了损害。

《精神障碍诊断与统计手册》（第五版）列举了十类具体的人格障碍，并将人格障碍分为三组：古怪/异常，戏剧化/飘忽不定，焦虑/拘谨，见表3-4。

表 3-4 常见的人格障碍

组 别	人格障碍	特 点
古怪/异常	偏执型	不信任他人，怀疑别人有险恶的动机。倾向于挑战别人的忠诚，并从他人行动中读出敌意。倾向于爆发愤怒和攻击，否则就情感冷淡。经常嫉妒、有保留、遮遮掩掩，过于严肃
	分裂样	极端内向并从各种人际关系中退缩。偏好独处，对他人几乎没有兴趣。没有幽默感，疏离，经常沉醉于自己的思想和感受中，日夜做梦。恐惧亲近，社交技能缺陷，经常被看作"孤独者"
	分裂型	怪异的或异乎寻常的言谈或衣着。奇怪的信念。"不可思议的思维方式"，如相信超感官知觉或心灵感应。建立人际关系困难。在闲谈中可能会有奇怪的反应，或没反应，或自说自话。说话啰唆，或缺乏连贯性
戏剧化/飘忽不定	反社会型	缺乏道德感或"良心"。有欺骗史、犯罪史、违法问题、冲动及攻击的暴力行为。几乎没有情感共情，或伤害他人不会懊悔。喜欢操控、冷漠、麻木不仁。化学物质滥用和酗酒的风险高
	边缘型	心境不稳定，人际关系紧张、激烈。心情经常改变并愤怒，有不可预期的冲动。用自残或自杀的方式博得他人的注意或操控。自我形象起伏，倾向于把别人看作"全好"或"全坏"
	表演型	持续地寻求关注。语言造作、衣着性感、夸大病况，所做的一切都是为了得到关注。相信每个人都爱他们。情绪化、活泼、过度引人注目、热心、过分调情。情绪浅薄且不稳定。"像在舞台上表演"
	自恋型	自我重要感膨胀，沉浸在自我及成功的幻想中。夸大自我成就，假定别人会承认他们优秀。给人留下的第一印象好，但长久的人际关系差。剥削他人
焦虑/拘谨	回避型	社交时感到焦虑和不舒服，除非他们相信自己被别人喜欢。与分裂样人格障碍相反，他们渴望社交接触。害怕被批评，并担心在别人面前难为情。由于害怕被拒绝而回避社交场合
	依赖型	服从、依赖、过分要求赞许、保证和忠告。依附别人并害怕失去他们。缺乏自信。独处时感到不舒服。结束亲近的关系会使之崩溃，或者以自杀相威胁
	强迫型	认真、勤奋、有责任心、有序、追求完美。过分要求自己做"对"所有的事。僵化的高标准和小心谨慎可能干扰他们的创造力。害怕出错的情感可能使他们对待事物更加严厉。情绪表达能力差。（与强迫症不同）

知识清单

（1）人格是个体的行为、思维和情感所表现出来的独特的心理行为模式。人格是一个复杂的结构系统，包含了气质、性格等成分。

（2）大五人格：一种被大多数学者认可的人格分类方法，认为人格包含以下五个因素：开放性、责任心、外倾性、宜人性和神经质。

（3）弗洛伊德及其追随者的理论被称为动力学理论，因为他们认为人格的发展是由某种东西（如力必多）来推动的。

资源推荐

一、推荐书籍

1.《三国演义》

《三国演义》中有大量生动的人物描写，如侠肝义胆的关羽、冲动鲁莽的张飞、阴险狡诈的曹操和足智多谋的诸葛亮。通过阅读这本书，大家会发现，面对同样一件事情，不同的人会有不同的看法和行为，这就是不同人格的体现。正是因为有了这些不同的人物的对比、交锋，所以这本书格外引人入胜。

（资料来源：罗贯中：《三国演义》，人民文学出版社，1998年）

2.《人格心理学》

作者以通俗易懂的方式介绍了不同流派对人格的看法。弗洛伊德认为抑郁是一种转向内心的愤怒，处在抑郁中的人有一种无意识的愤怒和敌意；人本主义心理学家则认为，经常抑郁的人，是那些不能建立良好自我价值感的人，在治疗时一个重要的目标是让这些人接纳自己，包括接纳自己的弱点和错误；行为主义心理学家则认为，抑郁是由于生活中缺乏积极强化物，让人觉得生活中没有什么事情值得去做而产生的。不同学派对人格的看法，能够帮助我们更好地理解人格、发展人格优势。

（资料来源：Jerry 著，陈会昌等译：《人格心理学》第八版，中国轻工业出版社，2014年）

二、推荐电影

1.《霸王别姬》

电影获得了包括戛纳电影节的金棕榈奖在内的多项国际大奖，并被《时代》周刊评为"全球史上百部最佳电影"之一。影片讲述了两位京剧伶人半个世纪的悲欢离合，展现了对传统文化、人的生存状态及人性的思考与领悟，同时剧中鲜明的人物形象让人印象深刻。这部电影能帮助我们了解环境对人格的影响、人格的变化过程、自我意识如何影响人的行为等。

2.《长津湖》

该片以抗美援朝战争中的长津湖战役为背景，讲述了一段波澜壮阔的历史。在极其恶劣的环境下，中国人民志愿军东线作战部队凭着钢铁意志和英勇无畏的战斗精神，扭转战场态势，为长津湖战役胜利做出重要贡献的故事。从心理学的角度来看，该影片展示了理想信念对人的性格和行为的塑造作用以及逆境对人潜能的开发、意志力的培养的催化作用。

第四章 撷取知识宝珠
——大学生学习心理

第五章 绽放生命光彩
——大学生生命教育

第六章 掌握相处之道
——大学生人际关系

探索篇

第四章
撷取知识宝珠
——大学生学习心理

学不可以已。

——荀子

当今社会所谈的学习观念，已经不仅仅局限于课本知识的学习了。对于当代的大学生，"终身学习、全面学习、自主学习"已成为大学生的必修课，"玉不琢，不成器；人不学，不知义"，在这个知识经济时代，"知识就是力量"。科学的学习方法是我们高效、稳固地获得知识的基础。已有的知识提供给我们的力量，可以让我们发现和创造新的知识，产生更强大的力量，以推动社会进步、人类发展。

学习目标	
	1. 了解学习的含义，掌握有效的学习方法，提高学习效率。
2. 认识学习策略与心理发展的关系，掌握相应的调适方法，能够自我疏导学习心理压力。
3. 明确学习的重要意义，树立终身学习的观念。
4. 提升对学习意义的认知，树立学好知识才能强国的理想信念。

第四章 撷取知识宝珠——大学生学习心理

第一节 初识学习含义

"打工妹"逆袭获世界技能大赛金牌

2022年11月，姜雨荷荣获世界技能大赛特别赛化学实验室技术项目金牌，实现了我国该项目金牌"零"的突破。初中毕业后，她踏上了南下打工之路。因为缺乏知识和技能，只能干没有技术含量的工作，枯燥的打工生活让她一度开始怀疑人生。这是我想要的生活吗？不！她想重返校园，学门真技术，找个好工作，过上幸福生活。河南化工技师学院引领她踏上了技能求学路，也彻底改变了她的命运。走进这里，她第一次认识了世赛。经过层层选拔，姜雨荷入选了学校集训队，开启了三年半的征程。一路过关斩将，从省赛、国赛，奔向世赛的舞台。她精益求精，验证"一万小时定律"。备赛时一个动作要重复成千上万遍，模拟测试更是家常便饭，每天训练都是十四五个小时。春节别人都在阖家团圆，她却在实验室与瓶瓶罐罐相伴。化学实验室技术项目要求选手独立撰写大篇幅、高质量的英文实验报告，对于初中毕业的姜雨荷，英语就像一座大山阻挡在前。但在翻译老师的精心指导下，她一字一句啃起了"硬骨头"。随身携带单词本，吃饭时背，睡觉前背，走在路上继续背，在世赛特别赛上，以优异的成绩完成了长达11页的英文实验报告。

（资料来源：南风窗）

故事评析

心理学家弗兰克尔告诉我们，寻求意义是人类最重要的动机之一。如果你觉得你现在所学的内容对你来说意义非凡，是伟大的，你就会充满热情，也更能抵御诱惑。那么，主动把当前的学习和自己真正的理想联系起来，找到学习的意义是非常有必要的。

一、学习的概念

人类对学习和体验新事物具有天生的欲望。我们能够区分并且记住人、事、物之间的不同，并且随着成长，我们开始对熟悉的事物习惯化，更愿意注意到新鲜的事物。随着学习的范围越来越大，我们学会的东西越来越多，开始像科学家一样思考，并且开始尝试自己创造。可以说我们成长的过程正是不断学习的过程。直到学习变成一项专门的活动——在学校学习之后，读书、上学成为提到学习大家更容易想到的内容。

事实上，学习发生在生活的方方面面。广义的学习是指基于经验而导致行为或行为潜能发生相对一致的变化的过程；狭义的学习特指在学校学习。我们每个人在成长过程中都拥有非常丰富的学习经历和体验，初次开始集体生活，接触真正的专业知识，甚至开始尝试着跟一个人恋爱等都是在学习。

二、学习的意义

如果有哪句话可以高度地概括学习的意义，那就是学习与生命并存。

（一）学习与发展终身学习

党的二十大报告指出，要建设全民终身学习的学习型社会、学习型大国。学习是人的生命本性的需要。1994年，首届世界终身学习会议提出"终身学习是21世纪的生存概念""终身学习是通过一个不断的支持过程来发挥人类的潜能，它激励并使人们有权利去获得他们的终身所需要的全部知识、价值、技能与理解，并在任何任务、情况和环境中有信心、有创造性地应用它们。"一个人从出生到死亡，都是在不断的自身发展过程中去适应不断变化的现实，只有不断地学习，才能不断地获得新的发展，才能满足生产和生活对新知识的需要。不学习是对生命根本的自我否定和浪费生命。

（二）学习与终身教育

教育是为了帮助人们更好地学习，终身学习的理念决定了教育也应是终身的。终身教育可以将人生各个阶段的学习活动视为一个整体，把社会所有的教育活动都整合在一个统一的和相互衔接的教育体系中。联合国教科文组织在《学会生存——教育世界的今天和明天》中明确指出，教育是贯穿于人一生的、不断积累知识的长期、连续的过程；终身教育是现代化社会的基石，唯有全面的终身教育才能培养完善的人；我们需要终身学习去建立一个不断演进的知识体系——"学会生存"，要使教育更好地为社会发展服务，必须积极发展终身教育的思想；只有终身教育的思想，才能使教育变成有效的、公正的、人道的事业。现代信息技术则使各行各业、各年龄段的人都能根据自己的实际情况而随时随地享受教育。

（三）学习目标与个人国家命运

学习目标是指学生进行学习所要达到的结果或想要实现的目标。学习动机是促使学生达到学习目的的动因，只有树立明确的学习目标，才能产生强烈的学习动机，保持高度的学习自觉性。因此，学习目标作为产生和保持学习动机的因素，在学习行为中起着重要的指导作用。学习目标有远大与近期之分，远大的学习目标是建立在社会需要基础之上的，如为实现中华民族的伟大复兴而学习；近期学习目标是与学习的具体活动或具体教学要求相联系的，如准确理解某个词的含义就是课堂教学要求的反映。大学生在学习过程中，既要有长远明确的目标，又要有短期具体的学习目标，后者是有效完成学习任务从而成功地达到远大学习目标的关键。

三、大学生的学习特点

（一）阶段性

大学学习一般有公共基础必修课、学科基础必修课、学科基础限定选修课、专业必修课、专业限定选修课、实践教学环节等六个不同的环节。

（1）公共基础必修课。这是每个大学生都要学习的课程，也是学校要求每个大学生必须考试、考核通过的课程。这类课程主要有体育、军事理论、计算机应用基础、大学语文、大学英语、形势与政策、思想道德修养与法律基础等。

（2）学科基础必修课。这是相对不同专业来说的，这是每个专业深入学习研究前的基础入门课程，就像是建造房子的基础，可谓重中之重。在这里列举建筑工程专业的此类课程来说明，该专业的此类课程主要有高等数学、画法几何与工程制图、线性代数、概率统计、测量学、工程力学等。

（3）学科基础限定选修课。这是对学科基础必修课程的补充，是使学生进一步了解专业的基础课程，也是后面专业必修课和专业限定选修课学习的准备课程。

（4）专业必修课。这是整个大学专业学习的核心知识，是重中之重的课程，学好了对以后的工作会有很大的帮助。在这里也列举建筑工程专业的专业必修课，它主要有工程力学、混凝土结构原理、结构力学、土力学、钢结构原理等。

（5）专业限定选修课。这虽然是选修课，但是也是大学生必须学习的课程，其重要性仅次于专业必修课。专业限定选修课是专业必修课的补充，专业必修课并不能将专业知识阐述得面面俱到，而专业限定选修课的课程可使学生学习的知识更加完善一点。在这里也列举建筑工程专业的此类课程来说明，该专业的此类课程主要有房屋建筑学、建筑电工学、基础工程等。

（6）实践教学环节。这是必不可少的环节，也是理论与实践相结合的课程。在实践教学环节，大学生会到真正的公司中实习，会接触到很多实用的仪器，会进一步运用所学的知识等。

（二）专业性

专业性是大学学习与以往任何阶段的学习相比最明显的区别。初中、高中阶段的学习均不分专业、只分年级，各年级开设的主干课程大致相同，学生的中心任务就是完成所开设的各门课程的学习，学习的内容多、任务重、压力大，具有很强的应试性。大学生则要学习与专业有关的基础课程和专业课程，同时还要参加许多专业实习等活动。与专业有关的课程是学生在校学习的主要课程，体现了学习的专业性。

（三）自主性

学生在高中阶段的学习，面临着升学的压力，对作息时间的要求较为严格，自由支配的时间较少；而进入大学后，基本上没有升学的压力，学习时间也相对宽松，大学生可以根据自己的兴趣、爱好和特点，自主安排课余时间，可以去图书馆、阅览室，也可以参加社团活动，以提高自己的综合素质。

（四）选择性

大学生学习的选择性反映了学习的多层面、多角度、多途径。大学生的学习与高中生的学习相比，其内容显得更加丰富、充实和广泛，除了向书本学习，更多的是要向社会学习、向实践学习、向他人学习。

（五）实用性

当前面对就业压力，为适应社会发展，多数大学生有学习意愿，认为学习可促进自身发展。但不少大学生在价值取向上趋于务实，喜欢从主观上区分"有用"与"无用"的学习内容，片面理解技能的培养，重视实践操作，忽视理论知识学习，一味追求实用性，多热衷于考证，如英语等级证、计算机等级证、机动车驾驶证。对应用性不强和对考证没有帮助的知识内容则易忽视。部分学生认为，取得某种专业技能资格证书和学历同等重要。课堂上教师讲授的知识如果"无用"或"无趣味"，他们就无心听课，心态浮躁。

（六）波动性

由于知识准备得相对不足、良好学习习惯养成缺失，不少大学生在学习上遇到难题就退却，不愿意钻研和深入学习，很少能享受到学习带来的乐趣，体会更多的是学习效率低下、学习效果不佳。面对学习上的挫折和就业的压力，不少学生悲观失望、丧失信心，在思想情绪上多呈消极、焦虑、紧张、忧郁、自我否定等状态，影响学习行为和学习进程。

第二节　走出学习困境

身边的故事

机遇在于准备

世伟是某职业院校机电工程系的一名学生。2017年，世伟怀着高考失利的失落心情走进学校，但在大学期间，他重新找到了自信，迸发了科研和创新的信念并付诸行动。大一第一学期他加入了学校的飞创科技社团，因为缺少设备，所以他每天只能凭借记忆模拟运行设备。学习的过程让人痛苦且快乐，赵世伟心里明白，只有用的时间比别人多，才能取得更多的收获。经过半年的历练后，世伟团队参加了世界技能大赛山东省选拔赛，他们过关斩将最终拿到了一等奖。

（资料来源：教学或咨询案例）

故事评析
　　这说明动机是引发个体从事某种活动，以及促使该活动朝某一目标进行的动力，也是使个人继续表现某种行为的原动力。

学习动机是激励和维持学习行为并使之指向一定学习目标的内部力量和心理倾向。学习动机与学习效果有着密切的关系。

大学学习阶段与中学学习阶段相比，其本身是高层次教育，具有专业性、探索性、职业定向性、社会服务性等特点。大学生常见的学习困境有以下几种：学习心态、学习状态较差，经常处于考试焦虑和缺乏明确的学习动机甚至厌学的学习状态中，没有良好的学习策略，机械被动地完成学习任务，勉强应付学习和考试等。人的一切活动都是受一定的动机支配的，动机是激励个体行动的心理动力。我们的学习也是受一定的动机激励和支配的，因此，要想进行长期有效的、有意义的学习，适当地激发学习动机是非常有必要的。学习动机是直接推动我们进行学习的一种动力。

不同人的学习效果也有差异，而不同的学习动机是引发学习效果产生差异的原因之一。

一、学习动机不当

学习动机对学习活动起着发动、维护和推进的作用，但并不意味着学习动机的强度越大，学习效果就越好。心理学的研究表明，只有恰当适度的动机水平才能促进学习效果。如图4-1所示。大学生学习动机不当主要表现在两个方面：一方面是学习动机不足；另一方面是学习动机过强。

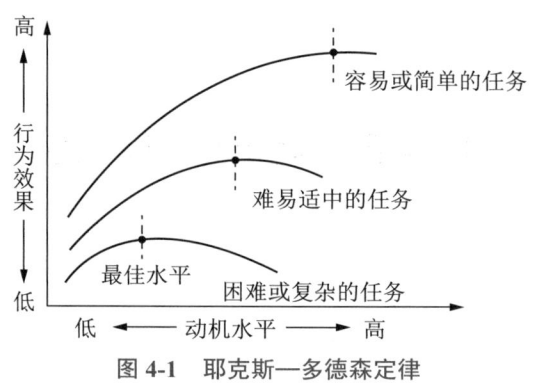

图 4-1　耶克斯—多德森定律

在各种活动中都有一个动机最佳水平问题。动机最佳水平因任务性质的不同而不同。耶克斯—多德森定律，又称"倒U曲线"，它是指在完成简单的任务中，动机水平高，效果可以达到最佳水平；在完成难度适中的任务中，中等动机水平下的效果最佳；在完成复杂和困难的任务中，偏低动机水平下的效果最佳。也就是说，动机强度处于中等水平时，效率最高。

学习动机不当时，可以采取以下方法进行调适。

（1）正确认识自己的学习能力。学习动机过强者的抱负和期望值与自己的实际情况往往不相符，或者低估了学习任务的难度，或者过高估计了自己的能力。因此，在学习中要不断获得反馈信息，随时知道自己学习的阶段性效果，并不断地对这种学习过程和学习效果进行反思。参照同学、朋友对自己的评价，这样就会不断提高自我评价水平。我们应在这个基础上设定恰当的学业目标与学业期望，调整成就动机，脚踏实地，循序渐进。

（2）设置合理的学习目标。学习目标是学习的出发点，也是学习的归宿。合理的学习目标能够使学习任务具体化、系列化，使学习任务具有质与量的规定性。根据自身实际逐步树立比较清晰可行的学习目标，包括长期目标、短期目标与近期目标，形成积极而适度的抱负水平，建立合理的期望；从积极期望入手，在完成小目标的过程中培养成就感，不断尝试分析问题，解决问题，保持好奇心，追求真知、真理，保持不断进步的良好状态。

（3）建立正确的认知模式。首先，找出不合理的信念，特别是要改变努力与成功的必然关系的信念，如"我付出了努力，就必须获得成功""别人可以失败，我必须成功"等都是错误认知。其次，建立正确的认知模式，如："成功＝努力＋能力＋方法＋基础＋机遇＋环境＋心态"等。

二、学习兴趣不足

兴趣是最基本的动力，我们每天的行为都会受到兴趣的影响，兴趣中蕴含着巨大的潜力。面对"你对什么感兴趣"的调查，学生一般会回答"我喜欢听音乐""我喜欢看电视""我喜欢打羽毛球"等，很少有同学回答"我喜欢学习""我喜欢我的专业"。大学生对专业的不满意程度过高时，易导致失望、沮丧等负面情绪的产生，继而出现各种心理问题和学业问题，如厌学、无所事事、沉溺于网络游戏。

很多不喜欢自己专业的同学对未来非常迷惘，有些干脆放弃自己，终日沉迷于网络，做与学习无关的事情；有些同学觉得前途渺茫，心情灰暗；有些同学怨天尤人，怪老师与家长耽误了自己。虽然选择了自己不喜欢的专业有很多客观原因，但这些同学的心理状态本身就会带来很多不利影响。

中国铁路工程之父詹天佑

詹天佑是我国首位铁路总工程师，他负责修建了京张铁路等工程，被誉为"中国铁路之父"。詹天佑出生在一个普通的茶商家庭，从小就对机器十分感兴趣，常常用泥土捏各种机器模型。有时，他还偷偷把家里的自鸣钟拆开，摆弄和琢磨里面的构件，提出一些大人也无法解答的问题。凭着自己的兴趣，詹天佑留学美国后考取了耶鲁大学的土木工程系，专攻铁路工程。在兴趣的指引下，他刻苦努力，成绩名列前茅。以优异的成绩毕业回国后，詹天佑满腔热忱地把所学本领献给了祖国的铁路事业，为我国铁路事业的发展做出了卓越的贡献。

詹天佑的故事告诉我们，能够化兴趣为做事业的激情，才能享受创造和快乐。詹天佑使兴趣和职业规划相结合，修建了京张铁路。我们如何才能寻找到兴趣所在呢？其实兴趣就蕴藏在我们的生活中，我们在做自己感兴趣的事情时会由衷地体验到愉悦，所以让我们先从愉快的生活体验中寻找吧！

（资料来源：张相宽，《中国铁路之父：詹天佑传》，长春出版社，2017年）

兴趣，特别是对专业学习的兴趣有时候并不是非常明显。请不要让不能、不会、没希望等思维定式阻碍你寻找真正的兴趣的机会。需要澄清的是我们感兴趣的是具体的活动，而不是某一项工作或者学科，如一个法律系的学生对法律专业中的辩护感兴趣，但对背诵法律条文没兴趣。因此可以说，基本上没有对专业没兴趣这回事，而只是对专业的某些活动不感兴趣。"对专业没兴趣"也不能成为自我放弃的借口，如果你的专业中你不感兴趣的活动很多，可以选择转换到更喜欢的专业上，或者辅修其他感兴趣的专业，再或者重新"爱"上你的专业，总之要尽量让兴趣成为学习的动力。我们可以通过以下几种途径了解自己的兴趣所在。

（1）多实践。人只有真正地尝试过才能真正了解自己的兴趣所在。没有人能够一拍脑袋就找到让自己永葆热情的专业。如果你还没有找到什么是你真正的兴趣这一问题的答案，那就要给自己机会去接触更多的选择。

（2）更专注。在从事某项活动时，我们往往因为不够专注而失败，其实如果尽可能地投入工作，往往也会获得较大的成就感，也容易发现兴趣。

（3）重新发现。如果手边的任务不能引起你的兴趣，你至少还应该关注一下能给你带来乐趣的部分，这样就不会如此无聊，比如观察老师是否能够处理学生不好好听讲的问题，寻找老师讲的内容与自己兴趣的联系等。

（4）重新选择。即使对自己的专业完全不感兴趣，我们也仍然有选择自己生活的权利。太多的人都是在不断地探索中才找到合适自己的专业方向，才找到适当的位置。因此，不喜欢自己的专业可以更换，不喜欢自己的生活可以改变，不喜欢周围的环境可以寻找，最可怕的是主动放弃了选择的权利。虽然知道自己不喜欢什么，但不知道自己喜欢的是什么。那些为专业伤透脑筋的同学们应该停止抱怨，应该想一想到底什么才是自己喜欢的专业，什么才是自己真正想做的事情。

三、考试焦虑

身边的故事

我叫"不紧张"

悦然是一名大学生，平时学习刻苦努力，几乎把所有的精力和时间都用在学习上，但她的学习成绩一直不太理想。她每到考试前几天就莫名地紧张，害怕考不好，复习时老是走神，挑灯夜读复习到很晚。早晨很早就醒了，不敢多睡，便匆匆去图书馆看书。但她一进图书馆就发抖、出汗、心慌，总是想上厕所。考试时遇到难题大脑就一片空白，明明会的东西也全忘光了，心慌得更加厉害，脑子也不听使唤了，平时会做的题目考试时也做不出来。

（资料来源：教学或咨询案例）

故事评析

你是否有过与悦然类似的经历？这是一种考试焦虑现象。考试焦虑是一种"高度唤起"和"过度担心"的心理，让人感到浑身不自在、紧张、心跳加速，这种感受很多人都体验过，尤其是面对重大的考试时更容易产生这样的感受。

考试焦虑是大学生群体中较为常见的一种情绪障碍，指考生在考试情境中（包括考试前和考试进行中）预感考试失利或消极结果而产生的焦躁不安的状态，表现出情绪、认知、行为和生理上的反应。那么，应如何克服考试焦虑呢？

（一）充分准备

有些人总喜欢考前突击，这是很不可取的。考前突击违背了学习的本质要求。学习是一个循序渐进、细嚼慢咽的过程，考前突击可能在强化记忆方面收效颇丰，但对于知识的理解、掌握、巩固是十分不利的。此外，考前突击还容易造成身心的紧张、疲惫等一系列不良的生理、心理反应。由此可见，考前进行认真、充分的准备是非常必要的。

（二）正确认识和评价考试

一些学生由于过分看重考试成绩，担心失败影响自己在别人心中的形象，怕父母失望，习惯于将成绩与自我评价联系起来，这种负面的认识容易对自己产生不良影响。因此，要尝试转换考虑问题的角度，明白如果自己能充分准备，并能控制情绪，自己便会考好；如果没有，自己也不会失去什么，可以下次努力。只有对考试持客观、合理的态度，情绪才不容易受到影响。

（三）考前学会放松

在考前放松心情，听听音乐，适量运动，和朋友谈谈自己的感受，参加休闲的放松活动等，有助于我们稳定情绪、排除杂念，营造轻松愉悦的考试氛围。

（四）掌握必要的应试技巧

考前要对考试题型、解题思路、答题要点以及评分标准等进行较为全面的了解，这样在考试时才能心中有数。在考试过程中，要保持情绪冷静。在发试卷前的几分钟，可以闭目做几次深呼吸，排除一切杂念，将心思放在考试上。发下试卷之后，不要提笔就开始答，而应将试卷简单浏览一遍，了解题量以及各题的难度等情况，掌握轻重缓急，安排好答题时间。考试后不要过分关心考试答题情况，特别是当后面还有考试时，应将前面的考试暂时抛开，全心全意地准备后面的考试。

四、学习疲劳

拧紧发条的"学霸"

晓东是一名大三学生，学习勤奋刻苦，连续两年获得专业第一名，同学们都称他为"学霸"。晓东的成绩来源于其苛刻的自我管理，他每天学习10个小时以上，只要没有课，就泡在教室里，没有其他业余爱好。最近，晓东突然对这种紧绷的生活状态感到不适，上课时总是无精打采，不能集中注意力，看见课本就觉得烦，甚至连自己最喜欢的实践课都提不起兴趣。晓东的情绪状态也不是很稳定，心情焦虑烦躁，晚上出现失眠症状，节假日都不休息的"学霸"竟然也开始缺课了。对于辅导员和舍友的关心，晓东也

 **第四章** 撷取知识宝珠——*大学生学习心理*

表现出一副很冷漠的样子,甚至还在课堂上和任课教师产生了争吵。最终,和家里人商量以后,他决定休学回家调整状态。

(资料来源:教学或咨询案例)

故事评析

学习疲劳是指由于长时间持续学习,人在身体和心理等方面产生了倦怠,使学习效率下降,甚至出现不能继续学习的状况。晓东的状态就是典型的学习疲劳状态。

学习疲劳表现为学习错误增多、学习效率下降、注意力集中困难等。短暂的学习疲劳状态,若经过适当的休息就可以得到恢复,对身心健康不会造成太大影响。但如果长期处于疲劳状态,勉强让大脑有关部位持续保持兴奋,就会导致大脑兴奋和抑制过程的失调,严重的会引起神经衰弱。

(一)学习疲劳产生的原因

学习疲劳的产生有多种多样的原因,不仅取决于所从事的学习的性质,也和一个人的学习动机、学习态度、学习兴趣等个人特点以及环境条件有关。学习疲劳有两类:生理疲劳和心理疲劳,其中心理疲劳是主要的。心理疲劳一般不像身体疲劳那样发生得迅速,因此一个人有了强烈的学习动机和积极的学习态度,就能够较长时间地持续学习而不感到十分疲劳。但是,集中精力持续学习时间过长,就会产生疲劳,使学习效率和学习质量受到影响。

(二)学习疲劳的调适

大学生的身心自我调适功能正处于人生的最佳时期,身体和心理发展的可塑性比较强,只要能够正确地处理内外环境对自己身心的影响,防止疲劳的发生,特别是防止极度疲劳对身心造成的重大损害是完全可能的。常用的调适方法有以下三种。

(1)科学用脑,劳逸结合。科学研究已比较清楚地揭示了大脑两半球的不同功能,左半球为言语优势半球,右半球为非言语优势半球。如果长时间单一地运用一侧大脑,相对容易疲劳,因此学校在课程的安排上,要注意不同性质的课程在时间上的参差搭配。大学生在每天的学习、生活中也要注意劳逸结合,在课间休息时,至少应打开教室的门窗更换新鲜空气,最好走出教室放松一下;学习一段时间后,应休息片刻;在学习之余,可参加一些文体活动,使身心都得到放松和调节,从而消除疲劳,提高学习效率。

(2)遵循人体生物规律,保证睡眠。人体有一定的生物活动规律,上午7—10时,人体的生物机能处于上升状态,10时左右精力最充沛,这段时间是学习与工作的最佳时间,此后身体机能逐渐下降,至下午又再度上升。学习时间的安排应顺应人体生物节律的变化。但这一变化规律会因地区与个人而有所不同,应在了解自己身体机能的规律的基础上合理安排。此外,还要注意保证睡眠。

(3)培养学习兴趣,优化学习环境。如果学习兴趣浓厚,学习时心情愉快,则长时间学习也不会觉得疲劳;反之,对学习兴趣不大甚至厌恶,则很快就会进入疲劳状态。学习环境应尽量布置得幽雅、整洁,使人感到心情舒畅。尽量不在有强烈噪声的地方学习,避免心烦意乱,焦躁不安;不在过暗或过亮的地方学习,避免头晕目眩,出现视觉疲劳。

大学生
学习倦怠
测量量表

第三节　掌握学习妙招

 身边的故事

到底应该怎样学习呢

临近期末，大家都开始紧张地复习了，佳佳也开始去图书馆"打卡"。在图书馆里，佳佳看书的时候总会因为周围人的行动分神，她不自觉地观察着很多同学学习的情况。有些人喜欢戴着耳机一边听歌一边做题，有些人喜欢默念背诵，有些人喜欢用彩色的大头笔圈圈画画，有些人喜欢抄抄写写、整理重点。有些人可以一坐就是一上午，全神贯注，有些人时不时打个水、去个洗手间、进进出出。佳佳就总是分神，一天下来能记到的知识点也有限，即使是看过了，隔两天又忘了。由于在图书馆里周围人太多，佳佳总是分心，想着不如回宿舍学习吧。而当她把书带回宿舍里，佳佳却发现在宿舍里学习效率也不怎么样。躺在床上看书直犯困，坐在下面看又常常被舍友玩游戏的声音吸引，没有学习氛围的宿舍更不适合看书。

（资料来源：教学或咨询案例）

故事评析

佳佳有点迷茫了，到底该怎么学习才好呢？佳佳想要好好学习，却不得其法，学习效率也不高，最后事倍功半。

一、明确职业理想

职业理想是指大学生对自己未来的专业、工作部门、工作种类以及事业成功的向往和追求。职业理想是建立在个人的专业知识与能力、职业兴趣与职业激情的基础上的，它对大学生的学习具有一定的促进和导向作用。你的理想是什么呢？你是希望自己成为工程师、作家、律师，还是其他什么人呢？如果大学生能在大学期间积累知识经验，了解自己的兴趣、能力等自身条件，并积极为实现自己的职业理想而努力学习，就能够为自己的长期发展奠定比较坚实的基础。简而言之，你想成为怎样的人，就是你要努力的方向。

二、制定学习目标

在职业理想确定之后，你要做的就是在不断前行中将自己的理想变为现实。在这个过程中，每个人都要学会将理想具体化（表4-1）。不要停留在每天对自己说"我今天要努力学习"，而是要对自己说"我今天要做好下面几件事，分别是……"，让自己的目标具体化，并让自己知道这个明确而具体的目标怎样才能达到。这对每一个大学生来说都非常有意义。仅仅明确自己的职业理想是不能够变理想为现实的，重要的是要让理想在自己的行动中逐

渐清晰、真实、可触及，让它最终成为自己人生道路上的一个里程碑。将目标具体化，你会感觉到每个进步都是值得欣慰、值得骄傲的。

表 4-1　不同目标类型的管理

目标类型	管 理 建 议
长期目标	涉及你想要的生活类型，和事业、婚姻、生活方式有关。在大学期间使这些目标保持宽泛和灵活，进行更多的探索
中期目标	涵盖今后 5 年左右的时间，包括寻求的教育类型、对事业的规划等。你对这些目标有较大的控制能力
短期目标	可以从下个月开始到一年以后。你可以设立非常实际的目标，并努力实现
小型目标	涵盖从一天到一个月的所有事情。你对这些目标具有很大的控制能力，应该使其详尽明确
微　目　标	涵盖从现在开始 15 分钟到几个小时的时段。实际上，只有这些目标是你可以直接控制的

对于中长期目标来说，要点是设定自我和谐的目标，让自己做重要的事，符合自己的价值观和兴趣而选择的事情，更容易实现。

对于短期、小型和微目标进行管理需要遵循 SMART 原则。

（1）目标必须是具体的（Specific）。比如把目标定为"看完这本书的第八章"比"对这本书进行学习"要具体得多，其可操作性更强。

（2）目标必须是可以衡量的（Measurable）。可以通过核查来确定目标是否完成。

（3）目标必须是可以达到的（Attainable）。目标应符合自己的实力。中等难度的目标具有一定的挑战性，但是并非高不可攀。

（4）目标必须与其他目标具有相关性（Relevant）。所设定的目标是一个目标群。

（5）目标必须具有明确的截止日期（Time-based）。所设定的目标有一定的时间压力。

再好的目标也需要转化为可操作的行为，因此小一点的目标才更有意义。有很多人倾向于给自己设立宏伟的目标，这其实是使自己陷入一种"虚假希望综合征"。而关注特定目标的完成可能会导致行动僵化，使你的视野变窄，比如想获得高学分，却忽略了课程中真正有价值的东西。

三、掌握记忆规律

如果把人的大脑比作计算机，那么我们的记忆就是活跃的系统，从事着接收、存储、组织、改变和恢复信息的工作。这些功能的完成不仅需要生理基础，也需要心理上的过程。从心理学角度来讲，记忆分为三个阶段：首先，外部传入的信息在感觉系统中保持 1～2 秒钟，然后由注意从中选择出信息，送入短时记忆系统，如果这些临时存储的信息没有马上被编码或者复述，就将被遗忘；短时记忆中被编码的信息则会被送入长时记忆系统，被相对长久地保存，但是有些信息在提取的过程中也会遇到困难。因此，这也是为什么对于学习过程中的新知识，我们需要通过不断重复来强化记忆。

考试前，我们怀着"临时抱佛脚"的心态进行复习准备，在进入考场前的最后一刻也不放下手中的课本，但是，在出了考场之后，这些记忆就随着考试的结束而化为乌有了，这种记忆就叫作短时记忆。但是，如果我们从一开始就认真准备，努力复习，不断巩固学过的知识，这些记忆就会被我们的大脑较长时间地保留，即便是考试结束或者在以后的学习生活中，我们依然可以调出关于这些知识的记忆并加以运用，这种记忆就是长时记忆。短时记忆如果不加以重复和巩固练习，就会被遗忘，然而在记忆过程中出现的遗忘其实是有规律可循的，心理学家艾宾浩斯通过研究得出了人体对新事物的遗忘规律，并且以曲线的形式呈现出来，这就是通过遗忘曲线（图4-2）掌握记忆的规律。

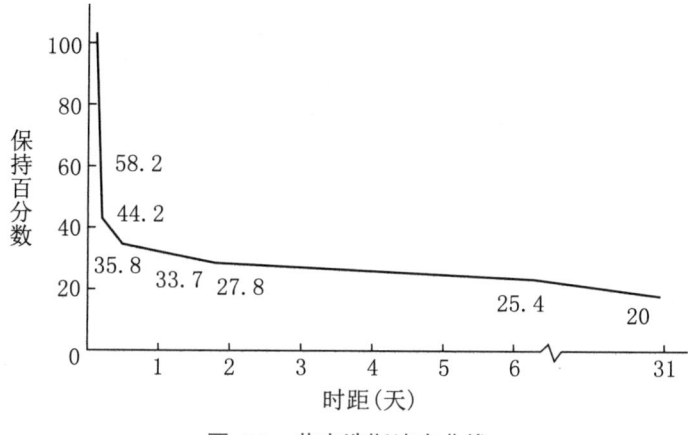

图 4-2　艾宾浩斯遗忘曲线

从曲线中，我们可以看到遗忘进程是有规律的，遗忘的速度是很快的，并且呈现出先快后慢的趋势，但是如果我们能够在遗忘发生之前进行及时复习与巩固，就可以很好地把握这些知识，并将它转化为长期记忆。除了艾宾浩斯遗忘曲线，我们在学习和生活中也有一些其他的方法能够帮助提升我们的记忆力。

1. 记忆线索

对新学习的知识进行整合加工往往更有利于记忆。当我们学习新的名称、概念和术语时，可以将其放在几个句子或者情境中去联想记忆，或者使这些知识形成一些视觉表象，将它们与自己已有的知识储备联系起来，形成记忆线索，这将有利于我们在需要的时候及时提取信息。

2. 保证睡眠

不少当代大学生经常熬夜赶作业，熬夜敲代码，熬夜复习等。但是，对于良好的记忆来说，充足的睡眠是必不可少的。一项研究发现，睡眠与记忆力有很大的关系，缺乏睡眠会导致海马区的活动程度明显降低，而海马体结构承担着强化记忆的功能，可以把信息从短期记忆转变成长期记忆。因此，我们在安排学习时间的过程中要做到劳逸结合，重视休息时间和自由活动时间的安排。

四、学会时间管理

不敢玩耍的小陈

"你们能不能小声点呀,都要期末了,你们不复习,我还要复习。"宿舍里此起彼伏的吵闹声让小陈有些心烦。"哎呀,你看书也看不下去,别以为我不知道,你这页已经很久没翻过了。"小赵回道。"就是咯,不如就一起玩呗。明天复习也没问题啊。"小李应和道。"你要是不玩,就赶紧下去把我们的外卖拿上来,快点快点,十万火急,打电话来催了,说是两分钟就到。"小方也喊道。"外卖来了你怎么不早说?每次都这样,快来不及了才说,晚一点外卖小哥又跑了。"小陈听了丢下书本,赶紧冲出宿舍。

拿到外卖走回宿舍的时候,小陈回想起他们的话,陷入了纠结。想玩吗?当然是想的,而且小赵说得对,自己确实也没有真的在学习。虽然每天好像很忙,社团、班务、兼职、学习,每天都在做各种各样的事情,但细细想想,自己好像什么都没有做好。因为怕游戏影响学习、浪费时间,他已经很久没有玩过游戏了,但即使是这样他也没有把学习成绩提上去。他不想像舍友一样在玩乐中度过大学生活,但最后好像什么都没学到。小陈觉得自己陷入了一个怪圈,恨不得多一些时间去做很多事情,但又不知道到底该干些什么。

(资料来源:教学或咨询案例)

故事评析

让小陈苦恼的主要问题是不知道该如何管理时间,他努力想要安排好生活里的事情,每天忙得团团转却好像什么都没干成。大学里的生活丰富多彩,很多人都希望能够拥有充实的生活,给自己安排了各种活动,但却时常感觉自己像个无头苍蝇一样。事情越堆越多。因此时间虽多,但需要先区分轻重缓急,合理规划好时间。

学会时间管理,走向成才之门

时间管理,通俗地讲,就是提高时间的利用效率。它反映一个人对待时间的态度和价值观念,是一个人在运用时间方式上所表现出来的心理和行为特征。那么我们应该如何安排自己的时间、安排自己的生活呢?

(一)了解自己的时间

你知道自己的时间是怎样流逝的吗?表4-2能让你对自己流逝的时间有一个概念性的了解。

表 4-2　生活中的时间模块

活动类型	内　容　说　明
生理需要时间	为满足生理需求所花费的时间，如为保证机体正常运转，人必须通过饮食、睡眠等补充能量
工作与学习时间	工作是人谋生的手段，而学习则是在谋生前的准备或是工作过程中的进修。我们不仅要在上学时学习，还需要树立终身学习的理念，活到老，学到老，紧跟时代变化
休闲与娱乐时间	为了能够保持健康的身体、愉悦的心情，我们还需要休闲、娱乐和放松，如从事个人喜好的活动，进行体育锻炼，阅读书籍，听音乐或看电影
人际与社交时间	我们每个人都生活在社会环境中，要与不同的人交往，扮演不同的角色。因此，我们需要花时间与家人聊天，与朋友打球、爬山、聚会，与喜欢的人互通电话、互发短信等
个人独处时间	无论我们与他人的联系多么紧密、感情多么深厚，每个人还是需要一定的个人独处时间。在独处的时间里，我们完全脱离了社会角色的束缚，更放松、更自由

（二）合理规划时间

管理学家斯蒂芬·科维依据紧急和重要两个维度对任务工作进行了划分，提出了时间管理四象限法，如图4-3所示。他认为工作中的事情一般可以分为重要且紧急、重要但不紧急、紧急但不重要、不重要且不紧急四种，其处理顺序为先是重要且紧急的，接着是重要但不紧急的，再到紧急但不重要的，最后才是不重要且不紧急的。

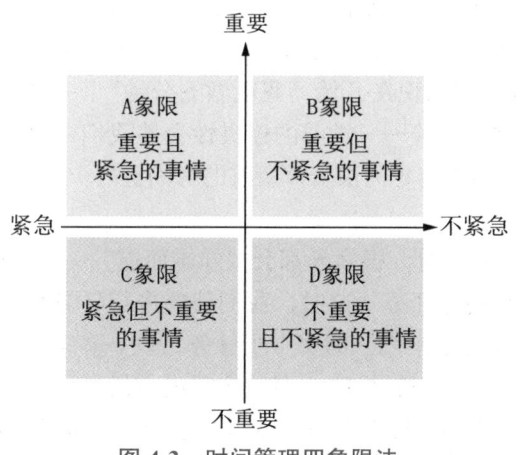

图 4-3　时间管理四象限法

这种方法的关键在于区分紧急但不重要和重要但不紧急的事件的顺序。有的时候我们往往会使用"紧急优先"的决策方式，事情急迫的需要让我们产生了"这件事很重要"的错觉，自以为在做一些重要的事情，实际上可能只是在做一些满足他人期望却对自身无益的事情。

重要但不紧急的事情往往是一些长期的规划安排，短期来看暂时先不去做也影响不大，但是如果长期拖着不做，就会使这些事情最后变得既紧急又重要。比如在新学期开始时，就应该做好学习规划，每天完成一些学习任务；即使一时拖延症犯了不好好学习，在短期内也没有太大危害，但最后在考前就必须突击复习。重要且紧急的事情往往都是由此转化而来的。因此这一类的事情应该尽早做出安排和处理，减少不必要的慌乱。

（三）改变拖延行为

拖延行为是我们以推迟的方式来逃避执行任务的一种行为倾向，是一种自我妨碍行为。有拖延行为的人往往会陷入这样的怪圈：从胸有成竹到恐慌焦虑，再到最后匆匆完成。一项调查显示，大约75%的大学生认为自己有时会有拖延行为；50%的大学生认为自己一直存在拖延行为。拖延行为不仅会给大学生的学业成绩和个人发展带来负面的影响，同时也会对个体心身健康带来负面影响。当时间逼近任务期限时，拖延者的焦虑、抑郁水平都高于非拖延者，给个体造成巨大的心理压力。因此改变拖延行为，我们应该做到以下几点。

1. 建立正确认知

当出现逃避行为时，首先要分析一下自己会逃避的原因，是想要追求完美还是害怕失败。对于追求完美的同学要认识到凡事不可能完美，人可以不断地完善自己，但永远不能做到完美。一项任务最后结果的成功与否和过程是否完美并不等价。在执行任务时要不断提醒自己，一点小错误无伤大雅。不要用自己还没有准备好做借口，把事情一拖再拖，要从现在开始动起来，一秒都别再等待。对于有畏难逃避心理的同学，应该认识到我们恐惧的并不是任务本身，而是对任务后存在的"未知"的恐惧。我们要直面所谓任务之后的"未知"，将"未知"变为"已知"。在我们充分了解所要做的事情之后，反而能平静地面对它了，继而就不会排斥和逃避了。

2. 即刻行动

很多时候，我们并不是有意拖延，而是不知不觉地浪费时间。因此，察觉并制止自己的拖延是十分重要的。在拖延的想法出现时，我们要及时做出反应，并停止这种想法。

有一种非常常见的自我管理方法"五分钟法"，可以帮助我们更好地开始工作。当想要拖延时，可以先告诉自己，"从现在开始，我就做五分钟"。一旦开始了任务，我们就会发现实际工作的时间远超过五分钟——学习的连贯性会使我们一直连续地做下去。即使最后真的只做了五分钟，也比因为拖延而浪费掉所有的时间更好。

3. 分解任务

在面对一整个复杂的任务时，很多人都会"知难而退"。一个庞大的任务会使我们失去信心，并最终选择拖延来逃避任务。这时，我们就要进行任务分解，将任务划分成"只要努力就能完成""在自己能力范围内"的多个小任务，设立多个简单直接的目标。这样，完成单个小任务对我们来说就是很轻松的，而每次完成小任务也会给我们带来成就感，让我们感觉到自己是在为了最终的目标而努力。在每个小任务完成后，还可以给自己一点奖励。例如：在背完单词后给自己点一份夜宵，在跑步完成后看个电影等，奖励可以更有效地激励我们完成任务，也可以让我们在任务中保持心情愉悦。

4. 建立自律的环境

大学生的行为受到环境因素的影响是巨大的，建立自律的环境对摆脱拖延至关重要，这种环境包括类似学习场所这样的客观环境和类似交际圈子这样的主观环境。对于客观环境，要尽量做到干净卫生，物品摆放整齐有序。对于主观环境，则要在学习、生活中多结交志同道合的朋友。一个寝室的同学、一个社团的成员都可以通过集体的力量来约束自己的行为，大家互相监督、互相激励、互相交流探讨合理的学习方法，营造积极向上、奋发自律的氛围，最终实现共同成长。

5. 利用时间管理 App 的监督作用

在校园里，大家都是"低头族"，一些游戏和娱乐 App 悄悄偷走了我们大好的时间。其实手机是可以帮助我们学习的。我们利用手机安装一些时间管理 App，并且严格执行，不让无用的信息分散我们的注意力，提高我们学习的效率。

知识清单

（1）广义的学习是指基于经验而导致行为或行为潜能发生相对一致的变化的过程；狭义的学习特指在学校学习。

（2）大学生的学习具有以下特点：阶段性、专业性、自主性、选择性、实用性、波动性。

（3）在各种活动中都有一个动机最佳水平问题。动机最佳水平因任务性质的不同而不同。在完成简单的任务中，动机水平高，效果可以达到最佳水平；在完成难度适中的任务中，中等动机水平下的效果最高；在完成复杂和困难的任务中，偏低动机水平下的效果最佳。也就是说，动机强度处于中等水平时，效率最高。

（4）考试焦虑是大学生群体中较为常见的一种情绪障碍，指考生在考试情境中（包括考试前和考试进行中）预感考试失利或消极结果而产生的焦躁不安的状态，表现出情绪、认知、行为和生理上的反应。

（5）大学生学习疲劳的调适：科学用脑，劳逸结合；遵循人体生物规律，保证睡眠；培养学习兴趣，优化学习环境。

（6）遗忘进程是有规律的，遗忘的速度是很快的，并且呈现出先快后慢的趋势，但是如果我们能够在遗忘发生之前进行及时复习与巩固，就可以很好地把握这些知识，并将它转化为长期记忆。

资源推荐

一、推荐书籍

1.《好好学习》

该书简述了从爱因斯坦等非同寻常的人物的"思考的工具"，通过丰富的例证和对于游戏、观察、图形、模型以及其他工具的全新探索，展示了怎样练习相同的想象技巧会最具创造力。该书对每一个致力于创造性思维、终身学习和交叉学科教育的人来说都是一部最基本的著作。

（资料来源：成甲：《好好学习：个人知识管理精进指南》，中信出版集团，2022 年）

2.《高效学习》

全书围绕常见的学习场景，一一给出作者在践行的实操方法，比如：如何通过微信公众号学习，上班路上或下班后如何学习，如何归纳出自己的做事套路，如何找准课程里的精华点。

（资料来源：曹将：《高效学习：曹将的公开课》，清华大学出版社，2022 年）

3.《笔记思考术》

该书分为四大章节，依序教我们"如何在笔记中思考人生""如何在笔记中整理目标""如何在笔记中选择有效行动""如何在笔记中累积反省与改变的能量",让我们从改变思考开始,然后做出有效整理,选择有价值的行动,在行动中持续反省、累积能量,进而又回到思考的改变。

（资料来源：黄钟毅：《笔记思考术》，百花洲文译出版社，2019年）

二、推荐电影

1. 《一个都不能少》

该片讲述了乡村代课老师魏敏芝在得知学生张慧科辍学去城里打工后，她独自一人踏上了进城寻人之路的故事。通过影片，教育学生珍惜当下学习环境，强化学生努力学习的动机。

2. 《风雨哈佛路》

影片介绍了一位生长在纽约的女孩丽兹经历人生的艰辛和辛酸，凭借自己的努力，最终走进了最高学府的经历。丽兹出生在美国的贫民窟里，父母酗酒吸毒，母亲患上了精神分裂症。随着慢慢成长，丽兹知道，只有读书成才方能改变自身命运。从此丽兹在漫漫的求学路上开始了征程。

3. 《美丽心灵》

该片讲述了患有精神分裂症的数学家纳什的故事。纳什在念研究生时便发表了著名的博弈理论，该理论的内容虽只有短短26页的篇幅，却在经济、军事等领域产生了深远的影响。但他却因为精神分裂症受到困扰，然而这并没阻止他向学术最高层进军的步伐，在深爱他的妻子的鼓励和帮助下，他走得虽然艰缓，却始终没有停步。凭借十几年的不懈努力和顽强意志，他在博弈论和微分几何学领域潜心研究，并最终获得诺贝尔经济学奖。

第五章
绽放生命光彩
——大学生生命教育

一生复能几,倏如流电惊。

——陶渊明

在大学阶段,我们逐渐成熟,也对生命充满了好奇——我是谁?我活着的意义是什么?我要怎样对待我的生命?我们在思考自我生命的同时,也会遭遇许多对生命造成打击的事情,这些事情会让我们彷徨、痛苦、不知所措。因此,我们需要学会识别与应对心理危机。

学习目标	1. 了解生命的含义,掌握心理危机的识别与应对方法。 2. 提升对生命意义积极探索的能力。 3. 树立珍爱生命、热爱生命的意识。 4. 养成尊重生命的态度,形成正确的生命观。

第五章 绽放生命光彩——大学生生命教育

第一节 追寻生命意义

我的志愿者日记

在大学时光的第一个寒假，一场流行性疾病的广泛传播打破了小王原订的假期生活计划。那年1月，小王和高中同学一起聚了餐，并考完了驾照的最后一科。刚听到这个消息的时候，小王还以为这是有人在网上开的玩笑。后来，小王所在的城市也开始封闭小区，开始限制人员的外出。当得知团市委招募志愿者时，小王决定加入志愿者队伍，成为返乡大学生志愿者中的一员。虽然工作是辛苦的，但是在大家一同工作的过程中小王收获不少。这段特殊的经历让小王对生命的渺小与伟大、脆弱与坚强有了更深刻的体会。

（资料来源：中国民航网）

故事评析

突如其来的流行性疾病蔓延到我们生活的角角落落，也让很多人意识到生命的脆弱与坚强、渺小与伟大。生命给予我们机会去了解和探索这个世界，给予我们无限的可能性。那么，究竟什么是生命？我们应该如何度过有且仅有一次的生命旅程呢？我们怎么对待，怎样度过，才算有意义呢？

一、生命的奥秘

生命的奥秘是人类自古以来就在不断思考的一大问题，至今依然谜团重重。而生命又如此重要，我们要以高度的好奇之心持续推进生命的探索之旅。

（一）生命的含义

现代生物学认为生命是生物体所表现的自身繁殖、生长发育、新陈代谢、遗传变异以及对刺激产生反应等的复合现象。而心理学意义的生命的内涵比生物学意义的要丰富得多。人是一个复杂的生命体，人生存的目的和意义比一般的动物丰富得多，人有更多的心理需求。人的生命的全过程由一次次的生命活动所组成。一次次的生命活动的质量决定了人生命的全过程的质量，重视每一次生命活动的质量就是重视生命全过程的质量。

1. 生命是一种美好的存在

人类的生命是大自然最奇妙的存在。精子和卵子相遇，结合形成受精卵并在母亲的子宫中定居下来后，一个新的生命就诞生了。这个新的生命从一个小小的细胞开始，经过短短数十天，就已经初具人形。在母亲的子宫中孕育9个多月后出生，便有了自己的名字、身份，然后逐渐有了自己的想法、自己的人生。生命受之父母，成于社会。

生命是美好的，它为我们提供了种种可能，让我们去生活、学习、工作、爱，它让我们能够领略大自然的丰富多彩，体会人生的酸甜苦辣。充分欣赏和感受生命的美好，需要我们有一双发现生命之美的眼睛和一颗感受生命之美的心灵。世界之美、生活之美都是生命赋予的。

2. 生命是一个过程

所谓生命，就是一个从生到死的完整人生历程。心理学家卡尔·罗杰斯说，美好的人生是一个过程，而不是一种存在的状态；它是一个方向，而非一个目的地。生命在最好的状态下，在最丰富、最有价值的时候是一个流动的、变化的过程，其中没有什么是固定不变的。生命的意义不仅仅在于最终的结局，更在于生命的过程，当人把所追寻、创造出来的全部内容展现出来时，生命的意义与价值也就实现了。

生命不只是一种生物学意义上的过程，更是一个充实、旺盛、快乐、宁静的精神层面的过程。我们所走的每一步、所做的每件事情、所说的每句话、所做的每一个选择都在构建自己的生命。我们经历的每一天，都是在书写自己的历史，我们是自己生命中唯一的作者。我们在人生旅途中收获的每一次喜悦和失落，都为人生谱写了动人的一曲。

3. 生命是一种承诺和责任

生命不仅仅是一个过程，还是一种承诺，无论是对社会、对家庭，还是对自己，生命都是一种无声的、美丽的承诺。在成长过程中，父母和所有爱我们的人把爱倾注在我们身上，这种爱是生命对生命的承诺。我们的生命承载了许许多多的责任，我们要珍惜自己的生命，也要履行承诺，承担责任，关怀他人，珍惜他人的生命。在履行生命承诺的时候，我们也体会到了活着的意义和生命的价值。

（二）生命的形态

人的生命可以分为这样几种形态。首先是生物性生命，人首先是作为自然生理性的肉体生命而存在的，这一点是和自然界的广大生物一样必须具有的基本属性。其次是人的精神性生命。人之所以为人就在于人有高于动物的意识活动，有超越生物性生命的精神世界。人不但要思考如何活下来，还要思考如何更好地生活。只要人在世界上存在一天，大脑就不会停止思考，人类就要创造，就要超越，就要更好地认识世界、改造世界。最后是人的价值性生命。每个人在一生中都要思考诸如"为何活着"的问题，这就是人对于生命意义发自内心的追问，是人对价值生命的一种诉求。

（三）生命的特性

1. 不可逆性

生命的宝贵就在于它的不可逆性。人的生命只有一次，失去了就永远不会回来。从胚胎起，生命便一直生长、发育、发展，直到衰亡。正是生命的这种特征，才使得人们更加关注、珍惜和呵护自己的生命。

2. 有限性

人的生命的有限性表现在三个方面：第一，生命存在时间的有限性。人的寿命是有限度的。第二，生命的无常性。表现在生老病死、旦夕祸福等方面的不可预测性。第三，个体生命的存在不能离群索居，每个人都需要别人的帮助、支持和关怀。正是生命的有限性，才促使人去努力思考，发奋创造，积极生活，以实现自己生命的意义。

3. 不可替换性

生命为个体私有，相互不能交换，彼此不可替代。生命对每个人来说只有一次，任何人都是"孤本"。每个人都有自己的需要、兴趣、特长和认知思维方式，这些赋予自己的生命以不同的内涵，从而形成个人化的精神世界，使生命展现出不同的特色。

4. 双重性

人的生命体中存在着两种生命：一种是人作为肉体的存在，是自然界的一部分，受自然规律的决定和制约，具有自然性。二是人作为精神的存在，受到道德规范的决定和支配。人的这种双重性、矛盾性及其之间的相互作用，是人的生命存在的最根本的动力。人就是在生命的双重性中寻求生命的意义，实现生命的价值。

5. 完整性

人的生命也是完整的。人是生理、心理和社会性的统一体，是自然生命和价值生命的统一体。人的生命是一个不可分裂的整体，人通过实践活动在认识世界和改造世界的同时，也在发展自身，超越自我。

6. 创造性

人的生命本身就是一个不断成长、发展、生生不息的过程，生命是创造的、超越的。生命就是不间断的运动，但生命比单纯的持续运动更为丰富，生命是在此基础上不断产生新内容的创造性运动。生命的基本特点就是创造性和超越性，人通过创造去发现生命的意义，通过创造去实现对自己生命的认识与超越。

二、生命的维度

完整的生命应该包含三个维度：生命的长度——珍爱生命，生命的宽度——热爱生命，生命的高度——成就生命。

（一）生命的长度——珍爱生命

生命的长度是有限的，这表现在生命的存在时间是有限的，最终不可避免地走向死亡，因为死亡也是生命的一部分。对于有限的生命，我们应该如何做呢？

能活着回来真好！

章某，曾是武汉大学人民医院东院区病情最重的患者之一，曾使用体外膜肺氧合整整25天。在辽宁省、河南省、福建省及湖北省的医护人员竭尽全力的接力救治下最终转危为安。

"在医院住了109天，今天终于出院了！病毒无情，人有情！感谢所有救治我的医护人员，你们都是恩人，谢谢！也感谢所有关心和鼓励我的朋友们，我努力康复，很快就能回归了。"结束长达109天住院生活的章某回到家中，更新了自己的微信朋友圈。

2020年1月26日深夜，章某开始发高烧。几天后，他被确诊。2020年2月6日，章某住进了武汉大学人民医院东院。由于病情急剧恶化，2020年2月12日，医院给章某上了有创呼吸机。两天后，接管3病区的辽宁省重症医疗团队紧急评估后认为，必须立刻给章某用上人工肺，也就是体外膜肺氧合。

接入人工肺后，章某的血氧饱和度提升到95%以上，一度被压瘪了的肺，暂时得到休息，但章某一直处于昏迷状态。在和死亡的缠斗中，深度昏迷的章某更像是台风的中心，那里只有连绵不断的梦境。

在上机整整25天之后，医生给章某撤下了体外膜肺氧合。辽宁省重症医疗队一位队员在当天的日记里写道，今天干了件大事，给章某撤了体外膜肺氧合，这是我上过时间最长的体外膜肺氧合。

在医务人员的精心照料下，4月3日，章某完全脱离呼吸机，恢复自主呼吸；5月8日，卧床近3个月后，章某首次下床站立；5月10日，章某开始在护士的搀扶下进行行走锻炼；5月17日，章某脱离辅助自主行走，体重也恢复到120多斤。经过全面的检查和身体评估后，5月24日中午，医护人员护送章某出院回家。

章某说，回到家里感到非常温暖，父母、妻子、孩子都在家等着自己，回到家见到他们那一刻，真的是觉得能活着真好，能活着回来真好。见到他们，才知道自己有这么多东西放不下。

章某也十分感谢自己，感谢自己能挺过来，能够再见到家人。

（资料来源：中国经济网，有改动）

故事评析

章某经历了生死考验，几度转危为安后，更加体会到生命的珍贵，珍惜身边的每一个人，珍惜当下的生活。

珍爱生命具体应做到以下几个方面。

1. 敬畏生命

只有当我们拥有对生命的敬畏之心时，世界才会在我们面前呈现出它的无限生机。"敬畏"是指面对社会、自然规律，要有敬重与畏惧之心，它能给人以时刻的警觉，避免人们破坏规律，以致招来难以承受的后果。生命的存在是个人生活、实现目标、人际关系的基础，是社会进步和世界演化必不可少的组成部分。每个生命都有个体特性，人生充满未知，每个人都应珍惜自己的生命。当我们遭遇挫折险阻，万念俱灰、对前途失去希望的时候，常常会认为，我们是生命的拥有者，有权处置、有权选择我们的生命。然而对待生命，我们还应该有一份敬畏之情，因为生命是无价与神圣的，所以在任何时候，我们都不能够轻言放弃，这是对生命予以的最高敬意。

我们要敬畏的不仅是个人的生命，还要敬畏大自然的一切生命。党的二十大报告中指出，"中国式现代化是人与自然和谐共生的现代化。人与自然是生命共同体，无止境地向自然索取甚至破坏自然必然会遭到大自然的报复。"尊重大自然的规律，保护野生动物、远离野味，我们不能只是看重人类的生命和人类当前利益的最大化，而是要把自身看作自然系统的一部分，尊重大自然中每一个物种的生命。只有敬畏自然，我们才能活得自然，只有敬畏生命，我们才能看到生命的绚丽。

2. 健康生活

世界卫生组织针对严重影响人们健康的不良行为与生活方式，提出了健康四大基石的概念，并指出如果做到这四点，便可使平均寿命延长10年以上。健康的四大基石是：合理膳食、适量运动、戒烟限酒、心理平衡。

3. 态度积极

 身边的故事

一封致谢信

2021年，一位中科院博士的致谢信走红于网络，令无数人动容。这篇看似普通却沉重无比的文字，背后却是一个充满苦难与挫折，也带给人希望和温暖的故事，摘录的部分内容如下。

我出生在一个小山坳里，母亲在我十二岁时离家。父亲在家的日子不多。我十七岁时，他因交通事故离世后，我哭得稀里哗啦。同年，和我住在一起的婆婆病故。她照顾了我十七年。另一个家庭成员是老狗小花，为父亲和婆婆守过坟，后因我进城上高中而不知所终。如兄长般的计算机启蒙老师最终没能看到我的大学录取通知书，对我照顾有加的师母也匆匆离开人世。每次回去看他们，这一座座坟茔都告诉我生命的每一分钟都弥足珍贵。

……

身处命运的漩涡，耗尽心力去争取那些可能本就是稀松平常的东西，每次转折都显得那么身不由己。幸运的是，进入高中后，学校免了全部学杂费，胡叔叔一家帮助我解决了生活费。进入大学后，计算机终于成了我一生的事业与希望，胃溃疡和胃出血也终与我作别。

……

这一路，信念很简单，把书念下去，然后走出去，不枉活一世。

（资料来源：某博士毕业论文致谢信）

故事评析

上述故事，让所有人热泪盈眶。而让我们感动的不只是他遭受的苦难，更是于苦难之后，他对待命运时积极的人生态度。

积极的人生态度可以创造积极的心理环境，创造生命的奇迹，成就精彩人生。良好的心态和心理承受能力，不只是应对灾难的良方，也是人生在世需要的处世之道，从海伦·凯勒到张海迪，再到上述故事的主人公，积极心态创造生命奇迹的事例，不胜枚举。

 **拓展阅读**

清明节扫墓的心理意义

清明节既是二十四节气之一，也是传统节日之一。清明时节的颜色似乎是蒙上一层灰色的嫩绿。春日的生机之中，回顾死亡总会带着一丝悲戚。清明存在的自身就带有对祖先的崇敬之情，体现了中国文化中独特的寻祖、敬祖传统。从心理学角度看，清明扫墓是一次很好的心理疏导过程，在这个过程中，人们追思先人，缅怀过去，也更懂得人生和现实生活。平时，人们都要以不同的社会角色行事，很难有适当的机会和理由使自己尽情地释放内心的负面情绪。而清明节扫墓便给人们提供了一个表达哀伤、释放负面情绪的心理过程。通过祭扫，个人的内心冲突和痛苦以社会和文化可以接受的方式得以表达。除了哀思，清明的意义还在于启动"新生活的"按钮。清明节是一个与思念握手，与哀伤告别的节日，也是一个应该重视的抚慰心灵的日子。

（二）生命的宽度——热爱生命

 **身边的故事**

百岁翻译家许渊冲：毕生坚持让世界看到中国文化之美

在北大，有一位老人，他喜欢从夜里"偷时间"，深夜是他工作的黄金时段。他的名片上印着"书销中外百余本，诗译英法唯一人"。他说自己是"狂而不妄，句句实话"，他就是翻译大师许渊冲。纵观许渊冲的一生，青年时期，他在战火中找到自己的灯塔，并在欧美面前照亮了中国文化；中年时期，他遭遇过误解，经历过波折，可他从未放弃自己热爱的东西；老年时期，他依旧保持激情和昂扬，每天工作持续到凌晨四点，不舍昼夜。2007年，他被医生诊断为直肠癌，医生断言他只有7年可活，2014年他却神采奕奕地站在领奖台上，成为摘得"北极光"杰出文学奖的首位亚洲翻译家。评委对他的评价是"中英法文化沟通的桥梁"，《朗读者》节目组的感慨则更为动情，"这是一场文化的遇见，因为他，西方世界遇见了李白、杜甫，遇见了杜丽娘。"在耄耋之年，他仍然制订了"每天翻译1000字"的工作计划，93岁时制定了翻译莎士比亚全集的目标。许渊冲用一辈子只做了一件事，就是翻译。回看往昔，他笑笑而谈："生命并不是你活了多少日子，而是你记住了多少日子。我不管还能活多久，认真享受每一天，做自己喜欢的事情就好。"

（资料来源：光明网，有改动）

故事评析

许渊冲在实实在在地用生命践行每一天，他的每一天都是值得被记忆的。在现在社会，随着人类科学和医学的进步，人类已经在很大程度上扩展了生命的长度，但是如果一个人停留在生命的长度，而忽略了生命的宽度是悲哀的，也是可怕的。

生命的宽度体现在生命的每一天都是幸福的、值得回忆的，想要拓宽生命的宽度，我们需要用热爱诠释生命，用幸福丰盈人生。

心理学家马丁·塞利格曼提出，幸福由积极情绪、投入、人际关系、意义和成就五个要素组成。

1. 积极情绪

积极情绪即愉悦、狂喜、入迷、温暖和舒适等感受。马丁·塞利格曼将以此为目标的人生称为"愉悦的人生"。品味生活中的好事，可以提升我们的积极情绪。在生活中我们往往关注坏事多于好事，因此而产生更多的消极情绪。其实，我们应该体验更多的积极情绪。

2. 投入

投入指的是完全沉浸在一项吸引人的活动中，在此过程中时间好像停止了，自我意识也好像消失了。马丁·塞利格曼将以此为目标的人生称为"投入的人生"。虽然你在投入的过程中并不一定会体验到积极的情绪，但确实投入会让人感觉很忘我，生活很充实。

3. 人际关系

你上一次开怀大笑是什么时候？上一次喜不自禁是什么时候？上一次感觉到深刻的意义和目的是什么时候？上一次产生自豪感是什么时候？通常这都有一个特点——都与他人相关。好的人际关系意味着你在生活中真正关心别人，也有人真正关心你。帮助别人是提升幸福感最可靠的方法。

4. 意义

有意义的人生意味着归属于某些超越你自身的东西，并为之奋斗，比如一个人的理想，为理想而奋斗，就是一种意义。

5. 成就

短暂的形式是成就，长期的形式是"成就人生"，即把成就作为终极追求的目标。从这个角度看来，成就和幸福之间并不矛盾，并非获取成就就会用幸福人生作为代价。成就能够产生一种自我满足感，不管这种成就是否被社会认可，但是这种满足感也会促进幸福的产生。

（三）生命的高度——成就生命

完整的生命就像一座金字塔。第一层是生命的长度，第二层是生命的宽度，而最高层是生命的高度。

身边的故事

我还能做些什么

2021年，一段北大路人的采访视频，被推上了热搜，引起广大网友们的关注与惊叹。那位不修边幅的路人竟然是北京大学研究员、助理教授韦东奕。他曾获第49届、第50届国际数学奥林匹克满分、金牌第一名。这份履历引起了热议，有的表示羡慕，有的表示敬佩，但是张洋同学认为韦东奕的存在让他明白，自己出生在这个世界上，其实就

是来充数的!韦东奕的成就太过于辉煌耀眼,相比较之下,自己太过于平凡平庸了。韦东奕的人生是"开挂"的,自己的却是"充数"的。自从自己上了大学,发现自己对人生的期待值过高,越来越觉得自己是一个普通到不能再普通的人。

(资料来源:教学或咨询案例)

故事评析

张洋对自己生命的认识是悲观的,觉得自己的人生是失败的,没有任何意义的。"我想要成为什么样的人?""我存在的价值是什么?""我想追求什么样子的生活?"大学生常会自问这些问题,却又无法回答。这反映了大学生对于自己存在的价值和生命的意义的迷茫。对生命意义的追寻决定了生命的高度,只有明确了自己的生命意义与价值感,才能成就生命。

1. 什么是生命的意义

心理学家弗兰克尔认为,生命的意义是指人们对自己生命中的目的、目标的认识和追求,即每个人的生命中都有一些独特的目的或者核心的目标,人们必须要有一个清晰的认识,知道自己将要做什么,并为实现自己的价值努力去做一些事情。也就是说,当人有比较明确的生活目标并为之付出努力的时候,就会觉得自己的生活充满价值。比如,进入大学之后的我们常常会回想起高中时代,觉得那个时候的生活单纯又充满意义,其实就是因为那时候考上一所好大学就是我们最明确而坚定的目标,这段日子里我们日复一日地念书、做题,为自己的目标坚持不懈地奋斗着。

2. 生命的意义的作用

弗兰克尔认为,人类天生具备一种寻找生命的意义的内在动力。当我们相信生活有意义,而且相信自己可以找到意义的时候,就能够体验到一种对生活的掌控感;而当我们持续感受到生命无意义、虚无时,就会体验到生活失控的无力感。研究表明,生命的意义感是人生的重要体验,获取和维持意义感是人类的基本动机之一,也是影响个体心理健康的关键因素,意义感也直接影响着人们的主体幸福感。一般来说,有较高生命意义感体验的个体身心健康水平也比较高。反之,缺乏生命意义感体验的个体则可能会感觉到茫然,做任何事情都缺乏动力和激情。可见,拥有较高的生命意义感体验对我们来说非常重要,然而我们往往难以持续地感受到生命的意义,有时甚至会觉得迷茫、空虚。

3. 如何探寻生命的意义

(1)创造和工作。我们可以通过创立某项工作、从事某项事业、体验某种感情、某段关系来寻找生命的意义。人之所以为人,是因为他越是投身于某种事业或献身于所爱之人,他就越有人性,越能实现自己的价值。

我们从钟南山院士身上,能读到"科学""专业""无畏"和"担当"。但也许有人会说,我一辈子都做不成钟南山院士这样的事业。但我们可以去了解一些普通人,如武汉市的一位"80后"快递小哥汪勇,他冒着被感染的风险"跨界"行动,和他的伙伴们一起做起了接送武汉市金银潭医院轮岗医护人员的工作,一共对接了1 000多人。他们都在各自的工作岗位实现自身的价值。

第五章 绽放生命光彩——大学生生命教育

延乔路尽头是繁华大道

位于安徽省合肥市的一条仅有1.2千米长的马路，为何可以火遍全网？它火的原因其实很简单，因为这条路上屹立着一块朴素的路牌，上面写着"延乔路"三个醒目的大字。这条路以陈延年和陈乔年兄弟俩的名字命名，路的尽头就是"繁华大道"。

陈延年是中国共产党早期著名活动家、卓越领导人和杰出的无产阶级革命家。1898年生，陈独秀长子。1927年6月，陈延年遭国民党军警逮捕。敌人对他用尽酷刑，但他以钢铁般的意志，严守党的机密，宁死不屈。7月4日晚，陈延年被国民党反动军警押赴刑场。刽子手喝令他跪下，他却高声回应："革命者光明磊落、视死如归，只有站着死，决不跪下！"陈延年牺牲时，年仅29岁。

陈乔年，1902年生，陈独秀次子。1927年在中国共产党第五次全国代表大会上当选为中央委员。在国民党先后杀害陈延年和赵世炎的危险环境中，陈乔年将生死置之度外，义无反顾地来到上海，接替兄长未竟的事业。1928年，陈乔年被吴稚晖出卖，随后被捕。为了坚守革命理想，他不畏牺牲，当同志们难过地同陈乔年告别时，他却很乐观。1928年6月6日，陈乔年在上海枫林桥畔被敌人枪杀，年轻的生命定格在26岁。

2021年7月1日，"延乔路"路牌下摆满的鲜花花束中夹了不少卡片，一字一句写满对先烈的缅怀之情。其中有一张上面写着："延乔路虽短，但尽头却是繁华大道。这短短的路途，却经历了一百年的艰苦奋斗。这盛世，如你们所愿，这盛世，我们会是你们的双眼，替你们看遍。"另一张卡片上写着："谢谢你们为时代留下浓墨重彩的青年足迹，我辈将一往无前，沿着你们的道路，替你们看尽繁华！"

（资料来源：光明网，有改动）

故事评析

少年自有少年狂，身似山河挺脊梁，少年肩上不仅有清风朗月、初升朝阳，更有家国担当，大爱大义。他们与国家命运同频共振，投身民族独立、国家富强的伟大追求，不断实现生命的意义。

习近平总书记在纪念五四运动100周年大会上指出："青年的人生目标会有不同，职业选择也有差异，但只有把自己的小我融入祖国的大我、人民的大我之中，与时代同步伐、与人民共命运，才能更好实现人生价值、升华人生境界。"大学生要做民族复兴的参与者、推动者，投身于国家进步、民族发展的伟大事业中，用青春理想、青春活力、青春奋斗为风华正茂的中国谱写青春乐章。

（2）体验某件事情或面对某个人。我们每天都会经历各种各样的事情，有些事情让我们快乐，有些事情让我们难过，还有些事情让我们愤怒。我们会更多地感受这些事情带给我们的喜怒哀乐，却很少去思考这些事情背后的东西。

比如，当节假日来临时，有人喜欢出去旅游，有人喜欢去看画展，有人喜欢去郊外爬山。在体验这些事情背后，也许是想看更大世界的愿望，也许是想体验美的事物，也许是想挑战自己。我们都可以从这些事情里找到意义。

除了体验某件事情，我们还可以面对某个人，也可以理解为去爱某个人。当一个人全身心地投入去爱一个人时，他就能认识到自己该做什么和能做什么，能够最大程度地发挥自己的潜能，能实现自己的价值，找到生命的意义。

（3）经历苦难。我们可以通过赋予苦难的意义来寻找生命的意义。即使在面对无可改变的厄运时，人们也能找到其意义，一旦找到意义，痛苦就不再是痛苦了。

我们一定不能忘记，即使在看似毫无希望的境地，即使面对无可改变的厄运，也能找到生命的意义。那时重要的是，能够见证人的潜能。当我们无法改变客观现实时，比如患了不可治愈的疾病，我们就面临着自我转变的挑战。一旦改变了对待不可改变的命运的态度，找到了意义，痛苦就不再是痛苦了。

第二节　初识心理危机

我们追寻生命的意义、思考生命的价值的时候，也会遭遇到危机事件。面对这些事件，一些相对脆弱的大学生容易陷入心理危机，出现过激行为，导致不良后果。因此，如何帮助大学生走出心理危机已成为社会热点问题。

身边的故事

优秀学生想离家出走

小茹是一个非常要强的女孩子，成绩优异，又是学习委员，对班里活动非常热心，各方面都很优秀。可是有一天小茹给好朋友打电话说，自己现在心情很不好，想要离开学校。原来小茹前阵子竞选班长落选，昨天男友又向她提出分手。在双重打击下，她觉得实在是没面子，实在没办法在学校待下去了，一方面自己心情特别难受，另一方面又怕同学们会嘲笑她居然被"抛弃"了，于是她想到了离校出走。

（资料来源：教学或咨询案例）

故事评析

人在一生中总会遇到危机，不管是失恋、意外、疾病还是亲人去世，都有可能给人的心灵带来冲击。优秀的小茹在双重打击之下选择了离开学校，当我们遇到心理危机时，我们应该怎样面对呢？

一、心理危机的定义

心理危机是指面临突然或重大生活的事件，个体既不能回避又无法用通常的解决方法

来解决问题时，所表现出来的心理失衡状态。危机意味着平衡、稳定状态的破坏。当我们在遇到重大问题或者变化时，原有的自身与环境的平衡协调状态就会被打破，我们会容易进入一种失衡状态，这就是危机状态。

大学生心理危机是指大学生所处的紧急心理状态。大学生处于人生的特殊发展时期，对外部世界充满了探索求知的欲望和热情，但是当大学生遭遇重大问题和变化时，其心智和情商尚未达到足够应对的水平。这一过程中可能存在的挫折和打击会使他们正常的生活受到干扰，内心的紧张不断积蓄，继而进入一种失衡状态，甚至出现思维和行为的紊乱。

二、大学生心理危机的特点

（一）时间性

寒暑假的生活节律使得大学生在放假前和开学后一段时期内会进行一些阶段性的总结和反思。对人生意义、未来发展或一些长期困扰自己的问题进行思考和抉择，并力求解决或解脱，一旦没有找到恰当的解决途径就容易爆发心理危机。

（二）灾难性

危机在事前和事后给人带来的体验都是痛苦的，而且还可能涉及人的尊严的丧失。大学生由于其社会阅历较浅，危机应对经验较为贫乏，在经历危机时可能会体验到更深的痛苦和无助感，更倾向于将危机视为灾难。

（三）表现方式容易过激和失控

由于大学生心理发展尚未成熟，人格尚未成型，情绪波动较大，心理承受能力较差，在经历心理危机时更容易采取一些极端的解决方式。据调查，自杀是我国处于15岁～34岁年龄段的人群的第一位死因。大学生已经成为一个自杀相对高发群体，同时，伤害他人等极端的方式在大学生群体中发生的频率也不容忽视。

（四）危险性

危机之中隐含着危险，这也是我们必须注意到的一个重要方面。这种危险可能影响学生的日常学习与人际交往等，严重的还可能危及学生的生命。正常人一般都处于身心平衡的状态，即思维、意志、情感体验与生理参数指标都处于某种程度的和谐状态。当有不适当的应激发生时，人原有的平衡状态就会受到破坏，这时人就会处在危机状态，会出现思维不清、意志失控、情感紊乱等情况。大学生自杀、杀人等极端危机表现形式即属此类。

三、大学生心理危机的类型

（一）成长性危机

成长性危机也称为发展性危机或内部危机，指的是大学生处于正常成长过程中突遭巨大变化或转变而出现的异常反应。持续的时间虽然短暂，但容易引发剧烈与不恰当的应激情绪与行为。大学生在适应高校生活、第一次谈恋爱、毕业踏入社会等整个不同的校园生活阶段，都可能会处于从某一旧阶段发展转入新阶段的状态，当原有的行为和能力不足以应对新的发展时，就会处于行为和情绪的混乱无序状态。

（二）境遇性危机

当出现罕见或特殊事件且个人无法预测和控制时出现的危机称为境遇性危机，具有随机性、突然性、意外性、强烈性和灾难性，如亲友亡故、父母失业、地震火灾、交通意外。对大学生来说，自己或者家人突然查出重病、失恋、重要考试和升学失利、遭遇突发性社会事件、天灾人祸都可能导致境遇性危机。

（三）存在性危机

存在性危机是处于重要转折关口的大学生，对于人生意义、个人责任和未来走向，不能勇敢果断地做出选择而产生的危机，可以是基于现实的，也可以是基于未来的，还可以是一种持续压倒性的空虚感，或者生活无意义感。无论是继续深造还是就业创业，毕业去向通常会令缺乏人生阅历的大学生感到异常迷茫，或是感觉活了20多年，还是一直听从父母的安排，而从未做过自己真正想做的事情等。

除此之外，心理疾病或精神疾病本身可能就是一种心理危机。比如抑郁、焦虑、双相情感障碍、精神分裂症。处于病理心理危机的个体在生理层面出现了病理性问题，要尽快到医疗机构就诊，遵循医嘱进行治疗。

四、大学生心理危机的表现

当个体面对危机时会产生一系列身心反应，一般危机反应会维持6周～8周。大学生危机反应主要表现在生理、情绪、认知和行为活动四个方面。

（一）生理方面

危机事件必然会导致个体在生理方面发生反应，主要表现为肠胃不适，腹泻、食欲下降、疲劳、头痛、失眠、做噩梦、容易受惊吓、感觉呼吸困难或窒息、有濒死感、肌肉紧张等症状。心理和生理是密不可分的，当遭遇危机事件并受到沉重的打击时，会产生严重的心理创伤，从而对其生理产生许多负面影响。躯体症状常常比心理症状更易受到关注，如躯体疼痛、下消化道症状及皮肤症状。睡眠中常常出现自伤或暴力行为，睡眠麻痹综合征及睡行症等睡眠紊乱症状。情绪的不良反应会影响其肠胃功能和神经系统等，使身体出现肠胃不适、食欲下降等症状。在神经系统方面，由于精神过度悲伤、疲劳、紧张，许多人会出现头痛、失眠、频繁做噩梦的情况，严重影响其精神状态。这一系列的生理应激反应容易导致个体免疫功能下降，易感性增加，引起内分泌的紊乱，直接增加患某些疾病的概率。

（二）情绪方面

在情绪方面主要表现有恐惧、焦虑、抑郁、否认、怀疑、悲伤、沮丧、麻木、孤独、紧张、烦躁、易怒、自责、过分敏感或警觉、无法放松、持续担忧等。下面重点介绍三类情绪反应。

（1）恐惧。恐惧是危机事件最易诱发的一种情绪，是一种因受到威胁而产生并伴随着逃避愿望的情绪反应，其情感体验为企图摆脱或逃避某种情境而又苦于无能为力。人类的大多数恐惧情绪是后天获得的。适度的恐惧心理是有益的，它是人们面对危机的一种心理调节，使人们提高警惕性，启动必要的防御机制，动员躯体的必要资源进行自我保护。但是，过度的恐慌心理和回避行为则可能产生一些心理障碍或精神病理现象。恐惧心理对发生的威胁表现出高度的警觉，常见的生理反应有心跳加速、出汗、震颤等。

（2）焦虑。遭遇危机事件时，焦虑也是一种常引发的情绪反应。焦虑的表现多种多样，如肌肉紧张、出汗、搓手顿足、紧握拳头、面色苍白、脉搏加快、血压上升，在这种情境中的当事人往往对危机事件所造成的困难估计过高，对躯体不适过分关注，对环境刺激过于敏感，情绪的起伏特别强烈。从另一个角度来说，焦虑也许并不是坏事，而是一种积极应激的本能。焦虑往往能够激发个体的力量，去应付危机事件。但是当焦虑的程度及持续时间超过一定的范围时会起到相反的作用，妨碍人应对眼前的危机，甚至妨碍正常生活。

（3）抑郁。个体往往变得异常悲观，情绪比较低落，任何事都不能使其高兴起来，自我评价较低。通常表现为不愿交流，抑郁苦闷，常被失望、孤立、无援及凄凉包围，对生活缺乏乐趣。如果不能及时自我调节或通过专业的咨询进行调节，就有可能发展成抑郁症。

（三）认知方面

心理危机
应对能力
自测问卷

在认知方面主要表现为注意力集中困难、健忘，效率降低、缺乏自信、不能把思想从危机事件上转移等。常有对自我、他人和前景的负性思维，如"这世界极端危险""其他人不可信""我太脆弱、太不坚强"。个体可能在事后很长一段时间里对各种活动明显降低兴趣或减少参与，情感、情绪减少（例如：没有爱的感受），对前途悲观（例如：不期待未来的生活、婚姻、生育等），产生疏离感，不愿与人交往，甚至出现仇恨心理，敌视身边的人和事，形成自卑、自闭、易怒的个性，孤独感增强，感到自身和外界隔绝或受到外界排斥所产生出来的孤单苦闷的情感危机。事件发生后担心别人远离自己，怕受到冷落、鄙视，常常希望周围人群关心自己。个体心事重重，敏感多疑，情绪低落或焦虑紧张。克服孤独感，最好的办法就是懂得倾诉并清楚地了解自己需要什么。有孤独感并不可怕，但是这种心理假如无法得到恰当的疏导或解脱而发展成习惯，就容易变得性情孤僻古怪。

（四）行为活动方面

在行为活动方面主要表现出强迫思维（例如：反复怪罪自己），强迫行为（例如：反复洗手、反复消毒），社交退缩，逃避与疏离，不敢出门，害怕见人，暴饮暴食，不易信任他人或者盲从等。个体可能会努力逃避与创伤有关的思想、感觉或谈话，逃避会勾起创伤回忆的活动、地方或人，有些可能出现自残、自杀行为。有些人会变得软弱无力，对事物无主见，对自己日常行为和生活管理的自信心不足，被动性增加，事事都要依赖别人。个体的行为可能变得幼稚，之前性格大胆果断，现在也变得提心吊胆、小心翼翼、犹豫不决、畏缩不前。

第三节　应对心理危机

应对心理危机

危机不可避免，但危机来了如果我们能够正确并积极地面对，就可使危险转变为机遇，成为成长的契机。

不如意的大学生活

小梁是一个做事比较认真的学生，他一进大学就积极参加学校的各种活动，同时学习也很刻苦，从来不逃课，上课认真听讲，也按时完成作业。当同寝室的同学在上网玩游戏或聊天的时候，他也会拿出书来复习功课。但是在他大一期末考试的时候，数学却没有及格，而同寝室的人都及格了。这次考试对小梁的打击很大，他不知道为什么自己付出了这么多，换来的却是这样的结果，而当寝室其他人有意无意地说起这件事时，小杨就觉得自己好失败、好委屈，觉得大家都在嘲笑他，数学的不及格让他对自己原本充满憧憬的大学生活失去了信心，他觉得，在大学里学与不学都是一样的结果。于是他每天都在宿舍里沉迷于游戏，逃避上课，和舍友的关系也很差，总觉得他们在背后嘲笑、议论他。在最近的一次考试中，他7门考试全部都不及格，他对自己感到十分失望，不明白自己的大学生活怎么就变成了这样了。

（资料来源：教学或咨询案例）

故事评析

小梁初遇考试失利的危机时，没有积极面对，而是逐渐演变成逃避上课、与舍友关系紧张、7门考试全部不及格的局面。其实危机并不可怕，关键在于出现危机时大家如何来应对危机。

一、心理危机干预的目的和意义

心理危机干预指对处在心理危机状态下的个体采取明确、有效的措施，使之最终战胜危机，重新适应生活。心理危机干预的主要目的有两个：一是避免处于危机者自伤或伤及他人，二是帮助处于危机者恢复心理平衡。危机的成功解决有三重意义：一是个体可从危机中学会把握现状，二是可以重新认识经历的危机事件，三是学到更好的应对策略与手段，以便在将来应对可能遇到的危机。有研究者提出，危机事件发生以后，人的心理状态有几种不同的后果，如图5-1所示。心理危机干预者希望通过有效的方法和措施使遭遇危机的人恢复心理平衡，进而获得新的成长。

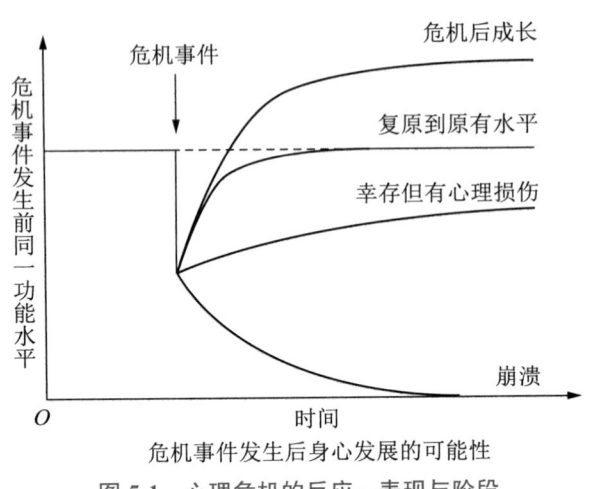

危机事件发生后身心发展的可能性

图 5-1　心理危机的反应：表现与阶段

二、自助：当自己遭遇心理危机时

心理危机的应对从两个方面来讲，一是个人的调节，二是专业的帮助。危机事件发生以后，很重要的认知是我们只能去做自己可以改变的事情；对那些不能改变的，我们要去面对和接受它。

（一）积极调适情绪

危机的出现显然会使人们非常紧张和沮丧，这些情绪反应不仅是内在的、强烈的不适感，而且消极的挫折体验使危机进一步恶化。在遭遇危机时，有痛苦、失望、委屈、内疚、自责等负面情绪是正常的现象。这些负面情绪甚至会持续一段时间，也正是这些负面情绪的出现给我们传递了"我需要好好照顾自己"的信息。但如果发现自己处在过度焦虑的状态下，就需要做自我调节。与家人沟通、做深度放松练习、欣赏动听的音乐、体验令人愉悦的事等都可以暂时缓解焦虑情绪。

（二）运用社会支持

当在自己的生活中遭遇一些危机事件时，如家庭重大变故、身体疾病、失恋等，我们要寻找必要的社会支持，如老师、同学，我们要善于集众人的力量，帮助自己走出心理危机。这个时候需要注意的是，当我们在寻求他人帮助的时候，不必过分担心是不是会给别人添麻烦，别人会不会愿意帮助自己，在有危机的情况下，相信大部分人都会愿意向他人伸出援助之手。

（三）寻求专业帮助

失眠的浩然

某校大二学生浩然，持续两个月严重失眠，多数时候整晚都睡不着，发展到后来，他一见到寝室的床就恐惧。其间他服过安眠药，不过不但没解决问题，反而使得精神状态更差。两个月之后，他终于撑不下去了，精神恍惚，基本没有食欲，情绪抑郁，每天根本无法集中精力学习，他便向学校心理咨询中心求助。心理咨询中心的老师发现浩然最初太在乎失眠是他后来失眠加重的一个重要因素，后来了解到他两三个月之前就很少努力学习，经常没课时就与舍友看电视、电影，每天如此度过，就产生了一种莫名的恐慌感，自己虽然没有在意，但慢慢地就开始失眠。实际上，浩然是一个很上进的人，但长期的行为与内在的自身要求相冲突了，这个冲突是一个慢性刺激，即使他没有觉察到，也依然导致了失眠。他认识到自己严重失眠的原因之后，便豁然开朗。后来他通过心理咨询和药物治疗，慢慢恢复了规律睡眠和身体健康。

（资料来源：教学或咨询案例）

故事评析

在遭遇心理危机后，往往会出现一些应激的症状，如失眠、情绪低落、胃口不好。在通常情况下，这些应激反应都会在一周左右减少或者消失。如果这些症状持续两周以上，那就需要寻求专业的帮助了，这时，我们可以求助于学校的心理咨询师。

创伤后应激障碍（PTSD）是指人在遭遇或对抗重大压力后，心理状态产生失调的后遗症。这些经历包括生命遭到威胁、严重物理性伤害、身体或心灵上的胁迫等。这类事件包括战争、地震等严重灾害和严重事故等。创伤后应激障碍多数在遭受创伤后数日至半年内发病，出现创伤后应激障碍症状者，也需要寻求专业帮助。

三、助人：当他人遭遇心理危机时

谁还能帮助他

某大一男生经常在微信朋友圈中表达对生命的失望，对存在的绝望，偶尔还会与同学讨论生死的问题。他在自杀前还跟舍友讨论厕所水管是否牢固的问题，舍友觉得有点好奇，甚至还与他开玩笑。他的这种信号未引起舍友们足够的重视，直到他实施自杀行为后，才了解到这名男生曾多次向同学们表达对生活的绝望，可为时已晚。

（资料来源：教学或咨询案例）

故事评析

作为心理危机的极端形式,自杀危机并不一定会变成自杀事件。许多自杀者在采取行动前会有一系列的信息发出,它们往往被认为带有求救信号的色彩。一些人最后自杀并不是因为他们真的想死,而是因为根本就没有人注意到他们要自杀,甚至对他们发出的求生信号进行嘲笑或置若罔闻。因此,及时发现他人的心理危机信号,对于挽救他人是十分重要的。

(一)学会识别他人的心理危机信号

1. 存在持续的不良情绪

良好的情绪是心理健康的重要标准之一,不良的情绪体验是个体处于心理危机时的重要表现。大学生的情绪突然改变,明显不同于往常,出现不良情绪反应,就表明该学生有可能出现了心理危机,如情绪低落、悲观、失望、焦虑、不安、无故哭泣、忧郁、苦闷、烦恼、喜怒无常。恶劣的情绪,也是判定个体患抑郁症的重要临床表现。

2. 存在明显的行为改变

行为活动正常是一个人心理健康的重要表现之一。当大学生出现异常行为时,如饮食、睡眠反常,个人卫生习惯变坏,自制力丧失,不能调控,自我孤僻,就要警惕是否存在心理危机问题。行为变化也与情绪变化密切相关,不良的情绪必然导致行为的反常变化。

3. 存在学习兴趣下降现象

心理学认为正常、有效、良好的学习能力是个体心理健康的前提和标准,当个体在智力正常的情况下突然丧失了学习能力时,如学生上课无故缺席、常常迟到早退、成绩陡然下降,就很有可能是心理状态出现问题。

4. 存在丢弃或损坏心爱之物的行为

丢弃或损坏个人平时十分喜爱的物品,也是十分典型的心理危机识别依据。如果大学生不能正常有序地学习和生活,把自己平时很喜欢的东西随意丢弃或损坏,就意味着产生了不正常的心理行为,而且心理障碍达到了危机的程度。

5. 最近发生了受挫事件

受挫事件也会引起心理危机的产生。受挫事件可以是失去重要的目标和梦想,如考试失败,找工作失败,作弊受到处分,也可以是感到被所爱的人背叛或者所爱的人去世,突然失去自由,失去经济保障或面临重大的经济问题,等等。

6. 流露出轻生的想法

出现心理危机的人可能会有"我不想活下去了""我感觉没有什么希望""我的问题根本解决不了""我再也无法忍受了""现在没有人能帮助我"等话语。

总之,任何对未来感到特别痛苦,绝望无望,或想要结束生命的警示信号,都值得我们去关注。如果发现自己身边有人透露出想自杀的各种信号,一定要注意。如果发现同学有潜在的危险,一定要及时和老师沟通,或者带该同学寻求专业的帮助。

第三节 应对心理危机

（二）应对他人的危机行为

面对他人求助，我应该怎么办

一天乐乐接到舍友杨洋的一条信息，信息内容是：我实在是坚持不下去了，如果离开，一切痛苦都会结束。看到这条信息，乐乐吓坏了，她立马打电话给杨洋，电话那头杨洋一边哭泣一边说："乐乐，我实在是太痛苦了，大学期间我一直在努力学习，但是学习成绩就是不好，马上就毕业需要找工作了，我还能找到工作吗？我要是找不到工作，我家里人对我会多么的失望呀！我很痛苦，我感觉只有离开才能彻底忘掉这些事情。"

（资料来源：教学或咨询案例）

故事评析

如果你是乐乐，你接下来会怎样帮助杨洋？在一项对大学生求助行为的研究中发现，大学生的第一求助对象通常是身边的同学。大学生在发生心理危机的时候，可能第一时间会打电话或者发信息给自己的同学和朋友，因此，一旦身边的同学向我们发出求救的信号，我们要懂得识别这些信号，同时也要知道该如何初步应对这些危机信号。

如果你接到求救电话或者收到求救信息，你该怎么做？下面这些步骤你可以借鉴。

（1）保证安全。了解对方此刻在哪里，在做什么，是否安全，如果对方不安全，比如说在窗台上、天桥上等危险地点，一定要将对方引导到安全的地方，要用正向和具体的言语指导对方如何做，比如："你现在能从天桥上走下来吗？我马上就过来陪你"。

（2）给予支持。这个时候最重要的是倾听对方，承认对方的想法和感受，不反驳对方。比如："我知道你很痛苦，我知道你不想这样"。而不是否认对方的感受，比如："你不应该这样想，你为她这样痛苦不值得"。另外，在这个阶段，表达对对方的关心，也是给予支持的一种形式。

（3）寻求外界帮助。遇到危机情况，不要害怕求助，有的同学可能会担心被老师知道，给别人带来麻烦，千万不要有这种想法。这个时候求助于外界是最好的选择，告诉老师和同学，有助于大家一起想办法，帮助处在危机中的同学解决问题。

知识清单

（1）人的生命可以分为生物性生命、精神性生命、价值性生命三种形态。

（2）完整的生命应该包含三个维度，生命的长度——珍爱生命，生命的宽度——热爱生命，生命的高度——成就生命。

（3）心理危机是指面临突然或重大生活事件，个体既不能回避又无法用通常解决的方法来解决问题时，所表现出来的心理失衡状态。大学生常见的心理危机包含成长性危机、境遇性危机和存在性危机。

（4）危机干预的主要目的有两个：一是避免处于危机者自伤或伤及他人，二是帮助处于危机者恢复心理平衡。危机的成功解决有三重意义：一是个体可从危机中学会把握现状，二是可以重新认识经历的危机事件，三是学到更好的应对策略与手段，以便在将来应对可能遇到的危机。

 资源推荐

一、推荐书籍

1.《影像中的生死课》

全书以"什么样的生活值得一过"为核心关切点，选取中外优秀电影，搭建与"生死"相关重大议题的思考平台，跨越心理学、社会学、医学、人类学、伦理学、哲学、美学等多个学科，在观影、阅读和讨论的多重对话中，协助学生探索生命存在的意义和价值，建构自身的生命意识和生命价值观。

（资料来源：陆晓娅：《影像中的生死课》，北京师范大学出版社，2016年）

2.《直视骄阳：征服死亡恐惧》

作者以七十五岁高龄，探讨人们心中普遍存在却又被长期否认和压抑的死亡恐惧。书中除二十三个实际案例和许多文学名著、电影作品中的例子以外，作者还以一位普通长者的身份对内心的死亡恐惧进行了自我表露和深刻剖析。全书论述深入浅出，书中介绍的应对死亡恐惧的各种观念生动具体，易懂易行。

（资料来源：Yalom著，张亚译：《直视骄阳：征服死亡恐惧》，中国轻工业出版社，2015年）

二、推荐电影

1.《送你一朵小红花》

一个声称能"看见未来"的患癌男孩韦一航，遇见了一个相信"平行世界"的患癌女孩马小远。在深夜的露台上，两人遥望夜空，展开了对各自所向往的美好世界的描述。影片围绕两个抗癌家庭的两组生活轨迹展开，讲述了一个温情的现实故事，思考和直面了每一个普通人都会面临的终极问题——想象死亡随时可能到来，我们唯一要做的就是爱和珍惜。

2.《狼图腾》

影片讲述了在内蒙古大草原上，牧民与狼为了生存而彼此展开搏杀的故事。在风光壮美的内蒙古大草原，狼与人不断爆发冲突，人敬畏狼，但也与它为敌，一起相互共存，彼此依赖，共同维系着大草原的生态平衡。可是有人打破了狼群和牧民之间的生态平衡，让狼群和人类之间的关系陷入了剑拔弩张的地步，自然与人的关系也遭遇了前所未有的挑战。

第六章
掌握相处之道
——大学生人际关系

人之相识，贵在相知，人之相知，贵在知心。

——孟子

从踏入大学的那一刻起，我们就迈出了独立生活的第一步。同学之间、师生之间、舍友之间错综复杂的社会交往成为我们的基本生活内容之一。良好的人际关系会使我们的大学生活充满乐趣，心情舒畅，积极乐观，而不良的人际关系会带给我们烦恼、悲伤，甚至绝望。那么，保持良好人际关系的秘诀是什么？

学习目标	1. 认识大学生人际关系的含义、类型及特点。 2. 了解大学生人际交往中常见的心理问题及调适方法。 3. 掌握人际交往的原则和技巧，提高人际交往能力，建立和谐的人际关系。 4. 形成诚信、友善的价值观。

第六章 掌握相处之道——大学生人际关系

第一节 透视人际关系

宿舍危机

终于熬到了放寒假的时候，大一新生小鸣甚至比高三的时候都渴望放假。虽然大学生活才过了第一个学期，小鸣却有了自己的烦心事：自从同宿舍的2个同学因琐事争吵后，只有4个人的宿舍气氛变得尴尬和别扭起来，2位曾经吵架的同学到现在还是互不理睬，这让他和另一位同学夹在中间，左右为难。小鸣甚至担心自己大学的生活一直会在这么糟糕的舍友关系中度过。

（资料来源：教学或咨询案例）

故事评析

在今天的大学校园中，像小鸣这样面临"宿舍危机"的并不是个别案例。研究者曾对大学生心理问题产生的根源做了3次较大规模的跟踪调查，结果显示，人际关系适应不良或交往不良成为诱发大学生心理问题的首因，占40%以上，已经超过了择业的压力、学业的压力及与异性交往的压力。大学是人际关系走向社会化的一个重要转折时期。踏入大学，就要处理师生关系、同学关系、舍友关系等。面对如此多的人际关系，一些同学一旦处理不当，就变得整日郁郁寡欢、心情沮丧，也有一些学生因为人际关系紧张，精神压力很大，患上不同程度的心理疾病。可见处理好人际关系，对大学生活和未来事业的成就都是至关重要的。

一、人际关系概述

（一）什么是人际关系

人际关系是指人们在社会生活中，通过相互认知、情感互动和交往等方式发展起来的人与人之间的相互关系，反映出人与人之间的心理距离。在日常生活中，人与人之间由于所处的社会地位和所担负的社会角色不同而形成的社会角色关系，也被称作人际关系，如师生关系、上下级关系、夫妻关系、亲子关系。

（二）人际关系是社会生活的重要组成部分

人际关系是人与人在交往过程中需要考虑的重要因素，关系的亲疏远近体现了我们和其他人的互动状况。人们在人际交往过程中表现出典型的关系取向。这种关系取向具体表现在以下五个方面。

1. 关系的角色化

人们一般喜欢以社会关系来明确自己的身份，如"我是某某的儿子""我是某某的学生"。通过这种表述方式，人们可以明确自己的身份以及与交往对象的关系。比如尽管自己与父亲的大学同学素未谋面，但可以通过"我是某某的儿子"来明确自己与父亲的大学同学之间是长辈与晚辈的关系。

2. 关系的互依性

每个社会角色都有相应的社会规范。如父子关系就要求在交往过程中"父慈子孝"。同时，社会角色之间具有互惠互依性。如果两个角色之间存在互惠互依的关系，彼此之间就可能出现报答行为；如果两个角色之间不存在互惠互依的关系，彼此之间就可能出现敌对情绪，甚至报复行为。比如，父母在孩子成长过程中尽到抚养的责任，陪伴孩子学习，在生活中照顾孩子，孩子成年之后就会自觉承担赡养父母的责任。

3. 关系的宿命观

在现实生活中，我们常用"命中注定""缘分"来解释彼此的特定关系。比如，我们与父母的亲子关系是从何而来？我们与其他同学为何能相聚在现在的学校？大多数人会用"缘分"二字来回答这些问题。当找不到特定人际关系建立的必要性和必然性时，我们更愿意用命中注定和缘分来解释。

4. 关系决定论

费孝通曾经指出，中国人的人际关系是一种差序格局，而不是西方社会中强调的渐进交往模式，我们和其他人交往的方式取决于彼此之间在血缘、情感上的"亲疏远近"，这就是我们对亲人、熟人、陌生人表现出不同的交往行为的原因。

5. 关系的和谐性

我们特别强调人与人之间"和而不同""以和为贵"。"和谐""宁人"是我们人际交往的最终目标。这会导致我们在交往中会不惜牺牲自己的利益，以维持关系的和谐。

（三）人际关系的心理结构

人际关系由认知、情感和行为三种心理成分构成，如图 6-1 所示。首先，认知成分反映了个体对人际关系状况的认识，是人际关系形成、发展和改变的基础。其次，情感成分是交往双方在情感上的满意程度和亲疏关系，是与人交往需要联系的一种体验，反映出个体对交往现状的满意程度。最后，行为成分是指交往双方外显的行为表现，如语言、手势、举止、风度、表情等表现个性和传达信息的行为因素，它是建立和发展人际关系的交往手段与形式。良好的人际关系应该是认知上彼此肯定，情感上彼此喜欢，行为上彼此愿意沟通、交往。

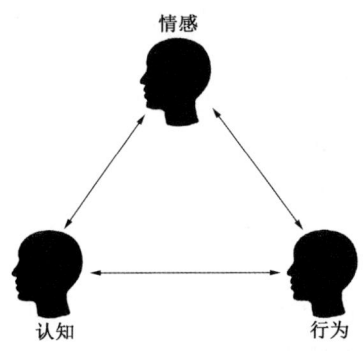

图 6-1　人际关系的心理结构

与此同时，人际关系是以感情相悦和价值观相似为基础的。

感情相悦就是你喜欢别人的同时别人也喜欢你，互相接纳可以避免或减少人际间的摩擦与冲突，使交往得以良性循环。反之，你喜欢别人而别人不喜欢你，或者别人喜欢你而你不喜欢别人，甚至你们之间格格不入，最终必然分道扬镳。

价值观相似，往往是在价值观念、态度、信念等方面与自己相似的人。双方越相似，意见越一致，就越具有吸引力。因为交往中双方价值观相似，不仅容易获得相互支持与共鸣，而且容易预测彼此的反应倾向，相互适应就比较容易。有研究发现，价值观相似，会促进交往频率的增加、交往的循环往复，于是彼此关系便趋向稳定。

感情相悦和价值观相似是人际吸引的两大心理机制，其功能的差异在于前者常作用于交往的前期、后者则常作用于交往的后期。理想的人际关系是两机制同时发生作用，既感情相悦又价值观相似。在异性交往中的相互了解、感情相悦和价值观相似，常常会使年轻的大学生碰撞出爱情的火花。异性交往有助于大学生对异性心理的了解和信任，进而获得异性的信赖和友谊，促进情感的健康发展。个别同学间的交往是这样，集体中的交往也是如此。

人生是在与人交往中度过的，人生的每一个阶段必然与一定的人际关系相联系。从这个意义上讲，良好的人际关系是集体和个人生存与发展的有利环境。它可以产生合力，使人们团结协作，充分发挥群体的效能，形成互补和激励，使人们互相学习，取长补短，产生激励人向上的积极情绪。不良的人际关系则会阻碍人的自身发展。

二、人际关系的建立和发展

一般来说，良好的人际关系的建立与发展要经过定向、情感探索、情感交流和稳定交往四个阶段。

（一）定向阶段

这一阶段包括注意与选择交往对象、与交往对象进行初步沟通等心理活动和行为。一般开学报到的第一天，走进新的宿舍，见到新舍友的第一面，我们会说："你好，我叫×××，你叫什么名字？从哪儿来？"通过这样简单的沟通，我们获得了对别人最初步的了解，形成了初步印象，并且能够在此基础上决定是否要更进一步与别人交往。

（二）情感探索阶段

随着时间的推移和了解的深入，互动的双方通过探索发现在哪些方面可以建立情感联系。比如同样的爱好、一样的经历很容易让彼此感同身受，相互喜欢，互动增多。比如同一个班级的同学，发现双方都喜欢乐器，这样慢慢地，互动就比与其他同学多多了。这个阶段就是情感探索阶段，在这个阶段相互自我暴露逐渐增加，但还未深入。因此在这个阶段，往往是把自己最好的一面或希望别人看到的一面展示给别人。

（三）情感交流阶段

较前两个阶段，双方的关系在这一阶段出现了实质性的变化。情感交流阶段双方互动频次更高，关系更加深入，感情投入更多，互动中自我暴露的私密领域的内容越来越多，这是从朋友到挚友的必经阶段。此时，谈话中广泛涉及自我私密的部分，有较深的情感卷入。双方会提供评价性的反馈信息，进行客观、真诚的赞赏和评价。这是从普通朋友迈向挚友的必经阶段，如果关系在此阶段破裂，就会给人带来相当大的心理压力。

（四）稳定交往阶段

在这一阶段，随着交往双方接触频率的增加，彼此了解不断加深，情感联系越来越密切，心理距离越来越小，在心理上逐渐有了依恋和融合，人际关系性质已发生了实质性变化。此时，彼此可以允许对方进入高度私密性的个人领域，分享各自的精神、物质空间，情感上也容易高度共鸣，成为我们常说的知己。

在实际生活中，人际关系的融合阶段是个需要逐渐深化的过程。浅层的人际交往主要表现为双方的适应与合作，即求同存异；深层次的交往是知交和融合，心心相印，像知己一样，交往双方应彼此以心灵深处的情感进行交流，共享欢乐、忧愁、幸福和痛苦。俗话说："人生难得一知己。"在现实生活中，能够达到深层次的人际关系并不多。因此从另一个角度来讲，好的人际关系是需要时间去发展以及耐心培养的。

三、大学生人际关系网络

大学是一个浓缩的小社会，存在着形态各异的人际关系。大学生的人际关系主要表现为同学关系、朋友关系、亲子关系、师生关系等。另外，网络时代的到来也给大学生增添了一种新的特殊的人际关系——网络中的人际关系。

（一）同学关系

好强的佳佳

佳佳是一名成绩优秀的大二学生，在班上担任学习委员。但是没想到在自认为稳操胜券的年度"优秀学生"和"优秀学生干部"评选中，她在班级获得的投票最少。评选结果出来后，她难以接受，认为同学们有意"整"她，于是她走进了心理咨询室。咨询老师从她的口述中得知，她平时说话常用命令的口气，站在高人一等的角度布置班上的工作，很少有笑容，同学和她并不亲近，关系也不太融洽。

（资料来源：教学或咨询案例）

故事评析

佳佳因忽略大学生活中的人际关系而遭到大家的冷遇。她的情况反映出一个普遍性的问题，那就是大学里同学关系的处理问题。

同学关系主要指作为班级和院系内部的学生之间的关系。这种关系以专业学习为基础，是大学生最重要、最基本、最稳定的人际关系之一。大学生尤为重视同学关系，更愿意以同学的行为作为参照标准，在意同学对自己的评价，看重同学的肯定和认可。多数大学生远离家庭，来到一个崭新的环境，首先需要的就是建立自己的归属感，而被同龄人、被身边的团体接纳是建立归属感的重要途径。大学生在人际交往中更注重情感成分，希望把同学关系发展成朋友关系。

（二）朋友关系

朋友关系的交往双方可以是同性朋友，也可以是异性朋友。大学生的朋友关系是那些有共同志向、意趣、爱好，关键时候可以提供更大、更切实帮助的个体之间的关系。朋友关系是一种比较密切的人际关系，甚至有时朋友对个体的影响可以超过家长或教师的作用。但在时空过分接近的情况下，朋友之间如果过于亲密，也可能给双方的关系带来伤害，使个体失去人身自由和个性独立，形成无法摆脱的人际束缚和人际张力。大学生往往存在理想化的朋友观念，认为朋友就应该是亲密无间的，绝对以双方的利益为重，这是人际期望的表现之一。实际上，保持适度的时空距离有利于大学生巩固和发展朋友关系。不过，随着时空距离的增大，朋友关系也倾向于疏远。

（三）亲子关系

父母是孩子最先接触到的人，与父母的关系贯穿每个人的一生。父母是孩子交往学习的第一任老师，家庭成员在人际互动方面的心理态度和行为方式，会对子女产生潜移默化的影响，决定其在人际交往问题上最基本的价值取向，直接影响其与他人交往过程中的行为反应模式。

根据调查研究，可把孩子与父母的交往划分为三个阶段。

1. 绝对依赖阶段

在这个阶段，父母是孩子心中的绝对榜样，是孩子崇拜的主要对象，孩子会按父母的要求去做每一件事情。

2. 相对独立阶段

在此阶段，孩子对父母的感情由过去的一味依赖顺从，变为开始要求自立平等，要求重新协调与父母的关系。在情感上与父母不如以前亲密了，开始挑剔父母、顶撞父母，力图摆脱对父母的依赖。虽然孩子想摆脱来自父母的束缚，但是对独立行动还缺乏信心，往往在独立与依赖、反抗与自责之间摇摆。

3. 开始成熟阶段

这一时期是孩子世界观形成的重要时期，世界观是人们对于自然、社会和人生问题的总的、根本性的观点，这是青年心理发展成熟的标志。同样，孩子的价值观日益明确具体，对事情的取舍有了自己的看法。在经历了持久的冲突后，父母往往会逐渐承认孩子的独立地位，但父母的影响仍起作用。

大学生正处于第二阶段向第三阶段过渡的时期，上了大学就像牵着线的风筝，虽然远离了自己的父母，却以各种方式在与父母保持着复杂和极具情感色彩的关系，而与父母的关系不同程度地影响着大学生的自我成长。许多学生在与父母的关系上存在着十分矛盾的心理，一些同学觉得上了大学就像脱了缰的马，认为父母再也不能管自己了，自己可以自由自在地在社会上驰骋。但是由于大学生在经济上还不能完全独立，父母仍然是他们重要的社会支持系统，因此尽管远离家庭，但不管在物质上还是心理上仍脱离不开与父母的关系。

（四）师生关系

老师和学生是大学校园里两大基本群体。与老师交往的能力也是大学生需要锻炼的能力之一，却常常被很多大学生忽略。

有位老师曾经在上课前做了一个小实验：当学生陆续走进教室时，老师站在讲台上，微笑着看着每个从门口走进来的学生。结果发现，在将近100名学生中，只有不到20%的人会跟老师打招呼或者给老师一个微笑。剩下80%的学生，要么根本不看老师，径直走向座位，要么扫了一眼老师，然后面无表情地走开。很多学生都会觉得上大学后与老师的关系疏远了，很少有机会与老师交流。事实上，并不是老师不想和学生交流，而是师生接触时间有限，且很多学生不会把握和老师交流的机会。

辅导员和班主任是大学生接触最多的老师，也更容易交流和沟通，在学习、生活中遇到任何事情，都可以找他们交流，他们可以为大学生提供帮助和资源。

（五）网络中的人际关系

大学生是网络应用最充分的群体之一，网络为大学生提供了广阔的人际交往平台。大学生迷恋网络，一方面是因为大学生认为在网络上能找到说心里话的人；另一方面是因为网络交往也促使大学生流露了真实的自我。因为空间距离的存在，更因为网络本身的虚拟性，很多人在网络交往中所提供的个人信息都是虚假的，正因如此，人们在网上可以畅所欲言，说出自己在现实生活中想说而不敢说的话，在某种程度上流露了真实的自我。

从表面上看，网络社交平台扩大了交际圈，降低了人们的孤独感。但事实上，网络社交越是火爆，人们心里反而越容易孤独。调查显示，在社交网络伴随下成长的年轻一代虽不乏网络社交达人，但不少人仍在现实生活中感到孤独，不爱出家门，缺乏社交能力，有的甚至"不敢接电话或应门"。虚拟的社交并不能真正扩大个体的交际圈，相反，网络碎片化的交流方式，减弱了人们用交谈来真正理解彼此的能力。

四、良好人际关系对大学生发展的意义

在生活中，我们最重要的活动就是去开始、发展并维持一段真挚可靠的关系。进入大学阶段，大学生面临全新的人际环境，离开家乡和父母，与同龄人同吃同住，需要建立发展自己的人际交往圈子，与同龄人建立良好的人际关系，因此建立良好的人际关系是大学生面临的一个重要课题。大学生建立良好人际关系的意义主要表现在以下几个方面。

我的大学人际财富圈

（一）促进大学生身心健康发展

生活离不开人际关系，多样的人际关系使得我们的生活丰富而多彩。积极的人际交往、良好的人际关系，能够促进人的情感表达，增强人的积极心理体验，有益人的身心健康。一般来说，具有良好人际关系的学生，大多能保持开朗的性格、热情乐观的品质，从而能够正确应对各种问题，化解生活学习中的矛盾，形成积极向上的优秀品质，适应大学生活。

（二）影响大学生的情绪和情感变化

友好、和谐、协调的人际交往，有利于大学生对不良情绪的管理和控制。人际交往可以满足大学生的归属需要、爱的需要，使其可以更深刻、更生动地体会到自己在集体中的价值，促进身心健康。

（三）保证大学生完善自我

《礼记·学记》中有"独学而无友，则孤陋而寡闻"。人际交往是交流信息、获取知识的重要途径，也是个体认识自我、完善自我的重要途径。大学生可以通过人际交往使自己丰富经验、增长知识、开阔视野、活跃思维。同时，在与别人的沟通中，能够相互学习、取长补短，实现自我完善与发展。

（四）有助于大学生事业的成功

"天时不如地利，地利不如人和。"一个人成功的因素中，良好的人际交往能力和人际关系起着重要的作用。一个以自我为中心的人，一个不懂得尊重别人的人，一个不善于与别人交往的人，难以获得别人的支持和帮助，难以取得事业上的成功。每个大学生都期许自己未来事业成功，那么从现在起，就应当培养自己的人际交往能力。

第二节　破除人际困扰

身边的故事

朋友在哪里

陈俪是一名大一学生，从高中升上大学后，她努力学习，经常穿行于图书馆和自习室之间，成绩优秀，但她内心却有着许多的烦恼：自从上了大学后，她便时常想念高中好友，加上大学同学来自不同的地方，生活习惯存在一定的差异，使她本能地与同学保持一定的距离，从不深交。转眼间，大一即将结束了，她却没有一个交心的朋友，不禁感到孤独和忧伤。

（资料来源：教学或咨询案例）

故事评析

陈俪虽然学习成绩优秀，但缺乏良好的人际关系，倍感孤单。人际关系是大学生活中一个不可或缺的部分，它影响着大学生的身心健康发展。每个人都渴望拥有良好的人际关系，渴望从人际互动中获得被爱、被尊重、被肯定的满足，渴望拥有更多的朋友。但大学生在交往中普遍存在交往困扰，因此只有解决人际困扰，掌握人际交往原则，并努力在生活中实践，才能拥有良好的人际关系。

第二节 破除人际困扰

一、大学生常见人际困扰

（一）不敢交往

 身边的故事

令人伤透脑筋的同学关系

小林，一名大二学生。她性格内向，不善言语，喜欢独来独往，很少与人交往。她从小很节俭，从不与同学攀比，学习刻苦，成绩优异。然而自上大学之后，她发现以前的生活方式完全不适合大学生活。她想融入到班集体中，却不知道如何与人交往，不知怎样处理与宿舍同学之间、班级同学之间的人际关系，这使她伤透了脑筋。一年多来，她和班上同学相处得很不融洽，跟宿舍同学曾经发生过几次不小的冲突，关系相当紧张。她觉得自己没有一个能相互了解、谈得来的知心朋友，常常感到特别的孤独和自卑，长期的苦恼和焦虑使她患上了神经衰弱。经常的失眠和头痛使她精神疲惫，体重下降。她本想通过埋头学习的方法来减轻痛苦，然而事与愿违，由于她学习精力很难集中，效果很差，成绩急剧下降，后来竟出现考试不及格的情况。她感到恐慌，失去了坚持学习的信心。

（资料来源：教学或咨询案例）

故事评析

小林的这种人际关系紧张，主要是由其不敢交往引起的。在人际交往的过程中，人都会存在不同程度的恐惧心理，只是每个人的反应程度不同而已。

一部分大学生在与人交往时会感到恐惧，且反应特别强烈，由于害羞、自卑等心理的作用，他们在与人交往时显得特别紧张，心跳气喘、面红耳赤，两眼不敢正视对方，在与人交谈时也显得语无伦次、词不达意。尤其是在人多的场合或者在集体活动中更感到恐惧，不敢和人打交道，不敢表现自己，严重的甚至可能患上社交恐惧症。

（二）不愿交往

有的大学生在上了大学之后，发现自己不如在中学时那么出类拔萃了，进而形成因嫉妒与自卑心理造成的人际障碍，认为自己不如别人，怕别人瞧不起自己，缺少人际间必要的信任与理解、人际交往平淡；有的大学生则缺乏基本的合作精神，甚至视同学为敌手。有的大学生自高自大，瞧不起别人；有的大学生群体意识淡薄，以自我为中心。对周围的人与事漠不关心，自己高兴、开心就愿意理别人，否则就拒人于千里之外；有的大学生遇事总是回避退让，整日郁郁寡欢，缺乏交往的愿望和兴趣，他们自我封闭、孤芳自赏，但又特别敏感；心理承受力差，独来独往，不愿抛头露面，不愿与人交往。

（三）不善交往

我的问题在哪里

小洁是独生女，既漂亮又聪明，长辈都十分宠爱她，她很早就有了自己独立的卧室。到学校后，四人住一间宿舍，她感到十分委屈和不适应，经常抱怨宿舍同学，还耍小姐脾气，指使别人干活，认为别人帮自己是理所当然的。正是因为这样，宿舍里的其他三位同学便逐渐疏远她，她感到十分孤单，却又不知道别人为什么疏远她。

（资料来源：教学或咨询案例）

故事评析

小洁的问题反映出一些大学生由于在早年生活经历中被过分宠溺或者缺乏人际交往技巧，在人际交往中表现出性格有缺陷、交往能力有限、不注意交往的原则与底线、不懂得进退合宜等特点，影响了其与同学的进一步交往。

有些大学生存在因认知偏见而产生的理解障碍、不注意交往中的第一印象，不注意沟通方式，在劝说他人、批评他人、拒绝他人时不讲究交往的艺术；有些大学生在与人交往的过程中，不注意交往的原则，开玩笑不注意场合，不懂得给人留面子或出言粗鲁伤了对方的自尊心；还有大学生不懂得尊重对方的风俗习惯，或者不懂装懂、夸夸其谈等。这些表现都有损于自身的形象，影响了同学之间进一步的交往。

（四）不懂交往

进入高校之后，新生大多有强烈的人际交往的欲望，但又常常感到人际交往很困难，究其原因是许多大学生对人际交往的追求往往带有较浓的理想色彩，以友谊的理想模式为标准来衡量生活中的人际关系，导致高期待与高挫折感并存。进而表现为部分大学生经常对过去的事情津津乐道，而对于现实生活中的人际交往却表现出强烈的不满；还有的大学生不懂得交往在于平时的积累，总希望别人主动关心自己，主动与自己交往，而自己总是处于被动地位；或仅仅是自己有事需要别人帮助时才去临时抱佛脚，使对方感到无论在物质上还是在精神上都不能使自己受益，这种交往通常就会终止。

大学生常见的人际交往误区

误区一：如果周围有同学不喜欢你，就说明你人际关系不好。

这句话换一种说法就是，只有周围所有的人都是你的朋友，才说明你有良好的人际关系。

事实上，这是很多同学评价自己的人际关系时使用的标准。我们要明白让所有人都接纳自己、肯定自己是不可能的。

误区二：如果我拒绝别人，就会破坏人际关系。

有些同学担心拒绝别人会破坏同学的友谊，于是一味地委曲求全。与人交往时，谦让、为对方着想是好的，但并不意味着完全不考虑个人的利益。当对方提出过分的要求时，要学会坦然地用平和的方式拒绝。

在人际交往中，恰当地表达自己是相互增进了解的一种方式。例如：有位男生因皮肤偏黑，同学总是喊他"巧克力"，他觉得自尊心受到伤害。但在他告诉别人他对这样的称呼感到不舒服后，渐渐地，周围的同学对他尊重了许多。学习拒绝无理举动，本身就是在捍卫自己的尊严。如果总是压抑愤怒不去表达，别人可能会认为他的做法没有问题，而自己则会生活在不真实的自我中。

误区三：为了维系良好的人际关系，我只能永远是一个奉献者的角色。

有的同学总是扮演奉献者的角色。但是人各有风采，单纯依靠牺牲自己利益的方式是无法获得良好的人际关系的。当表现出真正的自己时，我们才会更有能力与他人交往，也才更有能力帮助别人。

（资料来源：周莉，《大学生心理健康教育》第二版，中国人民大学出版社，2015年）

二、影响大学生人际困扰的因素

（一）认知因素

1. 对自己的认知

有无正确的自我评价，会影响人际关系。大学生在自我认知上存在两种偏差：一种是过高评价自己，妄自尊大，孤芳自赏；另一种是自我评价过低，妄自菲薄，忽视自我存在的价值。自我评价过高的大学生，过分相信自己的聪明才智而恃才傲物，对不如自己的人不屑一顾，恶语相向。以己之长，量人之短，或者对别人漠然置之，不屑与人交流。长此以往，大家都对其避而远之，这样的大学生虽然处于人群之中，却倍感孤独。自我评价过低的大学生，自我贬低，看不到自我存在的价值，与人交往畏畏缩缩，倍加小心，总是看别人的眼色行事，总觉得自己低人一截，缺乏自信心。有些大学生在公开场合不敢发言，生怕自己说错，对一些集体活动十分恐惧，这种对自我的贬低也必然影响同学间的正常交往。

2. 对他人的认知

能否正确看待他人的缺点和优点，会不会因为自己的喜好而失去对他人公正客观的评价，这些都会影响自己的人际关系。我们只有凡事对事不对人，才能与他人处理好关系。对他人的认知还会受到一些心理效应的影响。

（1）首因效应与近因效应。在第一次相见大家逐一自我介绍时，我们是否往往会记住第一个介绍的人和最后一个介绍的人？这就是首因效应和近因效应的体现。

首因效应也叫第一印象，指第一次与对方接触时，往往会根据对方的身体相貌及外显行为来进行综合性与评价性的判断。在人际交往中，我们应该用良好的第一印象展现自己最吸引人的品质。如第一次和陌生人见面时，应穿着整洁，谈吐自然，有礼有节。但要注意，第一印象的信息是有限的，在与人交往时，要避免僵化地依据第一印象看人，要用全面、发展的眼光看人。

近因效应是指交往中最后一次见面给人留下的印象，这个印象会在对方的脑海中保持很长的时间。最后留下的印象往往是最深刻的印象，这也就是心理学上所阐释的后摄作用。如多年不见的朋友，在自己脑海中印象最深刻的，往往是最后一次见面的情景。一般情况下，在对陌生人的认知中，首因效应比较明显；在对熟人的认知中，近因效应比较明显。近因效应具有很大的片面性，大学生在人际交往中应注意克服近因效应带来的认知偏差的影响，要学会运用动态的、全面的、历史的、发展的眼光看待他人，看待人际交往。

（2）晕轮效应。晕轮效应又称光环效应，是指在人际交往中，人们常将对方所具有的某个特性泛化到其他有关的一系列特性上，从已知特征推出未知特征，根据局部信息形成一个完整的印象。在光环效应状态下，一个人的优点或缺点一旦变为光圈被扩大，其他方面就会退隐其后，从而被我们忽视。光环效应在大学生的人际交往中十分常见，受其影响的大学生在人际交往中容易以点带面、以偏概全，从而产生认知偏差，如喜欢交往对象的某一特征，就认为其他一切都好；反之，讨厌交往对象的某一特征，就认为其他一切都不好。

（3）投射效应。投射效应是指在人际交往中，形成对别人的印象时，总是假设他人与自己有相同的倾向，即把自己的特性投射到其他人身上。所谓"以小人之心，度君子之腹"反映的就是投射效应。投射可分为两种类型：一种是指个人没有意识到自己具有某些特性，而把这些特性加到了他人身上。例如，一个对他人有敌意的同学，总感觉到对方对自己怀有仇恨，对方的一举一动似乎都有挑衅的色彩。另一种是指个人意识到自己的某些不称心的特性，而把这些特性加到他人身上。例如，在考场上想作弊的同学总感觉别的同学也在作弊，倘若自己不作弊就吃亏了。

（4）刻板印象。刻板印象是人们对于某一类事物或人物的一种比较固定、概括而笼统的看法。主要表现为在人际交往过程中主观、机械地将交往对象归于某一类人，不管他是否呈现出该类人的特征，都认为他是该类人的代表，进而把对该类人的评价强加于他。刻板印象作为一种固定化的认识，虽然有利于对某一群体做出概括性的评价，但也容易产生偏差，造成先入为主的成见，阻碍人与人之间深入细致的认知。例如，男生认为女生心细、胆小、娇气等；女生则认为男生粗心、胆大、傲气等。

（5）互惠效应。互惠效应是指在人际交往中我们总觉得应该尽量以相同的方式，回报别人为我们所做的一切。一位大学教授做了一个实验：他给随机抽样挑选出来的一群素不相识的人送去了节日卡片。虽然他也估计会有一些回音，但随后所发生的事情还是大大出乎他的意料——那些素未谋面的人寄来的节日贺卡，像雪片一样飞了过来，大部分给他回赠卡片的人甚至根本就没有想到过打听一下这个陌生的教授是谁，而是一收到卡片就自动回了一张。

在生活中，我们是不知不觉地按照互惠效应去行事的。如果有人帮了我们一次忙，我们也会想着以后要帮他；如果有朋友送了我们一件生日礼物，我们也应该记住他的生日，届时也给他买一件礼品。互惠效应是人们在参与社会交往中必须遵循的行为准则。正是由于互惠效应，人们之间的交往才有取有予，有来有往，交际才能顺利进行下去，人与人之间才能有更加融洽和谐的关系。

（二）个人特征

1. 外貌

大量的研究表明，外貌魅力会引发明显的辐射效应，使人的判断具有明显的倾向性。尽管美貌的人会在交往初期更容易获得积极评价，但是，随着交往的深入和相互之间认识理解的不断加深，外在形象的作用会越来越小，人格品质、能力等内在因素的作用会更加凸显。

2. 能力

人对有能力的人的态度往往出人意料。表面上似乎在其他条件相等的情况下，一个人能力越强、越完善，就越能受到欢迎。但研究结果表明，实际上在一个群体中最有能力、最能出好主意的人往往不是最受欢迎的人。这是因为一方面每个人都希望自己周围的人有才能，有一个令人愉快的人际关系圈，但如果别人的才能让人可望而不可即，则会产生心理压力，这就是"木秀于林，风必摧之"。显然，才能与被人喜欢的程度在一定范围内成正比。因此，一个才能出众但偶尔有点小错误的人在一定程度上比在公众面前表现完美的人更受欢迎。

3. 个性品质

黄希庭教授以大学生为对象，对有利于人际吸引的个性特征进行了研究，结果显示个性品质最受欢迎的程度排列依次为尊重他人，热心集体，稳重诚实，热情开朗，乐于助人，可信可靠等。可以发现这些个性品质，与社会主义核心价值观在个人层面的要求的内涵是高度契合的，当代大学生要以社会主义核心价值观为行动指南和价值的航标，培育昂扬向上的品格，提升人际交往水平，促进健康人格的形成，从而更好地适应社会需求，拥有令人感到友善、温暖的人际关系。

（三）其他因素

1. 空间与时间

在人际交往过程中，空间和时间的距离是形成密切的人际关系的一个重要条件。所谓的"近水楼台先得月""远亲不如近邻"就是这个道理。例如，同学们由于年级相同，或年龄相当，或住在同一宿舍，或经常在一个教室或图书馆一起学习，或是老乡等原因，经常接触，相互交往次数较多，容易产生共同的经验，从而也就容易建立起比较密切的人际关系。时空之间的接近性仅仅是密切人际关系的一个重要条件。

2. 相似与互补

（1）相似性。在日常生活中，共同的态度、信仰、价值观与兴趣，共同的语言、种族、国籍、出生地，共同的文化、宗教背景，共同的教育水平、年龄、职业、社会阶层，乃至相同的遭遇、相同的疾病等，都能在一定条件下不同程度地增加人们的相互吸引程度。一项研究发现，在见面初期，多是距离较近的人成为好朋友，但随着时间的推移，多是态度相似的人成为好朋友。

相似导致吸引的原因主要有以下几个方面。

① 人们愿意与自己相似的人交往，即物以类聚，人以群分。相似使人们更加相互理

解，有共同语言。例如，大学生中的老乡之间存有一种自然的亲近感，相同家庭背景的同学之间会多一些共同语言。

② 相似的人可以为我们的信仰和态度提供支持，使我们感到自己不是孤立的，而是有社会支持的。在大学，共同的兴趣爱好往往成为同学交往的重要因素，而志同道合的人更容易成为知己；相反，对于那些在重要问题上与我们意见不合的人，我们可能会对其人格做出负面推断。

③ 人往往认为与自己相似的人会喜欢自己。因为人倾向于喜欢与自己相似的人，因此想当然，认为人同此心、心同此理，觉得他们也会喜欢自己，这样就会形成良性循环。

（2）互补性。当交往双方的需要和满足途径正好成为互补关系时，双方之间的喜欢程度也会增加。大学生中，不少外向型性格的人喜欢与内倾型性格的人相处，相互欣赏。相似与互补看似矛盾，其实是针对不同的方面。前者多含有价值取向的意味，后者则多表现为现实的需求。总之，大学生们长期在一起生活、学习和工作，不可避免地会产生很多矛盾。但是，如果一方所表现出来的行为，正好能满足另一方的心理需求，则彼此间将产生强烈的吸引力，从而能密切他们之间的人际关系。相反，如果其中一方对另一方表示不友好或不利于另一方，就会引起另一方的不安。双方的友好关系就可能中断，甚至会使矛盾加剧。

三、大学生人际关系调适

（一）遵循交往原则

人的行为都是在一定的观念指导下进行的，积极全面而良好的交往认知是健康交往的基础。为了使自己的交往行为引起交往对象良好的反应，引发积极的交往行为，我们在交往中应该遵循以下原则：各美其美，美人之美，美美与共，天下大同。

1. 各美其美——肯定自我

我们不敢交往是因为自卑、害羞，我们往往会在无意之中自我封闭，缩小生活交往的圈子。对于存在这类困扰的同学，在与人交往前，要对自我有正确的认识。首先，要善于发现自己的长处、肯定自己的成绩，同时要正确看待别人，不要把自己看得一无是处，而把别人看得完美无缺。其次，要消除否定的自我暗示，学会肯定自己。放弃原来"我不行""我做不到"的想法，多用"我真棒""我觉得自己很好"这些积极的话语鼓励自己。最后，要树立自信，认识到人无完人，在社交中的出错和失败是很正常的，一次的失误不代表自己社交失败，要多和同学们一起参加集体活动，有意识地锻炼自己，提高人际交往能力。

2. 美人之美——尊重他人

个人隐私是个人感的重要体现，没有个人感就没有个人隐私，个人隐私之所以重要，就是因为它接纳了每个人私生活的合法性和独立性。个人隐私中包含的绝大部分秘密属于生活中不可言说的部分，必须保密，不能与人随意分享。在人际交往中，无论是同性间还是异性间，都应保护他人的隐私，尊重他人。

尊重他人具体表现在以下几方面。

（1）平等心态待人。我们来自各地，年龄、经历、知识结构和文化水平相似，而家庭出身、经济状况、个人能力等都有所不同，但这并无高低贵贱之分。如果盛气凌人，把自己的意愿强加于人，缺乏对他人应有的尊重，最终将导致别人对自己避而远之。只有以平等的心态与人相处，才能形成人与人之间的心理相容，产生愉悦、满足的心情。平等待人，自己才能被别人尊重和理解，自己的交往愿望才能被别人接纳，从而形成良好的交往关系。我们常说"良言一句三冬暖"，一句真诚的赞美会给他人带来一整天的好心情，我们要学会用语言表达内心的欣赏和认同，营造良好的人际氛围。

（2）真诚守信待人。心理学家发现，想要维持和提高自己的持久吸引力，一个重要的方面就是培养自己的良好品质和品性。人与人之间能否相互吸引，归根到底取决于一个人品质的好坏。那么，什么样的品质最受人们的欢迎，什么样的品质让人反感呢？从心理学家安德森1968年所做的一项调查中可知，排在最前面、受喜爱程度最高的6个品质，即真诚、诚实、理解、忠诚、真实、信得过等都或多或少、间接或直接地与真诚有关。而排在最后的、受喜欢程度低的品质如说谎等也与真诚有关，真诚受人欢迎，虚伪令人讨厌。见表6-1。因此，大学生想建立良好的人际关系，首先要重视的品质是真诚。

表 6-1 人际吸引效应品质表

受欢迎的品质	优点与缺点参半的品质	不受欢迎的品质
真诚	固执	作风不好
诚实	循规蹈矩	不友好
理解	大胆	敌意
忠诚	谨慎	饶舌
真实	理想化	自私
信得过	易激动	眼光短浅
理智	文静	粗鲁
可靠	冲动	自负
有理想	好斗	贪婪
体贴	腼腆	不真诚
可信赖	令人猜不透	不友善
热情	易动情	不可信
友善	害羞	恶毒
友好	天真	令人讨厌
快乐	好动	虚伪
不自私	空想	嫉妒
幽默	追求物质享受	冷酷
负责任	反叛	邪恶
开朗	孤独	装模作样
信任他人	依赖性	说谎

3. 美美与共——互相包容

对于美美与共，大学生应该达到的理想状态是"君子和而不同"。我们在人际交往中可以与他人保持一种和谐友善的关系，但在对具体问题的看法上却不必苟同于对方。

每位大学生都有自己的个性、优点和缺点，在人际交往过程中难免会发生些不愉快的事，不能因为一点意见不同就与他人产生激烈的冲突，甚至大动拳脚。要学会宽容、忍耐和克制，承认差异，允许不同的思想观点和行为方式的存在。要能够最大限度地接受并理解他人与我们的区别，要用包容的心态去对待别人的错误与缺点，设身处地地为他人着想。

4. 天下大同——形成和谐共同体

我们常说孤掌难鸣、独木不成林，没有人能离开他人独自生存发展下去，在我们生存发展的过程中，只有彼此合作、互相帮助，才能共同进步、开创未来。无论是在读书阶段，还是日后走上工作岗位，我们都要与人建立团队，团队成员要互助合作，这样才能促进团队的发展，唯有团队得以发展，个体才有更好的发展空间。因此，各美其美、美人之美、美美与共的最终目的是实现天下大同，形成和谐共同体。在党的二十大报告中，习近平总书记强调："构建人类命运共同体是世界各国人民前途所在。万物并育而不相害，道并行而不相悖。只有各国行天下之大道，和睦相处、合作共赢，繁荣才能持久，安全才有保障。"万物并育而不相害，道并行而不相悖。这句话出自《中庸》，意思是说，万物竞相生长而互不妨害，日月运行、四时更替而互不冲突，体现了宇宙和大自然法则中的包容精神与和合之道。今天，人类生活在同一个地球村，我们与他人要做到相互联系、相互依存、相互合作、相互促进，形成一个你中有我、我中有你的命运共同体。

（二）矫正认知偏差

应充分重视社会认知偏差对自身人际交往带来的消极影响，并采取有效的应对措施，以纠正这些社会认知偏差。

1. 用联系、发展的观点看待交往对象及其行为

社会认知偏差广泛存在于大学生人际交往活动中，而且形式多种多样，每一种认知偏差产生的情境和条件都不同，对大学生人际交往产生的影响也各不相同。因此，大学生在人际交往过程中，应把首因效应和近因效应结合起来，对人、对事进行感知。首先，要预防两种效应的消极影响，既不能先入为主，也不能不看过去，只看现在，而应该用动态的、历史的、发展的眼光看待交往对象与其行为，把对人对事的每一次感知，都当作认知事物过程中的一个阶段，避免片面性。其次，要在一定条件下发挥两种效应的积极作用，做事善始善终。

2. 用全面的观点观察交往对象及其行为

大学生在人际交往中应克服晕轮效应带来的负面影响，应多了解对方，防止以偏概全，自觉消除这类认知偏差的消极影响，做到公正、合理、全面地评价及对待每一位交往对象及其行为。同时，还应该利用该效应的影响，比如通过优化自己的言谈举止，培养好的外在形象，充分展示自己的优势等方法，使自己在交往中获得更多的成功。

3. 坚持共性与个性的统一

如前所述，社会刻板印象既有积极作用，又有消极作用。一方面，社会刻板印象可使认识他人的过程简单化，有助于对某一个人、某一群人做出概括性的反映。借助某一类人

的共性，人们可以推测某一个人可能会有的此类共性，另一方面，社会刻板印象并不一定合乎实际，即使在同一类人中，每个人除了具有一类人的共性，还有自己的个性，两者是有差异的。

在社会刻板印象的影响下，大学生往往会根据已有的经验或知识体系将不同的人群分类，再将交往对象及其行为对号入座，这种只重视共性、忽略个性的交往方式严重影响了大学生的人际交往，因此应坚持共性和个性统一的原则，尤其是重视个性的原则，在认识他人时，要具体观察，尽量避免贴标签、模式化，避免用有色眼镜去看人。

4. 坚持理智，克服非理智心理

坚持理智，克服非理智心理，就是大学生在人际交往中，要避免受到社会认知偏差对人际交往的负面作用的影响。理智是指一个人辨别是非、利害关系和控制自己感情、支配自己行为的能力。而种种社会认知偏差的产生往往跟认知者的非理智判断心理有关。由于大学生身心处于不成熟到成熟的过渡期，感情丰富、易冲动。因此在人际交往过程中，大学生容易感情用事，往往会从个人爱好、喜恶等出发来认知他人，导致出现不同程度的认知偏差。例如，在第一印象中，交往对象的容貌、言谈举止是否良好在一定程度上决定未来交往能否进行；又如在投射作用的影响下，将个人情绪加到别人身上，认为自己喜欢的，别人也肯定喜欢，自己讨厌的，别人也肯定讨厌。

5. 克服主观心理因素

人总是在一定的心理倾向和一定的方法原则下，加工整理外部输入的他人的信息，形成对他人的印象，然后把这个印象加到认知对象身上，认为这就是此人的实际特征。可见，人的认知具有浓厚的主观色彩，因此不可避免地会在认知他人时产生认知偏差。主观因素对人际认知主体的影响，尤其是在大学生中作用更大。认识到主观心理因素对他人的作用、规律，就能在人际交往中发挥其积极作用，克服其消极影响，消除由此而产生的一系列人际交往障碍，从而正确地认识他人，正确地看待他人、对待他人，处理好人际关系。

（三）掌握一定技巧

1. 树立良好的第一印象

文明得体的行为举止，大方舒适的外在形象，会给人良好的第一印象。大学生应注重优化自身形象，包括精神状态、服饰搭配和言谈举止等，掌握一定的社交礼仪，塑造良好的第一印象。

2. 培养良好的心理品质

良好的人际交往的心理品质包括自信、热情、真诚、信任、克制及幽默等，注意培养良好的人际交往的心理品质，可以使大学生更加灵活自如地处理人际关系。

3. 善于用心倾听

听是凭借听觉器官接受言语信息的生理过程，而倾听更强调通过思维活动达到认知和理解的全过程，不仅需要用耳朵，还要用眼睛、用心。倾听是礼貌和诚挚的表现，是尊重他人、理解他人的方式，用心倾听的同时也会赢得对方的喜欢和信任，这就是"爱人者，人恒爱之"的道理。

4. 学会真诚赞美

我们每个人都希望得到他人的关注和肯定，在交往中我们要善于发掘他人的闪光点，让对方感受到你对他真正的欣赏。赞美他人时要真诚,不要虚伪做作。

5. 学会换位思考

在人际交往中,我们要做到能够理解和支持他人,急人之所急,需人之所需,需经常从对方的角度去思考问题,学会换位思考,特别是当我们的观点和态度与他人不一致的时候,能够站在对方的角度去考虑问题就显得尤为重要了。此外我们也要懂得"己所不欲,勿施于人",不强人所难,不让朋友一味地理解自己、包容自己。因此,我们在与他人相处时要求大同、存小异。

6. 保持必要的人际距离

不同文化中的个体对空间距离的需求不同,社会地位和性别也会影响个体对空间距离的需求。心理学家霍尔提出了"空间关系学"的概念,他将人际空间距离划分为四类:亲密距离、个人距离、社交距离和公共距离。

(1) 亲密距离。亲密距离一般属于亲密的人,比如家庭成员或最好的朋友,距离为0米～0.46米。在此区域中,个体可以有身体接触,如接吻、拥抱、抚摸,话语富于情感,并排斥第三者加入。

(2) 个人距离。同学、朋友、邻居、同事一般在此区域内交往,距离为0.46米～1.2米。由于距离有限,在此区域内一般避免高声说话。

(3) 社交距离。此区域内的人们相识但并不熟悉,人们交往自然,进退也比较容易,距离为1.2米～3.6米。在此区域内,既可以发展友谊,也可以进行应付式的寒暄。

(4) 公共距离。公共距离是与陌生人的距离,表示双方不想有交集,距离为3.6米至目光所及。在此区域内人们难以单独交往,主要是进行公共活动。

每个人都有自己的心理空间距离,这个距离太远或太近都会让自己不舒服。这也是为什么在图书馆彼此熟悉和亲密的同学会坐得更近,而陌生人则会选择相离较远的位置。

值得注意的是,与人交往固然是人的一种需要,独处也是人的一种需要。严重、长期的孤独对维护人的身心健康不利,而适度、短暂的孤独却能够对维护人的身心健康起积极的作用。交际也只有当它处于适度的范围内时,对人才是有益的,过度的交际不论对个人还是对人际关系本身都没有好处。要想在人际交往中具备大家的风度,就应该努力丰富自己的内涵,吸取别人的长处,改正自己的短处,做到谦虚、宽容、扶弱、勤学、乐观。

第三节　巧解人际冲突

李琦是一名大一学生,刚进入大学的他认为自己在外求学,应该多结交好友,处理好人际关系,这样生活才能更愉快。刚开始,李琦与同班级的同学都相处得不错,课余

时间经常天南地北地展开讨论。但随着聊得越多、越深入，李琦就越发现自己与邻桌陈兵在对问题的看法和观点上相差太多，两人时常发生口角，慢慢地双方的矛盾也多了起来，他因此感到困惑、委屈和愤怒。

（资料来源：教学或咨询案例）

故事评析

我们每个人都希望生活充满阳光，都希望友谊地久天长，然而每个人都是独特的，都有自己独特的情感世界、行为方式和价值观，使得人与人之间的冲突不可避免。如何避免人际冲突的发生及人际关系的破裂，是困扰着每一个大学生的现实问题。

一、认识冲突

冲突是人际交往中普遍存在的一种社会互动行为，在人类全部的社会活动中随处可见。冲突是指人际交往双方由于沟通障碍、需要不同、认识差别、个性差异等而出现的相互反对的互动行为。

冲突主要包括以下三个方面的内容。

（1）冲突是一种对立的行为。冲突来自互不兼容性。这种对立的表现形式和程度会有很大的差别，它涵盖所有水平的冲突，可能是消极、冷漠、沉默抗议，也可能是明显的攻击行为，侵犯伤害对方。

（2）冲突是一种主观的感受。从认知的观点来看，冲突是个人主观的感受。在冲突中，个体能感觉到愤怒、敌意、恐惧或怀疑等外显或内隐的种种情绪。是不是存在冲突是一个知觉问题，如果没有感觉到冲突的存在，就没有所谓的冲突。

（3）冲突是一种互动的历程。冲突是一个动态的、不断改变的历程，冲突双方若采取建设性的做法，冲突就可能逐渐平息，双方关系就会得到改善；若采取破坏性的做法，双方的敌意就可能增强，从而引发更激烈的冲突。

二、大学生人际冲突的基本特点

（一）宿舍是大学生人际冲突的主要场所

很多学生上大学前没有住过宿舍，不知如何和舍友相处，往往会导致一些摩擦的产生。如没有边界感，随便占用他人的空间，不打招呼就用别人的物品等。还有部分学生因为性格原因，如内向自闭，缺乏人际交流技巧，也会导致矛盾的发生。

（二）利益与非利益冲突是主要表现形式

大学生的利益冲突表现在竞争班委、评优选先、评定奖学金等级等方面。大多数学生都能理智处理，但也有些学生为了得到想要的利益而不择手段，导致了冲突的发生。非利益冲突表现为"自尊心受损"，觉得他人不够尊重自己等。

（三）价值观差异是大学生人际冲突的主要原因

关注自我，注重个性表达，但是自身尚不成熟，性格不稳定，争强好胜，这些是大学生群体的主要特征。这也使他们在人际交往中容易形成以自我为中心的价值观，当其他人对自己的价值观表示怀疑或者反对时就很容易产生冲突。相关调查显示，在大学生人际冲突的产生原因中，由价值观认同差异导致的冲突占 32.7%，此外，性格不合造成的占 17.8%，意见不一造成的占 12.7%，心情不好造成的占 11.2%，生活习惯差异造成的占 10.6%，而由利益原因造成的冲突仅为 5.9%。

三、大学生人际冲突的处理方式

由于每个人对人际关系的认识和态度不同，个人性格、社交技能和行为方式各异，人际冲突的处理策略和行为表现也会有所不同。正确认识和妥善处理冲突，有助于改善人际关系、增进身心健康。冲突处理不当，则会对人际关系及个体身心健康造成危害。

（一）正确认识冲突

冲突是不可避免的社会现象，它凸显了人际互动问题的症结，既是危机，也是转机。有研究者发现大学生人际冲突来源有多种，而了解和认识冲突来源是合理处理冲突的基础。冲突是一次教育的契机，双方可能通过冲突对对方的问题及困扰有更深入的了解与体会。处于冲突情境中的大学生，应了解彼此不和的根源是资源有限、认识差异、沟通障碍，还是没照顾到对方的情绪和感受等。只有觉察到双方的差异，才能面对症结进行处理，而不是让情绪失控、冲突越演越烈。

（二）客观分析冲突

面对冲突，我们可以对冲突进行一次全面客观的分析：引起冲突的事件是什么？冲突的起因在哪里？"一个巴掌拍不响"，冲突的发生肯定有双方的原因。我们可以试着从主观和客观、自身和他人等多个视角去认识冲突产生的原因，要及时向别人请教自己的理念是否客观，可能的解决办法有哪些，分别有什么利弊，并从中选出对双方最有利的方法。

（三）有效解决冲突

冲突不可避免，但有效地解决冲突对人际关系有积极作用，如果采用破坏性的做法去解决冲突，就只能对人际关系造成损坏。有效解决冲突有以下几种做法。

（1）态度诚恳而坦率，不隐瞒自己的观点或欺骗对方。当你不同意对方的观点时，需要注意的是你反对的仅是对方的观点，而不是他这个人，因此不能进行人身攻击或贬低对方。要坦诚地听取对方的意见，愿意从对方的角度考虑问题，澄清双方的共同点和分歧点，理解冲突的实质，在自己能让步的余地下寻求双方都满意的答案。

（2）互相理解，开诚布公，求大同，存小异。在大学的宿舍里，来自天南海北的同学们有各自的习惯和爱好，有的人喜欢早睡早起，有的人喜欢晚睡晚起，有的人喜欢安静，有的人喜欢热闹。这些习惯和爱好没有好坏、优劣之分，都是应当受到尊重的，因此当大家的需要和喜好发生冲突时，如果不互相谦让，必然会发生冲突。这个时候大家只有各退一步，相互谦让，求大同，存小异，才能营造和谐的宿舍生活氛围。

（3）勇于承认自己的错误。在冲突发生时，我们自身或多或少也会有错误。为了冲突的顺利解决，我们要勇于承认自己的错误，这不仅是解决冲突的明智之举，也是良好人际关系的润滑剂。因为承认错误不是自我否认，贬低自己，向对方低头，而是一个自我成长的过程，是能够承担责任的表现。

（4）对自己的感受负责，不因为自己的感受去指责别人。要善于检查你感受的来源，即使是别人在某种情况下激起了你的情绪，也应该为自己的情绪负责。我们要避免使用这样的谴责性的话语："你令我失望，你怎么能够……"，要尝试使用这样的话语："发生了……我感觉……"。

（5）面对他人的时候，要尝试避免对别人做出武断的评价。不要评价别人，但可以评价他们的行为给你带来了怎样的影响。对我们来说，评价别人、关注别人在做什么是非常容易的，而评价自己、关注自己在做什么是很难的。我们必须意识到自己可能也会犯错误，要敢于发现自己可能得出的错误结论。要有谦逊的态度，勇于面对事实并承认错误。避免使用"你应该……"或"你干吗不……"这类用语，而可以采用"我相信你有很好的道理，因为……但是事情既然发生，我感觉……"这类用语。

（6）不要逃避冲突。从冲突中离开并不能解决问题，但是当情绪被强烈地激起而你又不能解决冲突时，最好的办法可能是请求暂缓，同意推迟一些时间再讨论这个问题，不要伪装问题已经被解决。你们可以达成协议，在晚些时候当你们都能听进去彼此所说的话时，再一起讨论。

四、化解宿舍冲突

身边的故事

令人苦恼的宿舍关系

"身为一名大学生，最令我困扰的不是学业，而是自己和宿舍同学的关系。真是令人感到很羞愧，我们都是20多岁的人了，还孩子似的闹可笑的矛盾。可是，我无法化解它，这真是折磨人的桎梏。"大学生乐乐一年来一直被尴尬的宿舍人际关系困扰，最近甚至影响到了学业，为此她找到学校心理咨询老师寻求帮助。"宿舍里的气氛很不好，我就像住在冰窖里似的，很影响心情，学习成绩也下降了。一想到我还要在那个'冰窖'里住一年多，整个人都要崩溃了。我还要参加专升本考试，可现在根本看不进去书。"乐乐痛苦地说。

（资料来源：教学或咨询案例）

故事评析

宿舍人际关系是大学生人际关系中最普遍、最直接的一种人际关系。宿舍人际冲突不仅会直接影响大学生的人际交往、情绪感受、睡眠和生活，还会影响大学生的身心健康、学业发展甚至是个人的前途和命运。乐乐深受宿舍人际关系的困扰，这对她的学习生活都产生了影响。

（一）宿舍矛盾的表现

宿舍矛盾主要表现在以下几个方面。

（1）有的同学随意吃、拿舍友的东西，令舍友反感。

（2）有的同学半夜在被窝里打电话，使得宿舍的其他同学辗转反侧，无法入眠。

（3）有的同学从来都不做宿舍的公共卫生，其他同学认为不公平。

（4）有的同学没有良好的卫生习惯，使得宿舍里气味难闻，而且往往因此影响了整个宿舍的卫生，让其他同学非常气愤。

（二）建立良好宿舍关系的方法

（1）遵守公德，维护宿舍公共秩序。宿舍空间有限，宿舍成员作息时间有差异，应注意个人行为不要影响到舍友，比如在舍友休息时不要大声讲话，喜欢熬夜看书者则要注意调暗灯光、放音乐时要戴上耳机。宿舍是大家共有的空间，不能自私自利，只顾自己享受，不顾他人的感受。

宿舍是大家集体的"家"，宿舍公共区域及物品的维护与使用要注意方式方法，个人物品不要越界放置，放置在公共区域的物品要摆放整齐，不要独自占据公共区域。公共物品使用时要互相谦让、不要争抢，也不要随意破坏公用物品。

宿舍的全体成员应当尽量统一起居时间，减小作息差距。倘若实在有事，早起或者晚睡的成员也应尽量降低声响和灯光对舍友的影响。

（2）学会包容，通过沟通解决分歧。大学宿舍成员往往来自五湖四海，有着不同的生活与成长背景，个性与生活习惯迥异，甚至三观也会存在差异，因此要以包容的心态面对，在不影响自己的情况下，要学会适应舍友的小习惯、小毛病，面对舍友的不良习惯，要礼貌友好地指出来。

同在一个"屋檐下"难免会有矛盾、有误解，但不要因为大家有矛盾、有误解而放弃交流和沟通，彼此视为仇人，否则只能使矛盾进一步激化，从而造成不必要的伤害。面对矛盾和误解要主动沟通、交流，主动和解，不要让误会阻隔了同学之间的友好情谊。"己所不欲，勿施于人"，要学会换位思考，常想如果自己处在他人的位置上，自己会怎样，自己做不到的事情，就不能强求别人做到。人无完人，遇到矛盾和分歧并不可怕，要及时沟通，顺畅表达，不钻牛角尖，适当理解和接纳。在发生分歧和矛盾的时候，一定要沟通，我们会发现有些事只是误会，即便不是误会也要把问题说"开"，双方可以在真诚的表达中达成谅解。

（3）尊重隐私，不随意评论他人。隐私是一个人的秘密，可能代表尊严，也可能代表某种需要。尊重隐私，就是尊重这个人。因此，在与舍友朝夕相处的日子里，我们应该学会尊重他人隐私。比如，在未经舍友允许的情况下，不乱翻舍友的物品；舍友的秘密，没有得到允许，最好不要去打听；知道了舍友的秘密，也不要去评论，而是帮他保守；等等。他人的隐私权与我们个人的隐私权具有同等的地位，只有做到了尊重和维护他人的隐私权，才能真正地维护我们自己的隐私权。

（4）积极参加集体活动。宿舍是个集体，共同参与一些集体活动，开发共同的兴趣爱好，可以使宿舍成员关系更加亲密，偶尔有性格孤僻的人，其他宿舍成员要主动帮助其融入集体，不要出现孤立舍友或者拉帮结派的现象。

另外，要经常参与大家的讨论与其他集体活动。情绪具有传染性，好心情会传给周围的人，快乐可以消融人际关系的僵局，使宿舍关系变得融洽。适度赞扬身边的同学，表现出自己的赞赏和善意，能够增进彼此之间的吸引力。尤其是一些本身在平日里比较害羞的同学，如果主动跟其交往，并认真赞美他在某一方面的才华、能力、个性特征等，会让他认同自己，并乐意与自己交往。

知识清单

（1）人际关系是指人们在社会生活中，通过相互认知、情感互动和交往等方式发展起来的人与人之间的相互关系，反映出人与人之间的心理距离。

（2）良好的人际关系的建立与发展要经过定向、情感探索、情感交流和稳定交往四个阶段。

（3）大学生人际交往原则应遵循各美其美、美人之美、美美与共、天下大同。

（4）建立良好宿舍关系应该做到：遵守公德，维护宿舍公共秩序；学会包容，通过沟通解决分歧；尊重隐私，不随意评论他人；积极参加集体活动。

资源推荐

一、推荐书籍

《自卑与超越》

作者通过深入剖析与研究每个人生命中的一系列自卑、不足情结，提供了克服自卑心理，从而化自卑为动力、不断超越自己、追求优越、实现个人与社会和谐发展的有效途径。此书立足于个体心理学观点，从教育、家庭、婚姻、伦理、社交等多个领域，以大量的实例为论述基础，阐明了人生道路的方向和人生意义的真谛。该书能够帮助人们正确面对缺陷，正确对待职业，正确理解社会、理解生活、理解性，具有极深的哲理性和巨大的学术价值，是人们了解心理学的经典读物。

（资料来源：阿德勒：《自卑与超越》，北京时代文化书局，2018年）

二、推荐电影

1.《一秒钟》

电影讲述了二十世纪七十年代中期，没赶上场次的逃犯张九声悄悄从农场溜出，就是为了看一场电影。那是一盘宣传性质的新闻胶卷带，但他相信那里面有他女儿的"一秒钟"影像。为了找到，他开始疯狂起来。在追寻的过程中，他偶遇了想要胶带卷的刘闺女以及放电影从未失误过的范电影，因为一场电影结下了不解之缘。

2.《十二公民》

《十二公民》讲述了一桩发生在中国当代的"富二代"弑父案，因为充满争议与疑点，引发了社会舆论的强烈关注。在一个充满实验意味的虚拟法庭上，"中国式陪审团"横空出世，12个毫无联系、代表着社会各阶层的普通人聚在一起，以一种前所未有的方式探讨这个案情，他们的讨论结果将决定被告的"生死"。

第七章 塑造阳光心态
——大学生情绪管理

第八章 解读爱情密码
——大学生恋爱与性心理

应对篇

第七章
塑造阳光心态
——大学生情绪管理

让情绪自由流动，让心情自我疗愈。

——武志红

情绪与人的生活密切相关，无论是欣喜若狂还是悲痛欲绝，无论是惴惴不安还是热情奔放，我们每天都在体验着各种各样的情绪。情绪就像是心理上的一个保安系统，当身心受到威胁时，这个保安系统就会发出相应的警报信号。同时情绪又很奇妙，自信、愉快等积极情绪能够产生能量，推动人的各种活动，但愤怒、抑郁等消极情绪却又消耗人的能量，阻碍人的各种活动。

大学生正处在人生观和世界观形成的关键时期，其复杂多样的情绪与其生活、学习、恋爱、交往和需要、动机、认知、行为都有着密切的联系。大学生处于青年初期，情绪波动较大，情感体验复杂而丰富，经常会面临各种各样不良情绪的困扰，对情绪进行正确的认知与疏导，对大学生的学习生活十分重要。那么，我们如何认识情绪？如何成为情绪的主人？如何应对不良的情绪反应？如何控制和化解自己的负面情绪？

> **学习目标**
> 1. 了解情绪的有关理论。
> 2. 认识情绪对大学生的影响以及大学生常见的情绪困扰。
> 3. 掌握调控情绪的方法，学会养成积极情绪。
> 4. 培养积极、乐观、理性、平和及不卑不亢的心态。

第七章 塑造阳光心态——大学生情绪管理

第一节 正确认识情绪

 身边的故事

饭卡与情绪

宁宁回到教室才想起，刚才买早餐忘了取回饭卡，眼看快要上课了，来不及去食堂找饭卡了。她不安地坐在教室里，心想饭卡一定找不着了。老师讲的内容她一句也没听进去，只觉得老师今天讲的内容枯燥无味，而且同学们太吵了，让她很烦躁。进行小组活动时，有一个女孩不小心出现失误，宁宁忍不住责备她："怎么回事，你怎么总是粗心大意的。"见那位女孩羞愧地低下了头，宁宁意识到自己不该那样说，应该控制好自己的情绪。好不容易等到第二节课下课，终于在食堂的失物招领处找到了自己的饭卡，宁宁非常开心，心里很感激那位拾到她饭卡的人。回到教室后，见到同学们在愉快地聊天，她立刻加入其中。

（资料来源：教学或咨询案例）

故事评析

每个人都有情绪，任何人都不可能不受情绪的影响。有情绪是正常的，它是我们面对外部世界正常的心理反应。我们可以有情绪，只是不能让自己成为情绪的奴隶，更不能让那些消极的情绪左右我们的生活。

一、情绪是什么

要给情绪下一个准确的定义似乎很困难。一般认为，情绪是以个体的愿望和需要为中介的一种主观体验。当客观事物或情景符合我们的愿望或需要时，我们会体验到积极、肯定的情绪；当客观事物或情景不符合我们的愿望或需要时，我们就会体验到消极、否定的情绪。例如：我们在认真备考后通过考试就会有满意的感觉，买到一本渴望已久的书就会有兴奋的感觉，被人误解就会气恼，与亲人分别就会伤心难过。一般来说，个体的行为都是在特定的情绪背景下进行的，行为的方向、强弱都受活动主体情绪状态的影响。良好、积极的情绪体验可以提高工作效率，有利于身心健康。相反，沮丧、消极的情绪体验则会使效率低下，不利于身心健康和个体发展。

每个人在生活中都体会过不同的情绪，一般人说到情绪时，都是就自身的主观体验而言的，认为情绪是人对客观事物的主观体验及相应的行为反应。但实际上要完整地理解情绪，应从三个方面来进行考察和界定，即主观体验、生理唤醒和外部表现。

（一）主观体验

情绪的主观体验是指人在主观上感觉到、知觉到的情绪状态。各种各样的情绪都具有十分独特的主观体验色彩。

（二）生理唤醒

生理学和心理学研究表明，中枢神经系统对情绪起着调节和整合作用。人产生情绪反应时，神经、呼吸、循环、消化、内分泌等系统都会发生一系列的变化，主要包括呼吸、血压、心率、血液循环、皮肤和脑电反应，以及内、外分泌腺反应的变化等。如人在焦虑状态下，会呼吸急促、心跳加快；人在愤怒的时候，会出现汗腺分泌增加、面红耳赤等生理特征。这些变化均受人的植物神经系统支配，不由人的意识控制。

（三）外部表现

情绪不仅体现为人们的生理反应和内心体验，而且也会直接反映到人的行为中，主要体现为表情。行为可分为面部表情、姿态表情和语调表情。如人内心受伤时会痛哭流涕，激动时会手舞足蹈，高兴时会开怀大笑。各种情绪表现在不同的个体身上存在着一定的差异，从而使情绪的表现形式带有明显的个性特征。比如在一大群人面前演讲时，明明心里非常紧张，还要做出镇定自若的样子。

1. 面部表情

面部表情是通过面部肌肉的变化来表现的，由各个面部器官组合而成，如眉开眼笑、怒目而视、愁眉苦脸、面红耳赤、泪流满面。

面部表情模式能够精细地传达人们不同性质的情绪，能够直接反映出人的情绪状态，是鉴别情绪的主要标志。我们可以通过一个人面部表情的变化来了解他的情绪状态。比如，一个人双肩颤抖，泪流满面，表明其可能处于极度的悲伤之中；全身肌肉紧张，双目圆睁则是害怕的表现；当遇到令人开心的事时，人会不由自主地喜笑颜开；当人在生活中遇到困难和挫折时，则会愁容满面。

2. 姿态表情

姿态表情是人通过身体姿态、动作变化来表达情绪的方式，包括手势、身体姿势等。如高兴时手舞足蹈，悲痛时捶胸顿足，成功时趾高气扬，失败时垂头丧气，紧张时坐立不安。

姿态表情既能表达当事人的情绪，也是他人识别当事人内心状态的有效途径。姿态表情可引出日常生活中交往的人际距离和个人空间问题。由于交往双方有情感亲疏之别，在交往中表现为两人身体距离的差异，与亲疏程度不相符的过分靠近则被视为一种心理安全的威胁，会导致双方出现自觉拉开距离的动作姿态。姿态表情表达的情绪个体往往并不自知，也不为当事人意识所控制。

3. 语调表情

语调表情主要是指表现在语言的停顿、节奏轻重音、字调、句调等方面的变化。如喜悦时音调稍高，语言速度快，语音高低差别大；悲哀时音调低沉，语言缓慢无力。人们可以从不同的语调中辨别和理解他人的多种多样的情绪状态。

二、情绪的状态

根据情绪发生的强度、持续的时间和紧张度，可以将情绪分为心境、激情和应激三种状态。

（一）心境

心境是指人比较平静而持久的状态。心境具有弥漫性，它不是关于某一事物的特定体验，而是以同样的体验对待一切事物。心境持续的时间有很大差别。有的心境可能只持续几个小时，有的心境却能持续数周甚至数月。一种心境的持续时间依赖于引起客观刺激的性质，越是对个体影响大的刺激对心境的影响越大。人格特征也会影响心境的持续时间，性格开朗的人往往事过境迁豁达处事，而性格内向的人则容易耿耿于怀。

心境对人的生活、工作、学习、健康有很大的影响。积极向上、乐观的心境，可以提高人的活动效率，增强信心，使人对未来充满希望，有益于健康；消极悲观的心境，会降低认知活动效率，使人失去希望和信心，且经常处于焦虑状态，对健康不利。

（二）激情

激情是一种强烈的、爆发性的、为时短促的情绪状态。这种情绪状态通常是由对个体有重大意义的事件引起的。激情往往伴随着生理变化和明显的外部行为表现，例如，盛怒时双目怒视，咬牙切齿，紧握双拳；狂喜时眉开眼笑，手舞足蹈。激情状态下的人常常出现"意识狭窄"现象，即认知活动的范围缩小，理智分析能力受到抑制，自我控制能力减弱，行为容易失去控制，甚至做出一些鲁莽的行为或动作。有人用激情来为自己的错误找借口，认为自己在"激情时完全失去理智，自己无法控制"，这种说法是不正确的，事实上，人能够意识到自己的激情状态，也能够有意识地调节和控制它，激情并不总是消极的，如运动员在国际比赛中取得金牌时的欣喜若狂、卫星发射成功时科研人员的兴高采烈，都是积极的。激情也是推动人们前进的强大动力。

（三）应激

应激是指人对某种意外的环境刺激所作出的适应性反应。人们在遇到某种意外危险或面临某种突发事件时，必须集中自己的智慧和经验，动员自己的全部力量，使身心处于高度紧张的状态，这就是应激状态。应激状态的产生与人面临的情景及人对自己的能力的估计有关。当情境对一个人提出了要求，而他意识到自己无力应对当前情境的过高要求时，就会感到紧张而处于应激状态。

人在应激状态下会出现一系列生理性反应，如肌肉紧张度、血压、心率、呼吸以及腺体活动都会出现明显的变化。这些变化有助于人适应急剧变化的环境刺激，维护机体功能的完整性，但是长期处于应激状态会损害健康。

三、情绪的分类

人类的情绪是复杂的，各种各样的，其间也有无数的混合变化，其分类难以有一个统一的划分方法。情绪可以按照以下方式进行分类。

（一）基本情绪和社会情绪

从情绪形成与发展的角度来看，可将情绪分为基本情绪和社会情绪。

积极情绪消极情绪量表

基本情绪主要指与人的生理需要相关联的内心体验。古人将情绪分为"喜、怒、忧、思、悲、恐、惊"七情。现代心理学也认为，快乐、愤怒、悲哀、恐惧四种情绪表现是人类情绪的基本形式。

社会情绪是指与人的社会性需要相联系的情绪反应，表现为一种较为复杂而又稳定的态度体验。例如：人的善恶感、责任感、羞耻感、内疚感、荣誉感、美感、幸福感等，是后天随着人的成长而逐步发展和形成的。社会情绪是在基础情绪之上发展起来的，同时又通过基础情绪表现出来。在大学阶段，大学生要丰富自己社会情绪的感受和体验。

（二）正面情绪和负面情绪

从情绪的功效角度，我们可以把情绪分为正面情绪和负面情绪，也叫积极情绪和消极情绪。正面情绪就是让个体愉快或平静的情绪，如快乐、开心、喜悦、幸福；负面情绪是指让个体感受到不愉快或混乱的情绪，如生气、痛苦、悲伤。

正面情绪有助于增加人们生活的乐趣，提高工作和学习的效率，促进人们潜能的开发，有助于人们自信心的建立。培养积极健康的情绪是心理健康的重要内容。不少人认为愤怒、恐惧、焦虑、痛苦等负面情绪是不好的，不应该让其出现。其实，很多情绪包括一些负面情绪在我们生活中也是必要的，有其不可替代的作用。每一种情绪都是有其功能的。比如说，当处于危险中时，恐怖的情绪反应能够促使人们更快地脱离险境；在适度的焦虑情绪下，人们的思考能力会亢进，反应速度也会加快，因此能够提高效率。

四、情绪的功能

（一）适应功能

情绪是有机体适应环境并获得生存和发展的一种方式。情绪与人的基本适应行为有关，包括攻击行为、躲避行为、寻求舒适、帮助别人、生殖行为等。情绪也直接反映人的生存状况。情绪还能帮助我们更好地维护人际关系。

（二）动机功能

情绪是动机的来源之一，它能激励、发动人的行为，成为行为的强大动力。适度的兴奋情绪可以使身心处于活动的最佳状态，推动人们有效地完成任务。适度的紧张和焦虑也能使人更加积极地思考和解决问题。

情绪地图

（三）组织功能

情绪的组织功能是指情绪对其他心理过程的影响。情绪对其他活动具有组织作用，这种作用表现为积极情绪的协调作用和消极情绪的破坏、瓦解作用。太过于兴奋或太过于恐惧都不利于人的认知活动，适度的愉悦情绪有利于提升认知活动的效果。情绪的组织功能还表现在：当人处在积极乐观的情绪状态时，容易注意到事物好的一面，行为也比较开放，更愿意接受新经验；当人处在消极的情绪状态时，容易悲观、失望，批判性也会增强，容易产生攻击行为。

（四）信号功能

情绪在人际间具有传递信息、沟通思想的功能。这种功能是通过情绪的外部表现（表情）来实现的。刚出生的婴儿，还不具备言语能力，主要依赖表情来传递信息，与成人进行交流，以便得到照顾。表情也是言语交流的重要补充，面部表情可以使语言表达更加生动、清晰。

五、情绪的作用机制

（一）情绪的生理机制

情绪的生理机制是指情绪体验和情绪的身体反应的生理过程。早期试图阐述情绪的生理机制的是心理学家詹姆斯和生理学家朗格，他们的学说合称为詹姆斯—朗格学说，他们认为内脏反应提供了情绪体验的信号。他们认为情绪只是对于一种身体状态的感觉，情绪是大脑皮层和皮层下神经过程协同活动的结果。

情绪的生理机制是相当复杂的，目前一般认为情绪是大脑皮层和皮层下神经过程协同活动的结果。皮层下神经过程的作用处于显著地位，大脑皮层起着调节制约的作用。

（二）情绪的心理机制

1. 情境与情绪

情绪易受外界情境的支配，某种情绪往往随着某种情境的出现而产生，又随着情境的变化而消失，或在特定的情境条件下产生特定的情绪情感体验。

婴幼儿的情绪非常不稳定，带有很浓厚的情境性特点。随着年龄的增长，儿童对情绪和情感的自我调节能力逐步加强，情绪情感的稳定性逐渐上升，其情绪情感的情境性会逐渐减少。但成年后，对于某些易引起人们强烈的情绪体验的情境刺激，仍会表现出很强的情绪情感的情境性。

2. 需要与情绪

需要是情绪产生的重要基础。凡是能满足已激起的需要或能促进这种需要得到满足的事物，便能够引起肯定的情绪，如满意、愉快、喜爱、赞叹；相反，凡是不能满足这种需要或可能妨碍这种需要得到满足的事物，便易引起否定的情绪，如不满意、苦闷、哀伤、憎恨。

大学的学习和生活过程，也是大学生追求和满足自身各种需要的过程。大学生的需要是多样化的，比如完成学业、培养能力、发展自我、追求爱情，还有娱乐、健康、实现梦想。这些需要是多层次的，有些是眼前的需要，有些是长远的需要，可能彼此之间还有矛盾。大学生在追求和满足自身的这些需要的过程中，会受到各种条件的限制与制约，必然会产生情绪上的波动。

3. 认知与情绪

现代心理学研究表明，认知因素在情绪产生中起关键作用。大脑皮层对外界刺激的认知评定是产生情绪的关键。在认知评定时，以往经验的记忆储存和通过表象实现的唤醒起十分重要的作用。

情绪性质主要取决于个体的认知,认知不同,即使情境刺激相同,情绪也不同。比如在同一门考试中,三个成绩刚刚及格的学生,对此却有着不同的感受,其中一个学生会庆幸自己终于及格了;另一个学生可能会觉得惋惜,认为自己没有考到更高的分数;还有一个学生或许会感到无地自容,因为他上学期从来没有得过这么低的分数。

六、情绪与身心健康

情绪既可致病,亦可治病。良好的情绪是维护生理健康的重要保证,也是促进心理健康的重要条件。不良情绪则不利于身心健康。不良情绪主要包括过度的情绪反应和持久性的消极情绪两种。过度的情绪反应既包括狂喜、暴怒、悲痛欲绝等强烈情绪,也包括过于迟钝、无动于衷、冷漠无情等与现实刺激强度严重不符的、极弱的情绪反应;持久性消极情绪主要指引起悲、忧、惧、怒等消极情绪的刺激消失后,人们仍然在很长一段时间内沉浸在消极情绪之中不能自拔的情况。

(一)情绪与身体

情绪影响、调节着人的生理或身体状况。情绪会使人的呼吸系统、循环系统、内分泌系统等各项身体指标发生变化,持续的消极情绪不仅会降低人的免疫力,还会严重损害人的身体健康,甚至会造成生命危险。相反,积极的情绪则可以提高人的免疫力和病后的康复能力。

(二)情绪与心理

情绪属于心理现象的一部分,它和其他心理现象之间有着千丝万缕的联系。

1. 情绪影响认知

人处在不良心境、强烈的激情和应激状态时,思维容易发生混乱,感知、记忆容易发生错误,注意转移也容易产生困难等,整个认知能力也会降低;过度的悲伤、抑郁会让人沉浸在自己的情绪中,无法感知周围世界等。

2. 情绪影响能力

不良的消极情绪会阻碍人们的能力的正常发挥,影响其潜能的挖掘,限制其创造力水平的提升。研究证明,愉快、平和的情绪状态,能使人们的能力、创造力的水平显著提高。

3. 情绪影响人格

情绪,尤其是持续的情绪状态会改变人的人格结构,如长期自卑,会使人形成自卑性人格;持续悲观,会使人成为一个悲观沮丧的人。

4. 不良情绪会导致心理疾病

害怕久了会变得恐惧,恐惧久了就可能会演化成恐惧症;忧郁久了也可能会发展为抑郁症等。

(三)情绪与行为

情绪对人的行为及效果具有组织调节功能,表现在积极的情绪及其适中的强度对行为活动起促进作用,具体表现在:在人情绪发生的时候可以激发沉寂在人体内的潜能,尤其是人处在应激状态的时候，可以做出平时根本不可能做到的事情。相反，消极的情绪情感对行为活动起阻碍作用。

1. 情绪影响学习行为与效率

研究表明，愉快强度过高与过低时的操作效果都不如愉快强度适中时的操作效果好，而痛苦的强度水平与操作效果之间基本上是负相关关系，即痛苦强度越大，学习效果越差。

2. 情绪影响考试成绩

有的学生平时学习成绩不错，但关键考试时却不如人意，这是因为他们过度担心与紧张、过度焦虑与恐惧，在考试时大脑会出现抑制状态，即脑子一片空白，什么也想不起来。当然，紧张度太低，也会影响考试成绩。总之，考试成绩与情绪强度之间是倒"U"形关系。

3. 情绪影响交往行为

自卑、紧张、害怕等情绪易使人不敢与他人交往，即使交往也不能正常表现，严重影响了良好人际关系的建立，进而会使人的许多正常需要不能获得满足。

4. 激情会导致冲动行为

人在非常激动的时候，不能冷静地思考问题，很难控制自己的行为表现，以致易造成严重的后果，甚至会引发犯罪行为。

第二节　学会接纳情绪

身边的故事

找"茬"

因为流行性疾病的影响，小明封闭在家，不能出门，但他感觉母亲天天找自己的"茬"。比如自己出去倒个垃圾没有关门，母亲就说自己把病毒放进来了，然后一直拿酒精消毒。本来关在家里就很烦，现在觉得更烦躁，可是又出不去，不知道该怎么办。

（资料来源：教学或咨询案例）

故事评析

在某些特殊的时期，我们确实会产生一些负面情绪，如恐惧、紧张、焦虑、烦躁、愤怒，我们在行为上也会做出一些缺乏理性判断的举动。但我们要努力做到察觉自己的不良情绪，学会接纳自己的情绪，和自己的这种负面情绪"和解"，提高心理"免疫力"。

一、大学生情绪的特点

大学生处在青春期，具有青年人共有的情绪特征，情感丰富、复杂、不稳定。此外，

大学生这一群体独特的社会地位、知识修养、心理发展特点及生理状况，使他们的情绪具有鲜明的特征。

（一）矛盾性与复杂性

大学生有着丰富、强烈而又复杂的感情世界。大学时期是大学生面临着许多人生重大选择的时期，他们常常会出现一种矛盾和复杂的情绪状态，例如，希望自己独立和希望依赖他人同时存在；对自己既不满又不想承担责任；既希望得到他人的理解，又不愿接受他人的关心；等等。

（二）冲动性与爆发性

大学生的情绪特点还表现为情绪体验特别强烈和富有激情，对任何事都比较敏感。有时情绪一旦爆发，自己都难以控制，甚至表现为一定的盲目狂热和冲动。在处理同学关系、师生关系的矛盾时，在对待学业生活中的挫折时，常常走极端，给自己及他人带来伤害。

大学生的生活已经不再只是面对单调的学习与考试，而是开始独立面对陌生的环境、比较复杂的人际关系、丰富的外界刺激。但由于缺乏经验和完整的自我认知，当遇到挫折或者不如意时，大学生常常不能很好地控制自己的情绪和行为，面对自己不赞同的事情，常常不能冷静、理智和辩证地看待，而是更多地追随自己内心的想法和信念，不顾一切地去争辩，做出一些激烈、盲目，甚至是对社会造成不良影响的恶劣行为。

（三）波动性与两极性

大学生正处于未成年人与成年人的转变阶段，在情绪状态上反映着两种情绪并存的特点。一方面，相对于中学阶段，大学生的情绪趋于稳定和成熟；而另一方面，与成年人相比，大学生的情绪带有明显的起伏波动性，容易从一个极端走向另一个极端。情绪有时会表现为大起大落、大喜大怒的两极性。

（四）内隐性与掩饰性

大学生的情绪表现，虽然有时也会喜形于色，但已经不像青少年时期那样坦率直露，不少大学生常会隐藏和掩饰自己的情绪，体现为外在表现与内在体验并不一致。这也无形中给大学生之间的相互交流带来了障碍，使一些大学生出现孤独和苦闷的情感困惑。

（五）成熟性

大学阶段最重要的心理变化是自我意识的不断发展，各种社会的高层次需求不断出现且强度逐渐加强，这一发展在情绪上表现为情绪活动的对象、内容增多。大学生的自我体验，自我、自尊需要强烈，自卑、自负情绪活动明显。同时，理智、美感、集体荣誉感等高级情感也有所发展，他们确立了道德观、正义观，当出现与之不符的观念与行动时，通常会感到自己有过错，感到痛苦、自责。

（六）想象性

有时，大学生的情绪体验还会出现陶醉于以前某一特定的愉快时光中，或是沉迷于某种负性的情绪状态之中，甚至会陷入某种想象出来的情境之中而不能自拔的情况。

（七）心境化

情绪的心境化指的是情绪往往会受制于外界情境，并随着外界情境的变化而变化。面对不同的情境时，大学生的情绪反应来得快，消失得也快。

二、大学生常见的不良情绪表现

党的二十大报告指出，必须坚持问题导向，问题是时代的声音，回答并指导解决问题是理论的根本任务。只有我们清楚大学生目前的情绪表现，才能更好地解决问题。常见的情绪困扰又称为情绪的适应不良。按照其起因，它具体表现为情绪反应过度、情绪反应不足、负面情绪持续过长或泛化以及不能接受或控制自己的情绪等。

（一）情绪反应过度

1. 愤怒

愤怒是人的基本情绪反应，根据程度不同可分为不满、气恼、发怒、暴怒、狂怒等。曾经有过被伤害经历而常有愤怒情绪的大学生，应主动寻求他人帮助，使自己早日摆脱愤怒的阴影；表达过激行为方式不当者，也应学会采用心理调节的方法，缓解自己的冲动情绪。

2. 焦虑过度

几乎每个学生都曾经历过考试前的焦虑。焦虑情绪本身并非一种情绪困扰，焦虑过度是指自身的焦虑程度已经构成了对学习和生活的不良影响或干扰。应该说，适度焦虑有益于个人潜能的开发。如果一个人没有焦虑或焦虑不足，会导致注意力涣散，工作学习效率下降。但是过度的焦虑则会使人过度紧张、思维受阻，导致工作或学习效率降低。

3. 过度应激状态

应激是指当事者在某种环境刺激的作用下，由能力不平衡而产生的一种适应环境的紧张反应状态。

（二）情绪反应不足

1. 抑郁

抑郁是一种愁闷的心境，表现为没有激情、言语减少、食欲不振等心理和生理反应。抑郁在大学生群体中表现较为普遍。例如，有些学生因为无法面对生活、学习的压力，或是对所学的专业感到不满意而陷入郁闷之中，表现为对生活、学习失去兴趣，无法体验到幸福，行为活动水平下降，回避人际交往。严重者还伴有恶劣心境、失眠，甚至有自杀倾向。特别需要指出的是，抑郁情绪与抑郁症既有联系，又有质的区别。前者属于一种不良情绪，需要的是心理上的调整；后者则属于心理疾病范畴，需要及时求助于专业机构。

2. 压抑

压抑是当情绪和情感被过分克制约束、不能适度表达和宣泄时所产生的内心体验，它表现为苦闷、烦恼、困惑、寂寞等诸多情绪。

导致大学生压抑的原因有很多。大学生兴趣广泛，精力充沛，渴望体验丰富多彩的大学生活，然而繁重的学习任务、激烈的竞争，加之单调的业余生活，使大学生文化生活需要得不到满足，他们往往感到乏味、压抑。另外，人际关系紧张、失恋的痛苦、对社会现实难以理解所产生的疑惑等，都会使他们产生压力，如果压力长期无法宣泄，便会形成压抑的情绪。

处于压抑状态的大学生常常感到自己的情感不能得到倾诉，表现为精神萎靡不振，缺乏朝气活力，整日唉声叹气，感觉活得累，丧失广泛兴趣，与人交往缺乏热情，逢人好发牢骚，对他人的喜怒哀乐缺乏共鸣，长期压抑会导致心理疾病。

3. 冷漠

冷漠是一种对人对事漠不关心的消极情绪体验。情绪冷漠的大学生，在行为上常表现为对生活缺乏热情，对集体活动漠不关心，对周围的同学态度冷淡，对学习应付了事、缺乏兴趣，大多独来独往，十分孤僻。

产生冷漠的主要原因是人的生理、心理与外界客观环境存在矛盾冲突，情感冷漠往往与一个人的个人经历和个性特点等有关。如有的人从小缺乏父母的关爱，与家人关系冷淡；有的人的努力长期得不到承认，好心得不到理解等，都容易使他们渐渐产生冷漠情绪。另外，具有思维方式片面、固执、心胸狭窄、耐受力差、过于内向等个性特点的大学生更容易在遭受挫折时产生冷漠情绪。事实上，表现冷漠的人往往内心很痛苦、孤寂，具有强烈的压抑感。巨大的心理能量无法释放，便会破坏心理平衡，并严重影响身心健康。

（三）负面情绪持续过久或泛化

 身边的故事

"口误"导致的后果

一位大学生在课堂上回答老师的提问时，由于一时紧张出现了口误，引起了班上同学的哄笑，并被老师批评。从这以后，每次听这位老师的课，该同学都感到极度的紧张、焦虑，而后甚至感到十分恐惧。为此，每次上这门课他都坐在最后一排，但还是恐惧老师注视他的目光，并逐渐严重到不敢进教室听课，后来又发展到害怕进教室和惧怕所有上课老师的目光。

（资料来源：教学或咨询案例）

故事评析

上述同学将自己当初遭遇的偶然事件所引发的负面情绪体验，逐渐泛化到了所有相似的情境之中，造成了自己学习上的情绪障碍。

负面情绪并非一定是不良情绪，因为伴随着一定的紧张状态，愤怒、憎恨、忧愁、恐惧、痛苦等负面情绪的产生，同样是人们作为适应环境的一种必要反应，它们可以激起人们的内在潜能，使人们改变或脱离造成这种不良心态的环境。但是，如果此种情绪的反应持续时间过长或者泛化，则会严重影响人们正常的工作、学习和生活，而且会给人的身心带来严重的负面影响。针对此类情绪，可以采用系统脱敏、暴露治疗、认知改变等多种心理调节方式寻求改善。

（四）不能接受或控制自己的情绪

在日常生活中，大学生的情绪困扰有时还来自自己不能接受情绪现状或无法控制情绪而产生的不适感。例如：在平时学习时，一名学生常为自己头脑中闪现的一些毫无意义的杂念烦恼不已。本想将其克服，但没想到出现杂念的情况不仅没有减少，反而越来越严重了。那么这位学生的情绪困扰，就来自他不能接受自己的情绪反应。前面我们曾经讲过，情绪是人的一种自然和本能的感受，无论自身是否愿意，也无论情绪是否为负面感受，它都是不以人的意志为转移的。当我们对某一种情绪采取排斥和不接受的态度时，自身却正在关注和强化它。

三、大学生健康情绪的标准

健康情绪与不健康情绪是相对的，很难划一条严格的界线。一般来说，情绪的目的恰当、反应适度、理性强，是情绪健康的重要标准。结合大学生的情况，保持情绪健康有以下五点参考标准。

（一）保持积极乐观的心态

保持积极乐观的心态，需要具有好奇心，善于关注和发现自身生活、学习中美好的事物，并能够充分地享受它们所带来的愉快。同时自身也要主动创造能使自己感到快乐的事物，快乐不能等待和被给予，而要自己去发现和创造。

（二）能接纳自己的情绪变化

喜怒哀乐人皆有之，不能也不必予以过分压抑。我们要能接受自己的情绪，使其恰当地表现出来，不苛求自己的同时也不过于追求完美。我们要以平常心来面对自己情绪上的波动，尤其是当负面情绪出现时，要保持良好的心态。

（三）善于及时调整自己的不良心态

善于及时调整自己的不良心态，包括能够保持正确客观的理性认知；善于采用多种方式及时宣泄自己的情绪；在生活中遇到挫折时，能够积极地进行自我心理暗示；能使自己的情感得到升华；等等。

（四）宽容别人，增加愉快体验

要与他人保持良好的沟通，并能够理解和宽容别人，尤其是在对方有过失时，不能去怨恨别人，更不要用别人的错误来惩罚自己。怨恨是一把双刃剑，它既会伤人，也会伤己。宽容别人是为了让自己释然，同时也可以增加自身的愉快体验。

（五）掌握有效的情绪调节方法

自己要掌握有效的情绪调节方法，包括保持幽默的方法、自我认知的方法、行为调节的方法、自我积极暗示的方法、转移升华的方法、自我宣泄的方法等。

第三节　积极管理情绪

正面解释情绪

钉钉子的故事

有一个男孩脾气很坏，于是他的父亲就给了他一袋钉子，并且告诉他，当他想发脾气的时候，就钉一根钉子在后院的围篱上。第一天，这个男孩钉下了40根钉子。慢慢地，男孩便可以控制他的情绪，不再乱发脾气，每天钉下的钉子也跟着减少了，他发现控制自己的脾气比钉下那些钉子来得容易一些。终于有一天，父亲告诉他，现在开始每当他能控制自己的脾气的时候，就拔出一根钉子。一天天过去了，男孩告诉他的父亲，他终于把所有的钉子都拔出来了。于是，父亲牵着他的手来到后院，告诉他说："孩子，你做得很好。但看看那些围墙上的坑坑洞洞，这些围篱将永远不能回复到从前的样子了。你生气时所说的话就像这些钉子一样，会留下很难抹去的痕迹。"
（资料来源：孙科、贾新超，《写给孩子的积极心理学故事》，清华大学出版社，2022年）

故事评析

我们拥有许多不同的情绪，它们也为我们的生活增添了许多色彩。情绪无好坏之分，但由情绪引发的行为和行为的后果则有好坏之分。因此我们要合理地管理自己的情绪，发挥情绪的积极作用。

情绪对人的身心健康的影响十分重要。积极的情绪状态能提高人的免疫力、病后康复能力，还能使人精力倍增，学习、工作效率提高，促进个体显能和潜能的发挥；相反，消极的情绪状态会损害身心健康，阻碍个体发展。情绪管理就是在了解自己的情绪特征的基础上，通过建立合理的情绪宣泄和科学的情绪调控机制，自觉克服和消除不良情绪的消极影响，保持积极乐观心态的过程。儒家思想中强调礼的作用，通过礼来教化人。发乎情而止乎礼，按现代人的说法，也就是情绪管理。情绪的积极管理有助于大学生健康成长，也是其成才的必要保障。通常情况下管理情绪要分三步走，即重构认知、表达情绪和调控情绪。

一、重构认知

识别情绪是管理情绪的前提，要想管理好自己的情绪，首先要体察自己真正的情绪，清楚地了解自己和他人的情绪状态。情绪是一种非常复杂的心理现象，剪不断理还乱。人们常常体验着情绪，而不能很好地识别与判断情绪。

情绪与认知密不可分。同一件事情，同一个人从不同的角度看可能会感受到完全不同的情绪体验。心态是一种比较微弱但具有渲染性的较为持久的情绪状态。"人逢喜事精神爽"讲的就是喜事所引起的愉悦的心态。心态有积极与消极之分，积极心态是我们面对现实生活时形成的正面的心理视角以及由此产生的正面态度和感受。生活中难免会遇到一些不公平现象或者压力事件，我们应努力形成奋发进取的阳光心态、理性平和的健康心态、开放包容的乐观心态，正面认识自己所遭遇的困境。

（一）转换视角，换位思考

夏天宿舍开空调还是开窗户？有些比较耐热的同学可能倾向于打开窗户，因为要保持空气的流通；有些比较怕热的同学则可能希望关上窗户，开启空调。无论是打开窗户还是打开空调，都和对错无关，只与我们的生活经历、习惯有关。如果你意识到这点，那么自己的态度自然就会改变。

当我们过多地关注情绪的诱发情境时，就容易被情绪左右，难以让自己的内心平静。如果尝试换一个角度去思考，和对方互换角色，从对方的角度看问题，我们对待事情的态度自然就会改变。

（二）重构事件的积极意义，正面解读事件

重新认识压力事件的意义和价值，要能够看到事件的积极意义，从正面的角度看到这些事件带给自己的历练和成长。比如，遇到雾霾天气，大家心里可能都烦透了，但正是因为这些天气的出现，我们才知道蓝天白云的可贵，"绿水青山就是金山银山"的理念才能深入人心。

（三）进行合理的社会比较，突出自己的优势

在社会群体中，我们都会有意或无意地通过社会比较寻找到自己在群体中的位置。如果没有考试排名，我们就不知道自己的学习水平；如果没有彼此间的比较，我们就不知道自己与别人的差距。遗憾的是社会比较的结果往往让我们看不到自己积极的一面。我们应该引导自己进行向下的社会比较，拿自己的优势和别人的劣势进行比较，凸显自身的优势。也可以根据自身的发展进行纵向的社会比较，在这种比较中，看到自己的进步。

（四）关注过程，看到自己的成长

成长是一个蜕变的过程，会有阳光，也会有阴霾，经历磨难方能体验破茧而出的幸福。我们不能过分地关注事情的结果，而应该注重自己在应对过程中的成长和历练。如果我们过于关注事情的结果，只聚焦于好与坏、得与失、顺与逆，心态就容易走向极端。我们应明白结果其实不重要，重要的是我们是否能将其看作人生的经历。一个阅历丰富的人才能找到开启积极心态的钥匙。

（五）趋向正面信息，积极自我暗示

自我暗示是我们在特定的情境中有意无意地重复想象、谈论，使自己不自觉地接受某种观点、信念、态度或行为模式，从而在心理状态或行为上发生相应变化的过程。一件事情发生之后，我们对自己进行什么样的暗示，就决定了我们会有什么样的情绪体验。我们要学会搜集正面信息，对自己进行积极的自我暗示，激励自我成长，使自己趋向好的方面。

了解情绪周期

"情绪周期"是指一个人的情绪存在"高潮期—临界期—低潮期—高潮期"这样的周而复始有规律的变化过程。科学研究证明，人的情绪周期是与生俱来的。从出生那天开始，一般 28 天为一个周期，周而复始。每个周期的前一半时间是高潮期，后一半时间是低潮期，在高潮期向低潮期过渡的过程中有 2~3 天的时间为"临界期"。

人处于不同时期的情绪反应不同。当人处于高潮期时，会表现为具有强烈的生命力，情绪乐观，感情丰富，做事认真有耐心，有心旷神怡之感；而处于情绪低潮期时，则容易悲观、急躁、发脾气，易产生反抗情绪，喜怒无常，常感到孤独和寂寞；处于临界期时的情绪特点是情绪不稳定，机体各方面协调能力较差，容易发生事故。

了解情绪周期及其表现有助于我们更好地了解自己的情绪变化，女性的情绪周期表现更明显。当处于低潮期时要学会坦然接纳消极情绪，用意志力来控制自己；对临界期的表现要提高警惕，避免危险作业，使不良情绪对我们的消极影响降到最低。

（资料来源：李筱懿，《情绪失控》，上海文艺出版社，2021 年）

二、表达情绪

适当地表达自己的情绪，不仅能够使不良情绪得到释放，维护心理平衡，还有助于建立和谐的人际关系。在实际生活中，许多人不愿承认和接受负性情绪，一味地压抑这些不良情绪。有人将人的心理比喻为一个气球，如果我们压抑的情绪太多了，那么气球也会变得越来越大，当变大到一定程度时，气球就会爆炸，导致情绪失控。压抑情绪和不恰当地表达情绪，不仅伤害身心，还会造成人际关系紧张。那么，我们该如何适当地表达情绪呢？

（一）正面情绪的表达

正面情绪是人们喜欢的、渴望的、接纳的一种情绪，恰当地表达正面情绪会强烈地感染别人，一份快乐通过分享就会变成两份或多份快乐，如果表达不准确也会造成误会。例如，一位母亲深情地望着儿子，儿子却胆怯地问母亲自己是不是又犯错误了。可见，无论是用表情还是用语言表达自己的正面情绪，都是要通过学习和训练来提升技巧的。

（二）负面情绪的表达

负面情绪是我们情绪体系的一部分，我们要学会接纳，学会融合，而不是排斥与分裂。负面情绪人人都有，不是见不得人的，表露负面情绪也并非丢人、不雅之举。要学会理智地表达负面情绪，避免采用责备、抱怨、指责、攻击的方式表达自己的情绪。理性而恰当地表达负面情绪，既可以释放压力，避免情绪失控，又可以与人保持良好的沟通，增进同学之间的亲切、融洽与和谐。正、负面情绪表达列举见表 7-1。

第七章 塑造阳光心态——大学生情绪管理

表 7-1　正、负面情绪表达列举

正面情绪表达列举	负面情绪表达列举
1. 和你在一起我真的很开心	1. 你这句话让我很生气
2. 你这身衣服真漂亮	2. 你这样骂我肯定事出有因，但我真的不能接受，我感到很恼火
3. 你今天看上去真令人喜欢	3. 我不喜欢你这样的装束
4. 你笑得真灿烂，太让人高兴了	4. 你的行为表现让我很不舒服
5. 和你一起工作，真让人愉快	5. 你的暴脾气实在让我忍无可忍
6. 你的主意真妙	6. 你让我等得很不耐烦
7. 你的见解正中要害	7. 你的做法让我感到讨厌
8. 你对这件事的处理很妥当	8. 我不喜欢你这么啰唆
9. 你的顽强精神真让我敬佩	9. 我今天很烦，不想和你一起出去
10. 我很喜欢你，我非常爱你	10. 我不喜欢你，我并不爱你

无论是正面情绪的表达，还是负面情绪的表达，都可以从以下几个方面入手提升技巧。

1. 辨认你的感觉

以情感为导向的人非常了解自己的情绪状态，当他们在做重要决策的时候能够善用有关情绪状态的信息。相比之下，低情绪导向的人通常不仅不了解自己的情绪状态，而且他们倾向于拒绝将感觉当作有用的、重要的信息。

研究者发现，那些能够准确指出自己所经受的负面情绪（例如："焦虑""生气""惭愧""内疚"）的大学生，也都相对能够选择出处理这些情绪的最佳策略。生理变化可以是你感觉的一个明显的信号，监控你的非语言行为是另一种很好的与情绪保持联系的方式。此外，你也可以通过检视自己的想法和你发送给别人的语言信息来辨认自己的感觉。

2. 辨识感觉、说话和行动之间的差异

你感觉到某种情绪，并不意味着你会把它说出来。同样，你谈论某种感觉也不意味着你必须遵照它行动。了解拥有感觉和把感觉发泄出来的差异，有助于你在困境中建设性地表达自己。比方说，假如你辨认出自己对一个朋友感到心烦，就可以进一步探究你为什么如此心烦。共享你的感觉可能会让你有机会明了答案所在，然后解决它。

3. 扩充情绪词汇

大多数人都苦于情绪词汇匮乏，问他们现在感觉如何，得到的答案几乎总是那几个词："棒极了""还好""不太好""糟透了"等。许多人认为他们是在表达情绪的时候，实际上，他们的陈述只是对情绪的伪装。

假如你下定决心要表达你的感觉，你必须确认，你和你的伙伴都了解你的感觉只适用于一套特定的情境，而不是直接针对整个关系。比如，你应该说"当你不守信用时，我会讨厌你"，而不要说"我讨厌你"；"当你谈论电视剧时，我觉得很无聊"，而不是"我和你在一起很无聊"；等等。

三、调控情绪

（一）情绪疏泄法

心理学认为，一个人受到挫折后，用意志力量压抑情绪虽能缓解表面紧张，但却会给身心带来伤害。人的情绪处于压抑状态时，应当合理宣泄，缓解不良情绪给自己带来的困扰和压抑，恢复正常的情绪状态。

情绪疏泄法是指当大学生处于较激烈的情绪状态时，用社会允许的方式直接或者间接地表达其情绪体验。简而言之，就是高兴就笑，伤心就哭。实践表明，坦率地表达内心的愤怒、苦闷和抑郁情绪，心情会变得舒畅些，压力也会降低一些，与情绪体验同步产生的生理改变也将较快地恢复正常。

情绪疏泄法也有"度"的问题，不能把合理的情绪疏泄理解为疯狂式的情绪发泄，如以暴力或其他不恰当的方式发泄情绪，后果往往很严重，不但不利于问题的解决，反而会引发新的问题。如情绪冲动出手打架伤人，一时的痛快可能会带来以后的痛悔。情绪疏泄法强调合理性，情绪的发泄不能损害其他人的利益。

情绪疏泄的方式多种多样，常用的有以下几种。

（1）倾诉。在内心忧虑时，可以向知心朋友或老师、家长倾诉，敞开心扉，将心中的郁闷、不快倾吐出来，在他人的理解和劝导下，重新获得心理平衡。

（2）运动。情绪不佳时，进行较大运动量的体育运动，有助于改善情绪。

（3）转移注意。情绪不佳时，转移自己的注意力是一种控制情绪的良好方法。苦闷、烦恼时做些自己喜欢的事，或置身于另一种环境气氛中，从而转移注意力，都可使人改善情绪。

（4）哭泣。过度悲伤时，不妨大哭一场，因为哭能释放能量，也可以调节机体平衡。

情绪疏泄法提倡发泄情绪、疏导情绪，使情绪达到正常值。值得一提的是，情绪的发泄不应毫无顾忌，应以不影响他人的学习、休息和工作为原则。

（二）自我调节法

情绪困扰常见的自我调节方法有放松训练法、音乐疗法、想象放松法等。

1. 放松训练法

放松训练是一种通过肌体的主动放松来增强人对自我情绪的控制能力的有效方法。如减轻肌肉紧张、减慢呼吸节律、心律减慢，都能使焦虑等不良情绪得到缓解。当感到压力时，应使自己静下来10～15分钟，集中精力于呼吸上，计算呼和吸的次数。这样可以放松身心，减轻压力感。此外可进行肌肉放松，采用站、坐、卧的姿势，以卧式为主，放松之前可以先充分体验全身紧张的感觉，然后从头到脚依次放松。

渐进式肌肉放松法

2. 音乐疗法

音乐作为一种艺术，是人的情绪、情感的一种表现方式，曲调和节奏不同的音乐可以给人带来不同的情绪感受。利用音乐调节情绪已得到广泛运用。心理学家通过研究证实音乐能通过人的听觉器官和神经传入人体，与肌体的某些组织结构发生共鸣，激发人体的能量；音乐还能促使人体分泌一些有益于健康的激素，起到调节血液流量和使神经细胞兴奋的作用。积极的音乐能够诱导人转移消极情绪，使精神和注意力集中到音乐的积极形象上，改变人的心境。心情郁闷时，可以选择意境广阔、充满活力、节奏明快、旋律流畅的音乐，以振奋精神；情绪不佳时，可以选择节奏舒缓、旋律清逸的音乐，以达到镇静、安慰的作用。

3. 想象放松法

想象放松法主要通过唤起宁静、轻松、舒适情景的想象和体验，来减少紧张、焦虑，控制唤醒水平，引发注意集中的状态，增强内心的愉悦感和自信心。例如，想象自己躺在温暖阳光照射下的沙滩，迎面吹来阵阵微风，海浪有节奏地拍打着岸边；或者想象自己正在树林里散步，周围有小溪流水、鸟语花香，空气清新。这种方法要求我们采取某种舒适的姿势，如仰卧，两手平放在身体的两侧，两脚分开，眼睛微微闭起，尽可能放松身体，然后慢而深地呼吸，想象某一种能够改变人的心理状态的情境。尽可能使自己有身临其境之感，好像真的听到了那儿的声音，呼吸到了那儿的空气，感受到了那儿的沙滩和海水。身临其境之感越深，放松效果越好。成功地利用想象来放松的关键在于头脑里要有一种与感到放松密切相联系的、清晰的情境，还要有很好的想象技能，使这种情境被心理上的"眼睛"看得很清楚，并进入放松的状态。

（三）认知情绪管理训练

心理学家埃利斯创立的情绪ABC理论认为，情绪困扰并不一定由诱发性事件直接引起，而常常由经历者对事件的非理性解释和评价引起。如果改变非理性观念，调整对诱发事件的认识和评价，建立合理的观念，情绪困扰就会消除。当我们遇到不好的事情（activating event）时，会不断地去想它，这些思绪很快会凝聚成想法（belief）。这些想法不会停在那里不动，而是会引起后果（consequence），而我们的所作所为就是这些想法的直接后果。

知识清单

（1）情绪是人心理活动的重要表现，是以个体的愿望和需要为中介的一种主观体验。人的情绪在某种程度上反映了其对外界事物的态度。

（2）情绪的生理机制是指情绪体验和情绪的身体反应的生理过程。情绪是大脑皮层和皮层下神经过程协同活动的结果。情绪的心理机制包括情境与情绪、需要与情绪、认知与情绪。

（3）情绪和情感虽然联系紧密，但是又有着明显的区别。情绪影响认知，情绪影响能力，情绪影响人格，不良情绪会导致心理疾病。

（4）大学生情绪具有矛盾性与复杂性、冲动性与爆发性、波动性与两极性、内隐性与掩饰性、成熟性、想象性、心境化等特点。

（5）积极地管理情绪要从重构认知、表达情绪和调控情绪三个方面进行。

资源推荐

一、推荐书籍

1.《积极心理学》

全书以积极情绪表达、积极品质训练、积极意义转换、积极人际关系建设四个方向进行系统归类,通过具体化的理论指导和理念分析,有针对性地帮助人们解决实际问题,培养积极情绪,真正提升全民幸福感。

(资料来源:韦志中:《积极心理学》,台海出版社,2020年)

2.《让你快乐起来的心理自助法》

全书通过许多简单且易懂的方法告诉人们如何长期而有效地坚持使用理性情感行为疗法,让自己能从消极因素中跳出来,远离烦恼。

(资料来源:艾利斯:《让你快乐起来的心理自助法》,中国人民大学出版社,2010年)

二、推荐电影

1.《滚蛋吧,肿瘤君》

影片讲述了身患癌症的熊顿在与病魔抗争的日子里依然笑对人生的故事。剧中的每一个人都从熊顿这里获得了一种力量:即便身处人生最艰难的时刻,也一样可以对着命运微笑。同时,这些形形色色的人也给熊顿有限的生命带来了无限的精彩。

2.《头脑特工队》

小女孩莱利在5个情绪"好朋友"——快乐、悲伤、恐惧、厌恶和愤怒的陪伴下幸福地生活着。在她和父母搬家后,变故发生了,"好朋友"快乐走丢了,莱利开始变得悲伤,负面情绪累积,情绪无法控制。为了挽救莱利,几个情绪小伙伴展开了一场冒险。影片最有意思的就是将人类的几种情绪进行形象化表现,各个情绪小人特征鲜明,又非常符合他们所代表的情绪。

第八章
解读爱情密码
——大学生恋爱与性心理

　　我们分担寒潮、风雷、霹雳；我们共享雾霭、流岚、虹霓。仿佛永远分离，却又终身相依。这才是伟大的爱情，坚贞就在这里。

——舒婷

　　从古至今，无论民间故事、传统节日，还是文人墨客笔下的诗词，都为我们留下了关于爱情的宝贵记录。"曾经沧海难为水，除却巫山不是云""在天愿作比翼鸟，在地愿为连理枝""身无彩凤双飞翼，心有灵犀一点通"等诗句都让我们看到了美好的爱情。

学习目标	1. 了解爱情的含义及大学生的恋爱心理特点，掌握恋爱困惑、性心理困惑的调适方法。 2. 提升爱的能力。 3. 树立对爱负责、坚守爱情承诺的意识。 4. 通过学习形成正确的恋爱观。

第一节　诠释爱的真谛

根据埃里克森的人格发展的八阶段理论，大学生正处在建立亲密关系的重要阶段，校园爱情是大学生活中常见的一幕，对于爱情的认识与理解将对大学生的一生产生重要影响。

 身边的故事

是友情还是爱情

子涵和小刚在大学的学生会中相识，两个人都是学生干部。他们不仅是老乡而且还毕业于家乡的同一所中学，只是小刚比子涵高一届，是子涵的学长。互相认识后，两个人交往十分频繁。每到节假日，两人便相约游玩，一起吃饭、看电影、逛公园，在一起非常开心。每到寒暑假，他们必定一起回家，又一同返校。就这样，三年过去了，小刚毕业后在本市找到了一份稳定的工作，工作后的小刚常常回校看子涵，子涵有空也去小刚的工作单位看小刚。转眼间，子涵也即将毕业。考虑到毕业后工作的去向，子涵给小刚写了一封信，表达了自己对小刚的心意。但是，小刚的回答却让子涵不知所措。小刚说子涵误会了他们之间的情感，小刚觉得一个女孩子到异地来求学，举目无亲，是渴望友谊的。因此作为学长和老乡的小刚一直很关心子涵，是出于对同乡和同学的友情。事实上，小刚有女朋友，他为自己造成的这种误会表示歉意。子涵对此感到无比愤怒，她觉得小刚欺骗了她。其实，仔细想想，小刚对子涵确实没有超过友谊的界限，至多不过是一个兄长对妹妹的关心和情谊，子涵却认为这就是爱情。

（资料来源：教学或咨询案例）

故事评析

子涵的困惑其实也是大学生在与异性交往时常见的困惑，即无法正确地认识爱情与友情的关系。这种错误的认知，不仅困扰自己，而且对于双方的关系也会产生一定的消极影响。

一、爱情的定义

谈到爱情，每个人都有不同的定义，但是到目前为止尚无唯一的、明确的定义，我们可以理解为：一对男女基于一定的社会基础和共同的生活理想，在各自内心形成的相互倾慕并渴望对方成为自己终身伴侣的一种强烈、纯真、专一的感情。

喜欢和爱的态度量表

二、爱情理论

关于爱情的发生与发展，其实有许多不同的理论与研究。其中影响最深、最为大众所

接受的便是斯滕伯格的爱情理论。

早在20世纪80年代中期，斯滕伯格就结合爱情研究领域的发展，对爱情理论进行了总结。

（一）斯滕伯格的爱情理论

1. 爱情三角形理论

斯滕伯格认为爱情是由三个基本成分组成的三角形：亲密、激情、承诺。如图8-1所示。

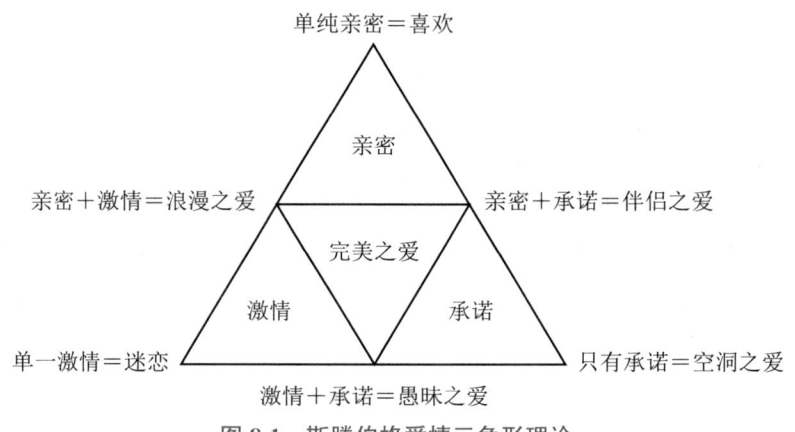

图 8-1　斯滕伯格爱情三角形理论

（1）亲密。这是两人在交往过程中，感受到彼此亲近、温暖的一种体验。

（2）激情。这是引发一系列爱情信念及行为的驱动力。通俗地说，就是一种"强烈地渴望跟对方结合的状态"。除了性需要在激情体验中占据主要地位，其他需要，如自尊、关怀、自我实现也有助于激情体验的获得。

（3）承诺。承诺由短期承诺和长期承诺组成。比如短期承诺是决定爱另一个人；长期承诺是维持爱情的承诺，短期承诺与长期承诺两者不一定同时具备。比如决定爱一个人，但是不一定愿意承担责任或者做出承诺；又或者决定一辈子只爱他，但不一定会说出口。

2. 爱情故事理论

通过对日常生活中接触到的爱情故事的整理，斯滕伯格提出了爱情故事理论，爱情故事的发展受到个人特质与外界环境互动的影响，我们更可能与拥有相似或一致爱情故事的人在建立亲密关系中获得成功。

3. 斯滕伯格的爱情类型（表8-1）

通过对三种因素的排列组合，可以形成八种不同类型的组合。每一种组合对应一种爱情类型。

表 8-1　斯滕伯格的爱情类型

类型	亲密	激情	承诺
无爱	−	−	−
喜欢	＋	−	−

第一节　诠释爱的真谛

续表

类型	亲密	激情	承诺
迷恋	−	+	−
空洞之爱	−	−	+
浪漫之爱	+	+	−
伴侣之爱	+	−	+
愚昧之爱	−	+	+
完美之爱	+	+	+

斯滕伯格的
爱情故事
类型

（1）无爱。爱情的三个因素都缺失，爱就不存在。即两个人也许仅仅是熟人而不是朋友，彼此的关系是随便的、肤浅的、没有承诺的。

（2）喜欢。个体只有亲密的体验，缺乏激情与承诺时会体验到喜欢之爱。即亲密程度高，激情和承诺程度低，喜爱发生在有着真正的亲近和温暖的友情中。但不会激发激情体验的产生，更不会产生爱情。

（3）迷恋。个体只体会到激情，缺乏亲密与承诺时会体验到迷恋之爱。当人们被不太熟悉的人激起欲望时会有这种体验。双方缺乏对彼此的了解，缺乏对彼此的信任，当然，更没有发展到承诺的阶段。

（4）空洞之爱。只有承诺，没有亲密与激情。这是高度道德化的两性伙伴关系。就爱情而言，是没有爱情成分的空洞的爱。

（5）浪漫之爱。亲密与激情共同发挥作用，但缺少承诺时，人们体验的就是浪漫的爱。当没有承诺的道德压力时，这种爱就是最轻松与享受的爱，是最唯美的浪漫之爱。

（6）伴侣之爱。亲密和承诺结合形成对亲密伴侣的爱，即伴侣之爱。当两性之间的关系有亲密也有承诺，而缺乏性爱吸引时，彼此的关系已经升华为亲情式的信任和依赖。

（7）愚昧之爱。这种爱是激情与承诺共同作用，但缺乏因亲密而产生的爱。亲密关系是爱情存在和发展的基础，没有坚实的地基，爱情的大楼随时可能轰塌。

（8）完美之爱。亲密、激情和承诺都以合适的程度同时存在时，人们的体验是"完全的"爱，或称作圆满的爱。

（二）约翰·李的爱情理论

约翰·李划分了六种不同的爱情风格。在任何时候，个体都能够产生某一特定类型的爱情，态度和信念是影响个体爱情风格形成的重要因素。

约翰·李将爱情的六种风格及其特质进行了如下解释，见表8-2。

表8-2　爱情的六种风格

风格	特质
激情型	具有强烈的身体吸引力，有强烈的情绪体验
游戏型	爱情是和不同的伴侣一起玩的游戏，伴侣的欺骗以及没有关于自我和其他伴侣信息的表露是主要特征，这类爱情风格缺乏诚实
友谊型	将爱情视作友谊

续表

风　格	特　　质
实用型	爱情是一张带有期望性的购物清单
利他型	具有利他主义及牺牲精神，具有这种爱情风格的人，会将爱人的幸福置于自己之上
占有型	带有非常强烈的强迫性

三、爱情的发展阶段

（一）取样与评估

双方在某一群体中选择愿意交往的对象时，所考虑的主要因素是交往的收益与成本以及相互抵消后的盈余。如果收益及盈余超过自己的期望值，那么，对方就会成为自己追求的目标。

（二）互惠

在此阶段，双方尽可能地交换收益，既为对方提供收益，也从对方处获取利益，同时，力求降低成本。如互相帮助、互赠礼品、共同讨论有兴趣的话题，但避免进入双方的私密性领域。在交换中，随着双方互惠行为的增多，两个人的亲密感也随之增强。

（三）承诺

双方认为对方得到的收益大于从其他异性那里得到的收益，因此，此阶段双方均停止与其他异性的交往，双方关系相对固定，开始一对一的频繁交往。

（四）制度化

随着亲密感的不断增强，双方都觉得离不开对方，但又担心对方离开自己，希望通过契约的形式将双方的关系制度化，如订婚、办理结婚手续。契约使双方的关系具有排他性，要求彼此忠诚。

四、爱情的特征

爱情有以下几个突出的特征。

（1）自主性。双方自愿是建立爱情关系的前提，即使有时会遇到其他因素的干预，也可能需要其他人的牵线搭桥，但最终结果完全是由当事人自己决定的。

（2）排他性。爱情中不允许除双方当事人之外的第三人存在，同其他异性的友情再深，也需要保持适当的距离。

（3）道德性。道德标准是评价爱情非常重要的一个标准，我们在选择交往对象及评价爱情关系时常常会以道德为第一标准，这也是爱情与婚姻典型区别之处。除此之外，爱情还会受社会风俗和信念的影响。爱情依靠道德，不具有强制性，想要持久，就需要双方当事人的互相配合与自律。

五、恋爱效应

恋爱受到以下几种效应的影响。

（1）首因效应。首因效应也称首次效应、优先效应或第一印象效应，指交往双方形成的第一次印象对今后交往关系的影响，即"先入为主"带来的效果。虽然这些第一印象并非总是正确的，但却是最鲜明、最牢固的，并且决定着以后双方交往的进程。

（2）吊桥效应。当一个人提心吊胆地过吊桥的时候，会不由自主地心跳加快。如果这个时候，碰巧遇见另一个人，那么他会错把由这种情境引起的心跳加快理解为对方使自己心动才产生的生理反应，故对对方滋生出爱情的情愫。

（3）罗密欧与朱丽叶效应。也叫作"禁果效应"，越是禁止的东西，人们越要得到手，这与人们的好奇心与逆反心理有关。

（4）振奋效应。在恋爱中，给予爱人刻骨铭心的爱，他会为了得到更多的爱而变得优秀。正确的爱人，可以带着你一起走向更好的生活。

（5）补偿效应。当一个人发现对方喜欢自己时，也会下意识地对这个人产生一些好感；而在这种互有好感的前提下，两个人在一起的可能性更大。

（6）间歇性强化效应。在感情中，间歇性强化效应就是一个随机的奖励机制，也就是说对方提出的要求你并不会每一个都答应，而是采用随机抽奖的方式答应，这样既不容易让对方觉得太容易得到自己，又不会打击对方的积极性。

（7）马太效应。马太效应为强者越强，弱者越弱。在恋爱中也是如此，如果你愿意多为自己付出，不断完善自己，你的个人魅力就会得到提升，个人吸引力也有所提升；而如果你一味讨好对方，则会让对方恃宠而骄，你在投入过程中不断"贬值"，对方却在投入过程中不断"增值"。

拓展阅读

钱锺书与杨绛的爱情故事

在中国文坛上有这样一对伉俪，他们举案齐眉，携手并肩，在艰难的岁月里给我们留下了宝贵的精神财富，他们就是钱锺书先生与杨绛先生。从第一次见面起，他们的结合好像就是为了让对方"放心"。

两人在正式步入婚姻前，曾经历过三年的异地恋爱，只能通过书信交流。但即使如此，他们的信中总有说不完的情话。

结婚不久，钱锺书想到牛津大学深造，却担心妻子寂寞。杨绛想要去陪读。钱锺书担心妻子学业中断，杨绛却说："只要我去了英国，你也就放心了，我为什么不去呢！"最终两人决定一同外出求学。

在英国，杨绛更是一次又一次让他"放心"。1937年，杨绛生女儿钱瑗住院，钱锺书独自住家里。几天后他去医院看望妻子时，低着头一副痴呆的样儿："我犯错误了，把墨水打翻了，染了桌布。"杨绛说："不要紧，我会洗。"第二天他又去了，说："我又犯

错误了,把台灯搞坏了。"她说:"不要紧,再去买一个。"一句句"不要紧"让钱锺书放心了。

世界太热,让对方放心,他们要追逐内心的一剂清凉。杨绛有篇散文名为《隐身衣》,文中直抒她和钱锺书最想要的"仙家法宝"莫过于"隐身衣",隐于世事喧哗之外,陶陶然专心治学。

为了让钱锺书放下心来写作,杨绛通过各种方式来缩减家中用度,减轻钱锺书的压力,让他能够有更多的时间写作。后来,钱锺书所著的被誉为"一幅栩栩如生的市井百态图"的《围城》问世。就连婆婆都称赞杨绛:"笔杆摇得,锅铲握得,在家什么粗活都干,真是上得厅堂,下得厨房,入水能游,出水能跳,锺书痴人痴福。"

他们的"放心"是真正的生死相依,钱锺书要是病了,杨绛常常是连续许多天甚至是几十天不离左右地陪同、照顾。当有人劝她回去休息时,她说:"锺书在哪儿,哪儿就是家。"

1997 年,被杨绛称为"我平生唯一杰作"的爱女钱瑗去世。一年后,钱锺书临终,一眼未合好,杨绛附在他耳边说:"你放心,有我!"让对方放心是内心的沉稳和强大。

(资料来源:澎湃新闻·澎湃君·湃客)

第二节 解读爱的行为

测测你的
恋爱观

大学生渴望恋爱,但又缺乏必要的爱情心理学知识,因此在恋爱过程中可能会遇到一些困惑与挫折,因此,大学生要努力学习恋爱心理知识,形成正确的爱情观,培养正确处理学业、生活与爱情关系的能力,积极自我调适,培养健全人格。

大学生谈恋爱的现象现在非常普遍,一项关于高职生恋爱问题的调查显示,在恋爱现状上,有 63.59% 的大学生有过恋爱经历;20.89% 的学生有心仪的对象,但未恋爱过;11.46% 的学生在大学期间,将自己的精力集中放在专业知识的学习、自身素质的提升和就业方面,不打算谈恋爱;少数的大学生表示自己还未恋爱过。

关于恋爱动机,61.05% 的大学生会在自己遇到了喜欢的人时谈恋爱,有些大学生谈恋爱是为了丰富生活,弥补空虚。还有些大学生是因异性主动表白而与对方谈恋爱。

关于追求方式,大约有 1/2 的大学生在遇到自己喜欢的对象时,会大胆主动地追求,另一部分的大学生不会表露出自己的感情。

在择偶标准方面,大部分的大学生会以异性的性格气质与志趣爱好来作为选择自己恋爱对象的依据。

在恋爱道德观上,当看到其他情侣在学校公共场所有亲密行为时,61.76% 的大学生会觉得这种行为不合适,但不会上前去干涉,17.34% 的大学生反对此种行为,16.23% 的大学生持赞成态度,4.67% 的大学生为其他情况。

第二节 解读爱的行为

一、大学生的恋爱观

恋爱观是人们对于恋爱问题的总的看法和态度，是人生观在恋爱问题上的表现，是缔结现代文明婚姻的根本条件。恋爱观受人们所处的时代、社会制度、社会经济地位和阶级地位的制约，具有鲜明的时代性和阶级性，并随着文明的进步而发展。

（一）正确的恋爱观

大学生正确的恋爱观首先应当具有以下特征。

（1）**态度认真，感情专一。**爱情关系是两个异性之间特有的关系，包含特有的感情和义务，它只存在于两人之间，不容许第三人介入。

（2）**恋爱双方正确对待爱情与学业、事业的关系。**爱情是美好的，它是人生内容的重要组成部分，但不是人生的全部。一个人只有学业、事业取得成功，其爱情之花才能更加芬芳鲜艳。

（3）**爱是责任和奉献。**爱更重要的是一种责任和奉献。人在社会生活中具有两方面的责任：一是个人对社会应尽的责任；二是个人对家庭、父母、孩子、朋友和爱侣的责任。因此，一旦进入爱的王国，就必须具有强烈的责任感和奉献精神，这样才能获得崇高的爱情。

（4）**恋爱中，多理解、信任和宽容，互相尊重，共同进步。**相爱的双方，都有着自己独立的人格和精神世界，既不能完全依附对方，也不能要求完全占据对方。

（二）大学生常见的恋爱观

不同的理想、信念、思想、人生观和心理素质，形成了不同的恋爱类型。常见的大学生恋爱观可以分为以下几种。

1. *爱情理想化*

爱情理想化集中体现在恋爱对象理想化、恋爱对象偶像化、恋爱观念非理性化。大学生在选择恋爱对象时往往喜欢按照自己心中完美的标准来选择，将另一半看作偶像人物，过于理想化与浪漫化。恋爱过程中偏重情感体验，对于结果和应承担的责任却往往采取忽视的态度，恋爱中常因对方与想象中的形象存在差距而中途放弃。

"不在乎天长地久，只在乎曾经拥有"是很多恋人的爱情箴言。但爱情初衷会随着时间与个体的生活发生变化，同时，恋爱也是一种人际交往方式，难免会发生冲突，爱情观会受非常强烈的影响。

"没有爱情的大学生活是失败的""爱情重在过程不在结果"等都是非常典型的非理性恋爱观念。

2. *爱情功利化*

爱情本身是最纯粹与真挚的感情，但伴随着外部环境与自身成长经历的变化大学生的爱情开始发生变化，功利色彩变得越来越强烈，爱情成为达到某种目的的手段与捷径。有些大学生甚至认为找到好的对象就等于万事无忧了。

3. 爱情放纵化

爱情放纵化集中体现在可以为爱放弃一切。

有些大学生认为爱情是生活的全部，满脑子都是要陪对方去哪里玩，去哪里吃好吃的，等等。一开始恋爱，关注的重心就由学业、工作转移到爱情上。以至于学习成绩急速下滑，考前临时抱佛脚等。真正好的爱情是让彼此陪伴，互相成长，而不是一味地牺牲。

甚至有些大学生将爱情视作自己唯一的情感，不允许自己的恋爱对象与除自己之外的其他异性交往，还会出现自卑、猜疑、嫉妒等心理。

4. 爱情就是友谊

有的恋爱双方曾是中学同学或同乡，本来就有感情基础，双方考上大学后，凭借天时地利便开始发展恋爱关系。这种恋爱关系发展比较稳定，成功率也较高。但也有的大学生虽然经过了长期交往，感情上却缺乏共鸣，最终难以发展为爱情。

5. 追求美好爱情，并为此矢志不渝

对于美好爱情的渴望驱动大学生将美好的爱情维持下去，并最终实现好的结果。这种恋爱观符合爱情的本质，在恋爱过程中，双方才可以感受到爱情的美好与甜蜜。

二、大学生的恋爱动机

在恋爱观的影响下，大学生的恋爱动机也是多种多样的，当下大学生的恋爱动机，可大致分为以下几类：

（1）渴望了解异性，对爱情非常好奇。大学生对于异性充满了好奇，渴望对爱情进行探索与尝试，有时不免做出一些错误的行为。

（2）消解寂寞，排除空虚。大学可自由支配的时间比较多。有一部分同学由于目标缺失，会产生寂寞与空虚的感觉，而为了排解寂寞与空虚，会选择恋爱。在这种动机下产生的爱情往往具有很强的冲动性与随意性，不仅不能够长久，而且对于大学生的择偶观也会产生极大的不良影响。

（3）模仿他人，寻求心理平衡。"身边好友都有了恋爱对象，如果我还没有另一半是不是显得我太没本事了？""他都有恋爱对象了，我也得有，还得比他好"这些想法在大学生群体中非常常见，但是这种想法不仅是对大学爱情的错误解读，也是对自身的错误认知。

（4）满足个人私欲，力求改变现状。有些大学生受拜金主义与功利主义影响，将恋爱看作满足个人私欲、改变现状的捷径，对方的经济条件、社会地位、家庭门第等是前提条件。这种爱情是非常荒唐与不可取的。

（5）追求美好爱情，并为此矢志不渝。埃里克森人格发展的八阶段理论证明大学生正处于人格发展的成年早期阶段，该阶段的主要任务就是通过建立亲密感来克服孤独感。对于美好爱情的渴望驱动大学生将美好的爱情维持下去，并最终实现好的结果。这种恋爱动机才符合爱情的本质，双方都可以感受到爱情的美好与甜蜜。

三、大学生恋爱的条件

（1）心理发展相对成熟是大学生恋爱的必备条件。当代大学生心理不成熟通常表现为易冲动、焦虑、迷茫、目标不明确等。此外，还表现在不能正确地认识与评价自己，抗挫折能力较低等。在心理发展不够成熟的情况下，大学生的恋爱观也是不稳定的，对于爱情的把握也是不够准确的。

在不成熟的心理影响下谈恋爱，往往会使爱情简单化、片面化、理想化，甚至可能会产生一系列令人担忧的问题。

（2）人生观相对稳定是大学生恋爱时机成熟的标志之一。大学生的人生观虽然已经树立起来，但还不够稳定，容易受到外界干扰因素的影响。人生观对恋爱观也会产生影响，大学生在人生观稳定前，对于爱情的理解容易存在片面性，他们对自身的行为及所有承担的责任缺乏充分的认知与准备，所以相对稳定的人生观是大学生恋爱时机成熟的标志。

（3）相对独立的经济条件是大学生恋爱的物质基础。大学生一旦进入恋爱，除了投入大量的时间和精力，也需要投入一定的财力和物力。恋爱不单纯只是一个理想化的过程，也是一个实践的过程。恋爱实践需要一定的物质基础，没有物质基础的恋爱是柏拉图式的恋爱，如同空中楼阁一样缥缈不定。

四、大学生常见的恋爱心理困扰与调适

 身边的故事

我这么差，可以爱他吗

小陈是化学专业的一名大三学生。性格较内向，家在偏远的农村，祖辈都是农民。

小陈说："我很难受，不知道怎么办，很多人渴望被爱，而我却害怕他。他说他喜欢我，想和我进一步发展。我应该高兴的，可心里却莫名其妙地不安、难受。他很优秀，不管是在学习上、文体上，还是在其他方面都很优秀，而且很善良，待人非常友好，完全没有那种傲慢、拒人于千里之外的感觉。听说他家境很好，而我家庭状况很差，我根本配不上他。有好几次，我很想答应他的追求，可还是忍住了。我可以答应他吗？我可以和他在一起吗？我可以爱他吗？"

（资料来源：教学或咨询案例）

故事评析

小陈具有非常典型的自卑心理，并因此不敢接受别人的爱意。自卑心理在大学生恋爱心理中非常常见。除此之外，猜疑、嫉妒等心理等也都是不正确的恋爱心理，会严重阻碍大学生形成正确的爱情观。

第八章 解读爱情密码——大学生恋爱与性心理

（一）大学生常见的恋爱心理困扰

1. 自卑心理

自卑心理是由于自身对自我评价偏低而引起的不安、胆怯等消极情绪体验。除了自身的原因，外部环境的影响也是导致自卑心理产生的重要因素。过度自卑的人，在对待恋爱问题时，常常会先是自我否定，继而害怕受到伤害。一旦在恋爱中受到挫折，又往往会采取自我封闭的方式来逃避现实。

2. 猜疑心理

猜疑心理指的是在爱情中缺乏基本信任，总是怀疑对方会做出对不起双方感情的事情。以至于产生验证对方忠诚度的行为，如查对方聊天记录，"约法三章"，严重者甚至会跟踪对方的行踪。这实际上是缺乏对对方的尊重与理解的表现。真正的爱情应该是双方坦诚相处，真诚相爱。

3. 嫉妒心理

嫉妒心理是指在异性关系中，由于他人比自己强而对自己在异性心目中的位置构成某种威胁，所产生的苦涩、羞愤、愤懑，甚至敌视对方的情绪状态。这种心理是非常不成熟的。严重的嫉妒心理往往表现为自私、狭隘的占有欲等，这些不良的情绪是阻碍大学生恋爱的障碍之一。

（二）大学生常见的恋爱心理困扰调适

1. 自卑心理的调适

（1）正确认识自我。想要克服自卑心理，首先要正确认识自我。除了正视自身不足，更要看到自己的优点与长处。我们要学习正确地认识与评价自我。

（2）锻炼自我。通过锻炼，我们可以提高多种能力，也能够培养勇气与毅力。在这个过程中，可以弥补不足，发挥优点。逐步培养自己的自信心，培养自己积极乐观的人生态度。

2. 猜疑心理的调适

（1）加强沟通，增进了解。我们之所以会产生猜疑，是因为对彼此的了解不够深入。对方的兴趣爱好、性格特点、两人是否相契合等都是在交流后才有全面了解，否则会影响我们对爱的感受与判断。

（2）学会用正确的方式处理问题。要避免感情用事。当我们被情绪左右时，难免会陷入偏听偏信的怪圈。一旦产生疑问，切忌感情用事，要敢于交换意见，及早解决问题。

3. 嫉妒心理的调适

（1）充分认识自我，分析嫉妒的原因。首先要充分地认识自我，看看自己是否过于敏感。其次，针对自身的性格特点进行积极的心理暗示，提高自身的心理素质和人格修养。

（2）合理宣泄情绪。合理分配自己的注意力，将更多的精力放在更有意义的事情上。学会合理宣泄自己的情绪，如转移注意力等。

（3）给予彼此空间，尊重对方的感情。爱情具有排他性，但不代表恋爱就是生活的全部，要允许对方有自己的人际交往空间。

五、大学生常见的恋爱挫折与调适

（一）大学生常见的恋爱挫折

 身边的故事

我该忘了她吗

从大二到现在，小王一直陷在深深的苦恼中不能自拔。大二刚开学，小王进了系学生会工作。和小王搭档的是一个很有魅力的女孩小李。由于工作原因，小王与小李接触的时间比较长，对小李的了解进一步加深。加上之前很少接触女孩子，小王便对小李产生了相当强烈的好感。后来，小王发现自己喜欢上小李了，但小王不敢表白。小王怕万一被拒绝就一点退路都没了。小王不知道小李是不是也喜欢自己，这令他十分苦恼。和小李在一起的时候，小王总是小心翼翼的。小李快乐，小王就快乐；小李悲伤，小王也会跟着悲伤。或许是小王的错觉，他误认为小李也是喜欢自己的，小王会把小李的行为默认为对自己好。

到了大二下学期，小王的天塌了。小李的身边多了一位男生，同时他们的接触越来越少。小王很痛苦，即使小王不断自我安慰"小李原本就没属于过自己"，但这不过是自欺欺人罢了。小王心里很清楚自己应该忘了小李，但他实在做不到。

（资料来源：教学或咨询案例）

故事评析

故事中的就是典型的单相思，因为对方的样貌、气质而产生爱慕之意，同时，将对方的一些微小的动作、一个眼神等都当作对方向自己求爱的信号，并且深陷其中，不能自拔。

1. 单恋

单恋就是单相思。双方在相遇时，由于对方的相貌、品行等条件产生爱慕，进而将对方的一个眼神、一个动作都视作对自己有意求爱的信号。在旁人看来微不足道，但当事人却坚信不疑，从而陷入了单恋的深渊不能自拔。

一旦发现对方无此意，除了内心感到失恋的痛苦、影响健康，心理承受能力差的同学甚至还会做出非常极端的行为。

2. 多角恋

多角恋是指一个人同时被两个或两个以上的异性追求，或自己同时追求两个或两个以上的异性并建立爱情关系的现象。爱情本身具有排他性，恋爱也是一件严肃的事情，我们要以负责任的态度对待爱情。

3. 失恋

失恋可以理解为恋爱过程中断，表现为相爱的双方分离。失恋者会体验到一系列的消极情绪、心理压力与痛苦，如悲伤、犹豫、失望等。世界上有恋爱就会有失恋，失恋是很正常的事。

（二）大学生常见恋爱挫折的调适

1. 单恋

我们应该如何对单恋进行心理调适呢？

（1）客观地评价对方。以客观的角度来看待对方的表现及行为，切忌用自己的主观判断代替从多方面对对方进行考察。情人眼里出西施，但也要避免晕轮效应。相信激情消退后，我们能够逐渐克服单恋的迷茫。

（2）接受现实，当断则断。解决单恋最理智的方式就是及时斩断情丝。减少与对方的接触，随着时间的流逝，单恋之情会慢慢消解。

（3）扩大人际交往范围。通过参加社交活动转移自己的情绪，将单相思转化为对父母、对同学的关爱。

2. 多角恋

面对多角恋，我们应该如何进行心理调适呢？

（1）保持高度的冷静和理智。要慎重看待自己与对方之间的恋爱关系，爱情具有专一性和排他性，如果发现恋人与其他异性也保持恋爱关系，那就需要理智地做出选择。

（2）以退为进。如果发现自己处于一段复杂的恋爱关系中，或者发现与所爱的人的关系不可能发展，那么就要鼓起勇气主动退出。

3. 失恋

面对失恋，我们应该如何进行心理调适呢？

（1）正确认识失恋。失恋可以说是人生中一个比较大的挫折，每个人都会感到痛苦，只是程度有差异。其实，失恋只是一种选择的结果。一个人不选择自己不代表自己就全面失败。每个人在恋爱中的心理需求不同，看问题的角度也有差异。

（2）反向思维。恋爱成功，除了我们所公认的共同元素（品质、观念、三观等），还有许多特殊要素，如性格、志趣相投。如果是这些个性元素导致我们分手，不妨反过来想一想，其实这是一件对双方都有益的事情。

（3）合理宣泄。失恋造成消极的情绪体验是非常正常的，如果消极情绪无法得到排解，可能会引起各种不适症状。我们可以向倾诉的对象诉说内心的感受；运动也有助于我们快速释放消极情绪；寄情于山水之间，与好友进行一次远游，也可以宣泄消极情绪。

（4）自我激励。我们应该用理智来引导自己，将精力投入更加有意义的事情上。

（5）不要急于开始新的恋情。虽然分手了，但是我们还是会对与旧恋人相似的人产生兴趣。这时，不要急于坠入爱河，而是要冷静分析一下自己的喜好，思考一下，是否真的能与新的对象相处融洽。

第三节　培养爱的能力

通过对爱的能力的培养，大学生能够正确认识爱情，正确处理爱情与友情、学业、生活等的关系问题。党的二十大报告提出，要提高全社会文明程度。实施公民道德建设工程，弘扬中华传统美德，加强家庭家教家风建设，推动明大德、守公德、严私德，提高人民道德水准和文明素养。培养恋爱中的责任意识，大学生能够正确认识小我与大我的关系，为将来经营婚姻、组建家庭、形成良好家风奠定一定基础。

身边的故事

扭曲的恋爱观导致恋爱失败

小 A（男）与小 C（女）是恋爱关系。两人在小 A 高考后的聚会上相识，后来便互生好感，并确立恋爱关系。小 C 有强烈的占有欲，甚至在小 A 填报志愿时，要求小 C 报考自己所在的院校，两人就这样成为了师姐与师弟的关系。在大学里，两人最开始相处得还算融洽，但好景不长，适应了大学生生活的小 A 由于性格开朗、多才多艺获得众多女生的喜爱，引起了小 C 的不满，后来由于不断地猜忌和争吵让小 A 觉得压力很大，最终向小 C 提出了分手。但小 C 不同意甚至发生了打人的恶劣事件。

（资料来源：教学或咨询案例）

故事评析

仔细分析两人的恋爱过程，不难发现其中存在着很多隐患。第一，双方对爱情的认知不够成熟，缺少责任意识。第二，小 C 失恋时抗打击能力较差。

其实，爱情就如同凉白开水一样，它不像奶茶等饮料那样刺激我们的味蕾，但是在口渴的时候却是最有效的。爱情需要经营，爱的能力需要培养。如何恋爱，如何与另一半相处并保持爱情的长久是我们人生的必修课。

一、表达爱的能力

（一）表达时机要恰当

表达爱意应基于感情的发展程度，过早或过晚都会影响最终的结果。比如，当你在人群中突然看到某一个人，并想要向他表达"我爱你"，这时首先要考虑的是你的爱意是否足够真诚与热烈，是否只是由于外界影响而产生的一时冲动，其次还要考虑对方是否能够接受或回馈你。

（二）表达方式要恰当

受文化的影响，不同国家、不同地区的人对爱情的表达方式与接受程度都不相同。甚至同一国家的不同发展阶段，人们对爱情的认知与理解可能都是截然相反的。因此，表达爱意时，一定要注意表达方式的选择，以免因选择了错误的表达方式而产生错误的结果。

（三）表达态度要坚决

表达爱意时使用坚决的态度会更容易让对方感受到你对爱情的真诚，同时也能够让对方更加信任你。

二、接受爱的能力

当渴望的爱情来到身边时能够勇敢地接受，是爱的能力的表现。有的大学生在别人向自己示爱后，内心非常兴奋，但却不敢接受，甚至个别同学还会认为自己不值得被爱。要知道，这些想法是会阻碍我们获得爱情的。

三、拒绝爱的能力

在男女双方恋情开始前，总会有一方主动。当然，在这个过程中，会有自己喜欢的人，也会有自己不喜欢的人。面对不喜欢的人，正确的做法就是拒绝。但如何优雅又不失体面地拒绝是最让人头疼的问题。既能拒绝对方的爱意，又不让对方觉得自尊心受到伤害，同时还能够保持适当的友谊。要正确地拒绝，我们需要做到以下几点。

（一）表现对对方的尊重

尊重对方是自身良好品行的体现，不论你的内心是多么抗拒对方的求爱，也要记得先向对方说声"谢谢"，感谢对方对自己的欣赏。同时，也要夸赞对方的优点，并委婉地表达拒绝。

（二）态度要明确，表达要清晰

在表达拒绝之意时，不能哄骗，也不能采取模棱两可的态度，以免使对方会错意，产生剪不断、理还乱的情愫。在表达时态度要明确，要使对方能够清晰地感知到你的态度。除此之外，在表达上也要清晰，与对方明确彼此之间最合适的关系。

（三）掌握分寸

在拒绝时要掌握合适的度，即使内心冲突再激烈，也要学会控制自己的行为，不要出现伤害对方的行为，毕竟每个人都有追求美好爱情的权利。

（四）尽可能保密

别人对自己的追求是两个人之间的事情，是彼此的隐私。要注意保护彼此的隐私。

（五）行动果断，不藕断丝连

如果不爱，就不要给求爱者错误的信号，甚至接受求爱者的礼物，与求爱者单独相处等。这些行为都是在践踏求爱者尊严的体现，同时也是不自爱的表现。

四、鉴别爱的能力

鉴别爱的能力是指能够较好地分清好感、喜欢与爱情的不同。对爱有鉴别能力的人是一个对自己与他人都尊重的人，同时也是一个内心强大的人。对爱有鉴别能力的人能够自然而然地与人进行交往，逐步扩大交往的范围，珍惜友谊，并会多进行换位思考。

五、解决恋爱冲突的能力

当热恋的激情退去，爱情的新鲜感逐渐消失，情侣之间因各种问题产生的冲突与争吵会越来越多，有的情侣会越吵越亲密，而有的情侣却吵着吵着就散了，甚至有的大学生情侣会害怕争吵。事实上，恋爱冲突并不可怕，爱需要包容、理解与体谅。要学会用建设性的方法来解决冲突。

（一）学会尊重差异

每个人都受到原生家庭、社会环境、外界因素、自身能动性等因素的影响，都有各自不同的特点。我们要学会尊重对方与我们的差异，在遇到不同时要求同存异。尤其是在争吵时，要对事不对人，更不要对对方进行人身攻击。

（二）学会换位思考

设身处地为他人着想就是换位思考。在处理人际关系时，每个人都会有不同的选择。在恋爱中我们不要事事处处都以自我为中心，毕竟爱情是双向付出的事情。在遇到问题时，试着站在对方的角度想一想，或许会发现另一种不同的答案，也能更清晰地明白对方的意图。要清醒、理智地思考问题，保持相互理解。

（三）学会倾听与表达

在交往过程中，我们更多的是通过交流获得心理慰藉。在这个过程中，我们更需要学会"察言观色"。或许另一半只是希望你做一个倾听者，让他能够表达烦恼。此时，你只需要盯着对方的眼睛，不时点头示意，适时表达你的关心即可。同样，在遇到对对方不满意的事情时，我们要学习用正确的方式来表达，多用正面表达。

（四）学会道歉

恋爱中出现矛盾是非常正常的，但切忌冷战。如果双方都认为自己没错，不仅不能解决矛盾，甚至还会走向关系的破裂。因此，及时地做出让步，及时道歉，也是在处理恋爱冲突时非常重要的能力。

六、承受失恋的能力

失恋可以说是人生中一个很大的挫折，考验的是人对于挫折的耐受能力，感觉痛苦是很自然的事情，每个人都会有这种感受，只是程度不同。失恋意味着一种重要关系的丧失，我们相应的身份也会发生变化，要想适应这种变化，是需要时间的。

（1）正确看待失恋。有些同学会把失恋看作人生中最大的失败，进而陷入强烈的负性情绪体验，有的同学失恋后，自尊心便遭受了强烈的打击，进而陷入持续的自我否定。其实，失恋只是一种选择的结果。每个人在恋爱中的心理需求不同，看问题的角度也有差异，一个人不选择自己不代表自己就全面失败。

（2）要在失恋中学习与成长，失恋使我们的人生体验更加丰富，失恋所带来的强烈情绪体验具有不可替代性。同时，失恋往往会使我们更加成熟。

（3）失恋给了我们再次体验美好爱情的机会。只是需要我们用心去寻找与经营。

七、维持爱情长久的能力

要想保持爱情长久，其实需要多种能力的综合。爱情是两个人共同的事情，需要双方彼此关心、彼此适应与彼此尊重，要想保持爱情长久，也需要恋爱双方付出耐心、恒心与心血。同时，还需要恋爱双方保持自己的个性，彼此欣赏。

对于大学生来讲，更需要学习处理恋爱与学业的关系、处理与恋人的关系、处理与其他人的关系等。

第四节　浅谈爱与性

性心理是一种与情绪和道德相关联的心理，它是建立在性生理学基础上的与性特征、性欲望、性态度和性行为有关的一种心理状态和心理过程。它是一个人正常心理的重要组成部分，包括了解自己的性别角色、与异性交往的态度、性观念等。

身边的故事

软弱的张某

张某是某大学的一名新生，由于想要结交更多朋友，便加入了学校某个社团。赵某是一位擅长书画、善于交际的大三年级学生。

在接触中，赵某与张某渐渐地熟悉。一次，社团会员聚餐，赵某喝多了。张某担心他的安全，便送他回宿舍。就在赵某躺下、张某准备离去时，赵某突然握住了张某的手，一把将张某拖了过去，强行占有了她。从此，赵某常找理由邀张某到自己宿舍，向张提出性要求，软弱的张某害怕拒绝会对自己造成不好的影响，于是半推半就，并从此一发不可收拾。

（资料来源：教学或咨询案例）

故事评析

案例反映出双方当事人没有正确的性观念与性知识，从而引发了一系列的现实问题。大学生应当树立科学的性观念，学习全面的性知识。

第四节 浅谈爱与性

一、什么是性

（一）性的定义

性是自然的事情，人人都有。性塑造我们的生命，我们伴随着性的发育而长大，同时，性也是一种本能，是延续生命的手段，更为重要的是，性也是衡量社会文明程度的重要标志。由此可见，性所反映的事物都是自然且美好的。性有生物学、心理学和社会学三方面属性。

伴随成长的"性"

（1）生物学属性。这是指男女两性在生物学上的差异，如染色体、性腺、激素的不同。同时，还包括人的性的欲望和本能，它是人类生存和繁衍后代的必要基础条件。

（2）心理学属性。这是指人们在生理发展的基础上，在一定环境的影响下形成的对性活动的认知、体验和情感等心理活动。包括与性有联系的或以性为内容的各种心理过程，如与性有关的知觉、记忆、思维、需要、情绪、意志。性心理也与人格特质相联系，如个体对性的态度、评价和性取向。

（3）社会学属性。社会属性是性的本质属性，人的性需要，不仅包括生理性需要，更包括社会性需要。性的社会属性还包括性道德感、性文化、性规范等。

健康的性心理表现为通过完善的人格、人际交往和爱情达到性行为在肉体、感情、理智、社会等方面的协调。

（二）大学生性心理健康的标准

大学生已经到了身体发育成熟的年龄，有性的需要是非常自然的事。然而，生理上的成熟并不代表心理上的成熟。那么，什么才是真正的性心理健康呢？真正的性心理健康有以下几个标准：①有正常的性需要和性欲望；②有科学的性知识；③有良好的性道德；④有正当的性行为。

正常的性需要和性欲望是性心理健康的生理基础，科学的性知识和良好的性道德是性心理健康的自我监控机制，正当的性行为是性心理健康的实践。只有在以上几方面做到协调，才能说具备健康的性心理。同时，价值观对一个人的性行为调节作用远胜于性知识，因此，大学生必须了解性行为的道德意义，学会约束和控制自己的行为。

二、青春期性心理发展阶段

（一）异性疏远期

异性疏远期指青春期开始的半年至 1 年（11—12 岁）内的两性疏远阶段。随着第二性征的发育，少男少女们对自身生理的变化感到迷茫，对于性知识、性行为一知半解。在不知道如何与异性进行交往的情况下，常常会选择避免与异性接触，甚至对异性产生非常强烈的反感。

（二）异性接近期

在完全进入青春期后，随着性心理逐渐发育成熟，加之经验的增加，对异性有了进一步了解，对于性意识的情感体验有了一些变化。他们渴望了解异性，渴望接近异性。喜欢与异性进行交往，喜欢在异性面前表现自己，并希望在异性心中留下良好印象。但由于缺乏与异性交往的经验，他们往往会通过追星的方式来释放内心对异性的倾慕之情。此时他们对异性的喜爱常常带有幻想色彩，双方的感情甚至能够迅速达到热恋程度。双方的吸引力进一步加强，激动程度高，迫切要求了解彼此，真诚和信任感增强。

（三）异性恋爱期

此时，他们能够清楚地认清恋爱和婚姻的分别，并严格要求自己，能够正视对方的缺点，能够增加彼此间的了解，和谐的爱情正逐步形成。

三、大学生性心理的一般特征

随着年龄的增加，大学生会表现出一系列的性行为心理。比如对异性的好感、对性知识的渴求、性冲动等。一般来说，大学生性心理的特征主要表现在以下几个方面。

（一）本能性和朦胧性

由于性生理和性心理的日趋成熟，大学生表现出一系列的性心理行为。这种行为多出自生理上的急剧变化而带来的本能反应，如对异性发生兴趣、好感与爱慕，如对于性知识的探索。但是这种性心理的萌发，似乎披着一层朦胧的轻纱，其中不少大学生并不了解多少有关性的知识，只是感觉性具有很强烈的神秘感。

（二）冲动性与动荡性

在生理和心理发育规律的影响下，青春期是人一生中性欲最旺盛的时期，但由于存在"剪刀差"，因而很容易产生冲动性行为。大学生是一个特殊的群体，此时还未形成正确的性道德观和恋爱观，心理还不够成熟，自我控制能力有限，同时性心理不够稳定，极易受外界各种因素的影响，在表现上呈现出明显的动荡性。

（三）强烈性与文饰性

大学生十分重视自己在异性心目中的形象，十分看重来自异性的评价，并按照异性的要求和期望来进行自我评价和塑造自己的形象。在心理活动上，我们能够看出一些大学生对性具有强烈的渴求，但是在行为表现上却多表现为拘谨、羞涩甚至是冷漠，具有很强的文饰性。

（四）压抑性和宣泄性

大学生与异性接触的渴望会与文化习俗、社会的严格限制发生矛盾，一些人会产生强烈的压抑感，也有一些人会选择不良甚至是变态的方式来宣泄压抑的性能量。

四、大学生常见的性心理表现

(一) 渴望了解性知识

大学生的性生理与性心理发展均较高中时期更加成熟,对于自我意识、自我发展有更深刻的理解,从而出现对性知识探索的强烈欲望。但由于个体的家庭教养方式、成长环境存在差异,大学生对性知识的关注程度,获取性知识的方式也不相同。

(二) 性欲望和性冲动

性欲望是激发性行为的心理—生理因素,是人们与生俱来的向往满足机体需要的一种本能冲动,是生物在进化过程中形成并由遗传固定下来的,但又与社会环境、文化传统、生活习惯、宗教信仰等密切相关。在不伤害自身健康、不妨碍他人的基础上,人们可以在法律和社会规范允许的范围内,通过正当的、适合的手段使性欲望得到满足或缓解。

性冲动是在性刺激下产生的对性行为的渴望或者冲动。性冲动是正常人自然和本能的心理表现。性冲动不代表就一定会用性行为。大多数大学生能够自觉控制自己的性欲望和性冲动,当然,也存在无法控制自己性冲动的大学生。因此,我们建议,大学生在心智尚未完全成熟前应减少接触相关的性刺激,锻炼自己克制的能力。

(三) 性意识与性行为

男女在交往过程中,由于激素作用,双方的亲昵行为都可能引起性欲望和性冲动。在强烈的性欲望驱动下,为了寻求满足,有的人会通过性幻想、性梦、性自慰等方式来进行自我调节,也有人会通过真实的性行为来实现。

性幻想、性梦、性自慰这些性心理活动都是性生理和性心理发育成熟的必然结果,其本身是非常正常和无害的。只有当这些性心理活动异常频繁时才有可能构成心理困扰,导致不良后果。因此,我们应该正确认识它们,并着眼于多姿多彩的学习和生活。

五、大学生常见的性心理问题及调适

(一) 大学生常见的性心理问题

随着性生理和性心理的成熟,大学生对自己、异性的认知会发生变化。在性问题与性行为上易产生不同的心理困惑,若不合理应对,会导致性行为的失误,严重时甚至会影响大学生人格的发展。

1. 性认知偏差

受文化环境的影响,不少大学生对"性"本身的认知不够全面,对于"性"的认识带有强烈的道德批判性,将"性"视为肮脏的、下流的、难以启齿的。这些性认知极易导致性情感、性态度的方面矛盾与冲突,进而引起一系列的性心理问题。比如对"性"表现出无知与避讳,刻意避免谈论"性"的相关问题,刻意压制自身的性冲动,这既是不健康心理的表现,也是引起一系列心理障碍的重要因素。

2. 性冲动困扰

性冲动是大学生生理、心理的正常反应。大学生对待性冲动的常用方式主要有压抑、升华和宣泄三种方式。

（1）压抑。性压抑，是指人对自身性欲望的制约与控制。表现为在一段时期内控制发生性行为的频率，将注意力从性欲望转移到其他事物上，对异性与性行为极度渴望，却因为种种原因而不能接近异性或不能发生性行为。这是大学生比较常用的方式，适度的性压抑是适应社会需要的表现，也是性心理健康的反应。然而，严重的性压抑则是有害身心健康的。

（2）升华。一个人将不能实现性欲望的心理压抑向符合社会规范的、具有建设性意义的方向抒发的心理反应，这是一种成熟的心理防御机制。可以通过运动、欣赏音乐等方式使性能量得以转移，使性心理得以平衡。

（3）宣泄。宣泄即以某种性的方式获得性冲动的满足。当然，性宣泄不只是一个生理过程，其方式应该符合社会规范。

大学生对于性冲动，首先要有正确的认识，接受其合理性。同时，更要学习使用合适的方法使性能量得到释放、升华以及有效转移。

（二）大学生常见性心理问题的调适

性生理、性心理的正常发展是大学生走向人格成熟的重要表现，掌握正确的自我调适方法也是大学生心理健康的重要标志。

自我调节的方法主要包括以下几个方面。

1. 正确认识，端正思想

（1）正确看待身体的变化，愉快地接受自己的性身份。

（2）树立健康的性意识，正确看待性心理活动。

（3）正确看待性冲动和自慰行为，确立良好的坦然态度。

（4）树立正确的恋爱观，掌握正确的恋爱"姿势"。

2. 积极调适，努力适应

自我调节的另一个重要方面体现在积极顺应性心理发展带来的变化。

（1）建立正确的人生观，培养远大理想。

（2）积极参加集体活动。

（3）保持正确的异性关系，大方地与异性交往。

3. 发现问题，及时处理

大学生自我调节的第三个方面体现在了解性心理困扰常见的原因和表现，及早发现并给予积极的处理。

（1）主动了解相关知识，改变不合理的性心理观念、认知等。

（2）积极寻求同伴帮助。

（3）找专家咨询，消除心理困扰。

六、常见的性心理障碍

性心理障碍是指性心理和性行为明显偏离常态，并以某种偏离常态的方法达到性兴奋和性满足。除正常的性活动受到破坏外，一般无其他方面的精神活动异常。

（一）类型

（1）性身份障碍。长期对自己的生理性别有强烈的厌恶感和排斥感，同时具有强烈的转变性别的心理要求和实际行为，如异性癖。

（2）性偏好障碍。长期或唯一地采用不同于正常人的性欲满足方式，如恋物癖。

（3）性指向障碍。这是指起源于各种性发育和性定向的障碍。

（二）表现

1. 恋物癖

反复收集某些与异性身体直接接触的物品，此类物品称为眷恋物，都是带有特殊的性刺激意味的东西，如女性的内衣裤。此类患者一般都是男性患者。

2. 异性装扮癖

异性装扮癖是恋物癖的一种特殊形式，表现为对异性的衣物特别喜爱，并通过穿戴来满足自己的性渴求、性想象与性行为。此类患者中绝大多数人对自身的性别认同无障碍，性取向正常。

3. 性窒息

故意地应用致使大脑缺氧的方法以增强兴奋程度。一般选择一个隐秘的地方，如浴室、地下室、寝室，以避免被人发现。

知识清单

（1）爱情是一对男女基于一定的社会基础和共同的生活理想，在各自内心形成的相互倾慕并渴望对方成为自己终身伴侣的一种强烈、纯真、专一的感情。

（2）大学生要培养爱的能力，主要体现在具备表达爱、接受爱、拒绝爱、鉴别爱以及解决恋爱的冲突、承受失恋、维持爱情长久的能力。

（3）大学生性心理健康的标准：有正常的性需要和性欲望，有科学的性知识，良好的性道德和有正当的性行为。

（4）大学生常见的性心理困扰调适方法：正确认识，端正思想；积极调适，努力适应；发现问题，及时处理。

资源推荐

一、推荐书籍

《温暖你的大学时光》

《温暖你的大学时光》一书是心理健康教育与思想政治教育融合的佳作，是育心与育德结合的佳作。该书涵盖了如何过好大学生活、如何提升自身的心理健康素养、如何化解自身的心理困惑、如何更好地择业就业、如何面对重大事件等内容。该书文字通俗易懂，操作性强，很接地气，适合大学生阅读，大学生可以从中看到自己，获得启发，找到前进的目标和力量。

（资料来源：丁闽江：《温暖你的大学时光》，华夏出版社，2021年）

二、推荐电影

1.《相思》

故事以寄寓相思之情的"红豆"为线索，牵出了出身名门贵族的六娘和寒门学子初桐从小情投意合却无法厮守的故事。作为一部以古典文学作品为基础的纯手绘动画，短片在画面意境上也具有中国特色。用色清淡雅致，与故事背景相得益彰。辅以细腻的人物刻画和贴合的音乐，给美好却注定悲剧的爱情增添了一份余韵颇长的古典气息。

2.《山楂树之恋》

20世纪70年代，一个漂亮的城里姑娘静秋，因为父亲是地主后代，家庭成分不好，一直很自卑。静秋和一群学生去西村坪体验生活。她住在队长家，认识了老三。老三爱上了静秋，并给了静秋前所未有的鼓励。等到静秋所有的心愿都成了真，老三却得白血病去世了。

第九章　磨砺成功之剑
——大学生压力管理与挫折应对

第十章　掌舵人生航向
——大学生职业生涯规划

第十一章　搭建心灵桥梁
——大学生有效沟通

第十二章　凝聚团队力量
——大学生团队精神

提升篇

第九章
磨砺成功之剑
——大学生压力管理与挫折应对

    天将降大任于是人也，必先苦其心志，劳其筋骨，饿其体肤，空乏其身，行拂乱其所为，所以动心忍性，曾益其所不能。

——孟子

    人生在世，谁都会遇到压力和挫折。问题的关键不在于压力和挫折的有无和强弱，而在于我们对待压力和挫折的态度。面对压力和挫折，不同的人有不同的态度。与其闪避、畏惧、排斥，不如迎面而上。没有经过风雨的洗礼，哪能见彩虹；没有挫折的考验，也便没有不屈的人格。那么，我们应如何正确认识挫折和压力？如何管理压力？如何应对挫折？

学习目标

1. 了解压力和挫折的含义、压力源以及压力的影响。
2. 掌握压力与挫折的应对技巧，学会从认知、行为和人格层面应对压力和挫折。
3. 学会缓解挫折来临时的消极情绪，正确处理压力与挫折，理解压力与挫折是人生经历中的重要内容。
4. 培育新时代大学生奋斗精神，不惧艰难，砥砺前行。

第九章　磨砺成功之剑——大学生压力管理与挫折应对

第一节　有效管理压力

赢了！零的突破！

2022年北京冬奥会，年过30的徐梦桃第四次站上冬奥会女子决赛的出发台，在她之前出发的国外选手刚刚刷新了场上最高分——令人窒息的压力再度袭来。无悔追梦，放手一搏！徐梦桃果断地选择将最后一跳的难度拉满最终完美落地，不负期望，为中国女子自由式滑雪空中技巧实现了冬奥金牌"零"的突破！

（资料来源：新华网）

故事评析

压力具有双面性。把握好它，泥泞凄迷会变得平坦光明；屈服于它，所有振奋努力便都会停滞。

一、压力概述

（一）压力的含义

压力是个体对威胁性刺激产生的一种心理与生理上的综合感受。

1. 压力是个体面临选择或改变时的个人感受

比如经典的电车难题。一台失控的电车即将驶来，马上就要压到铁轨上的5个人，这时你可以扳动拉杆，让电车驶向另一条轨道，压死1个人，你是否会扳动拉杆呢？当面临双趋冲突、双避冲突、趋避冲突或多重趋避冲突时，人们往往会感觉到左右为难、进退维谷，尤其需要个体做出决策且为此决策承担责任时，压力最大。

2. 压力是对未知事件的悲观解释

在面临事件发展的各种可能性时，人们通常偏向于做出最坏的预期。这种悲观、负性的预期会增加人们承受结果的反应，从而产生压力。如果老师突然让你中午去他的办公室，你可能就会很有压力。"他为什么只找我？""我最近犯了什么错误吗？"的想法会在脑海中徘徊，这恰恰就是因为未知且做悲观解释所产生的压力。

3. 压力是持续不断的精力消耗

在社会生活中，我们总要面对各种各样的压力，可能我们每天承受的生活事件并不多，但长期累加的结果却非常严重，常见的压力肥、过劳死等就属于这种状况。

4. 压力是面临威胁时的本能反应

比如运动员感受到的来自对手追赶的压力，我们面对的个人信息泄露、"月光"问题等。如果我们把学校的人际关系仅仅看作学习上的竞争关系的话，那么在你追我赶的过程中必然会承受巨大的心理负荷。

第一节　有效管理压力

（二）压力源

压力源是导致压力发生的刺激、事件或环境，可以是外界物质环境、个体的内部环境或心理社会环境。压力源广泛地存在于我们的生活之中。有些压力源是稍纵即逝的，它会引起个体瞬间的兴奋和欢欣。有些压力源则会持续几日、几周或几个月，造成自我习惯性的高压反应，使人经常处于一种戒备状态中，甚至导致心理失衡。

我们所遇到的压力源可能在自身或在环境之中。自身的压力源包括痛苦、疾病、记忆、罪恶感、不良的自我概念等，可称为"内因性压力源"；环境的压力源包括热、冷、噪声、其他任何无机性的刺激和有机性的刺激，可称为"外因性压力源"。但是，人类最主要的压力源来自人际关系。如果我们对造成压力的各种因素进行大致分类，可分为躯体性压力源、心理性压力源、社会性压力源和文化性压力源。

1. 躯体性压力源

躯体性压力源是指经由人的躯体直接发生刺激作用的刺激物，包括各种物理的、化学的、生物的，如过高过低的温度、酸碱刺激、微生物、变质食物等。这一类刺激是引起个体生理压力和生理反应的主要原因。躯体性压力源分为生理性压力源与环境性压力源两类。

（1）生理性压力源。包括疲劳、免疫系统损伤等。

（2）环境性压力源。包括热、冷、湿、震动、噪声、爆炸、地形复杂等。

2. 心理性压力源

心理性压力源是指来自人们头脑中的紧张性信息。心理性压力源与其他类型压力源的显著不同之处在于，它直接来自人们的头脑，反映了心理方面的困扰。生活中的压力事件处处可见，但为什么有的人无动于衷，有的人却耿耿于怀呢？这是因为人们内心对压力的认知不一样。如果过分夸大压力的威胁，就会制造一种自我验证的预言：我会失败、我应付不了。长此下去，就会产生所谓的长期性压力感。

心理性压力源分为认知性压力源和情绪性压力源两类。

（1）认知性压力源。包括信息太多或太少，知觉超负荷或剥夺，目标模糊、不确定等。

（2）情绪性压力源。包括恐惧等的威胁，厌倦产生的动机冲突等。

3. 社会性压力源

社会性压力源主要是指导致个人生活方式上的变化，并要求人们对其做出调整和适应的情境与事件。社会性压力源包括个人生活中的变化，也包括社会生活中的重要事件。个人生活的改变常常会给人带来压力。

4. 文化性压力源

文化性压力源最常见的是文化性迁移，即从一种语言环境或文化背景进入另一种语言环境或文化背景中，使人面临全新的生活环境、陌生的风俗习惯和不同的生活方式，从而产生压力。若不改变原来的习惯，适应新的变化，常常会出现不良的心理反应。例如：出国留学或移民，如果缺乏对环境改变所应有的心理准备，没有一定的外语水平，在异域文化背景下就难以适应，无法与人交流。

（三）压力的调节因素

基于压力的定义，我们可以看到，生活在同样的情境下，接受同样的刺激，个体做出的反应却不同，这说明其中有个体调节因素的作用。调节因素揭示了压力因果系统如何运作以及为何这样运作，它联结着压力源和压力反应，在一定程度上影响着个体在压力状态下身体反应的严重程度，对个体健康起着重要的保护、缓冲和调节作用。

1. 认知评价

压力源是否使人产生身心紧张状态并进而引发其产生一系列的心理、生理反应，以及这些反应的程度如何，取决于个体自身对刺激物的认知评价。认知评价是个体一贯的思维方式，它决定了其对自身所见、所思事物的应对风格。

2. 社会支持系统

社会支持系统在个体心理健康和心理教育中起着重要作用，它的主要功能在于增进和保护人们的身心健康。

关于社会支持的作用机制有两种模型：一种是主效应模型，另一种是缓冲器模型。主效应模型认为，社会支持具有普遍的增益作用，无论个体目前的社会支持水平如何，只要持续增加，必然可以促使个体健康状况的提高。缓冲器模型认为，社会支持仅在压力条件下才会与身心健康之间发生联系，它能缓冲压力事件对个体身心的消极影响，保持与提高个体的身心健康水平。

在压力情境下，那些受到来自伴侣、朋友或家庭成员较高心理支持的人，相比受到较少支持的个体，受到的压力小，身心更为健康；社会支持的丧失将加重压力对人们身心健康的影响；与社交网络成员支持性的互动关系能提高个体的自我控制感；情感支持水平的增加可减轻其忧虑。

3. 应对方式

问题本身并不重要，怎么面对问题才比较重要。应对在个体压力产生的过程中起着很重要的缓冲作用。它的主要功能就是调节压力事件对人们所产生的影响。应对的主要功能是掌控、忍受内外要求，降低冲突水平。人们一般将心理应对的功能分为两大类：一是改变的功能，即应对能改变自我的压力或危机情境，或是改变个人对压力情境的反应；二是处理的功能，指人们在自身存在压力或危机的情况下，会努力地去处理或调整自己的态度、情感和反应，而不会去改变压力本身。

二、大学生压力产生的原因

压力不仅来源于压力事件本身，更主要的是来自对压力源的认知和评价。大学生压力产生的原因主要包括以下几个方面。

（一）压力源本身的性质与特点

压力源是短暂存在还是持续存在，是单一的还是复合的，是温和的还是具有破坏性的，对个体未来的发展是否有重大影响等，都将影响个体的认知和评价。

1. 双趋冲突

双趋冲突是指对个体存在两个具有同样吸引力的目标，但两者不可兼得，只能选择其中一个目标而引起的内心难以取舍的冲突，即"鱼和熊掌不可兼得"。比如大学毕业既考上了研究生又找到了一份满意的工作，这个时候就面临左右为难的选择压力。

2. 双避冲突

双避冲突是指个体同时存在两个不利的目标选择，对此都想躲避但又必须忍痛选择一个，即陷入"前有狼，后有虎"的情景。比如不想上课，又不想挂科，反复煎熬抉择等。双避冲突较双趋冲突对人的身心危害更大，也更难解决。

3. 趋避冲突

趋避冲突是指同一目标对个体来说既有利也有弊，既有吸引力又存在很多问题，所以导致对这一目标既爱又恨，既想靠近又想逃避，进退两难。比如想对暗恋的人表白，但又怕被拒绝，反复权衡利弊等。尤其是当趋近和回避动机的强度大致相当时，个体会处于彷徨和高度不安的状态。

4. 双重趋避冲突

双重趋避冲突是指同时存在两个以上的目标并要求做出选择时所带来的矛盾和冲突。在生活中我们经常遇到双重趋避冲突。比如，找工作，要么收入高，但要经常加班、出差，要么工作十分清闲，但收入偏低，且上升空间小。选择这个目标就意味着放弃另一个目标，也意味着承担所选目标自身的利弊。双重趋避冲突是比较难以抉择的。

（二）社会支持系统

社会支持系统即个人在社会关系网络中所能获得的来自他人的物质和精神上的帮助和支援。一个人的社会支持系统越强大、越完备，所能承受的压力就越大，应对压力的信心也更强。社会支持可以表现为多个方面，如家人、同学、朋友、社团、组织。

大学生有着特殊的生活环境和生活方式，其主要任务是学习。由于离开家庭，面临新的校园生活，大学生在人际关系以及学习等方面都需要适应，其社会支持系统的量与质也都发生了显著变化，如果应对不当，极易引发心理问题，甚至心理危机。

（三）个体的身心特点

个体的身心特点会对压力源的认知和评价产生影响，个体的身心特点包括：①性别、年龄、受教育程度、经济状况、职业等；②身体状况和情绪等；③性格特点、应对风格、气质类型等。

大学生个体生理成熟、心理成熟和社会成熟的差异性，对其面对的压力有一定的影响。如对独立的要求与独立能力发展不足的矛盾，性意识的发展与社会道德观念准备不足的矛盾，思维的批判性与社会经验匮乏和认识上的狭窄之间的矛盾，封闭性与要求交际、被理解的矛盾，这些矛盾集中反映在应试、择业、恋爱、人际关系等一系列对大学生来说十分现实的生活事件中，若不能得到及时解决，会使大学生产生压抑、焦虑的情绪状态，影响大学生的心理健康。

三、大学生的压力管理

（一）认知策略

压力是一把双刃剑，压力对个人的影响与个人对压力的认识有很大关系。压力可以激发人的潜能，带来动力和挑战。改变对压力的思维方式，重新定义压力，心态和行为也会跟着转变。

有效管理压力

（二）行为策略

1. 完成压力任务

在竞争激烈的现代社会，压力是一种必然的存在，直接降低压力的方法就是完成压力任务。对于容易完成的任务，我们需要提高做事情的效率。困难的任务容易让人产生畏难心理，我们需要通过学习或求助，提高完成任务的能力。当任务带来的挑战和我们的能力达到平衡时，我们就容易进入一种得心应手的状态。

2. 减少压力源

避免压力过大的方式之一就是要懂得"量力而行"，也就是不要让自己绷得太紧，不要凡事都揽到自己身上。应该自己承担的任务，当尽力做好，当仁不让；不需要自己承担的任务，要学会拒绝。

3. 选择适合自己的减压方法

每个人的减压方法都不同，选择适合自己的减压方法才能真正起到减压效果。

（1）情境性压力管理。情境性压力管理是指对压力源进行有效的管理，尽量回避带给我们压力的情境。不过情境性压力缓解只是暂时的，压力还持续存在，不过是一种短暂的逃避性解决策略而已。比如，刚刚失恋的同学就应回避两个人经常去的地方，以减少触景生情的悲怆感；面对他人的误解和非议，已经做了大量解释而无济于事，就可以选择暂时搁置这一问题，出去散散心；等等。

（2）情绪性压力管理。如果不能改变压力源，我们可以试着改变自己的情绪状态。接受自己情绪的变化，给情绪适当的表现机会，不苛求自己，不过于追求完美，及时宣泄不良情绪，进行积极的自我暗示。比如，看喜剧节目、运动、唱歌、大喊。在对抗压力引起的紧张情绪上，深呼吸和放松训练也非常有效。与情境性压力管理一样，情绪性压力管理并没有真正解决压力，只是将压力进行了有效疏解。

第二节　正确应对挫折

逆境中的"中国机长"

2019年国庆档电影《中国机长》上映第10天已破20亿票房。该电影根据2018年5月14日四川航空3U8633航班机组成功处置特情的真实事件改编。执行航班任务时，从重庆起飞，在万米高空突遇驾驶舱风挡玻璃爆裂脱落、座舱释压的极端罕见险情，生死关头，机组人员临危不惧、果断应对、正确处置，确保了机上全部人员（119名乘客和9名机组人员）的生命安全，平安降落备降机场成都机场，创造了世界民航史上的奇迹。

（资料来源：余强谣，《逆境中的"中国机长"教会我什么》，共产党员网）

第二节 正确应对挫折

故事评析

看完《中国机长》，回味影片中的各个片段，品读剧中的各色人物，我们应当反思自己，当我们遭遇挫折，甚至身处逆境的时候，会采取何种手段和举措呢？既然逆境无法避免，那我们就应该昂首挺胸地去正视它、克服它，直至击倒它。

一、挫折概述

（一）挫折的含义

在心理学上，挫折是指个体有目的的行为受到阻碍而产生的紧张状态和情绪反应。所谓挫折，就是指人们在某种动机的推动下，在实现人生目标的活动过程中，行为遇到了无法克服或自以为无法克服的障碍和困扰，使得动机不能实现、需要不能满足、目标不能达成，进而产生失望、不满意、沮丧等负面感受的过程。遭遇挫折，人们一般表现为失望、痛苦、沮丧、不安等。挫折可使意志薄弱者消极、妥协，也可使意志坚强者接受教训，在逆境中奋起。

具体来说，挫折包括三个方面的含义。

（1）挫折情境。指对人们的有动机、有目的的活动造成的内外障碍或干扰的情境状态或条件，构成刺激情境的可能是人或物，也可能是各种自然环境和社会环境。

（2）挫折认知。指对挫折情境的知觉、认识和评价。

（3）挫折反应。指个体在挫折情境下所产生的烦恼、困惑、焦虑、愤怒等负面情绪交织而成的心理感受，即挫折感。其中，挫折认知是核心因素，挫折反应的性质及程度，主要取决于一个人对挫折的认知。

一般说来，挫折情境越严重，挫折反应就越强烈；反之，挫折反应就轻微。但是，只有当挫折情境被主体感知时，才会在个体的心理上产生挫折反应。如果出现了挫折情境，而个体没有意识到，或者虽然意识到了但是认为并不很严重，那么，也不会产生挫折反应，或者只产生轻微的挫折反应。因此，挫折反应的性质、程度主要取决于个体对挫折情境的认知。

每个人都有人生理想，每个人每天都在为自己的理想而奋斗，但是奋斗的道路并不平坦，会有各种各样的痛苦与麻烦，甚至会遭遇天灾人祸、生离死别，阻碍人生理想实现的各种因素就是挫折，人们的需要是动机产生的原因，动机一旦产生便引导人们的行为指向目标。但是这种指向目标的行为，由于受到社会政治经济等各方面条件的制约，并不是任何时候都能达到目标的。也就是说行为的结果受到阻碍、达不到目标的情况是常有的，这就是挫折。

（二）大学生常见的挫折类型

大学生常见的挫折有很多，按来源的不同可分为以下类型：与自我有关、与他人有关、与环境有关。

1. 与自我有关

大学生遇到的挫折往往来源于理想的我和现实的我的冲突。理想的我是坚强的，现实的我很爱哭；理想的我是乐观向上的，现实的我是有点抑郁的；理想的我是卓越出众的，现实的我是在学习上有挫败感的。

自我发展挫折

刘学对自己要求十分严格,学习勤奋刻苦,性格开朗自信,对自己期望很高,有远大的抱负。大一第一学期考试后,刘学的学习成绩在全年级排名第一,这使他感到非常自豪。然而,在学生会布置寒假社会实践活动的会上,当他看到同班的几个学习成绩远不如他而在学生会当干事的同学时,心里很不是滋味,他感觉那些同学更受同学们的关注和喜爱,强烈地感到自己已落后。他无法忍受不被人关注的感觉,决定一定要超过他们,以保持"第一"的核心地位。

(资料来源:教学与咨询案例)

故事评析

刘学是一个好胜心强的人,不仅要求自己在学习上保持第一,还要求自己在其他方面都保持第一。一个人对自己有要求固然很好,但眼光只盯住第一,盯住和别人比较,则容易看不清楚自己最想追求的是什么。

2. 与他人有关

我们都是生活在关系之中的,我们与他人的关系会影响我们对世界的认知方式,更会影响到我们的情绪和我们解决问题的方式。大学生遇到的挫折有的来源于与周围人的关系,我们应积极应对由关系带来的挫折。

由关系带来的挫折

最近,佳琪在自己的QQ空间里收到了高中同学转发的一则"寻人启事",寻找的是高中同学阿强。阿强春节回家见到高中女同学阿碧,便不断地联系她,想和她建立正式的男女朋友关系。被阿碧拒绝后,阿强心中一直闷闷不乐。开学返校后,他在宿舍整日以泪洗面,不吃不睡,一会儿哭,一会儿笑,俨然一个精神不正常的人。同宿舍的同学关心他,但是从他的口中什么也问不出来;辅导员劝解他,他也不说话,大家不知道如何帮助他。阿强在开学第三天的晚上悄然离开宿舍,一去不复返,家人找了很久都没有找到。阿强的妈妈从高中的班主任那里要来了同学的联系方式,给每个同学都发了这封"寻人启事"。看了QQ空间中高中同学们的交流,佳琪感慨万千。印象中的阿强是一个不爱讲话、自尊心很强的人,高中的时候只是忙于学习,几乎不和女生讲话,想不到他喜欢阿碧。这次他受的打击肯定不小。不知他身处何方,是否能想得开呢?

(资料来源:教学与咨询案例)

故事评析

案例中的阿强正经历着一场关系的风波，大学生的感情很容易受到挫折，且大学生容易感情用事。当遇到同样的挫折时，大学生较之社会成年人来讲，更容易产生更强烈的挫折感，致使个人产生消极与非常悲观的情绪。你是否有过类似的经历？是否曾因为关系问题而遭受挫折？当时的你有怎样的感受？这种挫折带给了你怎样的影响？

3. 与环境有关

外在环境带来的挫折很多时候是不可控的，也是最让人感觉无助的，我们应提高自己应对挫折的能力。

身边的故事

天有不测风云

阿勇是一个踏实、肯干、爱学习的学生，不仅学习成绩优秀，而且每年的社会实践他都积极参与。大三的时候大部分同学还在享受大学的美好时光，他已经到一家小有名气的企业实习了。4年下来阿勇在专业上打下了扎实的基础。在就业竞争激励的情况下，大家都是"广泛撒网，重点捕鱼"，阿勇对自己很有信心，他参加了一家知名企业的面试后，认为一定会被聘用，便不再四处找工作，而是等这家企业通知签约。阿勇想到未来工作的场景有一些兴奋，毕竟要告别学生时代，转变为职场新人了。时间总是在美好的畅想中流逝，一转眼到了6月中旬，身边同学的工作一个个尘埃落定，阿勇有些着急了：那家企业怎么迟迟不通知签约呢？后来阿勇终于接到了人力资源部打来的电话，却被告知名额没有了。这个消息来得有些令人措手不及，阿勇尝到了天有不测风云的滋味。

（资料来源：教学与咨询案例）

故事评析

外在环境带来的挫折是不可控的，往往让人感觉十分无助，因此要提高自己应对挫折的能力，建立良好的心理防御机制。

（三）挫折的心理防御机制

心理防御机制是指当人们遭遇挫折、伤害等挫折事件时，为了减轻内心的痛苦与不安，尽快从痛苦烦恼中解脱出来，重新鼓起生活的勇气，恢复心理平衡与宁静而在自我内心世界自觉或者不自觉地采取心理防御措施，又称为心理自卫机制或自我防御机制。

1. 心理防御机制的作用

心理防御机制在维持健康心理、健康状态方面起着非常重要的作用。它具有调和自己与环境之间矛盾的功能；可以减少情绪冲突，保护自己，抚慰内心创伤，减轻失望感，协助个体保持价值观与充实感，使个人有机会"退一步想"或者"换位思考"。

大学生是社会中的独特群体，是当今心理障碍与心理疾病的高发人群。与以前相比，大学生目前面临着更多的选择与竞争，受到学业与就业压力、经济贫困、人际冲突及情感问题等问题的困扰，这些因素不同程度地造成了大学生的挫折心理，合理地使用心理防御机制对大学生的身心健康有着很大的积极保护作用。

2. 心理防御机制的特点

心理防御机制具有如下几个方面的特点：任何与个人愿望相冲突的刺激，都可能自发地唤起人的心理防御机制；心理防御机制并不能改变事实，不能真正解决现实问题，而只是简单地改变人对这些问题的理解、认知、评价或处理方式的选择；心理防御机制总是不同程度地与歪曲现实、自我欺骗相联系；心理防御机制主要是无意识的；大多数心理防御机制可以暂时地免除或减轻痛苦和不安，但是只能起到回避现实与缓解不良情绪的作用；心理健康的人能在积极意义上使用心理防御机制，而心理不健康的人总是依赖于心理防御机制，其结果是适应能力日趋削弱，人格和心理发展受到严重影响；心理防御机制通过掩饰或伪装自我真正的动机，否认对我们可能引起焦虑的冲动、动作或记忆的存在而起作用；防御机制可以单一地表达，也可以重复地表达；个体在防御机制上存在很大的差异，具体的原因涉及很多方面，有个性的因素、受教育的程度等。

3. 心理防御机制的分类

（1）逃避性防御机制。逃避性防御机制是指人们通过使用压抑、否定、退回与潜抑等消极方式对挫折事件进行回避、否认其发生等进行自我心理保护。

① 压抑。当一个人受到挫折时，常常不愿面对挫折事件，强迫自己不诉说、不哭泣、不寻求帮助，强行压抑痛苦，这是心理防御机制中最基本的方式。虽然压抑可以暂时性地减轻焦虑，但是并没有真正解决问题。

② 否定。否定是一种比较原始而简单的心理防御机制，其方法是否认挫折事件的发生与挫折心理的存在，以此来获取心理上暂时的安慰。"否定"与"压抑"极为相似。不同的是，"否定"不是有目的地忘却，而是把不愉快的事情加以"否定"，就好比"眼不见、心不烦""掩耳盗铃""鸵鸟心理"等。

③ 退回。退回是指个体在遭遇挫折时，表现出与其年龄所不相适应的行为特征，这是一种反成熟的倒退现象。儿童自闭症就是一种典型的采取心理退回防御机制的表现。

④ 潜抑。潜抑是指个体将自我不能被意识接受的，违背法律道德与社会准则的欲望、冲动、想法、情感或痛苦经历不知不觉地压制到潜意识中去，使人淡忘不再想起，以至于当事人不能察觉或者回忆，以避免痛苦。这是弗洛伊德精神分析理论提出的一种心理防御机制。

（2）自我安慰式防御机制。

① 反向。当个体的欲望与动机不能被自己的意识接受以及不被社会法则允许时，因为担心、害怕自己做出这样的行为，便将其压抑到潜意识中，并再以相反的行为表现在外显的行为上，反其道而行之，这就称为反向。例如，"矫枉过正""此地无银三百两"等行为都可视为反向作用的表现。

② 合理化。合理化指当个体的动机不能实现或行为不能符合社会规范时，人们会尽量搜集一些合乎自己内心需要的理由。合理化是日常生活中人们运用最多的一种心理防御机制。

酸葡萄心理

有一只狐狸走进葡萄园中,看到架上长满了成熟的葡萄,每颗葡萄看起来都很可口,垂涎欲滴,但是因为架子太高,狐狸拼命地向上跳,跳了很多次都无法摘到。它看着一串串香甜的葡萄却怎么也吃不到,就说这些葡萄是酸的,它自己不想吃了。

当人体所追求的目标受到阻碍而无法实现或者自己没有能力实现时,为了减轻内心的不安,保护自我尊严免受伤害,就对自己得不到的东西进行贬低和打击,以此来冲淡内心的欲望,并编造一些理由来自我安慰,自我解释为不是自己得不到,而是这个东西不好自己不想要,这种心理称为"酸葡萄心理"。

甜柠檬心理

吃不到葡萄的那只狐狸,肚子非常饿,到处寻找食物却什么都没有找到。后来它找到一只酸柠檬,本来柠檬是酸的,狐狸不喜欢吃柠檬。可是实在找不到别的食物,于是它只好吃柠檬,并自我安慰道:"柠檬是甜的,很好吃,正是我想要吃的食物。"

当个体所追求的目标受到阻碍而无法实现时,为了保护自己的价值不受外界威胁维护心理的平衡,冲淡自己内心的挫败感,当事人会强调自己既得的利益,以减轻失望和痛苦,从而达到了心理平衡,这种心理反应被称为"甜柠檬心理"。

(资料来源:墨羽,《受益一生的心理学效应》,中国商业出版社,2019年)

③ 隔离。隔离是指把部分的事实从意识境界中加以隔离,不让自己意识到,以免引起精神上的不愉快。

④ 理想化。理想化是指当事人对某人或某事件歪曲事实进行高估与美化,以逃脱真实的事物所引起的自我失落挫折心理。

⑤ 分裂。分裂是指当事人为了减轻自我挫折感,在同一时期的不同情境下,对挫折事件表现出自相矛盾、前后不一致的情绪与行为表现。

(3)攻击性防御机制。

① 转移。转移是指将因为不符合社会规范、具有危险性不为自我道德所允许等原因而无法向某些对象直接表达的情感、欲望或态度转移到一个较安全、较为大家所接受的另外一个对象身上,以减轻自己心理上的不安、焦虑。

② 投射。投射是指把自己的性格、态度、动机或欲望"投射"到别人身上。投射的作用就是把自己内心不被允许的冲动、态度和行为,加于他人或其他事物上,以保护自己,并以此为自己的行为辩护。例如:把自己的错误、失误归咎于他人,或者把自己的欲望、态度转移到他人身上,等等。

(4)代替性防御机制。

① 幻想。幻想是指人无法接受挫折事件,无法处理现实生活中的困难,或者无法忍受一些情绪的困扰时,想象自己暂时离开了现实,在幻想的世界中得到内心的平静并达到在现实生活中无法获得的满足。平常所说的"白日做梦""黄粱美梦""画饼充饥"等就是这种

防御机制的表现形式。

② 补偿。在挫折中，人们通常使用自己的长处来弥补自己的不足，来补偿自我欠缺的能力。例如：一名大学生因为体育技能差，而在文化科目的学习上加倍努力，期望以较高的学习成绩来补偿自己体育技能差的自尊需要。

（5）建设性防御机制。

① 认同。在成长过程中，每个人都会遇到挫折与打击，人们常常用对某一概念的普遍认同来减轻自我对挫折的不良心理。

② 升华。升华是改变不被社会或自己的理智、道德允许的冲动与欲望，用比较符合社会规范、具有建设性、有利于社会和个人的方式表达出来的一种心理防御方式。如某人强烈地嫉妒另一个更有成就的同行，但是理智又不允许他将这种心理表现出来，于是他可能发奋努力以试图在本专业超过其对手。

③ 幽默。幽默既是一种积极的心理防御，也可以说是对严酷或平淡的现实生活的一种人性探索。

（四）挫折反应

当人遇到挫折时，心理上会有所感受，生理上会有所反应，行为也会因此受到影响。

1. 生理反应

在强烈的或持续的消极情绪作用下，人的神经、心血管、内分泌、消化等系统会发生反应，如心率加快、血压升高、呼吸加快、出汗。紧张、焦虑情绪如果持续下去，可能会导致人面色苍白、四肢发冷、心悸、气急、腹胀，危害人的身心健康。

2. 心理反应

（1）攻击。攻击分直接攻击和转向攻击。直接攻击是指个体愤怒的情绪会直接导向造成其挫折的人或物。转向攻击是指自我不能将愤怒的情绪直接导向造成其挫折的来源，而只能转向自己或第三者发泄受挫情感。

（2）焦虑。焦虑时人会产生恐惧、担心，还会伴有言行的变化，如口吃、注意力不集中、无所适从、动作僵化。

（3）妥协。妥协是指自我无可奈何、逆来顺受的状态，表现为人在挫折面前无所适从，无能为力，听之任之，顺应形势，顺从其发展的要求。妥协在某种程度上可以缓解由挫折造成的紧张，以免引起心理平衡的紊乱，可以减轻由紧张造成的有害个体心身健康的应激状态。

（4）寻求支持。在挫折的打击下，有些人往往感到自己势单力薄，力量有限，从而将注意力转向寻觅他人和社会的支持，或找亲朋好友倾诉衷肠，或向组织、团体靠拢寻求关心和帮助，以此减轻自身的挫折感和烦恼程度。

（5）盘算解决问题。受挫后，个体根据自己的知识、经验来思考摆脱挫折情境的方法称为盘算解决问题，这是一种理智的挫折反应。

3. 外显行为

个体在遭受到某些挫折时，有可能并没有意识到自己正在遭受挫折，但在行为上往往会在不自觉中表现出某些特征。通过这些特征，我们就可以推论一个人是否遇到了某种程度的挫折。

（1）非理智对抗。非理智对抗的种种表现是表明一个人遭受挫折的信号。所谓非理智对抗，就是人们在受到挫折时所表现出的种种情绪性反应，如攻击、冷漠、固着、逃避、倒退。我们也可以通过这些行为反应来判断一个人是否遭受了挫折。

（2）缺乏安全感。人在遭受挫折的情况下，往往缺乏安全感，会变得过于敏感，以为别人总是在攻击自己，讽刺自己，因而在心理上表现为一种戒备状态。

（3）牢骚与抱怨。对什么都看不顺眼，一张嘴就是批评别人的缺点，一睁眼看到的都是不满意的现状。总是挑剔，表达自己的不满，满腹牢骚，怪话连篇。

（4）效率降低。一个人在遭受挫折的时候，往往不能专心做事，心无旁骛，因此效率会降低。

（5）优柔寡断。当一个人向别人提要求时，本来可以很自然地提出来，但他却不敢，或者当别人对他提出不合理的要求时，他本可以拒绝，却又不好意思。这就是优柔寡断的表现。

（6）寻求帮助。当一个人遭受挫折的时候，很容易产生依赖，寻求他人的帮助。

（7）反应不当。反应不当是指一个人对一件事情的反应不恰当，其自我情绪反应与引起他的刺激情境的性质、强度不相称，比如强反应过强，对鸡毛蒜皮的小事也做出很强烈的情绪反应等。

二、大学生产生挫折的原因

（一）挫折产生的客观原因

挫折产生的客观原因是指引起挫折的外因，主要有以下几种。

1. 自然环境因素

我们都生活在自然环境之中，自然灾害或气候变化可能引起事故、疾病等，这些都是人们无法克服的客观因素。比如地震会使很多儿童失去亲人，让很多人瞬间一无所有，让高三学生无法按照预定准备参加高考，对这些人来说，这就是人生中重大的挫折，造成这个挫折的原因是自然环境因素。

2. 社会环境因素

大学生生活在社会之中，社会的政治、经济、道德甚至风俗习惯等，都可能使大学生遭遇挫折。在一次课堂调查中，有个走读的大学生提到自己面临的一个很大的挫折是每天上学乘坐的公交车非常拥挤，道路也经常堵车，使他每天在上学过程中都很烦躁。这就是由社会环境因素引起的挫折。

3. 校园环境因素

每个学生在校园中都有可能遇到一些挫折。比如，对自己就读的大学和专业感到不满意。另外，有些学生还会因为不适应学校的管理规定而产生挫折感。比如有的学校要求学生每天早起做操，有的人由于不适应而产生挫折感。

4. 突发事件

如亲人患重病或者猝逝，自己突患重病，或者由于某些原因不得不终止求学等均属突发事件。这些突发事件极易形成重大挫折，还可能导致个体出现严重的心理问题。

（二）挫折产生的主观原因

 身边的故事

遭遇学业、就业挫折

珊珊是大二学生，她长相清丽，积极主动参加学生工作，学习优异，她入校时就被任命为班长，同时还参加了学校的大合唱社团，在学院迎新晚会上闪亮出场，是学院的小名人。珊珊因为经常参加文艺活动、忙于学生干部工作而放松了学习，导致她没有评上优秀学生，于是她想好好学习，提高成绩，并且心里很是着急。后来实习医院招人，同宿舍的小米因为实操水平高被选中了，她却落选了，这让她十分尴尬而难过。珊珊觉得自己很失败、很倒霉，她变得郁郁寡欢、闷闷不乐，连班长也不想当了。

故事评析

珊珊遭遇了大学生中常见的学习焦虑与就业挫折，珊珊认为自己倒霉，不想当班长是消极的挫折反应。其实，珊珊应该正确地认识到自己没有评上优秀学生、没有竞聘上就业岗位的真正原因是她自己没有抓紧学习，她自己有责任，她应该客观、冷静地思考一番，然后积极地应对这次失败。

由主观原因引起的挫折，相当大的一部分是由大学生自身的能力与认识等方面的因素引起的，是指主体因素或内在因素，具体包括生理方面的因素和心理方面的因素。

1. 个体生理方面的因素

个体生理方面的因素是指个体由于身材、外貌等生理方面的原因，不能达到追求的目标而受到挫折。比如，某同学理想的职业是警察，但是在身高和视力方面都达不到要求，这就是由于个体生理方面的因素引起的挫折。

2. 个体心理方面的因素

由个体心理方面的原因而引起挫折的情况更为复杂。例如：需要的冲突、动机的矛盾、能力和期望之间的差距、人际关系障碍、学习上的不适应等都是造成挫折的原因。

三、提高大学生挫折承受力

挫折承受力是指人们在遇到挫折时能够忍受和排解挫折的程度，也就是人们适应、抵抗和应对挫折的一种能力。挫折承受力包括挫折耐受力和挫折排解力两个方面。挫折耐受力是指人们受到挫折时还承受到的其他的打击，并保持心理和行为正常的能力。挫折排解力指人们在受到挫折后，对其进行直接的调整和转变，积极改善挫折情境，摆脱挫折状态的能力。

不同的人在同一挫折情境中感受到的挫折强度不同，能否经受得起挫折的打击，主要看一个人挫折承受能力的强弱。大学生应该从以下几个方面来提高自我挫折承受能力。

第二节　正确应对挫折

（一）确立恰当的个人目标

挫折是人们在追求自己目标的过程中遇到困难而产生的感受。目标对大学生越重要，其受挫后的反应就越强烈。如果目标恰当、方向准确、持之以恒，那么产生挫折感的机会就较少，即使遇到挫折也能积极应对；如果目标不当，无论是过高还是过低，与自己的条件不适合，就应该及时调整。大学生要检查自己主观的智力、能力、体力是否与目标相匹配，若目标过高，就要适当降低或改换，不要把远期目标当作近期目标。

（二）保持乐观的生活态度

一是保持乐观和充满希望，即找到好事的永久性和普遍性原因，并对不幸的事情做出暂时性和特定性的解释，这是乐观和希望的两根支柱。二是学会与自己争辩，针对一次考试失败就觉得自己太笨的命题，我们很容易举出反驳的证据。我们要寻找出其他的可能性，将自身的注意力集中在可改变的特定原因上。三是把坏事变成好事，我们不应把一件坏事看成永久的、普遍的，而应认为它是暂时的、特定的。

（三）善于总结经验教训

生活中的挫折和磨难并不都是坏事。平静、安逸、舒适的生活，往往会使人安于现状和享受；挫折和磨难，也会使人得到磨炼和考验，从而变得更加成熟和坚强。大学生应培养自己坚强的意志品质。不要惧怕失败，要善于从中总结经验教训，化消极因素为积极因素，使挫折向积极方向转化，不断提高自己解决困难、战胜挫折的能力。在总结经验教训时，应着重考虑自己确定的奋斗目标是否恰当，实施的途径和方法是否正确，造成挫折的原因来自何处，转败为胜的办法有什么等。

（四）掌握调适方法

学习和掌握一些自我心理调适方法可以有效地化解因挫折而产生的焦虑、紧张等不良情绪，从而提高挫折承受力。

你的抗挫折能力怎么样

（五）建立和谐的人际关系

提高挫折的承受力，还应建立和谐的人际关系，营造自己的情感社会支持系统。当人遇到挫折时，一般都会伴有强烈的情绪反应，并使自身处于焦虑和痛苦之中。这时，如果有几个好朋友或者亲友能够给予安慰、关心、支持、鼓励和信任，将有效地缓解心理压力，从而增强其对挫折的承受力。

（六）主动寻求专业的帮助

当同学们受到挫折，陷入不良情绪中不能自拔时，还可以寻求心理咨询师进行系统、专业的疏导与帮助。受挫大学生在心理咨询师的引导下，可以校正主观认识，发挥内在潜力，消除心理障碍，明确前进方向，化解自身的不良情绪和行为反应，最终获得心理上的成长，提高挫折承受力。

第九章 磨砺成功之剑——大学生压力管理与挫折应对

第三节 培育积极品质

反思的意义

姜语是某学院学习部部长，多次获得学院的各种奖项和奖学金，求学过程可谓一帆风顺。在姜语二年级的时候，学院举办了一次校园模特大赛，学习部负责计分工作，学生会会长在分配工作的时候，忘记跟姜语说详细的工作流程了。姜语觉得既然会长不提，自己也就不用操心，出了问题学生会会长自然会负责的。到了计分那天，姜语没有带计算器，每个环节后她根本就来不及统计分数。到了比赛结束，才刚刚算出第一环节的比赛成绩。姜语慌乱之下，只好随便给每个选手写了一个分数。分数宣布之后，评委和选手都对这个分数提出了质疑，学生会会长只好宣布第二天公布比赛成绩，比赛草草收场。

这次事件过后，姜语受到了学院严厉的批评。刚开始姜语很痛苦，有些想不通，觉得是学生会主席没说清楚，自己才做得不好。经过反思之后，姜语发现是自己对于自己的角色认识不清楚，过于依赖其他人，从而造成工作失误。通过这次事件，姜语对自己的认识更加全面了，知道了自己在工作中的不足，并诚心在所有的学生会干部面前道歉。如果没有这次挫折，也许直到毕业，姜语还无法发现自己的不足之处。

（资料来源：教学或咨询案例）

故事评析

在一帆风顺的时候，人们很少会停下脚步思考自己有什么不足，只有遇到挫折，感受到压力时，我们才会去思考是什么原因导致的，才会认真反思自己的行为，反思自己过去的错误，对自己形成更加客观的认识和评价，找到错误发生的原因与纠正和预防错误的办法，才会少走弯路，最终攀上成功的峰峦。积极心理品质是当代大学生不可或缺的重要一环。

积极的心理品质不仅是当代社会人应该具有的基本素质之一，更是人才最重要的内涵。大学生应重视积极心理品质的培养，以促进自己学习的进步、健康的发展。我国十分重视人的积极心理品质的培养，尤其是注重加强对当代大学生的人文关怀和心理健康教育，使其树立积极心理品质，正确对待身边的人和事，促进大学生的全面发展。

一、积极心理品质的作用

积极心理品质的培养主要是指高校为了塑造大学生的积极心理品质所进行的引导和发掘大学生积极心理因素的心理教育活动和过程。健康的心理教育以学生本身所具有的积极力量为出发点和立足点，以研究和发掘这些积极力量为重点，刻意引导或者培养这些积极力量，扩大其在学生中的影响力，尽力让每一个学生都树立起这种积极心理品质，确保大学生的身心健康及全面发展。

积极心理品质主要具有以下几个作用。

（一）推动学生学习

学习是人类所具有的、需要艰苦脑力劳动和积极心理品质的活动，创新是学习过程的核心内容。学习是当代学生最主要的任务，贯穿于学生的整个大学生涯，为了确保学习的顺利进行，学生必须具备积极心理品质，发现、面对并解决学习过程中的多种困难和挫折，切实提高学习的质量。

（二）促进学生成长

我国经济社会发展的需求是学生成长的根本动力，首先要意识到这种动力，其次要将这种动力转换为积极心理品质，如社会责任感、时代使命感、创造精神，最终形成极大的积极性，向着社会需要的目标前进。在这个过程中，积极心理品质也是必须具备的，只有这样才能正确地对待身边的人和事，正确面对成长过程中的困苦和挫折，促进其身心健康、全面成长。

（三）保障学生事业的成功

当代大学生只有具备积极心理品质，才能充分发挥自身能力和创造力，成就事业，为社会做出贡献。其是否能够成才，事业能否取得成功，和其智力因素和非智力因素都是息息相关的，只有将两者很好地结合起来，才能促进其健康成长，从而成就伟大的事业。而积极心理品质就是非智力因素中非常重要的一部分，同时也是学生成才和事业成功的有力保障。

二、大学生积极心理品质培养的途径

（一）全面开展积极心理健康教育

积极心理学以学生的积极因素为研究重点，注重对学生进行人文关怀，推动学生逐步树立积极心理品质。在积极心理学的视阈下，心理健康不是单纯地指没有心理疾病，更主要的是指学生要拥有积极心理品质，如崇高的理想追求、积极的生活态度、良好的人际关系、丰富的精神生活。

（二）构建全面系统的积极心理健康课程体系

积极的心理健康课程是培养大学生积极心理品质的最主要的途径和平台。构建全面系统的积极心理健康课程体系要求高校在传授知识和技能的同时，善于发现专业课程以及实践活动过程中的心理健康教育资源，并以此帮助学生树立积极心理品质。具体做法如下：第一，可以将积极心理品质渗透到专业课程中，这个过程注重的是引导式的教育方式，使学生逐渐具备"热爱学习、真诚热情、富有爱心、正直公平、宽容审慎、乐观超越"的积极心理品质。第二，在实践活动课程中，可以开设以培养大学生积极心理品质为目的的活动，如心理成长团体活动、朋友互助活动，切实提高大学生的积极心理品质。第三，可以通过主题班会对学生进行心理健康教育，引导学生积极参与，这样不仅能够提高学生自我管理的积极性，同时也能够对学生的情操进行陶冶，引导学生树立积极心理品质。

（三）构建心理咨询与治疗体系

调查显示，现阶段绝大多数学生的心理状况都是健康的，高校心理咨询与治疗体系主要针对的对象是有心理问题困扰的学生。高校首先应该构建良好的心理咨询与治疗体系，选择具有专业水准的心理健康教育工作者；构建多种形式的咨询与治疗体系，将电话、网络与现实的面对面等方式结合起来，提高学生咨询的自主性和积极性；心理健康工作者要摒弃传统的心理健康教育理念，树立以引导为主的教育理念，注重发现和挖掘学生身上的积极因素，并将这些因素进一步扩大，切实提高积极因素的影响力，引导学生塑造积极心理品质。

（四）构建积极向上的校园文化

校园文化是高校教育价值观以及数代师生积极心理因素的凝聚和体现。一方面，构建积极向上的校园文化能够陶冶教师和学生的情操，形成积极向上的文化氛围，使教师和学生在工作、学习、生活的过程中都能够受到这种文化氛围的熏陶和感染，引导教师和学生树立正确的价值观念，逐步具备积极的心理品质。另一方面，多种形式和内容的校园文化能够为学生提供多种服务，如求知、人际交往、服务社会、娱乐，丰富学生的业余生活，并使学生在这些活动过程中塑造积极心理品质。

（五）构建积极向上的网络教育平台

随着经济社会和信息技术的飞速发展，网络已经成为大学生学习、生活以及娱乐过程中必不可少的东西，网络严重冲击了学生现有的价值观念。高校要善于利用网络的开放性和共享性，利用网络上形式和内容多样的积极心理学教育资源，对学生进行积极心理健康教育。第一，高校可以开设以宣传和传播心理学、心理健康学理论知识为目的的专题网站或者博客，提高学生对心理知识的认知程度。第二，高校可以开设网络咨询平台，利用多种形式的网络交流形式切实引导学生走出心理困境。高校应该随着网络的深入发展，不断改革创新、与时俱进，将网络平台作为现代教育的主要平台和渠道，切实推进学生心理健康教育的开展，引导大学生塑造积极心理品质。

知识清单

（1）压力是个体对威胁性刺激产生的一种心理与生理上的综合感受。压力是个体面临选择或改变时的个人感受；压力是对未知事件的悲观解释；压力是持续不断的精力消耗；压力是面临威胁时的本能反应。

（2）压力源是导致压力发生的刺激、事件或环境，可以是外界物质环境、个体的内部环境或心理社会环境。如果我们对造成压力的各种因素进行大致分类，可分为躯体性压力源、心理性压力源、社会性压力源和文化性压力源。

（3）大学生压力产生的原因主要包括以下几方面：压力源本身的性质与特点，社会支持系统和个体的身心特点。

（4）大学生的压力管理方法：从认知策略和行为策略出发。做到完成压力任务、减少压力源，选择适合自己的减压方法。

（5）挫折是指个体有目的的行为受到阻碍而产生的紧张状态和情绪反应。

（6）大学生常见的挫折有很多，可以从三个不同的来源概括：与自我有关、与他人有关和与环境有关。

（7）大学生产生挫折的客观原因包括自然环境因素、社会环境因素、校园环境因素、突发事件。

（8）大学生挫折产生的主观原因包括个体生理方面的因素和个体心理方面的因素。

（9）提高大学生挫折承受力，要做到确立恰当的个人目标，保持乐观的生活态度，善于总结经验教训，掌握调适方法，建立和谐的人际关系，主动寻求专业的帮助。

（10）大学生积极心理品质培养的途径：全面开展积极心理健康教育，构建全面系统的积极心理健康课程体系，构建心理咨询与治疗体系，构建积极向上的校园文化，构建积极向上的网络教育平台。

资源推荐

一、推荐书籍

1.《积极心理学：中国人的68堂幸福实践课》

全书从积极情绪表达、积极品质训练、积极意义转换、积极人际建设4个方向，讲述养成积极心理的68个技巧，有针对性地帮助人们全面提升幸福感。

（资料来源：韦志中：《积极心理学：中国人的68堂幸福实践课》，台海出版社，2020年）

2.《当压力来敲门》

该书是一本实操性的压力管理指导书，易学易练。只要你坚定、用心练习，一定能够缓解压力，调节情绪，增加身心弹性，保持身心健康。

（资料来源：塞利格曼：《当压力来敲门》，华夏出版社，2020年）

二、推荐电影

1.《夺冠》

影片讲述了中国女排从1981年首夺世界冠军到2016年里约奥运会生死攸关的中巴大战，诠释了几代女排人历经浮沉却始终不屈不挠、不断拼搏的传奇经历。

2.《三傻大闹宝莱坞》

影片采用插叙的手法，讲述了三位主人公法罕、拉加与兰彻间的大学故事。兰彻是一个与众不同的大学生，公然顶撞院长，并质疑他的教学方法，用智慧打破学院墨守成规的传统教育观念。兰彻的特立独行引起了模范学生——绰号"消音器"查尔图的不满，他们约定十年后再一决高下，毕业时兰彻却选择了不告而别。

第十章
掌舵人生航向
——大学生职业生涯规划

一不为名，二不为利，但工作目标要奔世界先进水平。

——邓稼先

孔子云："吾十有五而志于学，三十而立，四十而不惑，五十而知天命，六十而耳顺，七十而从心所欲，不逾矩。"这是说十五岁时决定学习的方向，三十岁时确定一生的原则，四十岁时不再动摇，五十岁时坦然接受不完美，六十岁时广泛听取多种意见，这样到七十岁时就可以按照自己的心意去做事情且绝对不会逾矩。孔子在此阐述了自己对于职业发展规律的理解，即应尽早确立目标方向，做出规划并坚定实施，同时也要接受被拒绝和失败的可能，在实践过程中结合实际情况及时调整，才能做到顺应本心地获得成功。大学阶段就是我们探索未来想做什么、能做什么、该怎么实现的最好时机。通过本章的学习，我们将更好地理解职业生涯规划的意义，探索自我潜能，提升职业决策能力，为就业创业做好准备。

学习目标

1. 了解职业生涯的含义，掌握职业生涯规划设计与发展阶段。
2. 提升职业生涯规划设计和实施的能力。
3. 明确职业生涯规划的重要意义，树立正确的求职心态。
4. 树立脚踏实地的意识、敬业奉献的价值观念，形成"奋斗是青春底色"的价值追求。

第一节　探索职业生涯

 身边的故事

我的未来在哪里

小来是某高职院校计算机系的一名新生，由于高考不是很顺利，在父母的强烈劝说下，填报了计算机系，但是进校后他发现自己在专业课方面什么都听不懂，对本专业的发展及前景一无所知，专业课越往后越难学，也越听不懂。本来想狠下心来，硬着头皮苦学一通，但是没有什么进展，只好就此放弃，每天沉迷于看小说、玩游戏、看电影、打牌、喝酒、睡觉。对于未来，他没有任何的想法，只想通过考试，"混"毕业，找个单位安心上班。看到周围同学为获得奖学金起早贪黑地学习，他产生一种迷茫、彷徨的心理，但他觉得那些离他都非常远，自己找不到理由充满激情地去面对学习。大一下来，他总共挂了三门课。

（资料来源：教学或咨询案例）

故事评析

很多大一新生都会经历一段迷茫期。在这段时间里，心情会变得异常烦躁，心里也感到莫名的空虚，眼前一片迷茫，看不见未来的路，找不到前进的方向，因此只能原地徘徊。究其原因，主要是这些学生缺乏职业规划，或者对职业规划没有正确的认识，所以才会长期停留在迷茫期。解开迷茫的有效办法是早日做好职业生涯规划，心中有方向，努力有目标。否则，在迷茫徘徊中绕来绕去，就会止步不前。

一、职业生涯的含义

1. 职业生涯的内涵

生，即活着；涯，即边界。广义上，生，与一个人的生命相联系；涯，则有边际的含义。生涯即指人生经历、生活道路和职业、专业、事业。舒伯认为，生涯是一个人一生中，不同时期不同角色的组合。在生涯中，职业角色对生涯的影响较大。首先，人们很多的需求实现要依赖职业发展，职业角色往往提供其他角色的经济来源；其次，职业生活通常从20多岁至60多岁，占据了人生的重要时间阶段；最后，选择什么样的职业其实就是选择了什么样的生活方式。

因此，职业生涯就是一个人的职业经历，是指一个人一生中所有与职业相联系的行为与活动，以及相关的态度、价值观、愿望等连续性经历的过程，也是一个人一生中职业、职位的变迁及工作、理想的实现过程。

2. 职业生涯的特点

（1）独特性。职业生涯对于每个人来说都是独特的，即使选择同样的专业，也可能有完全不同的生涯发展。从历年的大学生就业报告中来看，有很大一部分的学生都是学非所

用。专业是学科分类,而工作是自学能力、逻辑思维、问题解决能力和人文素养的综合,两者并非必须对应。

(2)发展性。职业生涯是指一个人终身经历所有岗位的过程,因此职业生涯规划应该是发展性的,也是随时需要调整和检查的。找工作不是职业生涯规划的结束,而恰恰是万里长征的第一步。在择业过程中也要着重考虑晋升空间、行业前景等因素。

二、职业生涯的发展

职业生涯是一个动态发展的过程。舒伯认为,在职业生涯发展中将历经成长、探索、建立、维持和衰退等一系列生活阶段。在这一过程中,个体将逐步地完成自身与社会环境、自我概念与现实的协调。从发展阶段来看,可以分为以下五个阶段。

1. 成长阶段(0—14岁)

这一阶段是从对职业的好奇、幻想、兴趣,到有意识地培养职业能力、逐步成长变化的过程。具体又分为三个成长期:①幻想期(10岁之前),儿童从外界感知到许多职业,对自己觉得有意思和喜欢的职业充满幻想并会进行模仿;②兴趣期(11—12岁),以兴趣为中心,理解、评价职业;③能力期(13—14岁),开始考虑职业和能力的要求。

2. 探索阶段(15—24岁)

逐步意识到职业将成为未来生活的主要部分,开始进行初步的职业尝试,此阶段主要的任务是将职业偏好具体化。这一阶段又分为三个成长期:①探索期(15—17岁),通过想象、讨论、课程和工作的方式考虑自己的需要、兴趣、能力、价值观及求职的机会,进行职业尝试;②过渡期(18—21岁),进入人才市场,或者进行专门的职业培训,着重现实的考虑;③尝试期(22—24岁),初步确定职业,尝试使其成为长期的职业工作,如果觉得不适合将会重新选择。

3. 建立阶段(25—44岁)

在探索阶段之后,尝试建立职业,并且工作逐渐稳定。这一阶段又分成两个成长期:①尝试期(25—30岁),这一时期可能会变换职业,目的是选择更为满意的职业;②稳定期(31—44岁),随着职业模式变得更为清晰,从事的工作更为稳定,而此时也是最具有创意和成长的时期。

4. 维持阶段(45—64岁)

工作中已经取得了一定的成绩和社会地位,主要任务是维持并提升既有成就与地位。

5. 退出阶段(65岁以后)

个人的体力和精力都在衰减,工作进展会减缓乃至停止。一般在此阶段,职业生涯会面临结束,许多人会退休,将生活重心从工作上转移。可见,职业生涯贯穿我们人生的大部分时间,工作和职业不仅是赚钱谋生的手段,更重要的是自我探索、开放潜能的过程,职业生涯的探索和实践,可以帮助我们满足了解自己的需要,获得自我满足与自我实现。

生涯彩虹图

舒伯为了综合阐述生涯发展阶段与人生角色彼此间的交互影响，创造性地描绘出一个多重角色生涯发展的综合图形——生涯彩虹图（图10-1），形象地展现了人生发展的时空关系。

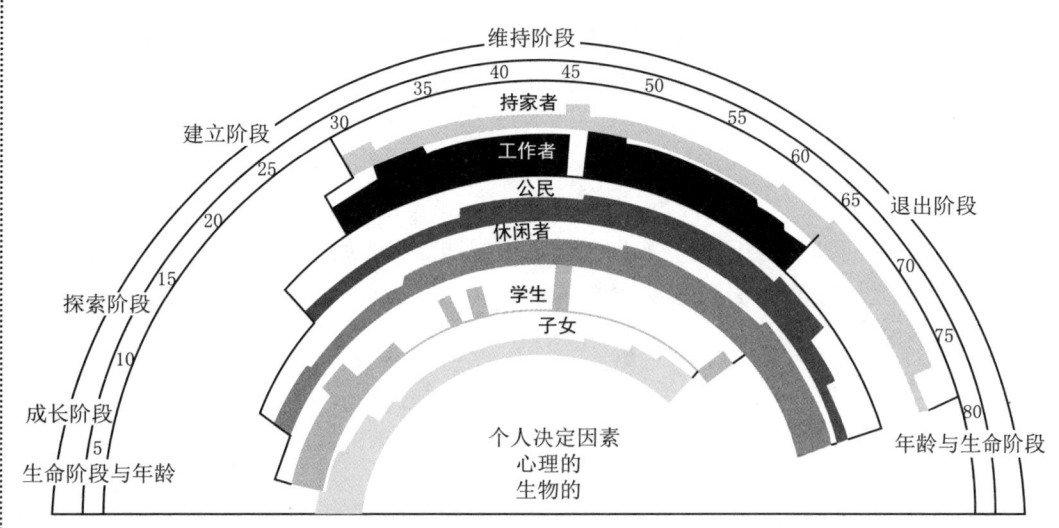

图 10-1　生涯彩虹图

在生涯彩虹图中，最外面的层面代表横跨一生的生活广度，包括成长阶段、探索阶段、建立阶段、维持阶段和退出阶段。里边的各层面代表纵观上下的生活空间，由一组角色组成：子女、学生、休闲者、公民、工作者和持家者。各种角色之间是相互作用的，一个角色的成功，将会为其他角色提供良好的基础。但是，在一个角色上投入过多的精力，而没有很好地平衡协调各角色之间的关系，则会导致其他角色的失败。比如在现实生活中，常会看到有的人过分投入工作而忽视家庭，从而导致家庭的不和谐，进而对其个人的人生满意度带来负面影响。因此，成功的人生应该包括四个方面，即身体健康、家庭和谐、子女自立成才和事业有成。

（资料来源：施宵霞，《生涯彩虹图——"我的彩虹人生"教学设计》，江苏教育（心理健康），2017年）

三、大学生职业生涯的发展

从生涯发展的角度可以把大学分为生涯适应期、生涯探索期和生涯决定期三个阶段，每个阶段有生涯规划和个人成长两部分任务。

（一）生涯适应期

大学一年级，我们经历了从梦想到实际的过程，这个阶段的主要任务是"适应"，注重培养的是对专业的认识和未来职业的设想。具体任务包括以下几个方面。

1. 生涯规划方面

（1）了解专业发展（包括如何利用资源去查找与自己专业有关的信息）。

（2）改变学习策略（制订学习计划和进行时间管理）。

（3）学习使用学校资源。

（4）积极参与社团工作（发展与人交往和团队合作的能力）。

2. 个人成长方面

（1）探索个人兴趣和价值观（发展自己的兴趣，同时避免在众多兴趣中迷茫）。

（2）学会自我适应（包括适应现在的生活，克服自卑情绪，正确定位，培养自理自立能力）。

（二）生涯探索期

大学二年级，我们对自己的专业和兴趣的了解增加，开始进行职业的探索。需要经历从学业到工作的尝试过程，此阶段的主要任务是"尝试"，注重职业生涯的实践。具体任务包括以下几个方面。

1. 生涯规划方面

（1）专业学习（着重基本能力的培养）。

（2）了解职业（职业发展需要什么样的能力）。

（3）确定与规划职业目标（探索工作或进修的实际要求，并与自己的兴趣特点相匹配）。

（4）缩小与职业目标的差距（开展与职业发展相关的实践）。

（5）兼职（注重选择的质量与金钱管理）。

2. 个人成长方面

（1）进一步了解个人兴趣和价值观。

（2）发展与职业生涯相关的能力（注重在活动或兼职中发展自己的能力，特别是负责任、团队合作、时间管理等可迁移能力）。

（3）培养创新意识和同理心（在工作中发现自己的独特价值，关怀自己并能从他人的角度考虑问题，发展对他人的信任以及亲密关系）。

（三）生涯决定期

大学三年级，不管是实习还是升学，大家都要在这一时期做出决定，在这个阶段要走过从尝试到实战的历程，因此这个阶段的发展任务就是"理性决定"。要能够根据自己的需求以及社会的形势做出最适合自己的生涯决定，同时了解这次生涯决定是人生中众多决定中的一次，重要但不唯一。具体任务包括以下几方面。

1. 生涯规划方面

（1）掌握求职技巧（收集/使用信息，写简历，着装礼仪，面试准备，面试后行为）。

（2）了解相关信息（相关的职业信息和考研信息）。

（3）了解不同地方/行业/学校/专业可能的发展前景/利弊。

(4)做出职业选择(理性选择并对选择负责)。

(5)做好专升本考试过程中的准备(包括知识、心理和考试的准备)。

2. 个人成长方面

(1)理解工作/深造对恋爱关系和生活的影响(学习处理事业与爱情的关系,考虑到自己多种生涯角色的平衡)。

(2)适应工作(提高工作能力,适应工作时间)。

(3)规划以后的发展(分析此次生涯规划对下次规划的影响,再次进行自我探索、工作探索,为下一次生涯选择做准备)。

四、大学生职业生涯规划的心理误区

1. 大学随兴所至就可以,没必要探索自我

身边的故事

迷茫的小鹏

小鹏在大学里尽情地享受着自由的大学生活。他觉得大学的生活应该一切按照自己的兴趣来安排,于是他一时兴起玩玩乐器,一会儿又去忙活社团,大学三年他都在各种社团活动、同学聚会中度过。这三年他做了无数的事情,有了许多的体验,但是即将毕业的他发了愁,因为他做过的事情太多,自己也不清楚到底喜欢什么,对于毕业后想做什么、能做什么更是没有仔细想过,这可怎么办呢?

(资料来源:教学或咨询案例)

故事评析

大学的意义对于每个人来说各有不同,几年大学生活过后,我们便要离开熟悉的校园开始新生活。也许你会选择工作,也许你会选择考研,也许你会选择出国,无论做出何种选择,现在的三年时光都会为你将来的发展奠定基础。你将如何利用这段时光?是简单地将自己的丰富的经历叠加,还是有规划地探索自己未来的发展方向,并积累相关经验呢?

也许有的学生会说现在我还没有想好,等着大三的时候再考虑不就行了吗?小鹏的经历告诉我们,仅凭兴趣而行动,但不沉下心来,不尝试叩问自己的内心是不行的。我们需要静下心去了解我是谁、对什么事情真正感兴趣、愿意为什么付出努力。当然,清楚地知道自己想要什么、希望做什么职业、过怎样的生活,也不是轻而易举的事情。随着年龄和阅历的增长,我们对自己的理解也会不同,但只有始终保持一颗了解自己的心,探索自己的需求所在,才会在未来的路上不偏离内心的方向,过上自己想要的生活。

2. 职业生涯规划等到即将毕业时再做也不迟

早起的鸟儿

美慧这个学期在学校就业中心实习。她要帮助中心的老师们整理毕业生简历，布置面试会场，得以有机会见识了很多简历。看到每次面试结束后，都有一厚摞简历被淘汰，虽然竞争激烈，但是一个叫张红的学姐还是获得了多家单位的青睐。美慧看了她的简历，这份简历写得诚实朴素，实习经验也并不是亮眼的名企，那到底是什么帮助她获得成功的呢？从学姐的简历中可以看出，她选修了生涯规划课。参照学姐，美慧和舍友晶晶这学期也选修了生涯规划课。

（资料来源：教学或咨询案例）

故事评析

我又该如何度过我的大学生涯呢？应该培养何种能力呢？更多的同学认为才大一就考虑这个问题有点早，现在的计划不一定能执行到大三毕业。事实上，进行职业生涯规划并不意味着过早地把自己的人生框住，而是发现什么是自己真正想要的，并尽早树立目标。

对于人生，有无职业生涯规划的生活是截然不同的。一个有明确的人生理想和目标的人，并且坚定地向目标迈进，整个世界都会为他让路。有规划的人生也更容易成功。

3. 做职业生涯规划就是急功近利，对自己缺乏全面了解

职业生涯规划被很多人认为是"瞬间成功和急速暴富"的钥匙。曾有一份在数百名大学生中所做的调查显示，95%的大学生表示自己两年之内要做到主管，5年后成为部门总监；77%的大学生35岁之前要成为年薪50万元～100万元的职业经理人，做一名"金领"。许多人在大学时代就已经形成了对未来职业的一种预期，然而他们往往忽视了对个体年龄和发展的考虑，就业目标定位过高，过于理想化。急功近利，追求速成，会导致目前择业过程中的眼高手低。在制订自己的职业生涯规划时，最好是面对现实，做一个全面的自我分析，即"定向"，就是确定自己的职业方向；"定点"，就是定自己职业发展的地点；"定位"，就是自己在社会上的位置；"定心"，就是做到心平气和。这些实际上就是解决职业生涯中"干什么""何处干""怎么干""以什么样的心态去干"这四个最基本的问题。

4. 把就业、职业、事业混为一谈

就业可以是临时工作，它和我们的未来发展方向既可以相关也可以不相关。职业则是我们所选择的这个行业，我们打算干它一辈子。事业则是职业的更高境界，是职业对外的扩展和延伸。生涯规划并不是一次性的，是允许调整的。生涯规划本身并不是让大学生立刻定下来大学毕业后要从事的工作，甚至一辈子的职业，更多的是鼓励大学生通盘考虑自己和职业的需求，保持灵活性，更有掌控感。

第二节　规划职业航向

我该做什么

来到大学读书已经几个月了,当初入学报到的新鲜感已渐渐消退,慢慢适应大学生活的小曼却感到了一阵迷茫,从未有过的自由和宽松的氛围竟让自己迷失了方向。大学第一学期每天只有两节课,更多的时间留给了自己来安排。考上了大学,没有了堆积如山的模拟题,没有了老师的叮咛与指导,课程学习感觉很枯燥,服从调剂后录取的专业让自己怎么也打不起精神,未来的路竟渐渐模糊了。难道小曼的大学四年就要在迷茫和颓废中度过吗?

（资料来源：教学或咨询案例）

故事评析

在大学里,不少学生过着这样的日子:8点的早课常常因为贪睡而翘掉,下课后的时光不是窝在床上上网就是和三五个好友出去聚餐,早把学习抛在了脑后;大学里各种各样的社团和活动让人挑花了眼,不知道该选哪个,该舍弃哪个。

经历了高考,从紧张的备考氛围进入宽松的大学环境,你一定有许多不适应的地方。也许你也曾感叹自己不知不觉发生的变化,关于未来,不知道要做什么,能做什么,也不想去思考,只好走一步算一步。摆脱迷茫的最佳方法是要了解自己,找到自己愿意为之奋斗的目标,并设立行之有效的行动计划。

一、探索自我

我选择了不喜欢的专业

宋怡是一名大二的学生,这周她刚刚通过了助理会计师的考试,拿到了初级会计证书。毕业找一个专业对口的工作是十拿九稳了,周围的同学们都很兴奋地筹划着一起去庆功。而宋怡却并不开心,她发现自己一点都不喜欢这个专业。当初爸爸说女孩子做会计好,容易找工作而且稳定,收入也不错,非得让她报会计专业。但她认为会计工作都是计算,实在是太枯燥了。她是个开朗外向的女孩,更喜欢出去和别人打交道,而不是对着一堆数字,而且她觉得自己也不细心,干这种工作太容易出错了。靠着死记硬背,她拿到了还不错的成绩，也考取了相关证书，就算是正式进入这一行了。但是一想到往后的生活里，每一天做着算账等精细、琐碎又耗时的工作，她就觉得很头疼。

宋怡也想过，要不然和爸妈商量一下转专业，或者以后不做会计这一行。但是好不容易考的证，又不做会计了，那这么久的努力就白费了，从头再来的话也不知道是什么样；而且真要转专业，她也不知道要转哪个专业，什么适合自己。往往是话到嘴边又被爸妈一句"那你不干会计，你想干什么"给堵了回来。

（资料来源：教学或咨询案例）

故事评析

职业生涯选择不仅是找一份工作，更是一个长期的选择，除了物质基础，个人的情绪、态度、价值观、愿望等也必须考虑。宋怡虽然拿到了工作的准入证，能够获得稳定的收入，但是她并不快乐，当前的工作和她个人的性格、兴趣都不匹配。即使是可能获得被人称赞、羡慕的成就，也无法令她感到幸福。而更多的情况下，她或许会在一个不喜欢的工作中因为抗拒消耗掉过多的内心能量，从而失去努力的动力，无法取得进步和成绩。

职业生涯规划首先要从内心世界开始探索，抛开社会环境、父母期待、收入水平等影响因素，问问自己的内心，自己真正想要的、期待的是什么，做出更贴近内心的选择，或许在职业生涯道路里会有更多的愉悦和坚持。

对于职业生涯里的自我探索，一般聚焦在个人价值观、兴趣、能力及性格等方面，即寻找我喜欢做什么，我能做什么，我想要什么生活，我认为工作中最重要的是什么等问题的答案。

（一）人格特质

初次与人见面时、加入新班级时、参加面试时，我们常常被问到的第一个问题是，介绍一下你自己或你认为自己是一个什么样的人。提到这个问题你的脑海会闪过哪些词汇呢？内向的还是外向的？好动的还是喜静的？细心的还是豁达的？我们常常用这些词来形容我们的性格，实际上，性格在心理学上被称作人格特质，它反映在我们对自己、对外部世界、做决定、获取信息、与人相处等方面。我们对它如此熟悉与习惯，以至于常常在相似的情景出现时便自动地做出反馈，这就是影响我们生活方方面面的人格特质。同样，在未来的工作中，你的人格特质也将自然而然地流露，并将影响你的职业生涯选择与工作表现。因此，了解人格特质是自我探索的第一步。

依据荣格人格类型分类，嘉芙莲·谷嘉·碧瑞斯和伊莎贝尔·碧瑞斯·麦尔开发了MBTI人格测评量表，它是世界上广受好评并且被普遍采用的人格测量工具。MBTI人格测评量表将人格分为四个维度（表10-1）：外向（E）—内向（I）维度考察能量来源；感觉（S）—直觉（N）维度考察获取信息的方式；思考（T）—情感（F）维度考察做出判断与选择的方式；判断（J）—认知（P）维度则考察与外部世界打交道的方式。如果想要更加准确地了解自己的MBTI类型，需要测试专门的MBTI人格测评量表。当然，可以对不同类型的描述对自己做一个简单的自我评估。

第二节 规划职业航向

表 10-1 MBTI 四个维度的特征

维度	特征	维度	特征
外向 （E）	从外部世界获取能量 喜欢与人打交道 先行动后思考	内向 （I）	从内心世界获取能量 喜欢思考、阅读与独处 先思考后行动
感觉 （S）	喜欢收集实实在在的、具有可靠证据的信息 注意观察周边细节 通过观察、推理一步步得出结论	直觉 （N）	喜欢通过想象等方式收集信息 喜欢把握宏观大局 通过直觉感受直接得出结论并喜欢大胆设想
思考 （T）	站在一个客观、理性的视角权衡事情利弊继而做出判断 寻求一个合乎真理的客观标准 好分析、好因果推理	情感 （F）	站在一个主观情感的视角权衡参与者各方的感受继而做出判断 寻求和谐的人际交往氛围 好体察别人的情感
判断 （J）	善计划，按部就班地奉计划行事 做出判断、分析利弊再行动 喜欢把事情落实、敲定 按计划行事，避免最后一分钟行动	认知 （P）	善应变，自发性地随机安排事 当下决定即刻行动 接受事情多种开放性结局 喜欢最后一分钟行事，这使他们感到活力充沛

根据 MBTI 测试，我们可以了解自己适合的职业类型。可以从这些职业类型出发，逐渐开始职业世界探索。但是需要注意的是：任何量表都有它的局限性和误测性，当发现自己的 MBTI 类型与自己不太相符时，我们只需要相信自己内心的声音。另外，更多的研究也表明，从事同一种工作的人也有千差万别的性格，对于不同的人格特质都可以在同一种工作领域找到自己的优势与价值，因此即便我们希望从事的职业与自己的 MBTI 类型不符也不要担心，测试结果只能作为现实的参考，人格特质也仅仅是影响职业决策的一种因素而已。

MBTI 类型的性格特征分析及对应职业类别

（二）价值观

甜蜜的烦恼

沈霖在即将毕业时收到了两家公司的录用通知，他很开心，因为自己前段时间的努力没有付诸东流。但是兴奋之余他又犯了难，两家公司的工作他都很喜欢。一份工作是在知名网站做策划，可以每天接触新的事物、从同行那里学到许多知识，但起薪不高，要升职的话，需要付出相当大的努力。另一份工作是在国企，工资丰厚、待遇好，而且社会声誉高，父母也一直希望自己能找一个"铁饭碗"。面对鱼和熊掌，沈霖不知如何抉择。

（资料来源：教学或咨询案例）

第十章 掌舵人生航向——大学生职业生涯规划

故事评析

即将就业的你是否也有这样的迷茫呢？如今面对眼花缭乱的工作种类、众说纷纭的工作利弊，你打算如何选择呢？但是换一个角度想想，这又何尝不是你自主选择的好时机呢。

兴趣岛测试

价值观是指一个人对周围的客观事物（包括人、事、物）的意义、重要性的总体评价和总体看法。个体的价值观是后天形成的，即在家庭、学校和社会等因素的影响下，随着知识的增长和生活经验的积累而逐步形成的。价值观影响人们对生活的选择，通过了解自己的价值观，我们可以明确对事物的看法，明确哪些对于我们的生活来说才是重要的。

工作价值观作为价值观系统中的一个重要方面，可以帮助我们了解工作的哪些方面、特质能带来工作满意度，实现个人的价值。工作价值观包含助人、影响他人、追求价值、成就、地位、报酬、独立性、安全感、创造性、同伴关系、挑战等方面。

在职业选择过程中，人们通常将一般价值观和工作价值观结合起来考虑职业生涯规划，以使个人价值得到实现。但是我们常说，一个人的命运，只有与国家的命运紧密联系起来，才能做出一番不愧于时代的成就。个人的价值在实现理想的过程中才得以体现。

（三）兴趣

大多数成功者能够长期坚持、应对挫折的重要推动力都是兴趣，这也是大学生在职业探索中重要的考虑因素之一。缺乏兴趣会使个人在职业生涯中不能有效适应和坚持工作。

关于兴趣的生涯研究最著名的是霍兰德的职业兴趣理论。他将人的职业兴趣归为六种类型：实用型（R）、研究型（I）、艺术型（A）、社会型（S）、企业型（E）和常规型（C）。每一种类型都有自己独特的喜好活动和工作环境，每一个人会同时具备多种兴趣类型特质，但是强弱有所不同。霍兰德依据每一个个体最突出的三种兴趣类型来确定每个人的职业兴趣，通过测试和量表，每一个个体选出三个最符合自己的兴趣类型并依次排列，以此形成的三位霍兰德代码代表了每一种个体的兴趣类型。霍兰德假设从事同一种工作的人群具有相似的兴趣、喜好，以此根据从业人员的特征将每一种工作对应一个霍兰德代码。根据霍兰德的理论，个人和工作的代码相互一致时为最佳适配，它将增进个人的工作满意度、职业稳定性和职业成就感。同样的，个体在选择职业时，也可以根据自己的兴趣代码找到相匹配的工作。

（四）能力

能力是人们顺利完成某种活动所必备的个性心理特征。任何一种活动都要求参与者具备一定的能力，而且能力直接影响着活动的效率。

职业能力是指人们从事某种职业活动必须具备的各种能力，一般分为通用能力和专业职业能力两种。通用能力是从事职业活动应普遍具备的能力，包括学习能力、社会适应能力、语言表达能力、人际沟通能力、团队合作能力等；专业职业能力是指对某一专业领域的活动有特殊作用并在活动中表现出来的能力，是顺利完成该项工作的必备条件，如外科医生的手术操作能力、教师的教学设计能力、驾驶员的空间判断能力等。各专业领域的专业资格证书、学历证书等都是专业能力的外在体现，如教师资格证、会计从业资格证等。在求职过程中，是否具有胜任岗位的专业能力也是用人单位重点考虑的因素之一。

通用能力和专业职业能力是既相互区别又彼此联系的统一体。通用能力是专业职业能力的基础，是各行各业中都需要具备的能力。而专业职业能力则是通用能力在某种职业中得到高度发展的特殊表现。由于当今社会在飞速发展，很多职业和岗位处在不断变化之中，每个人一生可能会更换不同的职业和岗位，因此大学生不仅要在学习和工作中努力培养自己多方面的专业能力，让自己成为掌握多种专业技能的复合型人才，还要注重对通用能力的培养，这些能力往往在职业发展中起着更为重要的作用。

二、确立目标

大学生应通过自我分析明确自己该选择的职业方向，即解决"我选择做什么"的问题，这是个人职业生涯规划的核心与前提。

制定目标，靶向发展

制定职业目标要分别确立长期目标和短期目标。长期目标一般是以后职业规划的顶点或较高点，也就是梦想，但要细化至具体工作，如毕业后进入某知名企业从事销售工作。短期目标一般是素质、能力的提高，可以用获得证书或通过考试作为达成目标的标志。许多人在大学时代就已经形成了对未来职业的一种预期，然而他们往往忽视了对个体年龄和发展的考虑，以至于就业目标定位过高、过于理想化。近几年，不少毕业生在选择职业中一直强调大单位、大城市和高收入，甚至为了这些不惜放弃个人的专业特长，不顾个人的性格和职业兴趣。盲目地攀高追求与选择不仅影响个人目前的就业，也会对个体以后的职业发展造成不利的影响。每一个人都应该知道自己在现在和将来要做什么。职业目标的确定，需要根据不同时期的特点，根据自身的专业特点、工作能力、兴趣爱好等情况分阶段加以制定。

三、制订计划

在确定了职业生涯目标后，行动便成了关键的环节。没有达成目标的行动，目标就难以实现，也就谈不上事业的成功。这里所指的行动，是指落实目标的具体措施，主要包括工作、训练、教育、轮岗等方面的措施。例如：为达成目标，在工作方面，你计划采取什么措施，从而提高你的工作效率；在业务素质方面，你计划学习哪些知识，掌握哪些技能，从而提高你的业务能力；在潜能开发方面，你计划采取什么措施开发你的潜能；等等。这些都要有具体的计划与明确的措施，并且计划要特别具体，以便于定期检查。

四、开展职业生涯设计的注意事项

（一）根据社会需求设计职业生涯

选择职业作为一种社会活动必定受到一定的社会制约，任何人选择职业的自由都是相对的、有条件的。如果择业脱离社会需要，将很难被社会接纳。我们强调大学生求职时要追求社会与个人利益的统一、社会需要与个人愿望有机结合。大学生在职业生涯设计时，应积极把握社会人才需求的动向，把社会需要作为出发点和归宿，以社会对个人的要求为准绳，既要看到眼前的利益，又要考虑长远的发展，既要考虑个人的因素，也要自觉服从社会需要。

（二）根据所学专业设计职业生涯

大学生都经过一定的专业训练，具有某一专业的知识和技能，这是每个人的优势所在。大学生都有自己的专业，每个专业都有一定的培养目标和就业方向，这就是大学生职业生涯设计的基本依据。用人单位对毕业生的需求，一般首先选择的是大学生某专业方面的特长，大学生迈入社会后的贡献，主要靠运用所学的专业知识来实现。如果职业生涯设计离开了所学专业，无形中就增加了许多负担，个人的价值就难以实现。需要强调的是，对所学的专业知识，大学生要做到精深、广博，除了要掌握深厚的基础知识和精深的专业知识，还要拓宽专业知识面，掌握或了解与本专业相关、相近的若干专业知识和技术。

（三）根据个人兴趣与能力特长设计职业生涯

职业生涯设计要与自己的个人性格、气质、兴趣、能力特长等方面相结合，充分发挥自己的优势，扬长避短，体现人尽其才、才尽其用的要求。兴趣是个体积极探究事物的认识倾向，这种倾向常有稳定、主动、持久等特征。如果一个人对某种工作产生兴趣，他在工作中就会具有高度的自觉性和积极性，在工作中就容易做出成就。反之，一个人对工作没有兴趣，就不可能将自己的精力投入到工作中去，也就不可能取得工作中的成功。但兴趣爱好也并不总起着正向的驱动作用，有时它也是一种耗散力。

能力特长是人们成功地完成某种活动所必须具备的个性心理特征，是人们在社会实践中表现出来的身心力量。按照自己的能力特长进行职业生涯设计是大学生应特别注意的问题，因为任何一种职业都需要一定的能力，不同职业有不同的能力要求。能力特长对职业的选择起着筛选作用，是求职择业以及事业成功的重要保证。

第三节　开通求职之路

身边的故事

不出门的"宅男"

小王大学毕业快半年了，却一直没有出去参加招聘会，而是在家里等着，让父母出去找门路。每当父母出去为他奔波时，他都满怀希望等待好的结果，但一看到父母失望的神情，他就会一头扎进自己房间。毕业快半年了，他走出房间的时间越来越少，整天垂头丧气的，情绪越来越差。"现在求职的人这么多、没有门路到哪儿找工作！"小王总

是这样对父母说，弄得一家人都跟着他发愁。

（资料来源：教学或咨询案例）

故事评析

小王面对困难采取回避的态度，内心充满焦虑又不愿意面对，选择在家里等，希望父母帮他找一个一劳永逸的工作。这种被动的等待会让他一天比一天焦虑。其实，就业中产生适当的焦虑心理是正常的，但不能让这种焦虑成为就业的绊脚石。

就业是人生的重大转折点，是大学生从自然人向社会人过渡的重要阶段。大学生在求职过程中也经历了一个复杂的心理过程。大学生刚刚走出大学校园，没有经过社会的磨炼，现代社会的就业竞争会使大学生真正体会到人生的酸甜苦辣，因而引发强大的心理压力。面对挑战，有的同学会出现焦虑、紧张、抑郁、失落等心理，这些心理上的变化是正常的。因此，大学生在求职过程中应做好充分的心理准备，形成正确的择业心理，努力克服择业中的不良心理倾向，为顺利就业奠定坚实基础。

一、择业心理困惑

（一）择业焦虑心理

择业焦虑是指大学生在面临求职情境时，因求职压力较大而体验到的一种紧张、强烈而持久的负面情绪，严重时可能会引起个体的生理指标和行为变化。通常表现为睡眠质量下降，心跳加快，胸闷，注意力无法集中，思维比平时更加缓慢和混乱，对学习、工作和生活失去兴趣等。其实轻度的焦虑，人皆有之，是正常的。适度的焦虑会使人产生一种压力感，迫使人积极努力。我们需要注意的是要避免过度焦虑，因为它会干扰人的正常生活，甚至易导致较严重的心理障碍或疾病。

（二）择业攀高心理

部分大学生在职业选择中，带有浓厚的主观意念，认为是自己去选择职业，因此存在心理期望值偏高的现象。很多大学生希望选择效益好、工资高的单位，更多的大学生要求到发达的大城市工作。不少学生有怕吃苦、盲目追求享受的心理，甚至受社会功利主义的影响，择业时名利心理过重，盲目追求高待遇，对自身在社会中的定位没有正确的认识和分析，缺乏对自我的客观评价。存在这种攀高心理的大学生，势必会在就业中碰壁。

（三）择业自负心理

存在择业自负心理的大学生对自己的职业兴趣、气质、性格、择业能力并不了解，同时缺乏科学认知的方法和手段。自我评价时往往以点带面，只看到自己的优点，无法正视自己的缺点。也许你在某个方面是突出的，但它可能不是就业的决定因素；用人单位看重的是大学生的专业知识、能力水平、社会适应性、思想品德、个性特征等方面的综合因素，这些才是就业成功的关键。抱有自负心理的大学生应聘面试时往往夸夸其谈、挑剔攀比，提出过分的要求，给用人单位留下浮躁、不踏实的印象；择业失败时缺乏自知之明，抱着

"此处不留爷，自有留爷处"的想法，不加反思。看到别人签约时则牢骚满腹，怨天尤人。这种自负心理对就业的不良影响很大，常常使大学生们错失良机。

（四）择业自卑心理

比较常见的自卑学生有四类。第一类，一些冷门专业的学生看到就业市场中与专业对口的单位少、待遇差或在求职中遭冷遇，就容易悲观失望；第二类，一些性格比较内向、不善言辞的学生看到其他应聘者口若悬河，自己什么也说不出来也会自惭形秽；第三类，一些在校成绩与表现一般的学生看到同学的自荐书上奖励、证书、成果一大堆，而自己什么也没有，也容易自我贬低；第四类，一些大学生在遭受用人单位的性别歧视后，也会降低信心。此外，高职毕业生普遍存在对自身学历层次、综合竞争力的不自信。

（五）择业依赖心理

择业依赖心理在求职择业中具体表现为两种倾向：一种是依赖多数人的从众心理，自己缺乏独立的见解，不能根据自己的实际情况做出相应的选择，而是随波逐流，见别人都往大城市、事业单位求职，自己也去尝试；另一种是依赖他人的倾向，不敢积极主动选择求职，而是坐等学校、家人、亲戚朋友给自己提供机会，这与竞争激烈的求职现状是不符的。

（六）择业挫折心理

择业挫折心理是指大学生求职的需求不能得到满足，行动受到阻碍、目标未能达成的失落性心理状态，这在大学生求职过程中是很常见的。投出上百份简历却没有得到一个面试的机会，在面试中被拒，经过层层选拔却最终未能拿到录用通知，在工作之初自己未能得到重用，能力不能发挥等挫折无疑会给大学生带来较大的挫败感。

二、择业心理调适

（一）端正动机，树立正确的职业价值观

职业价值观是人生价值观的重要组成部分，对大学生职业心理的健康发展具有重要影响，加强职业价值观的培养是形成健康就业心理的重要途径。价值取向是关于事物是非善恶及其重要程度排列的一种倾向和态度。大学生确定稳定而合理的价值取向是认识自我、做好择业心理准备的重要前提。即将就业的大学生，随时需要做出行为判断和选择，而这些判断和选择是以一定的价值取向为基础的。此处价值取向主要包括下列两种：第一是以社会一般趋向为目标的价值取向，即以社会环境作为选择的主要因素，如职业的社会地位是影响大学生择业的重要因素之一；第二是以实现自我为目标的价值取向，即以实现自我目标作为选择的主要考虑因素。确立稳定、合理的价值取向，就是正确调整自我与社会的关系，将社会的需要与个人的理想目标结合起来。正确的职业价值观可以帮助学生调整好自己的心态，更好地适应职业的要求。顺利走好自己的职业发展道路。

（二）转变观念，培养全新的就业理念

就业的过程是根据就业形势和自身的能力和条件进行全面权衡的过程，要考虑的因素有很多，为适应就业形势和就业方式的新特点，大学生必须转变观念，培养全新的职业观念和就业理念。

（1）要确立行业无贵贱的职业地位观。职业地位观是指人们对职业中权力、工资、晋升、工作条件等的态度和认识。行业无贵贱，工作无尊卑，社会劳动是分工进行的，各行各业彼此依赖，只要是社会需要的工作，都是高尚神圣的。三百六十行，行行出状元。不论处于什么岗位，只要尽自己最大的努力，以诚实的劳动为社会做出有益的贡献，都能获得人民的赞誉和报酬。每个大学生择业时都应摒弃世俗偏见，平等地看待面前的职业。

（2）转变就业观，树立有事做、有收入就是就业的理念。就业是人生道路上的重要抉择，但绝不应该有理想化的倾向。所谓理想化倾向，就是不切实际地评价自己和不现实地要求社会，把自己的职业岗位和职业前途设计得过于理想化，而无法在社会现实中完全兑现。当现实不能如愿时，就会出现一些不应有的思想问题，不安心于本职工作，影响自己的成长和进步。因此，当大学生走向就业市场，与用人单位双向选择之际，要考虑社会需要和允许我干什么。把自己从"我想干什么"的一厢情愿转变到"我能干什么"的现实定位，不要刻意去追求有乐趣的工作，要在工作中追求乐趣，在现实的本职工作中显身手。

（三）面对现实，正确认识自我和社会

大学生在选择就业时一定要面对现实，正确认识自我和社会。此处的现实包括主、客观两个方面。

1. 客观地认识自我与评价自我

（1）要学会客观地认识自我。客观全面地分析自己的实力，做出对自己实事求是的评价非常重要。大学生应该全面恰当地认识和了解自己的理想、价值观、个人素质、个人气质、性格、兴趣爱好、能力、知识、身高、外貌等，不要以己之长比他人之短而自大，也不能以己之短比他人之长而自卑，要在实事求是地肯定自己的长处的同时，正确看待自己的不足，通过努力逐步克服缺点。以社会需求标准来衡量自己，把个人客观性与社会客观性统一起来，注重个人服从社会。认真分析用人单位的录用条件，看看自己具备了哪些条件，不能把就业理想建立在不切实际的幻想之上。

（2）要经常对自己进行积极的自我暗示。那些存有严重自卑心理的毕业生应该经常对自己进行积极的自我暗示，比如"我行""我一定能干好"等。要相信天生我材必有用，有了这种心理，不仅对求职、择业有积极作用，而且对走好将来的人生之路也具有积极意义。

2. 客观地认识社会，客观地分析自己所处的择业环境

正视社会现实，理性地认识市场经济条件下的就业机制、就业形势和客观困难，客观地分析自己所处的择业环境，这是每个大学生必须做好的就业准备。大学生只有正确分析自己所处的求职地位，把握面临的就业形势，进而积极主动地适应社会的需要，根据自身所处的择业环境进行切合实际的择业选择，才能开辟一片属于自己的天地。只有充分认识社会对人才的要求，才能够更积极主动地参与社会竞争，避免不恰当的社会期望与自我评价，提高求职择业的成功率。因此，大学生要做有心人，全面了解社会对人才需求的状况，急需人才的部门和专业门类，党和政府关于大学毕业生就业的有关政策和规定，目前就业的有利条件与可能发生的矛盾等。同时，对于求职过程中可能遇到的困难应该有充分的估

计。例如：有的用人单位不能按规定给予员工合理的待遇等。大学生只有具备了充足的思想准备，才不至于碰到困难时就灰心丧气、情绪低落，而是能面对现实，克服困难，实现自我追求。

（四）善于竞争，培养良好的就业心理品质

大学生踏足社会参加工作，就要树立不畏挑战、勇于拼搏的精神，积极培养自己的竞争意识，消除害怕失败的胆怯心理，不断增强自己的竞争能力，这样方能在未来的社会发展中闯出自己的一片天地。大学生要做好主动参与竞争的心理准备，培养进入人才市场的勇气和胆略，既要敢于竞争，还要善于竞争。在平时的大学生活、学习和各种活动中，应有意识地培养自己的竞争意识，尝试一些竞争行为，体验竞争中的紧张情绪与波动，增强竞争的胆量和智慧，为以后择业、就业打下良好的基础。择业前要主动认真地分析自己的素质和社会对人才的需求状况，积极主动地寻求适合自己的职业。

（五）接纳情绪，掌握情绪调适方法

当大学生择业过程中出现焦虑、烦躁、自卑、依赖等负面情绪时，首先要接纳这些情绪，这是特殊时期正常的情绪体验，我们可以通过以下几种方法来缓解这些负面情绪。

1. 自我反省法

自我反省法指的是在面对问题与冲突的时候，通过对问题的理智分析与思考，找到自己的准确位置和问题的应对方法。大学生要对企业及岗位进行客观分析，对自己进行正确认识与评价，确认自己的能力和条件是不是与企业要求匹配，或者简历上有哪些地方是需要修改和完善的。

2. 注意转移法

注意转移法是将注意力从消极转变成积极的方法。当感觉自己的不良情绪难以控制时，可以通过转移注意力的方法，将精力与情感转移到别的活动中，比如在求职最后环节发挥失败了，比较沮丧难受，可以先把事情放下，听一下轻快的音乐、参加有趣的活动或者做自己喜欢的事情等。

3. 自我激励法

自我激励法主要指用生活中的哲理、榜样的事迹或积极的思想观念来激励、暗示自己，来对自己的情绪进行有效的调节。毕业生在择业面试中常常出现胆怯、信心不足等现象，这时可以在心里默念"我会发挥得很好""我一定能成功"等语句来进行情绪的调节，强化自己的自信心。另一方面，也可以通过主动出击的方式进行大胆地实践，对自己进行激励。

4. 放松训练法

常用的放松训练法有呼吸放松法、肌肉放松法等。通过有针对性的练习，排解压力，让身心得到放松。放松训练能够有效地帮助个体消除各种不良反应，避免出现紧张、焦虑等情况。比如冥想、练瑜伽、散步、慢走、跳舞等方式。

5. 适度宣泄法

适度宣泄法是将自己心里积存的各种不良情绪，通过无害的方式发泄出来，并以此来获得心理上的平衡。当有负面情绪时，不能一味地将它藏在心底，而应适当地宣泄。比较好的办法是向知心朋友、老师倾诉，把心中的不快说出来，甚至可以大哭一场。或者通过去空旷的地方呐喊、去操场跑步等方式，来缓解心理上的压力，使紧张的情绪得以缓解或消除。

三、成功求职

 身边的故事

知己知彼

李炜今天得到了一家汽车企业的面试机会，面试时，面试官问："你选择我们公司的理由是什么？"李炜回答说："贵公司在汽车行业是领军企业，有很好的市场占有率，注重自主研发，我想会有很好的发展前景。"面试官又问："那么你有什么职业发展目标？具备哪些优势？"李炜说："我想成为一名汽车研发工程师。我的专业是车辆工程，我爱思考，擅长解决问题。我的毕业设计题目是《汽车悬架设计》，会使用AutoCAD、CATIA软件。我还是我们学校汽车爱好者学会的主要成员，代表学校参加过'挑战杯'全国大学生系列科技学术竞赛，这是我们当时的作品……"面试官饶有兴趣地听着李炜的讲述。最终，李炜如愿收到了录用通知。

（资料来源：教学或咨询案例）

故事评析

李炜在面试中展示了自己的优势和特色，受到了企业的肯定。但在这背后，李炜肯定做了大量的准备工作。李炜喜欢自己的专业，也希望自己以后能从事相关的工作。除了学习课本知识，他还特别喜欢向专业老师和学长了解行业的发展现状和前景。大三时，他就到一家汽车企业研发部实习，这让他有机会了解真正的工作情境中项目如何操作和进展，明白要完成工作需要具备哪些能力。同时，他也初步体验到这个企业的文化氛围。

职业生涯规划一项重要的内容就是进行实践探索，对自己的选择进行实践体验、检验，认识实际工作的真实面貌，调整理想与现实的差距。这是未来进入职场，顺利度过适应期的有力保障。

（一）获取就业信息

1. 收集就业信息

收集信息是就业活动的第一步。大学生在择业过程中需要通过各种渠道收集的信息，大致包括五个方面的内容。

（1）当前大学生就业市场的供需形势。通常包括社会经济发展形势、社会各行业、各类企事业单位经营状况和对毕业生的需求等，尤其要重点了解本校、本专业的社会需求情况，用人单位对毕业生的基本要求等。

（2）政策和法规信息。例如，国家及学校有关毕业生就业政策及规定，《中华人民共和国民法典》等。

（3）具体用人单位的信息。例如，哪些用人单位需要的人才、自己所学专业需求数量、用人单位生产经营状况、文化背景、发展前景、工作条件、福利待遇、对人才的重视程度以及对毕业生的具体安排、使用意图等。

（4）就业活动安排信息。比如什么时候召开企业说明会，什么时候举办招聘会或供需洽谈会等。

（5）成功择业的经验、教训的信息。"择业过来人"的择业经验、教训，就业指导教师的体会和建议等，都会为大学生的成功择业助上一臂之力。

2. 就业信息收集渠道

毕业生在择业之前必须多渠道地广泛收集需求信息，尤其是要了解与自己所学专业接近的行业的需求现状，掌握的需求信息愈多，选择的余地就愈大。应该从以下几个方面入手收集需求信息。

（1）高校大学生就业指导机构。学校就业指导机构每年都会与各用人单位联络，发布毕业生需求信息，并组织各种形式的毕业生招聘会，为我们提供大量有针对性的就业信息，是获取就业信息的主渠道。

（2）大众传播媒介。用人单位会通过报纸、杂志、广播、电视等大众传播媒介发布人才需求信息。虽然这种信息传播面广，竞争性强，时效快，能发现一些潜在的信息，但对我们的针对性没有前者强。

（3）网络与新媒体。包括与就业有关的招聘网站、手机客户端、微信公众号等。这是目前最热门、最快捷的就业信息获取渠道。

（4）社会关系网络。包括父母、亲戚、朋友、乡邻、同学、校友、辅导员、专业课教师以及其他有人际交往关系的人群。

3. 就业信息的分析和处理

将符合自身就业需求的信息，按照单位名称、单位性质、招聘岗位、需求专业、联络信息、招聘会的有关信息等进行汇总，建立个人就业信息数据库，见表10-2。然后通过对数据库的分析，筛选出最切合自身实际的就业信息。

表10-2 就业信息汇总

单位名称	单位性质	招聘岗位	需求专业	招聘人数	招聘条件	招聘方式	招聘时间	招聘地点	联系方式

（二）掌握面试技巧

面试是通过当面交谈、问答对应聘者进行考核的一种方法。它不仅能考核一个人的业务水平，还可以面对面地观察应聘者的口才和应变能力等。许多用人单位都喜欢用面试的方式，但同时面试又是很多同学最犯怵的一件事。

1. 了解面试的基本知识

面试前要了解面试的类型和基本程序，做到心中有数。

2. 掌握面试的基本方法与技巧

（1）做好应试心理准备。往往在得知面试消息后，同学们就开始处于兴奋或紧张的状态，有的同学甚至寝食难安。此时我们必须理清楚我们在紧张什么，是怕失败还是怕表现失常。同时，要清楚地告诉自己紧张是正常的，因为面试的好坏会直接影响求职的成功与否，面对人生的重要时刻，任何人都会紧张，而且适度的紧张反而有利于我们集中精力。要给自己以良性的暗示，如"我很棒""我能行"，此时要将录取与否抛开，只考虑现在有一个平台自己如何更好地展示自己。不可控的东西我们不能强控，做好自己能做的才是最对的。

（2）尽可能多地了解用人单位情况。包括用人单位的性质、业务、历史和现状、发展情况等，还有该单位目前存在哪些优势和问题，这也是面试时的重要话题。事先了解这些情况常常使用人单位的招聘者认为你是有诚意的，这可能会拉近彼此之间的心理距离，有助于面试的成功。

（3）要预测到对方可能会提哪些问题，并做好回应准备，做到有备无患。

（4）注意观察和倾听，巧妙地回答问题。招聘者提问时，应聘者须放松心情、仔细倾听，认真思考后回答问题，切忌语速过急过快。遇到难以回答的问题时，可使用机智、幽默的语言营造轻松愉快的气氛，从而化险为夷。确实不知、不懂、不会时，要坦诚承认不足，虚心请教，这样反而会获得招聘者的信任和好感。

第四节　从容走进职场

如何做合格的"打工人"

小华今年大学毕业后来到一家与自己专业对口的单位工作，可三个月后他觉得学不到什么东西，就辞职不干了。"跳"了几家单位，他不是觉得给他分配的工作太大材小用了，就是"水土不服"，适应不了，在寻寻觅觅中又错过了各大企业招应届生的时间，到现在还在职场的大门外徘徊，心里感到既着急又无奈。

（资料来源：教学或咨询案例）

第十章 掌舵人生航向——大学生职业生涯规划

故事评析

小华的故事在职场新人中有一定的代表性。他的经历也带着职场新人在求职过程中普遍的心理变化特征，那么我们应怎样解除这些"困惑"呢？

有关调查显示：初入职场的大学生中，不到三分之一的人认为自己能适应当前的工作，而实际上大部分的人都感到不太适应；而经历两三年的职业适应期后，认为已经适应所从事工作的大学生人数超过了九成。这说明在职业生涯发展过程中，探索与适应是我们必然经历的过程。在经历了调整与磨合后，我们的职业目标便更加确定，发展路径变得清晰，职业生涯便会逐步走上正轨。

一、大学生与职业人的区别

职业探索与适应让我们从大学生角色真正转变为从事社会工作、担当社会责任的职业人，了解大学生与职业人两个角色的区别，可以帮助我们更加清晰地定位角色，避免因为两个角色发生混淆而难以前进。

（一）主要的任务和目标不同

大学期间，作为学生，我们的主要任务是围绕直接的知识学习和技能提升展开的，直接目的是取得大学毕业的资格认定，即顺利毕业获得相应的学位、学历证书。而正式参加工作以后，任务的重点变为具体的职业活动，目标也变得更多更复杂。一方面，是继续在工作实践中学习和提升知识与技能；另一方面，也是更主要的方面，就是完成一个个具体的工作目标，以实现各阶段的职业发展目标。作为学生，我们的任务和目标更多的是相对确定和类似的；而作为职业人，要根据自己的职业生涯规划和所在工作单位的实际需要确定任务和目标，不同个体会有很大差异。换句话说，在学校时我们的任务和目标相对清晰，而在工作单位我们的任务和目标需要自己发挥更多的主动性去发现、去争取、去规划。

（二）承担的责任不同

大学生以学习为主要任务，人际交往对其影响并不深刻，也较少涉及利益的冲突。另外，学生与学校之间也不是雇佣关系，学生并不用承担太多学校的责任，更多的是对自己负责。在学校学习的好坏、参加活动的积极程度等更多的是影响自己的发展，也能够得到老师和学校更多的包容与支持。但是，参加工作后，以雇佣的形式进入了工作单位，这时我们工作的态度、行为及其效果都不再仅仅是影响自身发展，还关系到所在工作单位的利益。因此，我们担负的责任被扩大和加深，我们的所想所做不再仅仅需要考虑自身的需要，还必须考虑到对组织及其他成员的影响。当然，所承担的责任、风险都更大了。

（三）所处的环境不同

大学生的学习和生活环境范围不大且相对单纯，主要以"寝室—教室—图书馆—食堂"为活动的区域，大学生在绝大部分时间里都是在这些区域内度过，主要的任务也在此环境中完成；而毕业后，生活与工作的范围会迅速扩大，因为职业活动的复杂性，职业人的活动范围涉及了以工作单位为中心的整个社会。环境的变化也使职业人比大学生角色的学习、工作和生活更加紧张与复杂。这导致人们压力增加，因此刚刚参加工作的大部分人都会出现不同程度的身心不适应，需要在实践中逐步去化解和克服这些。

（四）面对的人际关系不同

在校期间，大学生的人际关系相对简单，除了家庭关系，主要就是师生关系与同学关系，两种关系都不涉及利益冲突，也不用担负太多责任和义务，更多的只是心理契约层面的内容，如彼此的期望。因此，彼此可以有更多的理解与包容，相处相对轻松、愉快。踏入社会以后，更多关系的介入使得我们的人际关系系统变得复杂。除了已有的关系，我们会逐步发展同事关系、上下级关系、业务关系、更多类型的朋友关系等，每种关系都各不相同，且涉及了更多的因素，如责任、利益等，需要我们转换不同的角色去适应和处理好各种关系。如果处理不好这些关系，或是无法快速适应人际关系系统的变化，就很有可能出现身心问题，职业生涯发展也必然出现问题。

二、职业适应过程中可能出现的问题及其原因

职业适应过程中的问题主要来源于角色改变、角色模糊和角色冲突方面。在复杂的社会关系中，个体只有频繁转换各种角色才能有效地处理生活、工作中的各种问题，如工作—家庭的冲突问题。另外，职业活动中的个体对于自己的角色定位还可能与组织及其成员所给的评价不一致，这同样也会给主体带来不适应的问题，需要我们去平衡和调整。职业适应过程中的问题是因人而异的，不同的人忍耐力不同，适应能力不同，个性不同，所在职业环境不同就可能会造成不同类型和程度的问题。我们可以从以下三个方面来看待职业适应过程中的问题。

（一）缺乏经验与能力

虽然经历了在校期间的知识学习，以及实习和岗前培训时的实践体验，但初入职场的大学生依旧缺乏经验和能力，无法很从容地应对所承担的工作。适应从理论向实践的转换是需要一个过程的，通过实际的职业活动，我们会面对一些具体的问题，然后再在自己的知识体系中搜寻解决问题的办法。这时，我们可能会发现自己还缺少一些东西，可能是理论知识，也可能是技能和经验，这就需要我们通过继续学习强化这些薄弱环节，这样经验与能力也就随之获得发展。

（二）角色转换和适应

刚刚踏上岗位，面对的是社会角色的转换与适应。从学生转换为职业人，如果在转换过程中认识不足，定位模糊，就可能出现角色混乱或冲突等问题。这个过程是困难和复杂的，大学毕业生应该做好充分的准备，并正确看待这一过程中可能出现的问题。抱着出现问题就解决问题的态度，不让自己钻牛角尖，正视遇到的问题，不回避，不歪曲。只要能做到上述这些，那最终完成角色的顺利转换就只是时间问题了。要注意的是，在任何时候都一定要坚持正确的职业原则，不要因为失去对角色的掌控而失去自我。

（三）职业道德与职业信念缺失

作为一个社会人，我们不仅要追求自己职业的发展和需要的满足，还应该重视社会责任的担当，以及社会价值的体现。今天社会中的各行各业都存在小部分只求私欲、不顾他人、丧失职业道德、摒弃社会责任的消极群体。这是我们绝对不能效仿和提倡的职业态度与行为。作为新时代的大学生，担负着社会发展的重任，是家庭、国家和社会的希望，绝对不能因为受到不良社会风气的影响或是金钱权位的引诱就丧失自我，放弃职业道德与信念。这样的人生必将失败，职业生涯也会走入歧途。只有坚守了职业理想、道德与信念，才能获得真正的幸福与成就。

三、大学生如何适应职业环境

如前所述，职业不适应表现在心理、生理、生活、工作、人际关系等多个方面。从不适应到适应是职业发展的一个必经过程，只是不同的人不适应的表现类型和程度不同而已。那么，踏出校门进入社会的大学生，应该如何度过职业适应期，如何顺利、快速地适应新环境呢？下面从主要的三个方面进行分析。

（一）身心的适应

从大学到工作单位，活动的环境与方式都发生了巨大的转变。在校期间，大学生考虑更多的是学习和打发闲余时光，接触最多的是同学和老师，主要生活来源靠家里供养；工作后，脱离了集体生活，很多情况和问题都需要独立面对，不仅要考虑生计问题，甚至还要照顾家庭，同时还必须应对复杂的人际问题和工作任务。这种转换，让初入社会的大学生感到压力增大，身心疲惫。如果不能很好地应对，可能会出现不同程度的身心问题，如紧张、失眠、萎靡、消极、倦怠，乃至患上各种生理疾病。

保持主动高效的工作状态与健康积极的生活态度，需要做到以下两点。

（1）要学会应对心理压力。应对压力，直接有效的方法就是合理地宣泄。压力是难以避免的，面对压力，一定要学会合理地释放它，否则就会像吹气球一样，越积越多，最后爆发而不可挽回。找到有效且适合自己的减压方法，对任何人来说都是终身受益的。

（2）坚持适当的运动。运动不仅可以帮助我们锻炼身体，保持健康，远离疾病，还能起到缓解压力、促进睡眠、维持良好精神状态等作用。我们可以进行短时间的球类运动或小运动量的有氧运动，如羽毛球、慢跑，甚至快步走。坚持运动，保持良好的生活作息时间，可以预防很多身心问题，如长期坐班带来的发胖、心肺功能减弱。

（二）职业和岗位的适应

虽然我们已经确定了职业目标，并做出了详细的规划，但是理论和实践还是存在差别的。踏上新的岗位开始从事新的职业后，可能很多人都会发现现实中的目标职业和具体工作与自己在校时所想象的有很大的出入。要保证在参加工作后不被现实击垮，需要做到以下几点。

（1）大学生必须重视专业实习，专业实习不仅是获得毕业证书的一个要求，更多的是在校期间将理论运用于实际、体验工作、积累经验的平台。不重视实习，甚至在校期间没有参加过任何形式的实践，自然对未来职业不可能有真切的感受，对未来职业的认识只能是凭空想象或是道听途说而来。这样，理想与现实出现偏差的可能性就会更大，偏差的程度也会更大。到头来只会让自己的认知严重失衡，无法面对，难以调整。

（2）面对可能的意外，一定要有充分的心理准备。现实是动态的，是发展的，是难以完全掌握的。计划赶不上变化，大学生一定要加强培养自己面对问题的韧性和应付改变的能力。坚持有问题就处理问题的态度，不去钻牛角尖、不发牢骚抱怨，做更多实际的应变行动。

（3）我们要始终保持积极乐观的态度去面对可能发生的一切变化。要能随时调整自己的心态和期望去应对问题，这样我们的职业发展就不会失去目标与动力，通过转变与适应，最终必然能获得所期望的职业成就。

（三）人际环境的适应

大学校园里的人际关系单纯，正如前面所说，没有涉及太多的利益冲突，也不是合同式的雇佣关系。主要的形式多为师生与同学关系，关系的纽带也多为情感因素。彼此间拥有更多的包容、理解与关怀，关系相对和谐。而与之不同的社会和企业组织环境中的关系，牵扯了更多更复杂的因素，如利益、契约、价值交换。进入工作环境后，很多人都变得小心翼翼，很多热心的前辈也都给出多听少说的建议。在各种关系当中，涉及的人群也不再那么简单，除了同龄人、同背景的大学生，还有不同年龄的、不同教育程度、不同经历背景、不同地区文化的人。我们需要面对更复杂的人际交往问题，原来在大学里与老师、同学之间处理问题的方法现在也不再那么简单、适用。这就要求大学生要了解新的人群的特点、了解新的相处方式，并在复杂的对象间适时地转换。

要顺利适应新的人际关系环境，大学生要注意做好两个方面。首先，要能坚持正确的态度和行为，不能在人际关系的大潮中随波逐流，失去个性，放弃原则，偏离目标。否则，将得不到群体的尊重和认可，也不可能达到职业发展的目标。其次，要培养一定的辨别能力。此外，还要学会应对复杂人际关系带来的人际压力，避免陷入心理问题的困扰。刚刚从单纯环境进入复杂环境的大学生，一定会感到新人际关系环境所带来的压力，个别心理韧性较差的同学，可能会陷入难以自拔的心理困扰之中，不知如何应对。因此，保持已有的人际关系，或慎重建立新的可靠的人际关系，如亲人与挚友，可以帮助我们获得情感的支持，缓解人际关系带来的消极影响。

另外，诸如技能、知识、经验等方面也有一个逐步适应的过程。很多大学生都会通过职业生涯规划去确定职业发展的目标和路径，但因为校园环境与社会环境的巨大差别，大学生总是无法避免地陷入理想与现实的矛盾冲突之中。初入职场的大学生，满怀期望，干劲十足，充满热情与自信。但往往经过一段时间的工作实践后，心理发生变化，一些人开始变得颓废、消极，职业发展动力减弱，目标也变得不再确定。究其原因都是职业适应不良的问题，如工作环境艰苦、工作任务难以胜任、人际关系复杂生疏、工作回报不理想、上司关怀不够、企业文化难以接受。因此，正确认识与处理好职业适应问题是关系到大学生能否快速、顺利投入职业角色，获得职业成功的关键，必须得到充分的重视。

第十章 掌舵人生航向——大学生职业生涯规划

知识清单

（1）职业生涯就是一个人的职业经历，是指一个人一生中所有与职业相联系的行为与活动，以及相关的态度、价值观、愿望等连续性经历的过程，也是一个人一生中职业、职位的变迁及工作、理想的实现过程。

（2）可以从以下几个方面进行择业心理调适：端正动机，树立正确的职业价值观；转变观念，培养全新的就业理念；面对现实，正确认识自我和社会；善于竞争，培养良好的就业心理品质；接纳情绪，掌握情绪调适方法。

（3）职业生涯规划的一项重要内容就是进行实践探索，对自己的选择进行实践体验、检验，认识实际工作的真实面貌，调整理想与现实的差距。要想成功求职可以从以下两点进行尝试：获取就业信息、掌握面试技巧。

资源推荐

一、推荐书籍

1.《你的生命有什么可能》

该书探讨了在竭尽全力才能生存的时代，年轻人如何追求自己的梦想；在这样的时代，我们的生命又有什么可能；如何才能越过现实和理想的鸿沟，找到和进入自己希望的人生；如何修炼自己在现实中活得更好的能力；如何在现实之中发展自己的兴趣；如何连接现实和理想；如何面对生命里的苦难、贫穷、不完美或者不公正；如何获得心灵的自由；等等。在书中，作者谈到了人生四个永恒的主题：影响力、爱、自由、智慧。即使在这个不那么公平的现实世界里，每个平凡人也都能活出各自的生命可能。

（资料来源：古典：《你的生命有什么可能》，湖南文艺出版社，2014年）

2.《云梯：从新人到达人的职场进化论》

该书从分析当今人们的学习、工作、生活现状开始，逐步引导读者更好地进行自我管理和未来规划。作者将其十多年为500强企业培训的经验，以及出任高管、个人创业、阅读学习的经验进行系统梳理，提出自我提升四步法，即自我定位→自我管理→自我发展→自我优化，并结合心理学与管理学理论、测试及案例，帮助读者搭建职场和人生的云梯。

（资料来源：虞莹：《云梯：从新人到达人的职场进化论》，电子工业出版社，2017年）

二、推荐电影

《奇迹笨小孩》

主人公景浩是一个20岁的少年，本该生活在大学的象牙塔里，他却因为家庭变故，失去双亲的庇护，担起了沉重的责任。为了筹措妹妹高昂的手术费，利用自己修手机的技能将一批淘汰的手机"变废为宝"，带领一群背景各异的工人奋斗致富。电影里有好几个镜头呈现出个体在城市中的渺小：景浩冒着生命危险在高空擦玻璃，大楼里没人注意到他；镜头拉远，在庞大的建筑上，他的身影缩成一个小点。与之呼应的，是片中的特写镜头，台风天一只蚂蚁抓着一片树叶勉力求生，人物对命运的抗争扣人心弦，少年景浩也不向现实妥协。

第十一章
搭建心灵桥梁
——大学生有效沟通

>　　夫传两喜两怒之言，天下之难者也。夫两喜，必多溢美之言；两怒，必多溢恶之言。
>
> ——庄子

　　随着时代和社会的发展以及互联网的普及，大学生沟通呈现沟通方式多样、沟通范围开放、沟通界限淡化、沟通介质网络化等新特点。大学生正处于学习知识、了解社会、探索人生的重要时期，他们思想活跃、精力充沛、兴趣广泛，渴望多与外界沟通，从而为未来的职业生涯奠定基础。但面对当前大学生沟通的新特点，相当一部分大学生在沟通中存在沟通不畅、沟通技巧不娴熟、沟通自我意识强等障碍。如何促进有效沟通，如何加强有效沟通，是每一个大学生都面临的问题。

学习目标

1. 掌握沟通的基本技巧和方法，探索有效沟通之道。
2. 以关注自我固有沟通状态为起点，提升对高品质沟通的认知水平，实现沟通意识的觉醒。
3. 通过不间断地觉察反思，将良好沟通行为内化为自觉自发的职业素养，表达正能量情感，坦诚沟通，凝心聚力谋发展。

第十一章 搭建心灵桥梁——大学生有效沟通

第一节 认识有效沟通

有效沟通，让你我更亲近

周到的安排

小柔是某高校一年级女生，是父母的掌上明珠。在家有一个属于自己一个人的小天地，可学校宿舍却是6人间，来自五湖四海的姐妹们将共同相处3年。这带给了她种种考验。问及小柔宿舍同学的相处之道时，她便滔滔不绝地如此道来：小霖给每个人的见面礼是一个"隔音耳塞"，原来睡上铺的小霖晚上睡觉总是打呼噜，她怕吵着大家，于是给大家做了预防工作，另外小霖也很委屈地讲道，打扰大家她也不乐意，但是这个生理毛病需要大家多体谅。热情活泼的小田有一个习惯，总是喜欢坐在下铺小柔的床上聊天，但小柔是个有洁癖的小女孩，为了不破坏同学间的友谊，也为了照顾到自己的习惯，小柔悄悄地在床上铺了块卡通造型的大浴巾，解决了困扰她数日的问题。六朵姐妹花把宿舍生活过得热热闹闹的，真可谓出门在外靠朋友，大学友情绵又长。

（资料来源：《现代交际》）

故事评析

设身处地地站在对方的立场与角度来考虑问题是有效沟通的原则之一，在与朋友沟通过程中，把自己置于对方的位置上认识、体验和思考问题，设身处地为他人着想，容易达到心理上的相通。在与人沟通中，应当将对方视为具有与自己相同的个人权利和个人尊严的独立个体，力求做到推己及人，将心比心，这样在沟通中就能找到更多的共同语言，引起情感的共鸣。

一、沟通的含义

沟通即信息交流，指把某一信息传递给沟通对象，以期沟通对象做出预期回应的整个过程。如果这个过程得以实现，即完成了有效沟通。在复杂的社会环境中，有效沟通显示出重要的意义。有效沟通是通过听、说、读、写等载体，通过演讲、会见、对话、讨论、信件等方式将思维准确、恰当地表达出来，以促使对方更好地接受。

达成有效沟通须具备两个必要条件：首先，信息发送者要清晰地表达信息的内涵，以便信息接收者能确切地理解；其次，信息发送者要重视信息接收者的反应，并根据其反应及时修正信息的传递，免除不必要的误解。两者缺一不可。

有效沟通能否达成关键在于信息的有效性，信息的有效程度决定了沟通的有效程度。信息的有效程度又主要取决于以下几个方面：第一，信息的透明程度。当一则信息应该作为公共信息时，就不应该具有不对称性，此信息必须是公开的。但公开的信息并不意味着简单的信息传递，而要确保信息接收者能理解信息的内涵。如果以一种模棱两可的、含糊不清的文字语言传递一种不清晰的，使人难以理解的信息，那么对于信息接收者而言就没有任何意义。信息接收者也有权获得与自身利益相关的信息内涵，否则就有可能导致信息接收者对信息发送者的行为动机产生怀疑；第二，信息的反馈程度。有效沟通是一种动态的双向行为，而双向的沟通对信息发送者来说，其应得到充分的反馈。只有沟通的主、客体双方都充分表达了对某一问题的看法，才真正具备有效沟通的意义。

二、沟通的过程

沟通过程由信息源、信息、通道、信息接收者、反馈、障碍和背景等七个要素构成。（图 11-1）

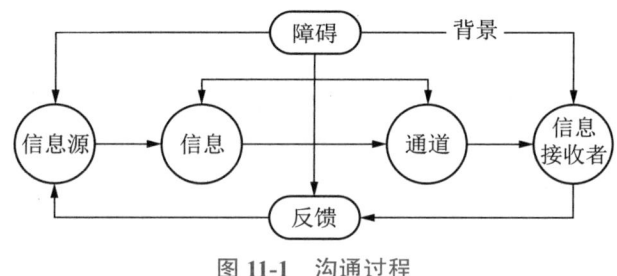

图 11-1 沟通过程

（一）信息源

在沟通中，信息源是掌握信息并试图与他人进行沟通的个体。信息源选择沟通对象，确定沟通目的，启动沟通过程。沟通前人们一般需要一个准备阶段，个体明确自己需要沟通的信息，并将它们转化为信息接收者可以接受的形式，比如口语、文字、表情。沟通的准备过程，实际上就是个体明确自己的身心状态、整理思路的过程。

（二）信息

信息是沟通者试图传达给他人的观念和情感。个体的感受要为他人所接受，就必须将它们转化为各种不同的、可以为他人觉察的信号。在可用于沟通的各种符号系统中，最重要的是词语。词语可以是声音信号，也可以是形象符号（文字）。在面对面的沟通过程中，除了词语本身可以传达信息，沟通者的心理状态也可以传达信息，这些信息可以使沟通双方产生情绪上的互相感染。

（三）通道

通道是沟通过程中的信息载体。人的各种感官都可以接收信息，其中视听信息所占的比例较大，因此沟通以视听为主。日常的沟通以面对面的沟通为主，但也可以通过书信、网络、电话等媒介进行。在各种沟通方式中，影响力最大的还是面对面的沟通。在面对面的沟通中，除信息丰富以外，沟通者和接收者还可反馈和互动，这些因素综合起来，保证了沟通的顺利进行。

（四）信息接收者

信息接收者是进行沟通的另一方，在接收带有信息的各种音形符号后，会根据自己的已有经验把它"转译"为信息发送者试图发送的信息、态度或情感。由于信息源和信息接收者是两个不同的经验主体,所以信息源发送的信息内容与经过个体"转译"和理解后的信息内容是有差异的。双方沟通的质量取决于这种差异的大小。信息接收者有责任认真倾听"信息源"发送的信息,并核对自己掌握的信息是否准确。

（五）反馈

在沟通中,双方都不断地把信息回送给对方,这种信息回返过程叫反馈。反馈使沟通成为一个双向的交互过程。信息接收者可通过反馈告知信息发送者自己接受和理解信息的状态。此外,反馈也可能来自信息发送者本人,个体可以从发送信息的过程或已经发送的信息中获得反馈。这种自我反馈也是双方沟通得以顺利进行并达到最终目的的重要前提。

（六）障碍

沟通过程中常常会发生障碍。例如,信息源发出的信息不充分或不明确,信息没有正确转化为沟通信号,误用载体及沟通方式,接收者存在误解以及信息自然增强与衰减等问题。此外,沟通双方的主观因素也可能造成沟通障碍。如果沟通双方缺乏共同的沟通经验,也易使彼此难以沟通。

（七）背景

背景是双方沟通发生时的情境。背景会影响沟通的每一个要素以及整个沟通过程。在沟通中,许多意义是背景提供的,词语和表情等的含义也会随着背景的不同而改变。沟通的背景包括心理背景、物理背景、社会背景和文化背景等。

总之,有效沟通的特点之一是信息的准确传达,即一方送出的信息与另一方接收到的信息相同。（图11-2）

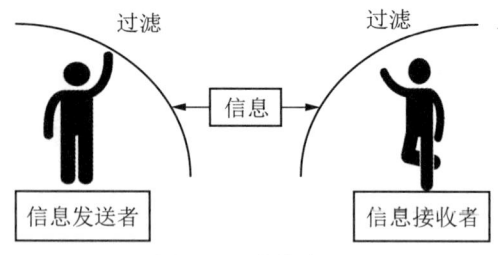

图11-2　有效沟通

三、沟通的必要性

沟通是更好地适应大学生活的需要。对个人而言,良好的沟通能够使我们很坦诚地生活,以人为本位,在人际互动中充分享受自由、和谐、平等。在学习上,我们也需要不断地进行沟通。首先,知识最主要的传播方式就是语言,而沟通可以帮助我们取长补短,获得新知识和新技能。其次,这是提高综合素质的需要。沟通是学生综合素质的重要组成部分,学生在进行沟通的同时也在学习。只有不断地与人接触,进行思想之间的碰撞,才能更好地、更容易地理解和接受他人的思想,同时也充实了自己,使自己各方面的素养得到提升。最后，这是走向工作岗位的需要。每天除了完成自己的工作任务，适当的沟通是必要的，无论是工作进行中的沟通，还是工作完成后的工作汇报，都会对工作有一定的帮助。对于即将步入社会的大学生来说，正是因为有了沟通，信息才得以传递，从而让我们了解外面的消息。通过与人沟通，人们发出信息以及获取信息，从而熟知身边的事情；通过沟通交流，我们彼此消除误会、增进感情。

（一）生理需求

沟通非常重要，沟通的存在与否对生理健康产生很大的影响。在长期无人沟通和互动的情况下，一个人的身心会出现不同程度的紊乱。相比之下，在沟通中创造出积极关系的人生活得更健康。一个人一天仅需短短的十分钟的交往就能改善记忆力，增强智力功能。与他人交谈还可以减少孤独感和随之而来的疾病。能经常从爱人那里听到甜言蜜语的人，他们的应激激素水平往往更低。对于我们的健康而言，沟通不可或缺。

有益的沟通

一份包含了近150项研究、超过30万人参与的综合分析显示，那些与家人、朋友有着密切联系的社会联结者，其寿命要比社会孤立者平均长3.7年。

贫乏的人际关系会危害冠状动脉的健康，其程度与抽烟、高血压、血脂肪过高、过度肥胖和缺乏运动等一样严重。

相比拥有活跃社交网络的人，社交孤立者罹患感冒的概率要大四倍。离异的、分居的和丧偶的人对心理治疗的需求是有配偶者的五到十倍。

而婚姻幸福的人要比单身的人，其肺炎、外科手术和癌症的发生率更低。需要注意的是在这些研究当中，关系的品质，即关系亲密与否，比婚姻本身重要得多。

（二）心理需求

沟通问题是大学生心理咨询中心接待的来访者提到最多的问题之一。大学生的一些其他心理问题也会直接或间接地与沟通不良有关。比如，有的学生感到孤独、空虚、抑郁、自卑，甚至产生自杀的念头，大多是因为没有与宿舍同学进行良好的沟通而遭孤立所致；部分学生情绪低落，注意力不集中，学习成绩明显下降，原因之一是沟通不良导致的人际关系紧张；有的学生不愿参加集体活动，实际上也是因为他缺乏沟通的技巧和经验；有的大学生失恋是因为他们不懂得异性之间沟通的方法与技巧；等等。

（三）认同需求

有效沟通的重要性绝不只是维持生存，这也是我们认识自己的方法。我们对自我的认同源自我们和他人的互动。究竟我们是聪明的还是迟钝的，动人的还是丑陋的，精明的还是笨拙的，这些问题的答案是由他人对我们的回应决定的。每个人都是在别人诠释自己的过程中才逐渐明了自己是谁。

我们在与他人沟通的过程中，通过倾听、观察、分析和比较，可以了解他人对自己的态度和评价，自己在他人心目中的形象以及自己在社会中的地位，从而可以全面、客观地认识自己，并以此进行调整和纠正。

（四）社交需求

有效沟通除了可以帮助我们诠释自我，也给我们提供了我们和他人之间重要的联结。有效沟通可以满足我们的社交需求，这些社交需求包含娱乐、感情、友谊、解闷、休闲和控制等。

相关研究表明，有效沟通与快乐之间具有很紧密的联系。在相关研究中，研究人员发现，最快乐的10%的大学生都认为自己拥有丰富的社交生活。同时，这些非常快乐的人，跟其他学生在睡眠时数、运动量、看电视时数、喝酒量等可观测项上并没有差别。

（五）实际目标

在满足社交需求及塑造我们的自我认同之余，沟通是达成工具性目标最好用的方法。工具性目标是指让他人按照我们的方式去表现。有些工具性目标非常简单，例如：跟发型设计师说你只需要稍微修剪发尾，与家人协商家事的责任义务，说服水管修理工人现在就到你家来修理水管。沟通就是可以用来达成这些目标的工具。

四、沟通的方式

根据信息载体的不同，沟通可分为语言沟通和非语言沟通。

语言沟通是利用语言、文字、图画、表格等形式进行，可细分为口头沟通、书面沟通和电子媒介沟通。非语言沟通是指通过某些媒介而不是语言或文字来表达和传递信息，它的内涵十分丰富，包括身体语言沟通、语调、物体位置，甚至空间距离等多种形式。

（一）语言沟通方式

1. 口头沟通

口头沟通是最灵活、最直接的一种沟通形式。其最大的优点是快速、简便和即时反馈。在这种沟通方式下，信息可以直截了当地快速传递并当场得到对方的反应，若有疑问或曲解，可当即澄清。此外，口头沟通还有一个优点就是可以辅以表情、手势等体态语言或声调、语气等，加强沟通的效果。口头沟通也有其缺陷，当信息以口头方式经过多个层次传递时，信息易衰减和严重失真。

2. 书面沟通

书面沟通是比较正规的沟通形式，包括备忘录、协议书、信函、布告、通知、报刊、文件等以书面文字或符号进行信息传递的形式。书面沟通的优点是有形有据、可保存、可核对。此外，书面语言在正式发表之前，可以反复琢磨修改。因此，书面沟通一般比较周密、逻辑性强，能较好地表达作者所要发表的信息。书面沟通也有自己的缺陷，主要是耗费较多的时间和不能即时反馈。在相同的时间内，口头沟通所传达的信息要比书面沟通多得多。书面沟通无法当场核实对方对信息的理解是否符合信息发送者的原意。

3. 电子媒介沟通

电子媒介沟通是随着电子信息技术的兴起而新发展起来的一种沟通形式，包括传真、闭路电视、计算机网络、电子邮件等。电子媒介沟通除了具备书面沟通的某些优点，还具有传递快捷、信息容量大、成本低和效率高等优点。一份信函要从国内寄往国外，恐怕要数天才能到达收信者的手中，而通过电子邮件或传真，可即时收到。电子媒介沟通的缺点是看不到对方的表情，在网络上的某些交流中，甚至不了解对方的真实身份。

（二）非语言沟通方式

1. 目光接触

目光接触是最重要的身体语言沟通方式，其他的身体语言沟通方式也与目光接触有关。人际沟通如果缺乏目光接触，就会成为一种令人不悦的困难的过程。当然，长时间的凝视，也会让对方感到有压力甚至产生不快。人们对自己的目光很难做到随意控制，一个人的态度、情绪和情感变化都可以从目光中反映出来。观察力敏锐的人，能从他人的目光中看到一个人真实的心态。

2. 面部表情

面部表情是另一种可完成精细信息沟通的身体语言。人的面部有数十块表情肌，可产生极其复杂的变化，生成丰富的表情。这些表情可以非常灵活地表达个体各种不同的心态和情感。来自面部的信息，很容易为人们所觉察。但经过训练后，个体能较为自如地控制自己的表情肌，因而人们面部表情表达的情感状态有可能与实际情况不一致。

面部表情可表现出肯定与否定、接纳与拒绝、积极与消极、强烈与轻微等情感，它可控、易变、效果较为明显。个体可通过面部表情显示自己的情感，表达对他人的兴趣，显示对事物的理解；表明自己的判断等。因而，面部表情是人们在沟通时运用较多的身体语言形式之一。

3. 身体姿态

身体姿态是个体运用身体或肢体的动作表达情感及态度的身体语言，也是常见的身体语言沟通方式（图11-3）。尽管身体姿态及其意义与文化有一定的关系，但通过体态进行沟

图 11-3　各种身体姿势及含义

通的适用范围还是较为广泛的。例如，摆手表示制止或否定；双手外推表示拒绝；双手外摊表示无可奈何；双臂外展表示阻拦；挠头或摸脖表示困惑；搓手、拽衣领表示紧张；拍头表示自责；耸肩表示不以为然或无可奈何。

4. 触摸

触摸被认为是沟通过程中最有力的方式，人在彼此触摸或身体接触时对情感融洽的体会最为深刻。隔阂的消融，深厚的情谊，也常常需要通过个体间的身体接触才能得到充分表达。人不仅会对舒适的触摸感到愉快，而且会对触摸对象产生情感依恋。握手是使用得最多、适用范围最广泛的触摸行为之一。握手的初衷是向对方表示友好和接纳，短短几秒钟的握手，会把你的态度传达给对方。比如好友重逢时，双方常会紧紧地握手，以此表达兴奋的心情；好友分别时，会边握手边以左手轻拍对方被握住的手，以表示难舍。

第二节　了解沟通现状

沟通会快乐吗？

小李来到一所高校读书，临行前，父母反复告诫他，在学校里要和同学们多交流，这样生活才会愉快，心里才有归属感。小李虽知父母的话有一定的道理，但是由于自己和同学们在一些事情上的看法上相差甚远，矛盾时有发生。小李感觉其他同学都站到了自己的对立面，他与同学们的关系渐渐变得紧张起来。小李觉得其他人都不理解他、信任他，少数同学甚至奚落他。他对他们也充满了怨恨和不信任，甚至产生了猜疑和反感。只要有同学当着他的面嘀咕几句，他就认为他们是在说自己的坏话，心里十分苦闷。其他同学却好像整天都过得很开心、很快乐。看到这一切，小李在感到无能为力的同时又十分伤心，一度产生了退学的念头。

（资料来源：教学或咨询案例）

故事评析

良好的沟通能力是现代社会人才素质的基本方面。多元文化的激流碰撞，不同思想观念的摩擦，使得每一个人都在不同程度地与他人接触、交流与沟通。不同的沟通会有不同的效果，如果想让对方在沟通中受益，并且自己也能够表达自如的话，首先要了解对方的沟通特点。大学阶段作为学生社会化的重要时期，其沟通状况有其阶段性的特点，也存在一些其特有的问题。

一、大学生沟通的特点

大学生，特别是大学新生，由于与人沟通和相处的经验较少，因而在其处理人际关系问题时，会感受到一定的压力。一方面，大学生对建立良好的人际关系有极大的渴望，希望通过沟通建立和谐、友好、真诚的人际关系；另一方面，由于缺乏正确的沟通态度和技巧，又常常事与愿违。

（一）沟通意愿较强

进入大学校园开始独立生活后，许多大学生在沟通方面也逐渐独立起来，与异性沟通的愿望也会逐渐增强。大学生在沟通过程中的情感成分多，功利色彩少，同学之间虽然也有竞争，但是相对来说没有那么激烈，彼此间很珍视双方的友谊。

（二）范围广阔

沟通是大学生身心发展的需要。随着身心的发育成熟，大学生的自我意识得到了迅速发展。随着生活空间的扩大，大学生的沟通范围更加广泛。

（三）内容更丰富

大学生校内外生活和实践丰富多彩，社团活动各具特色，人际交往的内容更加丰富。

（四）沟通方式网络化

伴随新媒体的不断出现，人际交往的手段日渐多样化。电话、短信、QQ、微信、邮箱等交往的形式越来越多，更加开放，互动更加频繁。新时代的大学生走在时代的前端，成千上万的大学生走进了网络构建的虚拟社会中。在以网络为基础的跨地域、多媒体的信息平台上，大学生能够获取到课堂和课本以外的知识和信息，加强了自己同世界的沟通和交往，上网学习、娱乐、沟通信息、交流情感，成为大学生课余生活的新时尚。

网络能让使用者产生亲密感、无时空感和无压抑感，这是其他任何事物都不曾有过的。具体来说，首先，网络为大学生拓宽了信息和沟通的渠道；其次，网络扩大了大学生的社交范围，增加了沟通对象。

二、大学生沟通中存在的问题

沟通能力差

很多大一新生都存在自理能力差的问题，某高等职业技术学院的刘可可就是一名自理能力很差的学生。刘可可上大学之前从来没有独立生活过，除了学习什么都不会，上大学之前，他习惯了父母安排的一切，他不愁吃住，也不与其他同学交往。去大学报到的时候，所有的琐事都是父母帮他办的。入校一段时间后，他丢失了校园一卡通，因为不清楚如何去补办，也没有求助同学和老师的情况，便靠着开学时妈妈给他带的一箱方便面充饥，实在坚持不住了才给远在家乡的父母打电话求救。父母与儿子的辅导员取得联系后,学校才帮这位学生补办了校园一卡通,帮助刘可可恢复了正常的生活。因为长期不与别人打交道,他对与别人沟通产生了畏惧心理。

(资料来源:教学或咨询案例)

故事评析

大学生作为一个特殊群体,正处于青春期,他们的心理发展水平正处于迅速走向成熟但尚未完全成熟的阶段,面对激烈的竞争和日益强大的社会心理压力,如何认识和正确处理沟通中存在的问题以及思考其对策,具有重要的意义。

沟通能力是现代人不可缺少的重要能力之一。虽然与人沟通和相处时出现的问题不是大学生所独有的,但这一问题在大学生群体中的表现有其特殊性。

(一)内容选择不明确

要想实现有效沟通,沟通的内容就必须是真实存在的。比如有的大学生在没有项目、没有团队和资金的情况下与辅导员来沟通自己想创业的问题就是无效沟通;毕业生在没有地域方向选择也没有岗位选择的情况下找辅导员来谈自己就业的问题也是无效沟通。这就是典型的没有真实意义的信息传递,哪怕整个沟通的过程全部完整,沟通也会因为没有任何实质内容而失去其价值和意义。从某种角度来说,这种沟通也是在时间和精力、渠道、金钱上的浪费,这种沟通不但不能产生效益,有时还会产生副作用。

你善于沟通吗

(二)渠道不恰当

要想实现有效沟通,必须将一个真实有效的沟通目标通过一个正确的渠道进行传递。比如有名学生对学校的校园安全问题存在看法,他便找到学校所在地的市长来进行沟通,即使该名学生的看法能和该市长达成共识,这也是无效沟通,因为渠道选择是错误的。真实的信息,如果选择了错误的渠道进行传递,往往易使信息被误读或者歪曲,这不但会使沟通受阻,有的时候还会使好事变成坏事。

(三)信息传递不完整

要想实现有效沟通,沟通的内容必须通过适当的主体、适当的渠道完整无误地传递给需要沟通的主体。如果沟通信息不完整,即使通过适当的主体和适当的渠道传递,并且也由适当的主体接受了,沟通也是无效的,因为沟通没有表达信息发送者的真实意图。比如毕业班的甲同学通过乙同学向辅导员表达了自己想去北京从事与IT行业有关的工作的时候,乙同学向辅导员传达甲同学想去北京工作,结果辅导员便帮助安排甲同学到北京从事与物流行业有关的工作,这并不是甲同学希望从事的工作。造成这种结果的原因就是各种原因的影响和各种因素的干扰使得被传递的信息,在被传递过程中,发生了人为或自然地损耗或变形。如果这种情况发生,那么,信息接收者接收的信息,就已经不是发出者所发出的严格意义上的同一信息。既然已经不是同一信息,那么,就有可能发生沟通失误或误解信息的情况。

（四）代码不相同

要想实现有效沟通，沟通双方必须对所有的沟通信息代码有相同的认识，如果双方所使用的信息代码系统完全不同或存在较大差异，就会导致接收者无法解读信息或解读错误，也会导致沟通失败。比如学生物学专业的学生认为人是一种高级动物，学哲学专业的学生认为人是一切社会关系的总和。这就是一种解码断裂，在这种情况下，沟通便很难达成共识，很难实现有效沟通。

三、大学生沟通的原则

（一）准确性原则

准确性即表达的意思要准确无误。在沟通过程中，我们要以事实为基础，据实、客观、公正、全面地传递信息，反映情况。沟通的信息必须至少对其中一方是有用的和有价值的。准确是沟通的基本原则和要求，是沟通能够存在、成立和有效的内容根本与首要前提。在沟通中，只有当你所用的语言和方式能被对方理解时，沟通才有效。在实际沟通中，由于信息接收者对信息发送者的信息未必能完全理解，信息发送者应将信息加以综合并力求用容易理解的方式来表述准确的意思。

（二）渠道适当性原则

有效沟通必须将有意义的信息通过适当和必要的沟通渠道，由一个主体送至另一个主体。不同的管理信息对于传递渠道的选择是有要求的。正确地选择适当的沟通渠道有助于理想地进行管理沟通。而错误的渠道选择则会产生信息遗失、误读或信息扭曲，导致沟通受挫或失败。

（三）及时反馈原则

沟通要及时、迅速、快捷。要求别人做事时，需要对方及时反馈；给别人做事，也要把该问的问清楚。"事前问清楚，事后负责任"是沟通非常重要的基础和我们应该养成的习惯。

（四）代码相同性原则

所有沟通主题，在传递真实信息时，必须使用相同的信息代码系统。如果双方使用的信息代码系统完全不同或者存在较大的差异，会导致信息接收者无法解读信息或解读错误，导致沟通失败。

（五）目标性原则

有效沟通应该具有明确的沟通目的或目标。沟通的目标、目的不明确，必将造成信息发送者所发信息混乱、模糊，信息接收者只能靠经验和场景猜测对方的用意，从而极易导致沟通误差或沟通失败。

第十一章 搭建心灵桥梁——大学生有效沟通

第三节 提升沟通素养

 身边的故事

她在生我的气吗？

同寝室的王乐乐和张红经常一起上课，一起吃饭，两人总是有说有笑，关系十分亲密。但是最近张红看上去似乎有心事，不像平时一样与王乐乐说笑了，也不与王乐乐一起上课吃饭。王乐乐心想："是不是我做错什么事惹她不高兴了？"便想到了上星期班主任说班里要组织一次重要活动，并把这事交给她俩来策划的事。王乐乐提议组织班上同学去郊游，张红认为聚餐更适合大家，两人因为这事起了争执。但是第二天两人照常说笑，并没有生出嫌隙。王乐乐想不明白张红为何要疏远她："难道张红还在为几天前的事生气吗？"晚上等张红回到宿舍，王乐乐忍不住问她："你还在因为班级活动的事生我的气吗？"张红一脸诧异："谁生你气了？我干吗要生你的气呢？"同在宿舍的李冉听见张红愤怒的语调，急忙关切地说："红红，最近你看上去总是不太高兴，是身体不舒服，还是有什么不开心的事情呢？你讲出来，大家都会帮助你的。"张红听了李冉的话，眼角湿润，坐在凳子上慢慢讲起了自己的烦心事。原来，她的父母在家经常吵架，最近两人已经分居了，正打算离婚。张红不希望父母离婚，但又不知道怎么办，所以很苦恼。

（资料来源：教学或咨询案例）

故事评析

王乐乐本是好心想化解她和张红之间的矛盾，没想到不仅仅没有达到预期效果，反而差点儿惹恼张红。为什么李冉说的话能打开张红的心扉呢？可见沟通也要注重方法。

沟通是十分重要的，成功者都是懂得沟通、珍视沟通的人。沟通是一门艺术，如果运用得当就有助于消除导致沟通障碍的不利因素，改善人际关系，增加自身吸引力。培养、提高自身的沟通能力可以从以下几个方面做起。

一、有效评估

俗话说："知彼知己，百战不殆。"若能在一场沟通中，对沟通对象十分了解，肯定会对沟通效果的提高有所帮助。

（一）性格色彩评估（4D 识人系统）

性格色彩评估的基础是荣格心理学的理论。荣格依据"心理倾向"来划分人格类型，认为人有内倾和外倾两种人格类型。当一个人的兴趣和关注点指向外部客体时，就是外向人格。当一个人的兴趣和关注点指向内部主体时，就是内向性格。人的心理活动有思维、

感情、感觉和直觉这四种功能。

我们获取基本信息的途径有两种，分别是感觉和直觉。70%的人天生倾向于使用感觉获取信息，五种最常见的感觉是视觉、听觉、味觉、嗅觉和触觉。而另外的30%的人天生倾向于靠直觉获取信息，直觉是我们把经验转化为行动的方式。

我们做决策的方式也有两种，分别是情感和逻辑。两种方式的决策过程差异明显，因此可以用情感型和逻辑型来区分领导者。人的天性可分为4种，分别是"绿色"培养型、"黄色"包容型、"蓝色"展望型和"橙色"指导型，每一个维度都有不同的需求。（图11-4）

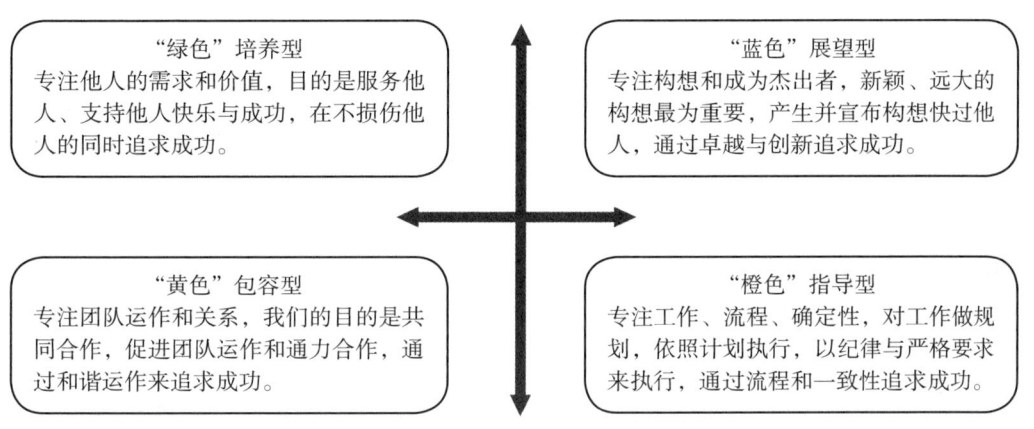

图 11-4　4D 性格行为特征

1. "绿色"培养型

此种类型的人更愿意表达深厚的情感以及对美好事物的憧憬，对他人充满深切的关怀。这个维度体现的是被感激的需要，同时对他人与自己的共同利益表示关注。

2. "黄色"包容型

此种类型的人更愿意体验当下的情感，而这种体验是在与他人的关系中获得的，比如和谐、包容和联结感等。这一维度体现的是对包容的渴望，此种类型的人更需要归属感。

3. "蓝色"展望型

此种类型的人更愿意思考未来的可能性，他们更愿意结合现实困难去分析，然后通过创造去实现他们想要的东西。此种类型的人更需要有充满希望的未来。

4. "橙色"指导型

此种类型的人具备适度回应的能力，更愿意采取实际行动，即组织和指导别人，以确保计划如期执行。此种类型的人更需要把事情做成所带来的成就感。

（二）同理心评估

有效沟通的关键是双方能用"同理心"来认识和处理问题。同理心是心理咨询中的术语，也叫同感、共情，指自己能从对方的角度看问题，能设身处地地考虑对方的感受和需要。同理心可分为初级同理心和高级同理心。初级同理心指个体能从思想上理解对方的思想和行为；高级同理心指个体不仅可以从对方的立场考虑问题，而且能站在对方立场上感受这件事给其带来的情绪体验，并在人际交往中自觉地把这种体验用语言或非语言的方式传递给对方。

同理心对于有效沟通很重要，它会帮助我们进一步理解别人。通过同理心，人们可以

性格色彩测试

把自己和对方融合在一起。但对别人有同理心并不是一件容易的事，它要求一个人对自己非常敏锐，能够清晰地从自己的身上找到与别人相似的经历，并能将这种经历与具体的情绪反应联系起来，从而体验到别人的情绪状态，并在对方说话和做事时，适时地向其表示自己的理解和同情。

在生活中，人与人之间的误解和问题常常源于缺乏同理心，我们可以这样去培养同理心。

（1）先倾听自己的感受。同理心的起始是先倾听自己的感受，假如无法触及自己的感受，那么要想体会别人的感受就太难了。因此，首先我们要发掘自己的感受，并体会这些感受。

（2）表达出自己的感受。重要的是选择表达感受的方式。

（3）倾听他人的感受。只有你自己的感受与表达方式不再干扰你倾听别人的感受，你才能开始练习体会他人的感受。

（4）用体谅来回答他人的感受。当你一听到别人的感受就会做出某种反应，并能让对方认为你听进去了，且能体会他的感受时，你便已富有同理心了。因此，倾听自己以找出自己的感受，去表达感受、去体会他人的感受并与之共鸣，是同理心发展的四个过程。

（三）评估是否同频

"同频"是指相关联的事物协调一致，"同频沟通"指沟通的双方其思维在一个频率上，只有读懂对方真正的需求，才能实现有效沟通。

寻找共同点是沟通中对对方的最初的接纳，也是一种最基本的沟通技巧，特别是在和陌生人的第一次交往中非常有效。寻找共同点就是在沟通中寻找和对方共同的话题、共同的爱好、共同的看法等，从而使对方认同自己，产生一种最初的共情。比如双方都是音乐爱好者，或都喜欢足球，或都喜欢吃辣的，等等。在最初的交流中，即使是一点点的共同点，也可能会给双方带来惊喜和共鸣。

掌握这一技巧的分寸很重要。如果在交谈中毫无诚心，随口胡编，甚至不分场合，不分对象，说些与自己年龄和身份不相符合的话，不但起不到沟通的效果，反而会影响自己的形象。要实现双方同频，须做到以下几点。

1. 心理情绪同步

心理情绪同步就是沟通时和对方保持同样的心理和情绪，对方快乐你也要高兴，对方悲伤，你也要难过，这样才能更好地获得对方的认同和好感，更加容易与之沟通。要做到心理情绪同步，一是与对方沟通时要懂得换位思考，揣摩到对方的心理感受；二是要说出这种感受，并与对方积极探讨。

2. 身体状态的同步

身体状态的同步主要包括语言文字同步、语调语速同步和肢体语言同步。

（1）语言文字同步。语言文字同步就是双方有共同语言和相同的说话特点。相信每一个人都喜欢同与自己有相同观点的人交朋友、聊天、沟通、工作等。和年轻人沟通要多讲时髦的话，和老年人沟通则多采用稳重的字眼，等等。

（2）语调语速同步。在工作和生活中，有的人语调高昂，有的人语调低沉，有的人说话速度比较快，有的人说话速度比较慢。甚至同一个人在不同的场合和心情下，其语调语速也会有很大的变化，因此在沟通交流时，我们要根据对方的说话特点和心情随时做好调整，和对方保持语速语调的同步。

（3）肢体语言同步。在沟通过程中，很多人喜欢做一些经常性、习惯性的肢体语言动作，有些人喜欢挠头，有的人喜欢皱眉，如果双方的肢体语言动作一致，就很容易建立亲密感。

二、建立关系

（一）建立亲和的关系

在沟通中，培养自己的亲和气质，提升自己的亲和力，与他人建立亲和的关系，是极其有必要的事。

1. 放弃自以为是的思想

人与人交往时，之所以会给别人留下"高冷"的印象，很大程度上是因为自以为是的思想在作祟。它是亲和力的死敌，不利于我们拓宽交际圈和深化影响力。只有保持真诚、谦虚和适度的谨慎，善于主动接纳别人，才能逐渐找到属于自己的那份亲和力。

2. 摆脱保守观念

若一个人十分保守，也就不容易与他人在情感上较好地沟通，更不容易建立亲和的关系。要改变或者摆脱这种观念，最好的办法是找到导致它形成的不良因子，从根本上重新认识问题或事物，进而才有可能彻底剔除不良观念。

3. 培养乐于助人的品格

在生活中乐于助人，很容易给他人留下美好而容易亲近的印象。在生活中互相帮助，不仅会为别人解决问题，更能为自己逐步铺垫出平坦的道路。

4. 塑造热情参与的态度

塑造热情参与的态度并在需要的时候积极投身其中，是提升一个人在他人眼中的认知度的最佳方法。习惯了与"陌生人"打交道后，心理障碍自然会慢慢消除，亲和力也便有了生发和强大的前提。

5. 开拓海纳百川的心胸

党的二十大报告指出，构建人类命运共同体是世界各国人民前途所在。中国坚持对话协商，推动建设一个持久和平的世界；坚持交流互鉴，推动建设一个开放包容的世界。海纳百川，有容乃大。一个能容得下世间很多不美好的人，在别人眼中必定会是一个特别美好的人。放眼未来，从此时此刻做起，学着以平常心接纳自己所遇到的所有现实，并且积极应对，那么未来一定会越发美好。

（二）适当地自我表露

所谓自我表露就是我们常说的"敞开心扉"，即把有关自己的信息、自己内心的思想和情感暴露给对方。有效沟通就是在交往双方的自我表露逐渐增加的过程中发展起来的。

自我表露可以增加他人对自己的喜欢。自我表露本身具有很强的象征性，它给对方一个强有力的信号：你对他相当信任，愿意与他进一步交往。而且，对他人的自我表露可以引发他人做自我表露，从而促进相互理解，相互信任。

当然，自我表露也必须注意分寸，过分地表露会让人不舒服。一般来说，表露的范围和深度是随着关系的发展而逐步增加的，对于不同的关系对象，在不同的发展阶段，自我表露的广度和深度明显不同。在非常亲密的朋友之间，自我表露往往十分深入，可以达到无话不说的地步。但是，需要注意的是，无论关系多么亲密，人们都可能存在不愿意暴露的领域，这就是"隐私"问题。

三、积极倾听

许多人错误地认为沟通就是要不断地说话和表达，但随着现代生活节奏的加快，人们越来越缺乏倾听的耐心。倾听是一种艺术。巧妙的倾听态度能够使沟通的对方觉得受到了重视及肯定。

听他讲完

记者小李采访了一名小朋友，问他说："你长大后想要干什么呀？"小朋友天真地回答："我要当飞机驾驶员。"小李接着问："如果有一天，你的飞机飞到大海上空，这时所有的引擎却都熄火了，你会怎么办？"小朋友想了想说："我会先告诉坐在飞机上的人绑好安全带，然后我挂上我的降落伞先跳出去。"当旁边的人都开始嘲笑小朋友时，小李却继续注视着这个小朋友，没想到，小朋友两行热泪夺眶而出，这才使得小李发觉这个小朋友的悲悯之情远非笔墨所能形容。于是小李问他："为什么要这么做呀？"小朋友的回答透露出他真挚的想法："我要去拿燃料，我还要回来！我还要回来！"

故事评析

我们真的明白倾听的艺术吗？我们是不是常常打断对方的讲话，是不是又自以为是地进行反驳？因此，沟通是双向的。我们并不是单纯地向别人灌输自己的思想，我们还应该学会积极地倾听。对话从听开始，传达心声同样从听开始，只有善于倾听才会了解对方。

（一）倾听的五个层次

1. 听而不闻

听而不闻就是不做任何努力地去听。我们不妨回忆一下，什么时候会发生听而不闻？如何处理听而不闻？

听而不闻的表现是不做任何努力，你可以从对方的肢体语言看出，对方的眼神没有和你交流，他可能会左顾右盼，他的身体也可能会倒向一边。听而不闻，必然不可能有一个好的沟通效果。

2. 假装聆听

假装聆听就是要做出聆听的样子让对方看到，并没有用心在听。在生活中常有假装聆听现象的发生，例如：同学们和老师交谈的时候，当自己有另外一种想法，出于礼貌便假装聆听，其实根本没有听进去；在与父母沟通的过程中，惧怕父母的威严，做出聆听的样子，实际上也没有在听。假装聆听的人通常会努力做出聆听的样子，其身体会大幅度地前倾，甚至用手托着下巴。

3. 选择性聆听

选择性聆听就是只听一部分内容，倾向于聆听所期望或想听到的内容。

4. 专注地聆听

专注地聆听就是认真地听对方讲话的内容，同时与自己的亲身经历做比较。

5. 设身处地地聆听

设身处地的倾听不仅是听，而且是努力地理解讲话者所说的内容，所以用心地站在对方的角度去听、去理解他。设身处地地聆听是为了理解对方。要多从对方的角度着想，要多思考："他为什么要这么说？他这么说是为了表达什么样的信息、思想和情感？"如果对方在和你沟通的过程中，他的身体向后仰过去，或是频繁地看表等，都说明他现在想赶快结束这次沟通，你必须理解对方，要考虑对方是否有急事，若有，则可以约好时间下次再谈，对方会非常感激你的通情达理。

（二）有效倾听的注意要素

影响倾听效果的因素很多，比如有没有集中注意力、心情好坏、倾听时的位置、倾听的目的等。因此，要做到有效的倾听应注意以下五点。

1. 切勿多话

说话和倾听同时进行并不容易，在沟通中经常插话会使我们漏掉对方说的许多重要的内容，也会让对方觉得你没有真正地在关注他的讲话。有时在沟通中给朋友最好的礼物，是把耳朵"借"给他们，不要批评和建议，只要倾听就好。

2. 真诚关注

沟通并不是说只要不说话，倾听就行了。在沟通中面对别人说话时，视觉上要有交流，可以用眼睛传神，也可以用表情传递信息。交流时要用耳、用心、用眼，注意对方的姿态、态度，根据场合调整自己说话的声调。

3. 话要听完全，切勿急于评论

我们应该在确定知道别人完整的意见后，再做出反应，即使对方停下来，也并不表明他们已经说完了想要表达的内容，这时我们要有耐心。

4. 对事不对人

对方也许有令你反感的态度，但是你要注意的是对方说话的内容，即使是你讨厌的人说的话也有值得自己听的内容。

5. 倾听是理解的前提

在交流中认真听对方讲话就是对对方的最高尊重，这表明你很看重对方的观点。

四、不一样的说和问

（一）知觉检核

我们常常对外界发生的事情进行解释，但需要注意，这仅仅是我们的解释，而不一定是事实。我们要注意不要仅根据自己的判断，就对对方说一些武断的话，因为即使我们并非有意冒犯，类似的武断的语句也会让对方产生防卫心理。知觉检核能够提供一种更好的解释方式，让沟通更加顺畅。知觉检核包含了三个要素，分别是：①描述你注意到的行为表现；②列出关于此行为至少两种可能的解释；③请求对方对他的行为进行澄清。

例如："身边的故事"中李冉就使用了知觉检核：

"最近你看上去总是不太高兴"（行为表现）

"是身体不舒服"（第一种解释）

"还是有什么不开心的事情"（第二种解释）

"你讲出来，大家都会帮助你的"（请求澄清）

知觉检核不仅能帮助我们准确地理解他人的行为表现，而且能够保留对方的颜面，减轻对方的防卫心理。我们需要注意的是，在请求别人澄清时，应表现出真诚、包容的态度，而不是咄咄逼人的态度。使用知觉检核其实就是以一种谦恭的方式进行表达。

使用知觉检核有时候不需要囊括上述三个要素。例如：

"你最近很久没来坐坐了，发生了什么事情吗？"（行为表现加上诠释）

"你看上去不太高兴，能告诉我为什么吗？"（行为表现加上请求澄清）

有时候甚至是最简单的知觉检核，比如只说"怎么了？"也能够奏效，因为我们没有对别人的行为表现妄加评论，而是希望对方来解释自己的行为表现。在沟通中，区分"事实"与"意见"很有必要。

（二）使用沟通语言的技巧

语言的交谈方式是多种多样的，任何一句话都可以有不同的说法，正如"一句话可以让人笑起来，一句话也可以让人跳起来"，表达方式不同，效果便截然不同。

1."事实"与"意见"

关于事实的描述，可以用对错来证实，但是意见性的陈述建立在说话者的信念上，他们是无法被证实的。例如：

事实性陈述	意见性陈述
"你忘了我的生日。"	"你一点都不在意我。"
"你今天聊了很多别人的八卦。"	"你真是个爱八卦的人。"
"你走路很快，我有些跟不上。"	"你不考虑我的感受。"
"你一直在干扰我。"	"你是个控制狂。"

事实性陈述的关注点在客观事实上，对事不对人。而意见性陈述听起来常常像发牢骚，带有强烈的个人情感，关注点在人身上，似乎对人不对事。在日常生活中，如果我们把自己的意见当作事实来陈述，就容易引发不必要的误解和争论，例如：

"笨蛋才会这么说。"

"除非你很有钱，否则什么事也办不成。"

"花这么多钱在服装上真是太浪费了。"

如果在这些语句前加上一句修饰语，表示对自己的意见负责，例如："我觉得""我认为"，或者"在我看来"，那么，这些语句便显得没有那么有敌意，也可让交谈的双方都知道这是对说话者的意见，而不一定是事实。

在有些情况下，事实性陈述和意见性陈述混淆也会引发问题。意见性陈述是从对证据的解释中得出结论，而当我们把推论当作事实时，就易引发争论，例如：

A："你为什么生我的气？"

B："我没有生你的气，你最近怎么疑神疑鬼的？"（意见性陈述）

A："我没有疑神疑鬼，是你一直在吹毛求疵。"（意见性陈述）

B："你说这话什么意思？我哪里吹毛求疵了？"

尽量不要去揣度别人的心思，我们可以使用前面介绍的知觉检核来表达我们所观察到的行为表现，从行为表现中推论出至少两种可能的解释，让对方来澄清。可以看出，每一种行为表现都可以有多种解释，不同的解释得出不同的推论，这样能够减少沟通中的争执。

2."我"和"你"

使用"我"字的陈述，表达了说话者自己的想法、意见等。使用"你"字的陈述，则常常表达说话者对对方的论断。如果是正面的论断，那么不太会引发问题。但是，批评性的论断往往使人感觉不舒服，自尊心受到威胁。例如：

"你真是个爱八卦的人。"

"你把这里弄得一团糟。"

"你不知道你自己在说些什么！"

显然，使用"你"字的论断性陈述，容易激起对方的防卫心理，进而引发争论。使用"你"字通常意味着说话者有资格对对方进行评论，但很少有人愿意接受他人对自己的负面评论。即使评论是对的，对方也不愿意接受，好在包含"我"字的陈述为说话者供了一种较为准确同时又不那么伤人自尊的方式来表达抱怨，使用"我"字，一方面表达了这只是我的个人看法或反应，强调的是说话者的想法和感受，而不是注重价值的判断，另一方面避免了对对方做评价，不会激起对方的防卫心理。我们可以用包含"我"字的陈述替换上面包含"你"字的陈述，如下：

"我觉得道听途说的消息不一定准确，我们还是不要再随意传播了。"

"我不希望我辛辛苦苦打扫的房间很快又被弄乱了。"

"我不明白你怎么会有这样的想法，我认为做完事情后再检查一遍很有必要。"

当然，使用"我"的语言也不是百利而无一害的。使用过多包含"我"字的陈述，让人听起来有些以自我为中心。研究表明，有沟通自恋倾向的人大部分时间只使用第一人称单数"我"来与他人沟通，因此运用包含"我"字的陈述不是越多越好，应当有节制地使用。为了克服"我"的语言的弊端，可以考虑使用"我们"这个词。我们的语言暗示了陈述的内容是交谈，双方都有关的，或者共同关心并负责的。例如：

"在传递某个消息之前，我们需要核对一下消息的真实性，你看对吗？"

"我们在保持家里的卫生上，好像做得不太好。"

"我们之间可能需要更多的沟通，我们都不希望事情出差错，因此仔细一些比较好。"

可以看出，包含"我们"的语言营造了一种建设性的沟通范围。即使是负面评论，使用"我们"做主语也不至于伤害对方的自尊心。其中暗示了一种"我们同在一起"的倾向，而不是将说话者和倾听者对立起来使用。使用"我们"能够表达出和别人的亲密程度、共通性和凝聚性。在一项研究中，要求陌生人在互动中使用"我们"，代替"我"和"你"，彼此会感觉更亲近。不过，"我们"的语言也有不恰当的时候，有时候使用"我们"听起来有些专横和强人所难，因为它表明你在代表对方说话。（也许你表达的并不是对方的意愿）。例如，当你说"我们可能不够努力"，但是对方却认为"我已经尽力了，不够努力的人是你"。

任何一个代词被多次使用都会给人留下不好的印象，但是这些代词结合起来使用通常效果更好。三种人称代词的使用及效果见表11-1。

表 11-1　三种人称代词的使用及其效果

项　目	优　点	缺　点	使用技巧
"我"的语言	为个人的想法、感觉、意愿等负责。比起评论性的"你",更不易激起防卫心理	可能被认为是以自我为中心的、自恋的和只顾自己的	当对方没有察觉到问题时,用"我"的语言;结合"我"和"我们"的语言一起使用
"你"的语言	表示以他人为导向,尤其是话题正确时	听起来可能有评价和判断的意味,尤其是在当面对峙时	对峙时使用"我"的语言,在赞美他人时使用"你"的语言
"我们"的语言	表示共同关心、凝聚性和承诺	代表别人说话时可能不恰当,可能忽视了对方的真实想法	结合"我"的语言一起使用,在团体情境下使用"我们"的语言可以加强团结;避免在表达个人的想法、感觉、意愿时使用

（三）赞美的技巧

赞美是人际沟通中的一种润滑剂。精通赞美的艺术，一定会收到意想不到的效果。赞美的技巧主要体现在：赞美的语言要恳切；赞美要投其所好；要赞美别人的得意之处；赞美要合乎时宜；间接赞美更有效；赞美要措辞精当。

1. 赞美的语言要恳切

只有坦然地欣赏别人，才能真诚地赞美。赞美越具体，表明你越关注对方，赞美的具体程度与你关注的深度是紧密相关的。既然具体化赞美能收到如此奇效，那么，我们赞美时便可以列举具体事实，说出感想。真正能够引起被赞美者好感的只能是那些基于事实、发自内心的赞美。

2. 赞美要投其所好

赞美要因人而异，要考虑对象的性格特征、身份和地位。对不同的对象，恰当地赞美表达的是自己对他人的诚心、善意和欣赏，传达的是对他人的认可与信任。

3. 要赞美别人的得意之处

在交谈过程中，如果对方谈到自己的得意之事，那就是渴望与别人分享自己的喜悦。这也可以看成他准备接受别人赞美之辞的信号。此时，要善于接过话题并顺势赞美一番，以满足对方的心愿。你真诚地表达出自己的感受时，对方马上会产生一种亲切感，双方的心理距离也会大大缩短。

4. 赞美要合乎时宜

观察到别人的变化，就要及时赞美。注意到对方当时的变化，你所能传达的也是你当时的真实感受。一旦时空变换，什么都会变化，因此，看到别人的变化要适时赞美，不要留下遗憾。赞美得越具体、越及时、越特别，效果就越明显。

5. 间接赞美更有效

借他人之口赞美的效果比直接赞美对方要好很多。通过转述间接地赞美，能让对方从中感受到自尊、欣赏、愉悦和成功，从而为双方创造出一种热情友好、积极肯定的交往气氛，同时也可赢得对方对自己的赞许。

6. 赞美要措辞精当

赞美的语言要表达准确，不能偏离事实。赞美要发现对方的闪光点，基于事实，恰如其分地表达出来，这样的语言才能使对方感到惊喜万分。

（四）学会拒绝的技巧

良好的沟通并不意味着自己要一味地迎合对方，沟通中适当的拒绝也很重要。因为每个人的能力都是有限的，也都有各自的喜好，如果盲目地顺从对方，就会使这种交往变成一种负担，给自己造成不必要的压力。有不少大学生在和朋友交往的过程中，因为怕朋友说自己小气、不讲义气等，因而对朋友要求的事不敢拒绝，结果自己做起来又非常吃力，或者根本难以做到，以此造成心理紧张。因此，在人际交往中，学会拒绝是必要的。

拒绝是一门艺术。人们之所以拒绝对方，总是因为有一些自己不得已的原因或困难，而对方并不一定知道。因此，我们不妨直接清楚地说出我们的难处，以求得对方的理解。但有时没有时间解释或实在不便解释时，就可以用一些委婉的、巧妙的语言来化解。例如，对方邀请你参加郊游而你不想去时，你可以这样说："真想和你一起痛痛快快地玩一玩，可惜我手头有一些重要的事要做，否则我不会放弃这次好机会的。"

五、关注肢体语言

（一）有效利用个人空间距离

人们常常把自己的住所当作个人的领域，不愿意别人在未经许可的情况下擅自闯入。另外，每个人还有一个移动的个人空间，只有最"亲近"的人才可以进入。在通常情况下，人们会下意识地维护自己与他人之间的空间距离，以获得安全感。在不同关系、不同状态下，人的安全距离是不同的（图11-5）。

要有效地利用个人空间，不仅需要考虑你和别人的距离，你们的相对位置也是很重要的。比如，和朋友聚餐时，大家同坐一桌，如果你想要跟谁交流，那就和他紧挨着坐，而不是坐在他对面，这样会感觉更加亲近。

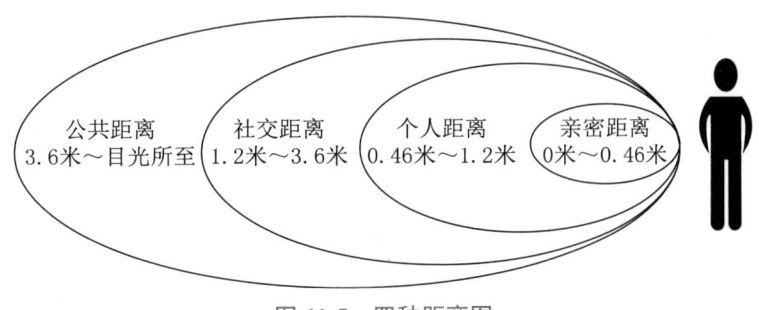

图 11-5　四种距离图

（二）行为姿态能够充分表明一个人的态度

在交谈中，通过观察对方的姿态，基本就能确定对方的态度。比如，抱着双臂、两腿紧紧靠拢等，都是封闭的状态，表示你感到紧张，或者不感兴趣。与人交谈的最好姿态，就是直接地面对别人、身体前倾，这可以表示你对对方的尊敬，谈话会非常投入。

（三）通过特定的身体接触表达一定的情感

通常，身体接触表达的感情是无法仅通过语言完成的。握手是能很好地传达感情的身体接触方式。通过握手我们能告诉对方我们对他以及对自己的看法。无力的握手，会显示自己很虚弱，或者是对握手的另一方不感兴趣；而有力的握手，则会显示出自己的坚强性格，显露出强烈的热情和好感。如果你想让情感更强烈一些，握手时，可以把自己的左手放到对方的右手背上。

（四）强化自己的眼神交流意识

"眼睛是心灵的窗口"，眼神交流是成功的社会交往的先决条件。如果你避而不看对方，对方会认为你很焦虑，不诚实。如果你想让别人知道你对他感兴趣，只需注视他，就可以轻易达到这个目的。

（五）微笑和点头

与人谈话时，我们可以通过点头表示同意。不断重复轻微、缓慢的点头表示大致领会，鼓励对方继续说下去。重复而快速的点头，则表示你完全明白并赞同对方的意思，并希望插话。微笑是表达你的兴趣和让人们喜欢你的重要的方式之一，它传达的是积极的信息。如果你自始至终都没有微笑，对方就会以为你不感兴趣，或者会认为你十分冷淡、孤僻。

知识清单

（1）沟通即信息交流，指把某一信息传递给沟通对象，以期沟通对象做出预期回应的整个过程。

（2）沟通过程由信息源、信息、通道、信息接收者、反馈、障碍和背景等七个要素构成。

（3）大学生沟通中存在内容选择不明确、渠道不恰当、信息传递不完整、代码不相同等问题。

（4）沟通素养的提升，包括有效评估、建立关系、积极倾听、不一样的说和问、关注肢体语言等几个方面。

资源推荐

一、推荐书目

1.《心理学与有效沟通》

在人际交往的博弈中，沟通能力强的人必定是占据主导地位的一方，而高明的沟通者往往都离不开心理学知识的帮助。该书告诉你如何用精准的沟通语言、有效的沟通方式处理生活中的细枝末节，帮你修复受伤的交流自信心，让你说出口的话不再打折扣，跟谁都能"好好说话"。

（资料来源：毛振福：《心理学与有效沟通》，中国纺织出版社，2019年）

2.《非暴力沟通》

卢森堡博士发现了神奇而平和的非暴力沟通方式，通过非暴力沟通，世界各地无数的人们获得了爱、和谐和幸福。

（资料来源：卢森堡：《非暴力沟通》，华夏出版社，2009年）

二、推荐电影

1.《中国推销员》

影片讲述了一名普通的中国技术员严键，远赴非洲开拓业务，几经曲折后依靠自己的有效沟通和勇气赢得了尊严以及梦想订单的故事。

2.《当幸福来敲门》

影片讲述了一位濒临破产、离异的落魄业务员，如何刻苦耐劳地善尽单亲父亲责任，奋发向上，有效沟通成为股市交易员，最后成为知名的金融投资家的励志故事。

第十二章
凝聚团队力量
——大学生团队精神

> 千人同心，则得千人之力；万人异心，则无一人之用。
>
> ——刘安

随着社会的快速发展，无论是在学习中还是在生活中，团队合作都发挥着越来越重要的作用。当代大学生作为新时代的青年、祖国建设的后备军，学会组建团队、分工协作、共同发展自然是十分重要的。本章主要对大家身边的团队合作案例中存在的问题进行分析并提出相关建议，希望能对大家有所启迪。

学习目标
1. 掌握团队及团队合作的含义。
2. 了解大学生团队合作精神的现状与成因。
3. 掌握打造一支高效合作的团队的方法。
4. 培养团结合作、无私奉献的职业精神。

第一节　了解团队合作

 身边的故事

大学生吹响创业"集结号"

　　大学生创业已不是新鲜事，不过，能在流行性疾病传播期间瞅准商机，实现突破确实不是一件容易的事。李泽凡和马彪分别就读于艺术设计学院数字媒体艺术专业和视觉传达设计专业，他们的创业故事是从"两把刷子"开始的。大一时，两人便开始为顾客手绘"限量版"球鞋。大二时，两人在学校已小有名气。大三时，他们已经拥有了不少客源，业务范围不断拓展，从球鞋到皮包，不仅可以手绘，还可以在其上进行扎染、刺绣、水转印等工艺改造。

　　但是因为流行性疾病，线下营销受到了影响，但很快，他们便发现"直播带货"的线上营销方式十分有吸引力和影响力。于是他们便开始了相关尝试，两人在线上发出创业"集结号"，两人成立了"球鞋定制"工作室，从设计到制作，再到营销，团队的这群年轻人都"玩得转"。目前团队所制作的短视频已在线上收获千万的点赞量，账号拥有数百万名粉丝，播放量早已破亿。每月可通过线上接单数百个，月营业额超20万元。创业路上有许多未知，能不能爬坡过坎呢？两个小伙子冲劲十足："没有能不能，只有想不想！"

（资料来源：《太原晚报》）

故事评析

　　单兵作战能力再强，终究无法凭借一己之力扭转整个战局。大学生创业亦是如此，只有形成了一支个人执行力强、团队协作配合好的队伍，才是长期持续取胜的关键。而大学生面临的该如何搭建创业团队、如何进行团队合作的问题，都是需要进行学习和实践的。

　　马克思说，只有在集体中，个人才能获得全面发展其才能的手段，也就是说，只有在集体中才可能有个人自由。这段话辩证地指出了个人与集体的关系，也引出了有关团队合作的重要性。党的二十大报告中也明确提出，团结就是力量，团结才能胜利。在集体中，只有良好合作，有效运转，才能称为一个集体。

　　现代社会对人才的选拔，不仅看重专业知识和技能，同时更看重良好的沟通能力、团队合作能力等综合素质。据统计，许多单位在招聘的时候，都十分看重大学生的团队合作意识。然而，目前高等职业院校的人才培养模式与社会需求还存在差距，致使很多大学生在步入社会后，不能很好地适应岗位。那么，团队合作究竟是什么？大学生又该如何培养团队合作能力呢？

第十二章　凝聚团队力量——大学生团队精神

一、团队

团队是由两个或者两个以上相互作用、相互依赖的个体，为了特定目标而按照一定的规则结合在一起的组织。团队中既有分工，又有合作。在团队发展过程中，经过长期的磨合与调整，可以形成更加主动高效的团体，从而达到 1+1 ＞ 2 的效果。

团队

管理学家斯蒂芬首先提出"团队"这一概念，他认为团队就是由两个或者两个以上相互作用、相互依赖的个体，为了特定目标而按照一定规则结合在一起的组织。

（一）团队的特点

团队具有以下 8 个基本特征。

（1）团队具有明确的目标。团队成员清楚地了解所要达到的目标，以及目标所包含的重大现实意义。

（2）团队成员具有相关的技能。团队成员具备实现目标所需要的基本技能，并能够良好合作。

（3）团队成员相互间信任。每个人对团队内其他人的品行和能力都确信不疑。

（4）团队成员具有共同的信念。团队成员对完成目标有奉献精神。

（5）团队成员之间沟通顺畅，信息交流充分。团队成员间要拥有畅通的信息交流。

（6）团队成员具有谈判的技能。高效的团队成员间内部角色是经常发生变化的，这要求团队成员具有良好的谈判技能。

（7）团队具有公认的领导。高效团队的领导往往起的是教练或后盾的作用，他们对团队提供指导和支持，而不是试图去控制下属。

（8）团队具备内部与外部的支持条件。团队既具备内部合理的基础结构，又具备外部给予必要的资源条件。

（二）团队类型

团队有很多种划分标准。根据团队拥有的自主权的大小和团队存在的目的，可将团队分成以下四种类型。

1. 问题解决型团队

问题解决型团队是指组织成员就如何改进工作程序、工作方法等问题交换看法，对如何提高生产效率和产品质量等问题提出建议。

问题解决型团队的核心是提高生产质量和提高生产效率、改善企业工作环境等。在这样的团队中成员就如何改变工作程序和工作方法相互交流，提出一些建议。这种类型的团队其成员几乎没有什么实际权力，都是根据建议采取行动。

2. 自我管理型团队

问题解决型团队在员工参与决策方面缺乏权力，功能不足。弥补这种欠缺的结果，是建立独立自主地解决问题、对工作的结果承担全部责任的团队，即自我管理型团队。

一般来说，自我管理型团队的责任范围包括控制工作的节奏、决定工作任务的分配等。这种团队甚至可以自由组合，并让成员相互进行绩效评估，从而使主管人员的重要性相应降低，甚至可能被取消。

需要注意的是，自我管理型团队并不一定能带来积极的效果。例如：其缺勤率和流动率容易偏高。这说明，对自我管理型团队这一形式的采用有一定的范围，需要具备一定的条件。

3. 多功能型团队

多功能型团队是团队形式的进一步发展。这种团队通常由来自同一等级、不同工作领域、跨越横向部门界线的员工组成，他们聚集在一起的目的就是完成一项特定的任务。可以说，盛行于今的项目管理与多功能团队有着内在联系。

多功能型团队是一种有效的形式，它能使组织内（甚至组织之间）不同领域员工之间交换信息、激发出新的观点、协调复杂的关系、解决面临的问题。但是，多功能型团队不是"野餐聚会"，而是有着"硬任务"。在其形成的早期阶段，往往要消耗大量的时间，使团队成员学会处理复杂多样的工作任务，从而使背景不同、经历和观点不同的成员之间建立起相互信任的关系。

4. 虚拟型团队

虚拟型团队是虚拟组织中一种新型的工作组织形式，是一些人由于具有共同理想、共同目标或共同利益，结合在一起所组成的团队。换句话说，虚拟型团队就是在虚拟的工作环境下，由进行实际工作的真实的团队人员组成，并在虚拟企业的各成员相互协作下提供更好的产品和服务的团队。虚拟型团队作为一种新型的组织形态，具有不少优于传统团队的特征。

虚拟型团队与传统的团队组织形式相比较，具有以下几点明显的优势。

（1）人才优势。现代通信与信息技术的使用大大缩短了世界各地的距离，区位不再成为直接影响人们工作与生活地点的因素，从而拓宽了组织的人才来源渠道。

（2）信息优势。虚拟型团队成员来源区域广，能够充分获取世界各地的技术、知识、产品信息资源，从而能够更加全面地了解顾客，有利于组织尽快设计和开发出满足顾客需求的产品和服务。

（3）竞争优势。虚拟型团队集聚世界各地的优秀人才，他们在各自的领域内都具有知识结构优势，众多单项优势的联合，必然形成强大的竞争优势。

（4）效率优势。虚拟型团队利用最新的网络、邮件、移动电话、可视电话会议等技术实现基本的沟通，可有效地防止信息滞留。

（5）成本优势。虚拟型团队打破了组织的界限，使得组织可以大量利用外部人力资源条件，而减轻了组织内部人工成本压力。

（三）团队的构成要素

团队的构成有几个重要的因素，可将其概括为5个"P"。

1. 目标（purpose）

每个团队都应该有一个既定的目标，这可以为团队成员导航，使其知道该向何处去。没有目标的团队是没有存在的意义的。

2. 人员（people）

个人是构成团队的细胞，一般来说，3个人以上就能构成团队。团队目标是通过其成员来实现的，因此，人员的选择是团队建设与管理中非常重要的部分。

3. 团队定位（place）

团队的定位包含两层意思：一是团队整体的定位，包括团队在组织中处于什么位置，由谁选择和决定团队的成员，团队最终应该对谁负责，团队应采取什么方式激励成员等；二是团队中个体的定位，包括各个成员在团队中扮演着什么角色，是指导成员制订计划，还是具体实施某项工作任务等。

4. 职权（power）

团队的职权取决于两个方面：一是整个团队在组织中拥有什么样的决定权；二是组织的基本特征，如组织的规模有多大、业务是什么。

5. 计划（plan）

从团队的角度看，计划包括两层含义：一是由于目标的最终实现需要一系列具体的行动方案，因此，可以把计划理解成目标的具体工作程序；二是按计划进行可以保证团队工作的顺利，只有在计划的规范下，团队才会一步步地贴近目标，从而最终实现目标。

（四）团队与群体

1. 群体的概念

群体的概念与个体相对，不同个体按照某种共同特征组合在一起，共同进行活动，就形成了群体。

2. 团队和群体的差异

团队和群体的概念经常被人们混淆，但是他们之间有着本质的区别。见表12-1。

第一节　了解团队合作

表 12-1　团队和群体的差异

存在不同的方面	团队	群体
领导方面	团队如发展到成熟阶段，成员可共享决策权	群体中必须有明确的领导人
目标方面	团队中的成员可以有自己的个人目标	群体中所有人的目标必须跟组织保持一致
协作方面	团队的协作程度高	群体的协作性一般
责任方面	除了领导者，团队中的每一个成员也要负责	群体中领导者负主要责任
技能方面	互不相同、互相补充、高效组合	可能是相同的，也可能是不同的
结果方面	由大家共同合作完成的产品才是团队的绩效	每一个个体的绩效相加之和即群体的绩效

3. 团队和群体的实际区分

下面的例子，哪些是团队？哪些又是群体？

举例：①车站旅客；②皮划艇队；③篮球队；④旅行团。

通过对团队和群体的差异的学习，我们可以确定皮划艇队和篮球队属于团队，而车站旅客和旅行团则属于群体。

身边的故事

你可以永远相信中国女足

2022 年的春节刚过，中国女足的姑娘们就给我们献上了两份大礼：先是在与日本的比赛中，两度落后两度追平，最后点球绝杀日本队；然后在与韩国队的比赛中，在 0∶2 落后的情况下奋起直追，在比赛最后仅剩 2 分钟时，依靠一次精彩的进球，以 3∶2 绝杀韩国队，获得了亚洲杯冠军。

对于中国女足的表现，网友们称赞道："你可以永远相信中国女足！"永远相信中国女足，不是相信中国女足永远会赢，而是可以相信中国女足永不服输、顽强拼搏、逆境求生的精神。

（资料来源：光明网）

故事评析

中国女足的胜利离不开教练团队的良好管理，更离不开球员们的团队合作和奋勇拼搏。

足球运动作为一个团体项目，讲究的是人员配合、战术执行以及团队合作，想要取得胜利，场上运动员的良好发挥和团队合作缺一不可。我们可以永远相信中国女足姑娘们的拼搏精神，我们同样也可以永远相信团队合作所带来的成效。

二、团队合作

（一）团队合作的含义

合作意识淡薄

班会上，班主任宣布："学校要举行板报大赛，各班选拔后交学校参评。"老师说得津津有味，台下的学生反应却不太强烈，只有个别人感兴趣。小A建议小B一起办板报，小B却推脱道："我一无文采，二无点子，又不会画画写字，实在是心有余而力不足。"可实际上谁都知道小B不仅文章写得好，而且字也写得很好。小C搭腔道："我才不会那么傻去给人家当分母呢，反正也评不上。就算我编一份板报也不会同别人一块做，最后在结尾注上主编、美工、撰稿都是自己，那多好！"

台下讨论得挺热烈，但却无人举手。老师脸上的微笑渐渐隐去，她又陷入被迫"点将"的窘境。

故事评析

合作意识需要通过某种活动去培养，在活动中，人与人交往，并共同完成某个任务。同时，合作意识的培养，要紧密结合社会实践。人与人之间只有良好的合作，才能相处得更融洽、亲和，取得成功的机会也更大。

在现实生活中，只要有人存在的地方，就会有合作小组存在。但是因为这种小组组内的成员，并不一定有着共同的理想与目标，他们之间的分工也不够明确，职责划分也不够清晰，甚至会存在组内成员互相扯皮推诿的现象。因此从严格意义上来讲，这种小组并不能称为团队，而只能称为工作组。

真正的团队，是指为了完成一个共同的目标而自愿聚集在一起并有合理分工的一群人。而团队合作，就是指团队为了完成这一共同的目标而相互支持和奋斗的过程。因此，团队合作的真正含义主要包括团队分工、团队思想、团队建设、团队支持四个基本要素，以及充分发挥团队力量这一个统一的目标。

当团队合作是发自内心，真正出于自愿时，就会激发出一股强大而持久的能量。

（二）合作与竞争

意外的结果

李明大学毕业后留在了北京。他通过了一家广告公司的笔试和面试后被留了下来。

试用期间，总经理对他们同时应聘的五个人说："试用期满，我们将在你们中间选一名业务主管。"听了总经理的话，李明雄心勃勃，发誓要当上业务主管。

李明想，短短的三个月里要凸显自己的业绩，仅靠埋头苦干是不行的，必须凭借聪明才智，苦干加巧干才行。此后，他便开始利用网络进入广告设计网博览别人的设计创意，并频频跟网络设计高手交流。但他想，通过这种方式学习，其他的四个同事同样能做到，如果是在同一起跑线上公平竞争，他的优势不一定能凸显出来。

于是，为了确保自己能超过他们，李明开始向其他四个同事学习，而他们向李明请教问题的时候，他每次都把自己独特的见解藏起来，只说一些能在网上查询到的观点。当然，李明自认为所做的一切都很隐蔽，还常常自我安慰，认为自己并没有伤害他们，只是努力提高自身而已。

试用期满，李明的业绩果然比他们四个人突出。他暗自窃喜，业务主管一职肯定非他莫属。然而，总经理的决定却让李明大跌眼镜：他没能当上业务主管，还被公司安排到了其他岗位！面对总经理的决定，李明十分不解。总经理平和地对他说："我们公司能有今天，主要靠的是团队合作精神，因此，在我们公司，能与同事共同提高的人才是最理想的人选。"总经理拍着李明的肩膀语重心长地说："记住，跟同事共同提高比只向同事学习使人更受欢迎。"

在前进的道路上，李明的做法显然不可取，但是也揭露了青年人普遍面临的一个问题，这就是竞争与合作的关系问题。

（资料来源：新浪网）

故事评析

竞争与合作既对立又统一，在合作中有竞争，在竞争中有合作，二者相互渗透，相辅相成。生活中，需要竞争，也需要合作。既要保持敢为人先、不甘落后的进取精神，又要树立协作、互助的合作观念。只有在竞争中合作，在合作中竞争，最终才能实现共同发展，共同提高。

1. 竞争的含义

竞争是一种心理需要，也是一种行为活动，是对成功与进步的渴望和努力。

竞争是一种对抗性行为，在竞争的过程中，每个参与者为了最大限度地获取个人利益、追寻个人目标，而不惜牺牲他人利益。因此，竞争一方面可以使人奋发图强，促进社会进步；而另一方面，竞争也会造成个体或群体内部的不团结，损害集体利益。

2. 合作与竞争的关系

在现实生活中，竞争与合作并存，共同构成千姿百态的社会形态。而两者之间的关系，往往是相互依存、不可分割的。没有合作的竞争是孤独的，没有竞争的合作是低效的；只有在合作中竞争，在竞争中合作，才能共同发展、共同进步。

例如：在一场篮球对抗赛中，每一队的成员之间是合作关系，而队与队之间则是竞争关系；而每一队的成员在展开内部合作的同时，也必然会与其他成员形成竞争关系。因此合作与竞争相互依存，缺一不可。

第十二章 凝聚团队力量——大学生团队精神

第二节 促进有效沟通

一、沟通

（一）沟通的含义

沟通是人与人、人与群体之间，为了达成思想和行为上的一致而进行的思想与感情的传递与反馈的过程。

（二）团队沟通

团队沟通是伴随着团队这一组织结构的出现而出现的，主要是指团队内部发生的所有形式的沟通。因团队沟通为一种较新型的组织生产模式，人们对该领域的研究相对来说还不是十分深入。但不可否认的是，团队成员之间如何进行有效沟通是一门大学问。如果团队成员之间沟通不好，往往就会加剧矛盾，留下隐患，影响团队的正常运转。因此，每一个团队都要非常重视团队之间的良好沟通。

二、团队沟通与团队合作

团队合作是团队中不同分工的成员通过合作协调来完成同一个目标的过程。在团队中，有分工、有协调，因此需要有一个完善的团队管理机制。而完善的团队管理机制的顺利运转离不开团队成员之间的良好沟通。

（一）有助于发展人际关系

人是活在关系里的人，人的一生都离不开人际关系。我们在生活中遇到的种种困惑，说到底都是与他人的关系的问题。心理学家认为，人际关系是人与人之间的心理距离，而良好的沟通可以缩短人与人之间的心理距离。人们通过沟通传递着情感与信念，同时也传递着对美好生活的向往。

（二）有利于团队的快速成长

对于新进入团队的成员而言，能得到有经验的成员的指点甚至是批评，都是一件十分幸运的事。很多工作中的技巧，就像一层窗户纸，如果有人指点，一捅就破；如果单靠自己摸索，可能很长一段时间内都是雾里看花。因此，团队中的新成员与老成员之间如能有一个良好的沟通，对新成员的快速成长是十分有帮助的。同时，新成员的快速成长，又会有利于整个团队的发展与进步。

（三）有利于促进团队的和谐发展

良好的团队沟通有利于团队中的成员合理利用团队中的各种资源，协调处理团队中各种事务，激发团队成员的积极性，从而促进整个团队的和谐高效发展。

因此团队合作的顺利发生、发展离不开团队沟通，良好的团队沟通是团队合作的关键。

身边的故事

沟而不通，费时误工

一位教授正在精心准备一个重要会议上的演讲，会议的规格之高、规模之大都是他平生第一次遇到的。全家都为教授的这一次"露脸"而激动，为此，教授的妻子专门为他选购了一身西装。晚饭时，教授的妻子问西装是否合身，教授说上身很好，就是裤腿长了两厘米，但也能穿，影响不大。晚上教授早早地睡了。教授的母亲却睡不着，琢磨着，儿子这么隆重的演讲，西裤长了怎么能行，反正也不想睡，就翻身下床，把西装的裤腿剪掉了两厘米，缝好烫平，然后安心地入睡了。早上五点半，教授的妻子睡醒了，因为家有大事，所以起得比往常早些，想起丈夫西裤的事，心想时间还来得及，便拿来西裤又剪掉两厘米，缝好烫平，便惬意地去做早餐了。一会，教授的女儿也早早起床了，看妈妈还没有做好早餐，就想起爸爸的西裤，想着自己也能为爸爸做点事情了，便拿来西裤，又剪短两厘米，缝好烫平……这个裤子最后还能不能穿？

（资料来源：腾讯网）

故事评析

故事中的主人公因为沟通不到位，付出了多倍的劳动，最终却浪费了一条裤子。究其原因，首先是教授没有明确目标和分工——裤子要不要剪短，由谁来剪短，其次母亲、妻子、女儿在行动之前没有征询家庭（项目组）其他成员的意见。因此造成吃力不讨好的结局，费时误工。

三、团队如何进行有效沟通

有研究表明，团队中有近70%的错误都是由于沟通不畅造成的。团队中的工作需要所有人一起合作完成，只有良好的沟通，才能统一思想、统一方向。那么在团队中该如何进行有效沟通呢？

（一）确定沟通目标

团队在每一次沟通的过程中都必须有明确的目标。比如团队在针对一个具体的项目进行沟通时，必须先明确沟通的目的是解决当前遇到的问题，要展开对未来的讨论，还是借此机会聊一聊其他问题。

（二）构建良好的沟通环境

沟通总是在一定情境下发生的，良好的沟通环境有利于沟通的顺利进行，良好的沟通环境也有利于减少冲突。沟通环境所包含的范围十分广泛，不仅有团队的氛围，还有道德品质、政治观点等。

（三）创新沟通渠道

团队要顺应时代的发展与潮流，创新沟通渠道，不能仅仅停留在传统沟通方式上。比如除了平时正式的沟通，聚会、联谊会也未尝不是一个良好的沟通途径；同时，随着互联网的发展，沟通方式呈现出多样化发展趋势，这些也更能反映出团队成员的真实想法与情感。

（四）学会换位思考

团队中的成员对于自己的工作都会有充分的关注，但当涉及与其他成员进行相互协调时，有时就会容易陷入僵局。因此，团队中每个成员都需要学会换位思考，把自己放在对方的位置思考问题，学会从对方的角度出发理解问题。只有这样，才能更加有效地进行合作。

（五）进行知识交流共享

进行知识交流共享是团队有效运作的重要基础，团队中的成员只有对自己必须了解的知识信息有充分的了解，才能有效解决问题。而知识共享的途径，一是可以通过团队的培训学习来进行，二是可以组织团队中的先进积极分子来分享经验。通过这些途径，团队可逐步养成知识交流共享的良好习惯。

（六）做一名优秀的倾听者

很多人认为沟通是一种动态的过程，而倾听这一静态过程似乎被忽略了。而实际上，倾听却是进行有效沟通的核心。因为有效倾听，可以激发对方的分享欲，同时也有利于自己进行深入思考。因此，一名合格的团队成员一定是一名优秀的倾听者。

（七）掌握 80/20 法则

根据 80/20 法则可知，一个团队 80% 的沟通一般发生在 20% 的成员之间。在团队内，处于关键位置的少数人员往往承担着大量的信息沟通与传递的任务，而这也是最容易造成信息变质或流失的关键环节。因此，对于一个团队来说，培育好这一处于沟通中的关键位置的人物角色，对于整个团队的良好沟通起着至关重要的作用。

（八）掌握双赢法则

在沟通中，一方面是要积极向别人陈述自己的想法主张，不轻易地改变和屈服；另一方面也要能认真听取和自己意见不一的声音和想法，少说或者不说"不行""绝对不可以"等。争取在沟通时，既能维护自己的想法和尊严，又不损害别人的利益，从而达到共同思考、共同进步的"双赢"局面。

第三节　发扬团队合作精神

新时代大学生必须具备良好的团队合作意识与团队合作精神，这样才可以更好地为团队的发展贡献自己的力量。但是团队合作精神的培养不是一蹴而就的，大学生要积极接受严格的团队合作教育，充分发挥主观能动性，努力成为能为社会主义现代化建设做贡献的高素质人才。

 身边的故事

团队合作是通往成功的基石

2022年2月7日晚，在北京冬奥会短道速滑男子1000米决赛中，武大靖体力不支的时候，碰了碰任子威的手并示意他往前走，助力任子威获得金牌。对于中国队来说，谁获得金牌都是全队的胜利，这就是中国运动员的集体荣誉感！"功成不必在我，功成必定有我"。

（资料来源：搜狐网）

故事评析

这就是团队合作精神，荣誉从来不是属于某一个人的，永远是属于大家的。大家团结一致，队员相互配合，才能创造出最好的结果。中国运动员有着良好的团队合作精神，他们把祖国的荣誉放在第一位，这是非常令人感动的。

在日常的生活和学习中，我们每个人的能力都是有限的，我们必须在团队合作中持续提升能力。团队中的每个人既需要个人责任感，也需要相互负责。成就他人，才能成就自己。

一、什么是团队合作精神

团队合作精神是团队个体为了团队的整体利益和目标而协同合作的大局意识。团队合作精神表现为成员对团队目标的认同，对团队的强烈归属感，以及团队成员之间紧密合作、共为一体的意识。一个高效团队的灵魂就是团队合作精神。只有具有团队合作精神，一个团队才能展现最大的力量，才能获得最佳效率。

团队合作精神不仅是大局意识的体现，更是协作精神与服务精神的集中体现。它主要反映团队中的成员在团队特点、团队风气、地位形象等方面的理解与认同，在一定程度上也折射出整个团队的综合素质与精神面貌，同时体现着团队未来发展的希望与理想。团队合作精神并不是意味着成员的自我牺牲；相反，成员个性的自由发展可真正激发其内在动力，从而实现团队潜能的最大化。

二、团队合作精神的内涵

团队合作精神并不是虚无缥缈的东西，它可以体现为以下几个方面。

（1）协作精神。协作精神指个人愿意与他人建立友好关系和相互协作的心理倾向。团队成员在工作中互相依从、互相支持、密切配合，并建立起相互尊重、相互信赖的协作关系。

（2）全局观念。团队成员对团队忠诚度高，对团队有一种强烈的归属感，不允许损害

团队利益的事情发生，将个人利益与团队的整体利益联系在一起。

（3）责任意识。团队成员有着为团队的成长和兴衰尽忠尽责的意识，忠于团队的目标与利益，恪尽职守地完成任务并遵守团队规章制度等。

（4）互助精神。团队成员有意愿将个人的信息和资源与团队其他成员共享，为了达到团队整体的目标与利益而互相帮助和互相交流，团队成员之间没有隔阂。

（5）进取精神。团队成员为了实现团队的整体利益而努力进取，在团队发展、团队战略和价值实现的过程中齐心协力，为一个共同的目标而奋斗。

团队合作精神并不要求团队成员牺牲自我，相反，发挥个性、表现特长可保证成员共同完成任务及目标，明确的协作意愿和协作方式则可产生真正的内在驱动力。

团队合作精神是团队文化的一部分，团队如果有良好的合作精神，就可以将每个人安排至合适的岗位，充分发挥集体的潜能。一个团队如果没有正确导向的文化，没有良好的从业心态和奉献精神，就不会有团队合作精神。

团结合作，勇攀高峰

2021年6月29日，由中国大学生体育协会主办的第23届中国大学生篮球三级联赛总决赛上，聊城职业技术学院女篮作为唯一一支进入四强的北方球队，经过激烈争夺，勇夺总决赛亚军。随后，在山东省第十六届大学生运动会篮球比赛（甲组、乙组）中，聊城职业技术学院女篮再次夺得大学生运动会冠军。

为备战比赛，女篮全体队员在教练的带领下，坚持每天训练，从个人技术、全队战术配合、身体素质、实战等方面不断提高要求和训练质量，比赛阶段认真做好赛前准备、赛后分析，从精神面貌、技战术配合、团队精神等方面严格要求，优异比赛战绩的获得是所有人共同努力和协同配合的结果，女篮姑娘们以实际行动诠释了"团结奋进、拼搏争先、燃情梦想、文明自强"的精神，成长为一支高水平高职院校专项运动队。在未来的征程中，她们将百尺竿头，更进一步，取得更加辉煌的成绩。

（资料来源：聊城职业技术学院官网）

故事评析

女篮姑娘们以昂扬的斗志、敢打敢拼的精神和热力四射的球场魅力征服了赛场上的评委和观众，她们展现的文明自强、团结奋进的风采令人赞赏。

三、大学生团队合作精神现状

在当今日益激烈的社会竞争中，团队合作越发重要。任何工作都需要一个和谐而默契的团队，这样才能够有条不紊地进行下去。而对于即将步入社会的大学生们，他们在习惯了长达十几年的独立学习的教育模式之后，团队合作精神就成为相对薄弱的一个环节。目前，虽然大多数大学生已经意识到团队合作精神的重要性，但在一部分大学生当中，依然存在着自私冷漠、个性过强、公德意识差等问题。很多大学生都在父母的溺爱和娇宠中长大，这使得他们从小就以自我为中心，集体观念淡薄，缺少互相帮助及协作精神，没有团队合作意识。这些大学生在毕业后往往很难融入社会，缺乏社会竞争力。基于此，大学生需要不断加强团队合作精神的培养。

四、大学生团队合作精神现状的成因

（一）家庭因素

在目前的家庭教育模式中，家长最关心和重视的依然是孩子的学习成绩。孩子成长的过程中，"唯分数论、唯学习论"屡见不鲜。而对于孩子成长十分重要的团队合作精神，却很少去关注。同时，随着经济的发展，物质生活条件得到了进一步的改善，可是这也导致了许多孩子活动受限，缺少玩伴，活动不足。再加上现在过于溺爱孩子的家庭教育环境，很多大学生可以说是被家长捧在手心中长大的。这种几近畸形的成长环境，造成现在很多大学生过于以自我为中心，既不懂得团队合作的重要性，也不知道如何进行良好的团队合作，实在令人担忧。

（二）学校因素

目前的大学生，或多或少地受到了应试教育的影响。现在的学生，从小到大面临最多的就是考试。考试的内容大多是书本上的理论知识；考试的形式多是闭卷，考的是个人的学习能力。再加上焦虑的家长推波助澜，素质教育的成效被大大减弱，学生的团队合作意识培养较为薄弱。这种错误的教育理念，抑制了学生的自由发展，阻碍了学生的正常进步，非常不利于团队合作精神的培养。

（三）社会因素

在互联网时代，各种思想文化交流与交融更加频繁，大学生的思想也受到各种新思潮的影响。这些新思潮里面，不乏个人主义、享乐主义等思想，大学生接触到这些思想之后，易形成好逸恶劳、追名逐利等不良认知，严重影响了其团队合作精神的培养。

（四）个人因素

目前相当大一部分大学生对于团体合作精神没有清晰的认识，不清楚什么是团队合作。还有的同学认为，团队合作不需要学习，随着年龄的增长，自己自然而然就会了。有些同学即使参加团队活动，也不知道团队活动的具体内容是什么，只是一味地盲目跟风，看到别人参加自己也跟着参加，最后往往一无所获。这些漫无目的的行为，既学习不了团队合作精神的基本内容，更谈不上提高与培养团队合作能力了。

 身边的故事

团队合作

小C最近心情很暴躁，仔细一问才知，原来是她和同小组的同学意见起了分歧。她

们据理力争，谁也不让着谁，使他们的团队进度停滞了很久，大家开始着急起来，并劝说小C。

小C和妈妈打视频电话的时候说了这件事，想问问妈妈的意见。妈妈告诉她，合作就是与别人沟通协作，既然是为了同一个目的，就应该统一战线。如果意见不统一，可以分析和考虑两种不同想法哪个带来的效果更好，也可以问问其他组员，征求不同意见。小C听了后，决定重新分析问题，她通过和其他成员分析沟通，找到了妥善解决的办法，最后团队圆满完成了任务。

（资料来源：中青网）

故事评析

有人说：没有人是一座孤岛，每个人都是大陆的一小部分。团队合作追求的是齐心协力、思想交流和事半功倍。没有完美的个人，但可能会有完美的团队。团队中每个人都很重要，每个人好像是拼图里的一小块，都会有缺口，寻找到与之匹配的拼图连接在一起，就会得到最后的完美成品。在校园内，大学生过的是集体生活，因此更应该重视彼此之间的交流与合作，遇到问题和困难共同解决。

（五）团队因素

1. 团队成员的选择

大学生团队成员的选择对团队合作的状态有着直接的影响。调查研究表明，大学生在挑选成员组建团队时，往往喜欢挑选那些与自己熟悉又有默契的成员，这有助于团队任务的顺利完成，但有时这样做也会限制团队的发展与壮大。

2. 团队领导者的个人素质

与企业团队领导者相比，大学生团队领导者其实更具难度和挑战性。因为大学生团体没有等级森严的上下级关系，也没有强制约束的利益关系。大学生团队的领导者也都是初出茅庐的学生，有的对于团队一知半解，对于如何带好、管理好团队只能是一边摸索，一边前进。

3. 团队成员的个人特征

大学生团队是一个集体，构成集体的每一个个体的情况都影响着集体的发展与进步。对于团体中的成员的个人特征与特点，究竟是相似好，还是不同好，取决于团队的目标与任务，也取决于团队的包容性与进取性。

4. 团队价值观

团队的要义就在于大家有着相同的价值观，价值观能够体现团队成员的共同目标。就像个人的行为和思想受个人价值观的影响，团队的行为和思想也受团队价值观的影响。比如有着"勇争第一"的价值观的团队与有着"得过且过"的价值观的团队，所表现出的思想和行为肯定是不一样的。

培养团队精神

五、如何培养团队合作精神

大学阶段是学生由学校步入社会的过渡带，团队合作精神的水平如何将直接关系到个人成才及整个民族的未来。我们可以从以下几个方面入手，来培养团队合作精神。

（一）从日常学习生活做起

在大学校园中，一项集体活动从发起到结束的过程，往往也是良好的人际关系形成的过程。在日常的学习、生活中，同学之间应经常交换想法、交流情感、相互关心，在交往中共同体验合作的快乐。团队精神归根结底就是互助精神，只有通过日常生活中经常性的互助活动，才能深刻领悟"我为人人，人人为我"的集体主义内涵，从而自觉摒弃自私自利、唯我独尊的个人主义作风。

（二）积极参加集体活动

积极参加集体活动，不仅可以锻炼自己的胆量、开阔自己的视野，而且还可以丰富自己的经历，更重要的是以自己的努力为班级争光会令人感到特别自豪。像跳长绳这类集体活动，不仅可以丰富课余生活，而且还可以锻炼身体素质，更重要的是可以培养集体荣誉感，增强班级的凝聚力。

（三）发挥班级、宿舍和社团的载体作用，促进渗透教育

班级是大学生成长的基本单位，一个团结进取的班级能够使大学生真切地感受到团队的优势与合作的力量；宿舍是大学生生活相对集中、成员相对固定的场所，在团队合作精神培养中具备独特的优势；社团是大学生展示才华的重要载体，具有广泛的群众性，通过组织活动可以锻炼大学生的交流表达能力和合作组织能力。因此，高校应该充分发挥班级、宿舍、社团的作用，通过丰富多彩的科技、体育、文艺活动，让团队合作精神渗透到大学生学习生活的各个方面，真正实现生活即教育。

第四节　打造高效团队

一、团队合作等级划分

（一）初级

团队成员普遍认为自己是团队中可有可无的一员，这也使团队成员之间彼此联系不紧密、沟通不顺畅，最终导致团队的任务不能及时完成。团队成员整体的荣誉感、责任感有待提高。

（二）中级

团队成员彼此之间配合得较好，任务能够及时完成。对自己在团队中的位置能够有一个相对准确的认识，但是对团队目标的整体性关注不够，缺少团队大局意识观。

（三）高级

团队成员在团队中有着重要的角色，能够对自己有清晰的认识，努力完成自己的任务，力求完美。尊重和欣赏团队中的每个人，能够为团队的成长进步做出自己应有的贡献。

（四）顶级

团队成员能够对自己有一个非常准确的定位，有着非常出色的工作和沟通能力，可以根据具体任务迅速调整自己的状态与责任。努力为团队的发展做出自己最大的贡献，有着强烈的集体荣誉感，是团队发展的理想状态。

二、如何打造一支高效合作的团队

《资治通鉴》中说："孤则易折，众则难摧"，说的就是团结的重要性。古人把取胜的因素总结为"天时、地利、人和"，其中"人和"就是指团结，指团队的凝聚力和协作精神。一个团队，如果仅仅依靠领导者的殚精竭虑而没有集体的积极参与和响应，这个团队不是有效的团队；若仅仅依靠某一个或某几个所谓的精英人士孤军奋战，而没有集体的协作与支持，这个团队也是注定要失败的。

如何促进团队中的成员展开良好的沟通协调，从而打造一支高效合作的团队，并不是一件十分容易的事情。对于高职院校大学生而言，培养良好的团队合作能力，也是迈向社会之前必须学会的重要一课。

身边的故事

高效的团队

小 B 参加了一个社团，师兄师姐们要求她和另外两个女生作为一个小组去拍照片，做一个有关学校的创意策划。于是，为了尽快完成任务，小 B 和另外两个女生交流了自己的想法，三人说了自己的倾向，做好了分工，分别去拍照，修图，写文字。后来通过很多天的合作和交流，她们越来越熟悉彼此，也越来越默契，终于完成了第一次任务。上交的策划不仅展示了各自的长处，还获得了大家的一致好评，之后，她们也交换了每人的任务，互相交流自己的技巧，写文字的小 B 也学习了拍照技术和修图的步骤。

（资料来源：教学或咨询案例）

故事评析

其实小 B 本身不是一个活泼的人，更多的时候是角落里的小透明，可是团队的活动让她放大了自己的优点，与伙伴的交流也让她变得自信起来，不再唯唯诺诺。大学的活动往往很丰富，我们会遇到不同的朋友，也可以从中获取自信和勇气。

（一）寻找团队中每个成员的闪光点

一个高效团队的运行离不开每一个成员的努力。在团队中，如何激发每个成员的最大潜能，让所有人为了一个共同的目标而努力，是一个值得思考和学习的过程。在这个过程当中，需要团队成员通过不断的沟通与了解，找到每个人真正感兴趣与擅长的领域，来点燃每个人的热情，真正地做到"知人善用"。同时，也要注意坚决抵制消极懒惰、安于现状等人性弱点。

（二）合理利用奖惩机制

心理学研究表明，改变一个人的行为模式，可以使用奖励与惩罚两种手段来实现。适当的奖励可以有效提高工作积极性与热情，而惩罚则会导致行为的消极退缩。

在团队中，要慎用奖惩机制。一个常被否定打击的员工，无论之前有多积极，其积极性也将会消失殆尽。如果合理利用奖励机制，让团队中的每一个成员都能感到被关心、被重视，那这样他们工作起来也将会更有成就感，也能更好地融入团队当中。

（三）制定合理的团队管理制度

要根据团队的实际情况，建立合理的团队管理制度，实现由"用人管人"向"用制度管人"的转变。同时要定期对团队成员进行培训，让大家知晓和了解制度；还要设置监督管理人员，以确保制度的有效落实，从而确保团队的高效运转。

（四）进行合理的分工

合理的分工能够有效提高人员利用率。合理的分工可以让团队中的每一名成员清楚地知道自己的具体工作内容以及有关细节，以确保无互相扯皮推诿的情况发生。同时，合理的分工并不是单打独斗，在分工明确的情况下，当有成员出现因遇到困难而无法完成任务的情况时，可以通过迅速调整分工，去对其进行协助，从而保证团队整体目标的顺利完成。

（五）建立合理的考核机制

在团队发展的过程中，不仅要着眼于团队的整体利益，也要关注到团队成员的个人利益。要根据团队中每个成员任务完成的情况，建立合理的考核机制，以保证每位成员的切身利益。对团队中每位成员的关注，也是对整体的关注。

（六）保持良好的沟通

团队之间建立有效的沟通机制，也有利于提高团队合作的效能。团队成员如果在日常生活中就能保持良好的沟通，拉近彼此之间的关系，就能在团队的工作中配合得更加默契。

在团队进行攻坚克难的过程中，可能会浮现出各种各样棘手的问题。在这个过程中，团队中的成员应多进行换位思考，互相尊重，保持冷静的态度，积极解决问题，而不是把矛头指向团队当中的人，良好的沟通离不开团队成员之间的共同努力。

（七）倾听与理解

心理学告诉我们，大多数人都希望被倾听和被理解。许多感觉很差的个人经历往往都伴随着感到被孤立和被误解。如果想要团队有高绩效，就需要在团队内营造理解与支持的团队氛围。

对他人的感受表示出理解，展示出你对他人的尊重。即便要告诉对方"我不同意你的观点"，那也应该先表达出你很重视他们的意见，首先倾听并表示理解，然后再说出你的想法。遵循这样一个简单的规则，可以增强人与人之间的关系，提高凝聚力。

知识清单

（1）团队就是由两个或者两个以上相互作用、相互依赖的个体，为了特定目标而按照一定的规则结合在一起的组织。

（2）团队合作精神并不是意味着成员的自我牺牲；相反，成员个性的自由发展可真正激发其内在动力，从而实现团队潜能的最大化。

（3）对团队合作精神的学习，有利于大学生学会如何更好地与人共处，更好地处理个人利益与集体利益之间的关系，从而为更好地迈入社会、进入职场做准备。

资源推荐

一、推荐书目

1.《团队协作的五大障碍》

当57岁的凯瑟琳接替杰夫，担任决策科技公司CEO时，公司上下一片哗然。凯瑟琳不仅已经过了创造力最强的年龄，而且也没有拿得出手的教育背景。然而，在这家看似前景一片光明的公司，凯瑟琳要面对的是所有企业都会出现的问题：管理层互相倾轧，员工和上司离心离德。但是，这家公司的问题似乎更突出，也更棘手。与竞争对手相比，他们掌握着更好更新的技术、更强大的董事会、更多的资金，尽管有这些优势，整个公司的盈利额和客户却远远落后于对手。凯瑟琳，一个没有技术背景，却拥有建立团队协作超常天赋的蓝领主管在众人怀疑的眼光中开始了她整合团队的历程。该书采用小说的形式，用风趣幽默的语言把团队从矛盾冲突，再到处理、拉锯，最后到初见成效的过程一一展现。

（资料来源：兰西奥尼，《团队协作的五大障碍》，中信出版社，2013年）

2.《团队赋能：大师的18堂团队管理课》

此书以18章对如何培养管理团队进行了全面探究。首先解读了团队、团队角色、团队流程、团队发展阶段等定义问题；其次，以商业、体育和慈善部门为例，从提升信任度、提高员工参与感、进行情绪管理、确认问责制等不同角度，帮助管理者解决团队管理的实际问题；展望了团队的未来发展，认为通过培训，所有的团队成员都应该具备有效管理团队的能力。

（资料来源：布伦特、丹特，《团队赋能：大师的18堂团队管理课》，北京联合出版公司，2019年）

二、推荐电影

1.《红海行动》

因为密切的团结，大家才能快速地化解危机。电影中，突击队的队员在前往敌方阵营的时候遇到了袭击，突击队员没有伤亡，但是平民大量伤亡，队长杨锐快速地组织反击，命令狙击手顾顺、李懂占领制高点，佟莉压制后方敌军，其他人自由配合掩护。在很短的时间内，他们彻底地瓦解了对手，取得了战役的胜利。蛟龙突击队整体是团结的，因此在被袭击之后，哪怕遇到的是致命袭击也没有特别慌，并且他们可以在杨锐的指挥下立即开始配合，尽全力剿灭敌军。可以说，就因为这种密切的团结，大家才能快速地化解危机。同时，也因为高度的配合，他们最终胜利。

2.《中国合伙人》

《中国合伙人》改编自当代中国社会的真人真事，故事发生的时间是从 20 世纪 80 年代到 21 世纪，而故事的主角则是三位创业青年。多年前，从农村走出来的孩子成东青与海外留学归来者孟晓俊、性格不羁的"愤青"王阳，三个性格迥异的年轻人为了改变自己的命运，白手起家创办了教育机构"新梦想"，力图在当代中国实现自己的梦想。

主要参考文献

[1] 肖淑梅.高职大学生心理健康[M].北京：机械工业出版社，2019.
[2] 王芳.积极心态　幸福成长[M].武汉：华中师范大学出版社，2019.
[3] 程玮，陈艳.大学生心理健康与发展[M].北京：中国轻工业出版社，2018.
[4] 郭念锋.国家职业资格培训教程：心理咨询师[M].北京：民族出版社，2005.
[5] 林孟平.心理咨询与治疗[M].北京：生活·读书·新知三联书店，2022.
[6] 麦克威廉斯.精神分析案例解析[M].北京：中国轻工业出版社，2015.
[7] 于志英，李迪.大学生心理健康教程[M].2版.南京：南京大学出版社，2017.
[8] 周莉，刘海娟.大学生心理健康教育（数字教材版）[M].3版.北京：中国人民大学出版社，2020.
[9] 王中军，黄莉，邓如涛.心理健康教育[M].北京：北京出版社，2019.
[10] 博伊斯.真正的接纳就是爱上不完美的自己[M].北京：中国友谊出版公司，2019.
[11] 亚隆.存在主义心理治疗[M].北京：商务印书局，2012.
[12] 刘妮香.研究生A型人格、成就动机与时间管理倾向关系研究[M].南京：南京师范大学出版社，2012.
[13] 孟昭兰.普通心理学[M].北京：北京大学出版社，1994.
[14] 潘伟刚.特质自我控制的神经机制[M].重庆：西南大学出版社，2016.
[15] 彭聃龄.普通心理学[M].4版.北京：北京师范大学出版社，2012.
[16] 陈琦，刘儒德.当代教育心理学[M].2版.北京：北京师范大学出版社，2007.
[17] 单慧娟，廖财国，李爽.大学生心理健康教育[M].镇江：江苏大学出版社，2021.
[18] 邓先丽.大学生心理健康教育[M].北京：中国人民大学出版社，2019.
[19] 张付山，陈燕.班级体验式心理拓展活动100例[M].济南：山东文艺出版社，2014.
[20] 成光琳，李玲玲.大学生心理健康教育[M].2版.北京：高等教育出版社，2020.
[21] 樊富珉，费俊雷.大学生心理健康十六讲[M].北京：高等教育出版社，2013.
[22] 贾晓明，陶敕恒.大学生心理健康走向和谐与适应[M].北京：北京理工大学出版社，2007.
[23] 田宝伟.心理学的帮助：心理学通识读本[M].北京：高等教育出版社，2011.
[24] 全树人.生涯咨询与辅导[M].北京：高等教育出版社，2007.
[25] 储克森.大学生心理健康十课题[M].北京：机械工业出版社，2013.

郑重声明

高等教育出版社依法对本书享有专有出版权。任何未经许可的复制、销售行为均违反《中华人民共和国著作权法》，其行为人将承担相应的民事责任和行政责任；构成犯罪的，将被依法追究刑事责任。为了维护市场秩序，保护读者的合法权益，避免读者误用盗版书造成不良后果，我社将配合行政执法部门和司法机关对违法犯罪的单位和个人进行严厉打击。社会各界人士如发现上述侵权行为，希望及时举报，我社将奖励举报有功人员。

反盗版举报电话　（010）58581999　58582371
反盗版举报邮箱　dd@hep.com.cn
通信地址　北京市西城区德外大街4号　高等教育出版社知识产权与法律事务部
邮政编码　100120

教学资源服务指南

感谢您使用本书。为方便教学,我社为教师提供资源下载、样书申请等服务,如贵校已选用本书,您只要关注微信公众号"高职素质教育教学研究",或加入下列教师交流QQ群即可免费获得相关服务。

"高职素质教育教学研究"公众号

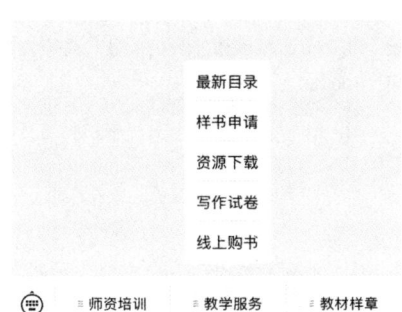

资源下载:点击"**教学服务**"—"**资源下载**",或直接在浏览器中输入网址(http://101.35.126.6/),注册登录后可搜索下载相关资源。(建议用电脑浏览器操作)
样书申请:点击"**教学服务**"—"**样书申请**",填写相关信息即可申请样书。
样章下载:点击"**教材样章**",可下载在供教材的前言、目录和样章。
师资培训:点击"**师资培训**",获取最新直播信息、直播回放和往期师资培训视频。

联系方式

高教社大学生心理健康教育教师交流 QQ 群:383461117
联系电话:(021)56961310　电子邮箱:3076198581@qq.com

"十四五"职业教育国家规划教材   高等职业教育在线开放课程配套教材

高职学生心理健康教育与指导

（第二版）课堂活动手册

GAOZHI XUESHENG XINLI JIANKANG JIAOYU YU ZHIDAO

学校：_____

学院：_____

班级：_____

姓名：_____

学号：_____

中国教育出版传媒集团
高等教育出版社·北京

目录 CONTENTS

▼ 认识篇

第一章　开启蓬勃人生——大学生心理健康概述　/ 1
第二章　驱走心灵阴霾——大学生心理咨询　/ 3
第三章　认识闪亮的我——自我意识与人格　/ 7

▼ 探索篇

第四章　撷取知识宝珠——大学生学习心理　/ 12
第五章　绽放生命光彩——大学生生命教育　/ 16
第六章　掌握相处之道——大学生人际关系　/ 20

▼ 应对篇

第七章　塑造阳光心态——大学生情绪管理　/ 24
第八章　解读爱情密码——大学生恋爱与性心理　/ 28

▼ 提升篇

第九章　磨砺成功之剑——大学生压力管理与挫折应对　/ 36
第十章　掌舵人生航向——大学生职业生涯规划　/ 40
第十一章　搭建心灵桥梁——大学生有效沟通　/ 46
第十二章　凝聚团队力量——大学生团队精神　/ 50

01 第一章 开启蓬勃人生——大学生心理健康概述

▼ 课堂活动

说说我的健康观

1. 每个同学以"健康就是"为开头写三句话。
2. 四个人一组进行讨论,互相分享自己写的话,并记录自己的观点与他人观点之间的异同。
3. 每个小组推荐一名同学向全班同学报告本小组各成员观点的异同点。

抛出烦恼

每人在纸上写一个最近遇到的或者是以前遇到的烦恼,可以是自己的或者是他人的烦恼,写完之后将纸折好放到纸箱里,摇匀后每人再从纸箱中抽取一张纸条,然后看着自己手中的纸条,自己模拟当事人,把这个故事以第一人称的方式讲出来,大家对其进行积极回应,以最合适的方式去安抚他的情绪。

自画像

1. 每人发一张白纸、一支笔。
2. 在十分钟的时间内,每个人在白纸上画一幅自画像。
3. 分享交流自画像的含义。
4. 通过画自画像,让学生们进一步认识自己,了解自己。

(注:自画像可以是具体的肖像画,也可以是抽象的比喻画;可以是单色的,也可以是彩色的)

▼ 单元活动

魔力九宫格

人生在世,难免会遇到各种困难和不如意之事。这个时候,除了寻求外在的帮助,也可以尝试用自己的方法走出人生的低谷。

1. 准备好一张A4纸、一盒水彩笔;在A4纸上画出3×3的格子,一共是九个小格子;
2. 认真想一想,当你心情不好的时候,会采取哪些方式排解。伴随着轻柔的音乐,你可以把自己的解压方法在九宫格中呈现出来。你可以用符号、不同颜色的彩笔来表达，也可以直接用文字把感受写下来。完成后和大家分享一下，格子里有哪些方式方法，让大家进一步加深对你的了解。

3. 看看在班级内有哪些同学在九宫格中表达了与你同样的内容，可以邀请他在相同的格子里签上名字。

4. 当你心情不好的时候可以把这张纸拿出来看一看，上面都是你可以利用的资源。

02 第二章　驱走心灵阴霾——大学生心理咨询

▼ 课堂活动

十二生肖

准备写有十二生肖的小纸片，每人抽取一张纸片，不用口头语言或书面语言交流，而是通过肢体语言表现所抽取的属相，并寻找抽到同一属相的同学。

抽到同一属相的同学进行讨论，以集体造型的方式，让其他同学认识这一属相。通过这一活动，可以促进同学之间的交流交融，从而有助于建立良好的人际关系。

画一画

心理正常与心理异常之间并没有截然的界限，只是程度不同。假如用纯白色表示心理健康，纯黑色表示心理异常，请在图 2-1 上画出你目前所处的位置。

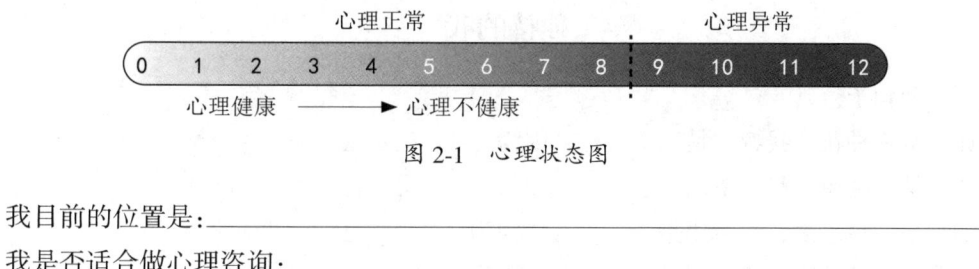

图 2-1　心理状态图

我目前的位置是：_____。
我是否适合做心理咨询：_____。

角色扮演

由一名同学扮演心理咨询师，另一名同学扮演来访者。来访者因近期遇到一些生活上的困扰前来咨询，心理咨询师努力提供帮助，但是在咨询的时候犯了一些错误。观看的同学需要指出心理咨询师犯了哪些错误、违反了哪些心理咨询的原则。

放松训练

在压力状态下，由于交感神经系统的作用，人的心跳加快、呼吸加快、肌肉紧绷，心理上也感觉很紧张。通过身体放松，可以减轻我们心理上的紧张感。常用的放松训练有呼吸放松训练和渐进式放松训练。

下面大家一起来体验一下呼吸放松训练。

找一个舒适的姿势坐好，腰背挺直，双脚平放于地面，可以将手放在大腿上或书桌上，闭上眼睛，做几个深呼吸。

感受空气进入鼻腔的感觉和空气呼出鼻腔的感觉。

在吐气时放松脑部，让大脑彻底放松下来。

继续深呼吸，吸气时放松，感受腹部隆起的感觉，呼气时放松面颊，牙齿别咬紧。

继续深呼吸，随着每一次吐气，你感觉身体越来越柔软。放松颈部，肩部下沉。

继续深呼吸，使肩膀放松，打开胸腔，让更多的氧气进入体内。

继续保持呼吸，吐气时使手臂、手肘和手指放松。慢慢地放松整个身体。

将注意力集中在呼吸上，观察自己是如何呼吸的：呼吸是深的还是浅的。将深呼吸与浅呼吸交替进行，让身体了解深呼吸的感觉。如果觉得深呼吸很舒服，继续练习深呼吸。吸气时，告诉自己正吸入平静与安宁；呼气时，告诉自己正呼出压力和紧张。

在你准备好了之后，活动一下手指和脚趾，睁开眼睛。

分享与讨论：

（1）在刚才的放松训练中你感觉如何？

（2）你觉得放松训练可以用于今后的哪些场合？

独特的我

填写下列句子：

假如我是一种花，我希望是_____，因为_____。

假如我是一种树，我希望是_____，因为_____。

假如我是一种水果，我希望是_____，因为_____。

假如我是一种动物，我希望是_____，因为_____。

假如我是一种颜色，我希望是_____，因为_____。

假如我是一种乐器，我希望是_____，因为_____。

假如我是一种交通工具，我希望是_____，因为_____。

分享与讨论：

你能否找到一位与自己完全一样的同学呢？

▼ 单元活动

活动一 如何利用心理咨询帮助自己成长

这个活动有助于同学们对心理咨询的目标有更深刻的理解，树立心理自助意识，能够区分有利于身心健康的认知和行为，利用内部环境和外部环境的各种资源促进心理健康。

每人准备一张书写纸、一支中性笔。

假如你是自己的心理咨询师，你希望自己有哪些方面的收获？可以从"心理咨询的长远目标"中选取 4 种你认为最重要的目标，写在表格 2-1 的左侧（你也可以写下书中没有提到的但是你认为很重要的目标），然后思考以下问题：

（1）为实现这些目标我需要为自己提供哪些帮助？
（2）哪些想法或认知有助于或不利于我实现这些目标？
（3）哪些行为有助于我实现这些目标？
（4）哪些外部资源我可以加以利用？

想好之后，将你的答案写在表 2-1 的右侧。

表 2-1　做自己的心理咨询师

对我来说十分重要的咨询目标	（1）为实现这些目标我需要为自己提供哪些帮助 （2）哪些想法或认知有助于或不利于我实现这些目标 （3）哪些行为有助于我实现这些目标 （4）哪些外部资源我可以加以利用
目标一：	
目标二：	
目标三：	
目标四：	

活动二 利用心理学更好地生活：生活困扰求助信

这个活动有助于同学们在安全的环境中适度地表露自己、倾诉自己的烦恼，同时体验被他人关心、理解和接纳的感觉，学会有选择性地采纳他人的观点、更好地解决自己的问题。

每人准备一张信纸、一个信封、一支笔和一根胶棒或一些贴纸。

6～8人为一组，围成一圈坐下来，每组选出一名组长。每人拿出信纸写下自己的一个困扰，这个困扰可以是近期的，也可以是长期的。写得越详细越好，所写的最好包含以下内容：

（1）发生了什么，何时发生的。

（2）我如何看待这件事情。

（3）我的感受如何。

（4）为了解决这个困扰，我做了什么，效果如何。

同学们可以自行决定要不要在信纸上写下自己的姓名。写好困扰之后，将信纸放入信封，密封好放到小组中间，并打乱顺序。组长随机抽取一个信封，读出信纸上的困扰，其他成员尝试着去解决这个困扰。大家可以自由地发表自己的看法，但是需要注意：不得轻视他人的痛苦，不得对他人进行语言攻击。如有人违反规定，组长需要提醒他。所有困扰都讨论之后，活动结束。

分享与讨论：

（1）哪位成员的发言让你印象最深刻？为什么？

（2）与他人分享你的困扰时你有什么感受？

（3）当别人努力帮你解决问题时你的感觉如何？

（4）这个活动对你有什么启发？你在活动中有什么新发现？

（5）从这个活动中学到的东西今后能用于哪些情景？

03 第三章 认识闪亮的我——自我意识与人格

▼ 课堂活动

心理测试

下面是一些关于自我认知的陈述。选择时，请你看清楚每一句话的意思，然后在相应的答案栏中画对钩，以表示这句话与你现在对自己的看法的符合程度（A 代表这句话完全不符合，B 代表有些符合，C 表示不确定，D 表示比较符合，E 表示完全符合）。每个人对自己的看法都不同，因而没有对错可言，请如实作答。

表 3-1 自我和谐量表

题　　项	A	B	C	D	E
1. 我周围的人往往觉得我对自己的看法有些矛盾					
2. 有时我会对自己在某方面的表现不满意					
3. 每当遇到困难，我总是首先分析造成困难的原因					
4. 我很难恰当地表达我对别人的情感					
5. 关于很多事情我都有自己的观点，但我并不要求别人与我一样					
6. 我一旦形成对事情的看法，就不会再改变					
7. 我经常对自己的行为不满意					
8. 尽管有时得做一些不愿做的事，但我基本上是按自己的愿望办事的					
9. 一件事情好就是好，不好就是不好，没有什么可以纠结的					
10. 如果我在某件事上不顺利，我往往就会怀疑自己的能力					
11. 我至少有几个知心的朋友					
12. 我觉得我所做的很多事情都是不该做的					
13. 不论别人怎么说，我的观点决不改变					
14. 别人常常会误解我对他们的好感					
15. 在很多情况下我不得不对自己的能力表示怀疑					
16. 我的朋友有些是与我截然不同的人，但这并不影响我们的关系					
17. 与别人交往过多容易暴露自己的隐私					

续表

题 项	A	B	C	D	E
18. 我很了解自己对周围人的情感					
19. 我觉得自己目前的处境与我对自己的要求相距太远					
20. 我很少去想自己所做的事是否应该					
21. 我所遇到的很多问题都无法自己解决					
22. 我很清楚自己是什么样的人					
23. 我能很自如地表达我想表达的意思					
24. 如果有了足够的证据，我也可以改变自己的观点					
25. 我很少考虑自己是一个什么样的人					
26. 把心里话告诉别人不仅得不到帮助，还可能招致麻烦					
27. 在遇到问题时，我总觉得别人都离我很远					
28. 我觉得很难发挥出自己应有的水平					
29. 我很担心自己的所作所为会引起别人的误解					
30. 如果我发现自己在某些方面表现不佳，就总希望尽快弥补					
31. 每个人都在忙自己的事情，我很难与他们沟通					
32. 我认为能力再强的人也会遇上难题					
33. 我经常感到自己是孤立无援的					
34. 一旦遇到麻烦，无论怎样做都无济于事					
35. 我总能清楚地了解自己的感受					

计分方法：各分量表的得分为其包含的项目分直接相加（从A到E分别记1～5分），三个分量表包含的项目如下：

（1）自我与经验的不和谐：1，4，7，10，12，14，15，17，19，21，23，27，28，29，31，33。

（2）自我的灵活性：2，3，5，8，11，16，18，22，24，30，32，35。

（3）自我的刻板性：6，9，13，20，25，26，34。

"自我与经验的不和谐"反映的是自我与经验之间的关系，包含对能力和情感的自我评价、自我一致性、无助感等，它所产生的症状更多地反映了对经验的不合理期望。"自我的灵活性"与敌对和恐怖显著相关，可以预示自我概念的刻板和僵化。"自我的刻板性"与偏执显著相关。

此外还可以计算总分，方法是将"自我的灵活性"反向计分，再与其他两个分量表得分相加。得分越高，自我和谐程度越高。在大学生中，低于 74 分的为低分组，75～102 分的为中间组，103 分以上的为高分组。

天生我才

请每位同学完成下面的句子：

我最欣赏的自己外表的部分是：＿＿＿＿＿＿＿＿＿＿＿＿＿＿＿＿＿＿＿＿＿＿＿＿＿＿＿。

我最欣赏的自己对朋友的态度是：＿＿＿＿＿＿＿＿＿＿＿＿＿＿＿＿＿＿＿＿＿＿＿＿＿。

我最欣赏的自己对求学的态度是：＿＿＿＿＿＿＿＿＿＿＿＿＿＿＿＿＿＿＿＿＿＿＿＿＿。

我最欣赏的自己对家人的态度是：＿＿＿＿＿＿＿＿＿＿＿＿＿＿＿＿＿＿＿＿＿＿＿＿＿。

我最欣赏的自己做事的态度是：＿＿＿＿＿＿＿＿＿＿＿＿＿＿＿＿＿＿＿＿＿＿＿＿＿＿。

我最欣赏的自己的性格是：＿＿＿＿＿＿＿＿＿＿＿＿＿＿＿＿＿＿＿＿＿＿＿＿＿＿＿＿。

我最欣赏的自己的一次成功是：＿＿＿＿＿＿＿＿＿＿＿＿＿＿＿＿＿＿＿＿＿＿＿＿＿＿。

我最欣赏的自己的是：＿＿＿＿＿＿＿＿＿＿＿＿＿＿＿＿＿＿＿＿＿＿＿＿＿＿＿＿＿＿。

写完之后，小组成员之间互相分享。

心理测试

请填写表 3-2。

表 3-2　罗森伯格自尊量表

请仔细阅读每一项题目，在四个可能的答案中选择最适合你的选项，并在相应的选项上打钩。 SA：非常同意，A：同意，D：不同意，SD：非常不同意				
1. 从整体而言，我对自己感到满意	SA	A	D	SD
2. 我有时认为自己一无是处	SA	A	D	SD
3. 我觉得我有许多优点	SA	A	D	SD
4. 我做事可以做得和大多数人一样好	SA	A	D	SD
5. 我觉得自己没有什么值得自豪的地方	SA	A	D	SD
6. 有时我的确感到自己很没用	SA	A	D	SD
7. 我认为自己是个有价值的人，至少与别人不相上下	SA	A	D	SD
8. 我要是能看得起自己就好了	SA	A	D	SD
9. 总的来说，我倾向于认为自己是一个失败者	SA	A	D	SD
10. 我对自己持有一种肯定的态度	SA	A	D	SD

评分标准：在 1，3，4，7，10 题中，SA、A、D、SD 的分值分别为 3 分、2 分、1 分、0 分；在 2，5，6，8，9 题中，SA、A、D、SD 的分值分别为 0 分、1 分、2 分、3 分。总分越高，自尊越高。

心理测试

表 3-3 是一个缩减版的测量大五人格的自测量表，请填写。

表 3-3　十项大五人格量表

下面有一些关于人格特质的描述，可能对你适用，也可能对你不适用。请在每个题目旁边写一个数字来表明你在多大程度上同意或不同意这一说法。你应该根据每个题目里的两个特质来综合评定对你的适用程度，即使其中一个特质比另一个更适合。

1= 强烈不同意　　2= 中等程度的不同意　　3= 有点不同意　　4= 既不同意也不反对
5= 有点同意　　　6= 中等程度的同意　　　7= 强烈同意

我认为自己是：
1. 外向的，精力充沛的＿＿＿＿＿＿
2. 挑剔的，爱争论的＿＿＿＿＿＿
3. 可信赖的，自律的＿＿＿＿＿＿
4. 焦虑的，易心烦的＿＿＿＿＿＿
5. 容易接受新经验的，常有新想法的＿＿＿＿＿＿
6. 矜持的，安静的＿＿＿＿＿＿
7. 有同情心的，热情的＿＿＿＿＿＿
8. 缺乏条理性的，粗心的＿＿＿＿＿＿
9. 冷静的，情绪稳定的＿＿＿＿＿＿
10. 循规蹈矩的，缺乏创造性的＿＿＿＿＿＿

TIPI 量表评分（R= 反向计分项目）：外向型（1，6R）；宜人性（2R，7）；尽责性（3，8R）；情绪稳定性（4R，9）；开放性（5，10R）。
（资料来源：Gosling, Rentfrow 和 Swann, 2003）

▼ 单元活动

活动一　他人眼中的我

这个活动有助于同学们多角度地看待自己，更加了解自己，进而接纳自己。

每人准备一支中性笔、一张"他人眼中的我"工作纸。

我们对自己的看法，很多来源于身边重要他人对我们的评价。同学们，请仔细想一下，这些重要他人是如何看待你的。想好之后，请把你的答案写在表 3-4 中。

表 3-4　他人眼中的我

父亲眼中的我	兄弟姐妹（或表兄弟姐妹）眼中的我	老师眼中的我
母亲眼中的我	恋人眼中的我（没有可不写）	同学眼中的我

写好之后，请思考下列问题：
（1）最容易填写的是哪一栏？为什么觉得容易？
（2）最难填写的是哪一栏？为什么觉得难？
（3）你最重视谁对你的看法？
（4）别人对你的评价多是正面的还是多是负面的？

活动二　说说你的优缺点

（1）拿出笔记本，写下你最突出的优点（3～5个），并且写下能体现你优点的真实事件，事件越具体越好（可写下具体的时间、地点、人物、事件经过、你的感想等）。

写完之后把你的故事分享给大家，并谈谈这些故事对你的启发。

（2）请写下你身上最困扰你的缺点（3～5个）和能体现你的缺点的真实事件。把这些事件分享给老师和同学，如果这些缺点能被改正，让他们帮助你找到改正缺点的办法，并且在班上找一位监督人，让他（她）来监督你改正缺点。

听完老师和同学们的建议后，谈谈你自己的看法，以及你打算如何对待你的缺点。

04 第四章 撷取知识宝珠——大学生学习心理

▼ 课堂活动

愉快的生活体验

（1）请回顾最近一段生活的点滴，回味让你感到愉快的经验。请举出三件发生时或完成之后让你感受到相当程度的喜悦和满意的事，并想想这些事件的共同特性。

第一件：_____
第二件：_____
第三件：_____
共同点：_____

（2）闲暇时你通常会从事哪些休闲活动呢？列出三个你喜欢的活动，并想想活动的共同点。

活动1：_____
活动2：_____
活动3：_____
共同点：_____

（3）思考以下问题：
① 你有哪些发现呢？
② 对于某件事，你是否十分渴望重复它，是否能愉快地、成功地完成它？
③ 你过去是不是一直向往它？
④ 是否总能很快地学好它？
⑤ 它是否能让你感到满足？

在这个过程中，注意不要融入父母的期望、社会价值观、朋友的影响。

心理测试

下面总共有27项描述，请根据自己的感受和体会，判断它们在你身上发生的频率。如果你从来没有这种想法或体会，则计0分；如果你曾经有这种想法或体会，发生较少的计1分，偶尔发生计2分，经常发生计3分，频繁发生计4分，非常频繁地发生计5分，每天发生计6分。请根据发生的频率选择合适的数字，并在相应的空格勾选。

表4-1 大学生学习倦怠测量量表

	0	1	2	3	4	5	6
（1）目前的学业和课程让我感觉很乏味，学习提不起精神来							
（2）一整天学习下来，我感觉精疲力竭							
（3）当早晨起床不得不去面对一天的学习时，我感觉很累							
（4）学习和就业的压力很大，我感到力不从心							
（5）每天的学习让我有一种快要崩溃的感觉							
（6）我对自己所学的专业感到迷茫							
（7）我对自己的专业不满，觉得自己的专业很沉闷、很乏味							
（8）考试、作业令我很困扰							
（9）我对自己的学习成绩越来越不关心							
（10）我总是被动地去学习或完成作业							
（11）我不会计划、安排自己的学习时间							
（12）我逃课去做其他事情，如睡觉、上网、打球、购物							
（13）网络游戏或聊天对我的吸引力如此之大以致我无心学习							
（14）我的作业不是靠自己的能力完成的							
（15）我上课会走神、开小差（看小说、玩游戏等）、睡觉							
（16）花了很多时间和精力，但成绩总上不去，我对学习失去兴趣							
（17）我在学习上得不到老师的关心和帮助，感到很无奈							
（18）学习节奏太快，总是跟不上进度，学习也没了热情							
（19）我天生就不是学习的料							
（20）我在面对学习问题时，常感到束手无策							
（21）我觉得目前的学习太辛苦了							
（22）我觉得我的学习毫无价值，在学校里学习主要是父母的意愿							
（23）我不能有效地解决学习中出现的问题							
（24）我的专业学习没有价值							
（25）我平时不学习，到考试之前再临时复习							
（26）我不知道我的专业知识可以让我做什么工作							
（27）我觉得自己不能有效地完成各项学习任务							

说明：本量表是根据《马氏倦怠量表（通用修订版）》修订而成的，简称MBI-GS，它分为情绪低落、行为不当和低成就感3个维度，每个维度分别包含9个项目。采用Likert 7点计分，0代表"从来没有"，6代表"每天都有"。总分反映了学业倦怠的总体程度，分数越高，问题越严重。

制定目标金字塔

制定目标就像建一座金字塔，大目标统率小目标，小目标牵制大目标。请将你的目标进行分类，并按照图 4-1 进行排列。

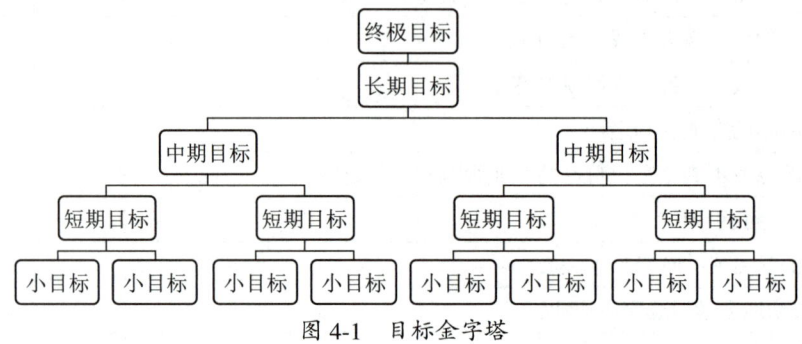

图 4-1　目标金字塔

▼ 单元活动

活动一　审视你的学习状态

（1）你高中时的学习成绩如何？你对你的高中学习成绩满意吗？

_____
_____

（2）与高中相比，你大学时的学习状态是否有变化？具体有哪些变化？

_____
_____

（3）对照本章所学习的内容，谈谈自己学习中主要存在哪些问题。

_____
_____
_____
_____

活动二　如何学习更有效

大学所开设的专业众多，每个专业也都有自己的特点，不同专业又需要不同的学习方法。请与小组同学一起，采取访谈法或调查法，调查自己所学的专业的特色和独特的学习方法，并填写在表 4-2 中。

表 4-2　我的学习方法

我所学的专业	
我所学专业的特色	
我独特的学习方法	
与同学讨论的收获	

第五章 绽放生命光彩——大学生生命教育

课堂活动

生命终结时

1. 假如在一次意外中,你不幸身受重伤,流落荒岛数日后,在求生无望而生命只剩下一天时,你只能做一件事,你会做什么?

2. 在生命即将终结前的5分钟,你可以打一个电话,你会打给谁?你会说些什么?

3. 在你的生命中,哪些事物能让你感受到最大的快乐、满足与再生?怎样才能获得更多的这些事物?

4. 你愿意在生活中增加哪项活动,以获得更多的财富和快乐?

心理危机分类

材料一:一场突如其来的车祸,在青春美貌的小楚的脸部和腿部留下了永久的伤疤,这个敏感爱美的女孩感到异常痛苦。起初她一看到镜子就紧张,后来演变到看到湖面、电脑屏幕等能够依稀照出人像的物品都莫名的焦躁,她不顾一切地想砸碎镜子、电脑屏幕等物品,这些行为也不可避免地对自己和他人造成了伤害。

材料二:数学系新生小雷自接到入学通知书的那一刻起就闷闷不乐,数学一直是他的弱项,阴差阳错的专业调剂,让他偏偏要去学习他最不喜欢的科目,他特别想努力改变这种状况,可总是找不到学习的感觉,再怎么逼自己也没有用,他只要看到数学题目就心生厌恶。小雷开始通过暴饮暴食来缓解痛苦,想到数学就想吃东西,一到超市就疯狂购物,有时吃得太饱,觉得胃都要撑破了,只能把食物呕吐出来,他的体态也愈发肥胖。

材料三:小童的家庭环境比较特别,其父因投资失败而患上了精神分裂症,其母则组建了新的家庭,与他们鲜有来往。小童以叛逆者自居,学习成绩不好,品行不端,桀骜不驯,喜欢彰显自己的非同一般,日常表现出许多不太恰当的行为举措。比如在课堂教学过程中,模仿狼的叫声;在食堂里面故意打翻别人的菜盘。他总是一副漠视一切的姿态,和老师同学的人际关系极度紧张,但凡有人表示关心或主动开导他,他就立刻辱骂对方甚至动手。

分享与讨论:

(1)请大家对这三个案例进行分类。

(2)如果身边的同学面临这三种心理危机,大家会怎么做?

心理测试

以下列出的是当你在生活中遇到挫折打击或困难时可能采取的态度和做法。请你仔细阅读每一项，然后根据你本人的情况在表 5-1 中选择最适合你的选项。

表 5-1　心理危机应对能力自测问卷

遇到挫折打击或困难时可能采取的态度和方法	不采取	偶尔采取	有时采取	经常采取
1. 通过工作学习或一些其他活动寻求解脱				
2. 与人交谈，倾诉内心烦恼				
3. 尽量看到事物好的一面				
4. 改变自己的想法，重新发现生活中什么重要				
5. 不把问题看得太严重				
6. 坚持自己的立场，为自己想得到的东西进行斗争				
7. 找出几种不同的解决问题的方法				
8. 向亲戚朋友或同学寻求建议				
9. 改变原来的一些做法或自己的一些问题				
10. 借鉴他人处理类似困难情景的办法				
11. 寻求业余爱好，积极参加文体活动				
12. 尽量克制自己的失望、悔恨、悲伤和愤怒				
13. 试图通过休息或放假，暂时把问题（烦恼）抛开				
14. 通过吸烟、喝酒、服药和吃东西来排遣烦恼				
15. 认为时间会改变现状，唯一要做的是等待				
16. 试图忘记整件事情				
17. 依靠别人解决问题				
18. 接受现实，因为没有其他办法				
19. 幻想可能会发生某种奇迹改变现状				
20. 自己安慰自己				

1. 计分方式

问卷由积极应对和消极应对两个维度（分量表）组成，包括 20 个条目。积极应对维度由条目 1—12 组成，重点反映了积极应对的特点，如"尽量看到事物好的一面"和"找出几种不同的解决问题的方法"；消极应对维度由条目 13—20 组成，重点反映了消极应对的特点，如

"通过吸烟、喝酒、服药和吃东西来排遣烦恼"和"幻想可能会发生某种奇迹改变现状"。问卷为自评量表，采用多级评分，在每一应对方式项目后，列有"不采取""偶尔采取""有时采取"和"经常采取"4种选择（相应的评分为0、1、2、3），由受试者根据自己的情况选择一种作答。结果为积极应对维度平均分和消极应对维度平均分。

2. 解释

有必要指出，所谓"积极"和"消极"是相对的。并不是积极的应对方式就一定有积极的后果，或者消极的应对方式就产生消极的后果，如"接受现实"和自己安慰自己被归为消极应对，但其却有着缓解挫折打击的作用。不同应对方式，在不同时间和情景，在不同的人身上，会有不同的结果。

此问卷仅作为了解自己的参考，如有疑问，请咨询专业人员。

个人社会支持系统

在遭遇创伤之后，你身边有值得信任的朋友、家人、邻居、同事等可以帮助你吗？你可能只有一两个可以信任的人，也可能有许多可以信任的人。请在表5-2中列出在生活中你最信任的人，并思考是什么原因使他们值得信任，你在哪些方面可以依靠他们。

表5-2 我的社会支持系统表

我的家人	
我的好朋友	
我信赖的老师	
心理咨询方式	

列出的这些人加到一起，便构成了你的支持系统。请思考以下问题：

（1）你觉得自己有可用的支持系统吗？

（2）你曾经请上面列出的人帮忙吗？

（3）你什么时候请别人帮忙？

▼ 单元活动

活动一 每日三件好事

塞利格曼和彼得森一起设计了一个积极干预的方法，叫"三件好事"。这个方法使用起来非常简单：每天晚上写下当天发生的三件好事，以及好事发生的原因，并坚持21天。

活动二　我的墓志铭

我们一出生，生命之钟就开启了倒计时，死亡是每个人都无法逃避的话题。我们对死亡的观念与生命观念息息相关。想想当你面临死亡时，你会怎样书写你的墓志铭，并写下你的墓志铭，不少于100字。

你对于写出的墓志铭是否满意？现在写出的墓志铭是可以改写的，因为你还有足够的时间来重新拟定自己的墓志铭。如果你对自己的平庸不满意，你还有时间重振雄风；如果你对自己的浅薄不满意，你还有时间走向深沉……你可以重新认识自己的生命，因为你的人生还来得及改变。

06 | 第六章 掌握相处之道——大学生人际关系

▼ 课堂活动

我的人际关系图

1. 在白纸的中央画一个实心圆点代表自己。

2. 以这个实心圆点为中心,画三个半径不等的同心圆,代表三种人际财富或者人际圈。同心圆内任意一点到中心的距离表示心理距离。将亲朋好友的名字写在图上,名字越靠近中心圆点的,与你的关系越亲密。

3. 最小同心圆内的人属于你的一级人际财富。你愿意让对方走进自己心灵的最深处,分享你内心的秘密、痛苦和快乐。

4. 第二大同心圆内的人是你的二级人际财富。你们彼此关心,时常聚在一起聊天,一起分享快乐,一起努力奋斗。虽然有些秘密是无法分享的,但他们会让你时常感到人生的温馨。

5. 写在最大一个同心圆内的人属于你的三级人际财富。他们是在你心中占有一席之地的朋友。

6. 同心圆外的空白处代表你的潜在人际财富。

一个成年人需要与大约120人维持不同程度的人际关系,其中包括2～50个心理关系比较密切的人。如果人际关系过疏或过密,都容易引发个体的心理问题,个体或感到孤独无助,或自我迷失。试着整理自己的人际财富:你觉得目前你的人际关系如何?

辨一辨

材料一:《傲慢与偏见》里,伊丽莎白与达西在初次见面的舞会上,达西拒绝请她跳舞,给她留下了不好的印象,从那以后她就觉得达西为人傲慢自私,对他相当厌恶。虽然后来达西有意亲近他、讨好她,可是因为第一次的印象,她在很长一段时间里还是十分讨厌他。

材料二:班主任张老师对学生的关爱在学校里尽人皆知,对家庭贫困的小韩更是关怀备至。张老师在学习上、生活上都给小韩很大的帮助,小韩也非常感激张老师,把他视为自己的亲哥哥,师生情深意笃。然而,在小韩填报志愿的那天,张老师因为心情不好,当着众多学生的面对小韩大发脾气,因此,小韩的自尊心受到了严重打击。虽然张老师为自己的一时冲动后悔不已,也向小韩做了解释,但原来那种亲密无间的关系已经消失了。毕业后,其他学生多次看望张老师,唯独小韩没有一点音信,这使张老师感到十分沮丧。

材料三:小红和小丽是舍友,两人的成绩都十分优秀。小丽性格内向,平日喜欢独来独往。期末考试前，小红的复习资料弄丢了，她心急如焚，怀疑是同宿舍的小丽偷的，因为她们两人素来就是学习上的竞争对手。小红莽撞地将自己的怀疑告诉了其他同学，这件事便迅速传播开来。小丽得知后，感到十分委屈，非常生气，告诉了辅导员，希望小红公开道歉，还自己公道。辅导员经过认真调查发现，原来小红的复习资料落在了自习室，被其他班级同学捡到了，这是一场误会。事情虽然平息，可是两人之间却永远心存芥蒂，关系再也回不到从前那样了。

材料四：人们往往认为南方人精明干练，而北方人热情豪爽、重情重义。

在日常生活中，当看到一个人留着长发，蓄着胡子，眼神狡黠时，我们常常认定他为坏人；而看到一个人衣冠楚楚、仪表堂堂、文质彬彬，则常常认为此人是翩翩君子。

分享与讨论：

以上材料反映了人际交往中哪些影响认知的消极心理效应？我们应该如何克服呢？

喜欢与不喜欢的交往类型

为了解自己的交往模式，请大家分别完成"我喜欢与这样的人交往"和"我不喜欢与这样的人交往"的句子，归纳自己喜欢的与不喜欢的交往类型。

1. 我喜欢与_____人交往。
2. 我喜欢与_____人交往。
3. 我喜欢与_____人交往。
4. 我喜欢与_____人交往。
5. 我喜欢与_____人交往。
6. 我不喜欢与_____人交往。
7. 我不喜欢与_____人交往。
8. 我不喜欢与_____人交往。
9. 我不喜欢与_____人交往。
10. 我不喜欢与_____人交往。

请思考下列问题：

（1）我们这些观念是否可以改变？

（2）在与喜欢的人交往时要注意什么？

（3）如何与自己不喜欢的人交往？

因隐私而生矛盾

大学生小菲、小雅是一对要好的朋友，形影不离。后来小菲觉察到小雅常常周末不在自习教室，问她去做什么，小雅不肯说，但又担心小菲多心，影响两人的关系，内心很矛盾。小菲则很不高兴，认为两个好朋友之间不该有个人隐私，若保留个人隐私就不是真正的友谊。

> 分享与讨论：

（1）她们的矛盾症结在哪里呢？

（2）好朋友该有个人隐私吗？

宿舍矛盾及解决办法

请大家分组讨论在宿舍里常遇到的矛盾有哪些，每个小组选取其中两个典型矛盾，并具体聊一聊应该如何解决这一矛盾。

我们在宿舍常会遇到_____矛盾，对此，我们的解决办法是_____。

我们在宿舍常会遇到_____矛盾，对此，我们的解决办法是_____。

> ▼ 单元活动

改变自己的人际交往习惯

请试着去改变自己的人际交往习惯。

星期一：我要成为真正的自己，不去批评、指责、教训别人。即使别人错了，我也要换一种方法去表达。我要让他们都喜欢我。

今日反思问题：我的哪些坏习惯影响了我的沟通交流？我要怎么去改变？我该采取哪些行动？

星期二：我要珍惜在这个世界上与别人相遇的这一刻，记录下别人喜欢听的话。

今日反思问题：我检讨反思了什么？我记录下了哪些话？这是谁最爱听的话？

星期三：我一定会让自己活得更精彩，我会赢得别人的欣赏，我必须肯定我自己。

今日反思问题：我赢得了哪几个朋友的欢心？我认为我现在在哪些方面有所改变？记下今天快乐的日记。

星期四：我要学会终止一切负面的心思和行为，并将其导向正面，且把这些信息传达给我身边的人。

今日反思问题：我今天接触了多少条负面信息？我将如何应对这些负面信息？我今天最大的成就是什么？

星期五：我要开发我的潜能，同时得到他人广泛的支持和鼓励。

今日反思问题：我获得了谁的赞美？我学习了什么样的赞美方法或技巧来赞美别人，赢得了多少支持与鼓励？

星期六：我一定要坚持寻找到真正的自己，我不会压抑我的本性与情感，我要高声赞美自己。

今日反思问题：我是一个什么样的人？现在身边的人有多少人喜欢我？

星期日：我要寻找快乐，寻找梦想，与我亲爱的朋友共度美好的人生。我要与他们共同分享今天的晚餐。

今日反思问题：我邀请了几个朋友一起吃饭？我们的午餐怎么样？有什么值得分享的事情？他们是怎样对待我的？

应对篇

07 第七章 塑造阳光心态——大学生情绪管理

> ▼ **课堂活动**

了解自己的情绪

在生活中难免会有诸多的不顺利,对此你有什么样的反应和行为?比如,当你处在情绪很压抑的状态时,你是否可以很好地表达出来呢?此练习可以比较客观地反映你的情绪表现。请完成下列练习。

1. 当我生气时,我会_____。
2. 当我愤怒时,我会_____。
3. 当我嫉妒时,我会_____。
4. 当我悲伤时,我会_____。
5. 当我忧郁时,我会_____。
6. 当我害羞时,我会_____。
7. 当我开心时,我会_____。
8. 当我恐惧时,我会_____。
9. 当我焦虑时,我会_____。
10. 当我烦躁时,我会_____。
11. 当我紧张时,我会_____。
12. 当我担心时,我会_____。
13. 当我不安时,我会_____。
14. 当我疑虑时,我会_____。
15. 当我内疚时,我会_____。
16. 当我苦恼时,我会_____。
17. 当我失望时,我会_____。
18. 当我自责时,我会_____。

我猜你演

1. 准备六张"情绪卡片",了解情绪的类别,卡片上分别写喜、怒、哀、惧、恶(厌恶)。
2. 让自愿上台的同学随机抽取一张卡片,并用表情、动作等非语言信息表达卡片上所写的情绪。台下的同学猜一猜台上的同学想要表达的情绪是什么。

3. 同学讨论情绪是否有好坏之分,并说明为什么。
4. 同学交流,并请代表发言。

心理测试

表 7-1 积极情绪消极情绪量表(PANAS)

这个问卷包括若干个描述情感和情绪的词语。阅读每一项并圈出合适的答案。指出你此时在这些情绪上处于何种程度。其中 1 代表非常少或完全没有,2 表示有一点,3 表示中等,4 表示较强,5 表示非常强。										
1 有兴趣的	1	2	3	4	5	11 激惹的	1	2	3	4	5
2 痛苦的	1	2	3	4	5	12 警觉的	1	2	3	4	5
3 兴奋的	1	2	3	4	5	13 羞愧的	1	2	3	4	5
4 难过的	1	2	3	4	5	14 鼓舞的	1	2	3	4	5
5 强烈的	1	2	3	4	5	15 神经质的	1	2	3	4	5
6 内疚的	1	2	3	4	5	16 有决心的	1	2	3	4	5
7 惊恐的	1	2	3	4	5	17 关怀的	1	2	3	4	5
8 敌对的	1	2	3	4	5	18 紧张的	1	2	3	4	5
9 热忱的	1	2	3	4	5	19 活跃的	1	2	3	4	5
10 骄傲的	1	2	3	4	5	20 害怕的	1	2	3	4	5

积极情绪得分为第 1、3、5、9、10、12、14、16、17、19 题得分之和。
消极情绪得分为第 2、4、6、7、8、11、13、15、18、20 题得分之和。
请就以下事件,尽可能多地写出你的想法,并注明每一种想法下的情绪。
事件是:你的好友说周末会找你去逛街,但整个周末她都没有和你联络。

想法一:_____。
想法二:_____。
想法三:_____。
想法四:_____。

情绪一:_____。
情绪二:_____。
情绪三:_____。
情绪四:_____。

正面情绪表达技巧训练

此活动有助于同学们掌握与人分享正面情绪的方法，与他人进行情感交流，增进友谊。

首先组建小组，6～8人为一组，然后以小组为单位，组员分别接受组内他人的赞美，最后赞美要客观、真诚。

每个成员从以下几个方面谈谈接受别人赞美的感受：

1. 别人怎么赞美自己，自己比较乐于接受？
2. 虚伪的谄媚和真诚的赞美有什么不同？

▼ 单元活动

活动一 我的情绪 ABC——情绪日记

同学们学会分析自己的情绪，并进一步体会"换个想法，快乐自然来"。

请在表7-2写出每天遇到的令自己快乐、生气、伤心、紧张、受挫或自卑的事件（A）和当时的想法（B）与情绪或所导致的行为结果（C）（至少写三件事）。

表 7-2 情绪日记表

事件（A）	想法（B）	情绪的行为结果（C）
例：同学给我取外号	我感到不被尊重	生气或者不理同学

分享与讨论：

（1）这些事情或想法是否引起了你的情绪困扰？
（2）如果原来的想法引起了你的情绪困扰，换种想法会怎么样？

活动二 小组讨论：小张的烦恼

案例：小张工作非常努力，每次完成的项目成绩都是优。他认为自己之所以能取得这样的成绩，主要是因为自己的情绪平稳，不受干扰。他认为情绪是非理性的，是影响工作和生活的

"干扰源",可以通过个人的意志力战胜这些情绪,保持理智的状态。因此,不开心时他总要求自己用理性尽快摆脱不良情绪,开心时也要求自己用理性尽快恢复平静。后来,他慢慢地发现自己常会有一些莫名其妙的不开心的情绪,让自己保持淡定变得越来越费劲,似乎是越想摆脱干扰,就越摆脱不了,工作、生活、人际关系等好像都陷入了混乱,时常会出现问题,他很着急,不知道自己是怎么了。这种状况一直困扰着他,让他无所适从。

分享与讨论:

(1)该案例给你的启示是什么?

(2)你赞成"情绪是非理性的,是影响学习和生活的'干扰源'"的想法吗?

(3)你可以如何帮助小张调整自己的情绪?

08 | 第八章 解读爱情密码——大学生恋爱与性心理

▼ 课堂活动

心理测试

指导语:"喜欢"与"爱情"你分辨得出来吗?不管你是否恋爱,试着针对自己的情况或想法勾选下列符合自己目前恋爱状况或对爱情的憧憬的项目。见表 8-1。

表 8-1 喜欢和爱的态度量表

量表项目	是	否
1. 他情绪低落的时候,我觉得很重要的职责就是使他快乐起来		
2. 在所有的事情上我都可以信赖他		
3. 我觉得要忽略他的过失是一件很容易的事		
4. 我愿意为他做所有的事情		
5. 我对他有一点占有欲		
6. 若不能跟他在一起,我觉得非常不幸		
7. 我孤寂时,首先想到的就是去找他		
8. 他幸福与否是我很关心的事		
9. 我愿意宽恕他所做的任何事		
10. 我觉得让他得到幸福是我的责任		
11. 我发现,当和他在一起时,我什么事都不做,只是用眼睛看着他		
12. 若我也能让他百分之百地信赖,我觉得十分快乐		
13. 没有他,我觉得难以生活下去		
14. 当和他在一起时,我发觉好像两人都想做相同的事情		
15. 我认为他非常好		
16. 我愿意推荐他去做为人所尊敬的事		
17. 以我看来,他特别成熟		
18. 我对他有高度的信心		
19. 我觉得大部分跟他相处的人对他都有很好的印象		

续表

量表项目	是	否
20. 我觉得他跟我很相似		
21. 我愿意在班上或团体中，做什么事都投他一票		
22. 我觉得他是许多人中容易让别人尊敬的一个		
23. 我认为他是十二万分聪明的人		
24. 我觉得他在我认识的所有人中，是非常讨人喜欢的		
25. 他是我很想学习的那种人		
26. 我觉得他非常容易赢得别人的好感		

心理学家鲁宾把爱情看作一个人对另一个人所持的态度，他编制了喜欢和爱的态度量表，来测量不同的态度。

结果分析：

如果你勾选"是"的项目集中在第1项至第13项者，表示你对他的感情以"爱情"成分居多；如果你勾选"是"的项目集中在第14项至第26项者，表示你对他的感情以"喜欢"成分居多。

我的另一半

1. 请写一写你对另一半的5个要求：

（1）_____

（2）_____

（3）_____

（4）_____

（5）_____

2. 在5个条件中，如果要去掉一个条件，那么是哪一个？

_____

_____

3. 在5个条件中，如果只保留一个条件，那么是什么？为什么？

_____

_____

请将你的答案与小组同学进行分享。

爱情温度计
——你的恋爱观

恋爱是人生美好的彩虹，是两颗心碰撞产生的火花。恋爱作为婚姻的前奏，恋爱心理和恋爱方式是重要的，而决定这种心理和方式的根本因素——恋爱观，则更为重要。

恋爱观就是对恋爱问题的看法。它体现了一个人对美的认知尺度、择偶的标准、恋爱的目的、恋爱方式以及对幸福伴侣的理解等。你或许正在绿荫下徘徊，渴望着爱神的降临。那么，在行动前，不妨来确定一下自己的恋爱观是否正确吧。

（　）1. 你认为恋爱是人生中一个极其重要的环节，那么其最终所达到的目的应当是什么？

　　A. 找到一个情投意合的伴侣

　　B. 成家过日子，抚育子女

　　C. 满足性的饥渴

　　D. 只是觉得新鲜有趣，没有明确的想法

2. （男女生单独做）

（　）① 如果你是位先生，你对未来妻子的要求最主要的是什么？

　　A. 善于持家，利落能干

　　B. 容貌漂亮，气质高雅

　　C. 人品不错，能体贴帮助自己

　　D. 只要爱，其他一切无所谓

（　）② 如果你是位女士，你在选择丈夫时首先考虑的是什么？

　　A. 潇洒大方，有男子气质

　　B. 有钱有势，社交能力强

　　C. 为人诚实正直，有进取心，待人和蔼可亲

　　D. 只要他爱我，其他不考虑

（　）3. 你决定和对方建立恋爱关系时的心理依据是什么？

　　A. 各有想法，但大体互相尊重

　　B. 我比对方优越

　　C. 对方比我优越

　　D. 没想过

（　）4. 你对最佳恋爱时间的考虑是什么？

　　A. 自己已经成熟，懂得了人生的意义和爱情的内涵

　　B. 随着年龄的增长，自有贤妻和爱郎光临，月老不会忘记每个人的

C. 先下手为强，越早越主动

D. 还没想过

（　）5. 你希望怎样结识恋人？

A. 青梅竹马，情深意长

B. 一见钟情，难舍难分

C. 在工作和学习中逐渐产生恋情

D. 经熟人介绍

（　）6. 你认为增进爱情发展的良策是什么？

A. 极力讨好、取悦对方

B. 尽力使自己变得更完美

C. 百依百顺，言听计从

D. 无计可施

（　）7. 人们通常认为，恋爱过程是个相互了解、相互适应和培养感情的过程，但了解、适应需要花时间。那么，你希望恋爱的时间是如何的？

A. 越短越好，最好是闪电式

B. 时间依进展而定

C. 时间要拖长些

D. 自己无主张，全听对方的

（　）8. 谁都希望完整、全面地了解对方，你觉得了解他（她）的最佳途径是什么？

A. 精心安排特殊场面，不断地对恋人进行考验

B. 坦诚地交谈，细心地观察

C. 通过朋友打听

D. 没想过

（　）9. 经过一段时间的交往后，你发现了恋人的一些缺点，这时你会如何？

A. 采用婉转的方式告知对方并帮助对方改进

B. 因出乎意料而伤脑筋

C. 嫌弃对方，犹豫动摇

D. 不知道如何是好

（　）10. 当你已在爱河之中，一位条件更好的异性对你表示爱慕时，你会如何？

A. 说明实情，忠实于恋人

B. 对其冷淡，但维持友谊

C. 向其献媚并瞒着恋人和其来往

D. 感到茫然无措

应对篇

（　　）11. 当你与你爱慕已久的异性有机会接触时，你忽然发现她（他）另有所爱，你会如何？

　　A. 静观待变，进退自如

　　B. 参与角逐，继续穷追

　　C. 抽身止步，成人之美

　　D. 不知道

（　　）12. 恋爱过程很少会一帆风顺，当恋爱中出现矛盾、波折时，你感到如何？

　　A. 既然已经出现，也是件好事，双方正好趁此了解和考验对方

　　B. 伤心难过，认为这是不幸的

　　C. 疑虑顿生，就此提出分手

　　D. 束手无策

（　　）13. 由于性情不合或其他原因，你们的恋爱搁浅了，对方提出分手。这时你会如何？

　　A. 千方百计地缠住对方

　　B. 到处诋毁对方名誉

　　C. 说声"再见"，各奔前程

　　D. 不知所措

（　　）14. 如果你十分信赖的恋人背信弃义、喜新厌旧而抛弃了你，你会如何？

　　A. 只当自己眼瞎，认错了人

　　B. 既然他（她）不仁，我也不义

　　C. 汲取教训，重新开始

　　D. 痛苦得难以自拔

（　　）15. 你的爱情路途坎坷，多次恋爱均告失败，随着年龄增长进入男大当婚、女大当嫁的行列，你打算如何？

　　A. 一如从前，宁缺毋滥

　　B. 厌弃追求，随便凑合一个

　　C. 检查自己的择偶标准是否实际

　　D. 叹息命运不佳，从此绝望

请依据选项及评分标准（表8-2）给自己计分。

表8-2　评分标准

题号	A	B	C	D
1	3	2	1	1
2	2	1	3	1
3	3	2	1	0

续表

题号	A	B	C	D
4	3	2	1	0
5	2	1	3	1
6	1	3	2	0
7	1	3	2	0
8	1	3	2	0
9	3	2	1	0
10	3	2	1	0
11	2	1	3	0
12	3	2	1	0
13	2	1	3	0
14	2	1	3	0
15	2	1	3	0

结果分析：

总分：35～45分为A型；25～34分为B型；15～24分为C型；3～14分为D型。

A型：恋爱观成熟、正确

你是一个成熟的青年，懂得爱什么和为什么爱，这是你进入情场的最佳入场券。不要害怕挫折和失败，它们是吓唬你的纸老虎，终将在你的高尚和热忱面前逃遁。尽管大胆地走向你梦中的恋人吧，你的婚姻注定美满幸福。

B型：恋爱观尚可

你向往真挚而美好的爱情，然而屡屡失败，一时难以如愿。你不妨多看看成功的朋友，将恋爱作为圣洁无比的追求，不断校正爱情的航线，这样你就与幸福相隔不远了。

C型：恋爱观需要认真端正

你的恋爱观存在不少问题，甚至有不健康之处。它使你辛勤播撒的爱情种子难以萌芽，更难以结出甜蜜的果实。如果你已经轻率地开始恋爱了，劝你及早退出。

D型：恋爱观还未形成

你或许年龄还小，不谙世事；或许虽已年龄不小，却天真幼稚。爱情对于你来说是个未知的世界，你须防范圈套或袭击。建议你读几本关于两性关系的书籍，待成熟后，再涉爱河不迟。

（资料来源：周安华，《关于爱情》，中国纺织出版社，2005年）

爱情账户

两个人确定了恋爱关系就相当于每个人在对方心里设立了一个"爱情账户"。如何让账户中的存款越来越多呢？一个重要原则就是要让对方感受到爱。

每一次让对方感受到爱就是在向对方账户存钱，如：你让对方开心；让对方痛苦就是在对方账户取钱。当账户中余额为零时，对方便会离开你。

请以小组为单位讨论，在与恋人相处中，都有哪些存钱与取钱的行为，并将你们的答案填入对应的位置。

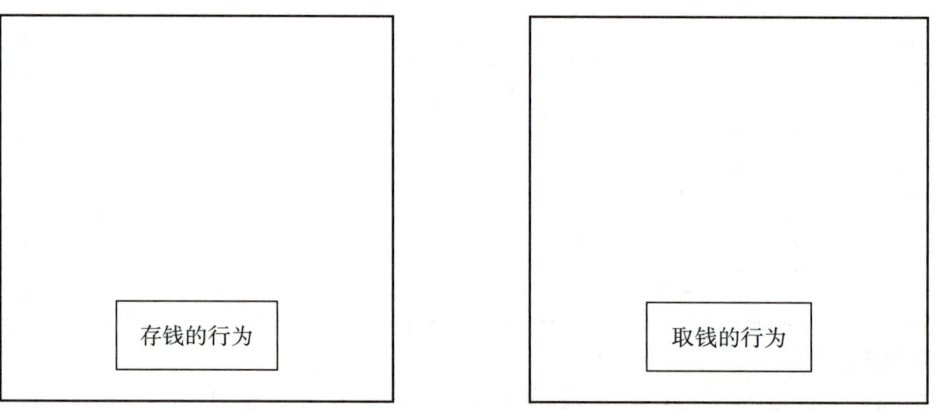

图 8-1　爱情账户

了解我们的身体

你了解自己身体的隐私之处吗？

青春期发育给你带来了哪些身心变化？

下辈子你想当男生还是女生？理由是什么？

▼ 单元活动

活动一　爱情心配方

请利用手中的材料（纸、笔、剪刀等）将自己想象的爱情表现出来。注意要原创。制作完成后，请向你的同伴介绍作品的寓意。

活动二　面对面真实

随机选择两名同学，并请他们互相注视对方的眼睛 30 秒。在注视的过程中，要很肯定地看对方，不要躲闪。在注视的同时，真诚地告诉对方他（她）的优点。注视结束后，在纸上写下对方的优点并交给对方。

第九章　磨砺成功之剑——大学生压力管理与挫折应对

> ▼ 课堂活动

压力光谱图

1. 在老师的指导下，两位志愿者间隔约5米站立，分别代表数字"0"和数字"10"，"0"表示几乎没有考试压力，"10"表示考试压力很大，难以承受。数字"0"到"10"之间即代表考试压力的连续"光谱"。

2. 同学们评估自己的压力大小，并站到"光谱"的相应位置。压力程度相同的同学可站成一排。

3. 同学相互观察一下，了解自己的压力情况，同时也了解其他人的压力情况。

4. 同学围坐在一起，交流和分享自己以及他人的压力情况，压力对自己学习、生活的影响。

压力圈圈图

成员按照5～6人一组分成若干小组，给每位成员发放一张压力圈圈图（图9-1）和一支笔，请大家在圈中写出自己的压力来源。大小不同的圈代表程度不同的压力，远近不同的圈代表时间不同的压力。写完后，由小组长组织进行小组内分享，看看大家的压力来源以及有何异同。

图9-1　压力圈圈图

你的压力应对方式

一般情况下,你是采用什么方法来应对压力的?它们的效果如何?请至少写出三种方法及其效果。

_____

_____

_____

"我不得不"和"我选择"

1. 分组:6~8人一组,若是10人以内的团体则不必分组。

2. 每个人在生活中都面临着很多压力,这些给我们带来压力的事件称作压力源。每组分发一张纸和彩笔,学生们集体讨论并以"我不得不……"造句,写下在生活中确实困扰着自己、自己不得不做的事情。可以尽可能多地造句,并把"我不得不"这四个字写在纸的最上端。

3. 在每个组内"我不得不……"的内容写满一张纸或整组人员均表示已经基本完成后,每个组依次集体站立起来,大声朗读自己造的句子,并体会读前和读后自己心情的变化。所有的小组都需要重复这一过程。

4. 集体朗诵完毕后,所有小组把原先纸上的"我不得不"划去,改成"我选择……"的句式并大声读出刚才造的句子,体会读前和读后自己心情的变化,并请小组选出代表分享自己的感受。

5. 通过此活动,学生可发现自己内心的积极力量,以"我选择……"的积极心态去面对生活中的压力,明白在压力下如果选择不了外界的环境,还可以选择自己的心态。

你的抗挫折能力怎么样

每个人在生活中都会不同程度地受到挫折,人们受挫后恢复的能力却各不相同。有些人弹性十足,有些人受挫后一蹶不振,而大多数人则介于两者之间。下列问题可以测验出你应付困境的能力。回答这些问题时,请你用"同意"或"不同意"作答。回答愈坦白,愈能测验出你的受挫弹性。同意的画"√",不同意的画"×"。

(   )1. 胜利就是一切。

(   )2. 我基本是个幸运儿。

(   )3. 白天工作不顺利,会影响我整晚的心境。

(   )4. 一个连续两年都名列最后的球队,应退出比赛。

(   )5. 我喜欢雨天,因为雨后常是阳光普照。

（　　）6. 如果某人擅自动用我的东西，我会气上一段时间。
（　　）7. 汽车经过时溅了我一身泥水，我生气一会儿便算了。
（　　）8. 只要我继续努力，我便会得到应有的报偿。
（　　）9. 如果有感冒流行，我常是第一个被感染的人。
（　　）10. 如果不是因几次霉运，我一定比现在更有成就。
（　　）11. 失败并不可耻。
（　　）12. 我是有自信心的人。
（　　）13. 落在最后，常叫人提不起竞争的心。
（　　）14. 我喜欢冒险。
（　　）15. 假期过后，我需要一天才能恢复常态。
（　　）16. 遭遇到的每一否定都使我更进一步接近肯定。
（　　）17. 我想我一定受不了被解雇的羞辱。
（　　）18. 如果向我所爱的人求婚被拒绝，我一定会精神崩溃。
（　　）19. 我总不忘过去的错误。
（　　）20. 我的生活中常有些令人沮丧、气馁的日子。
（　　）21. 负债累累的光景叫我寒心。
（　　）22. 我觉得要建立新的人际关系相当容易。
（　　）23. 如果周末不愉快，星期一便很难集中精力学习和工作。
（　　）24. 在我的生命中，我已有过失败的教训。
（　　）25. 我对侮辱很在意。

1、3、4、6、9、10、15、17、18、19、20、21、23、24、25题回答"同意"计1分，回答不同意计0分；其他题项计分方式则相反。

总分10分或者更少者，是易被逆境、失望或挫折左右的人，把逆境看得太严重，一旦跌倒，要很久才能站起。不相信"胜利在望"，只承认"见风转舵"。

总分在11至25之间者，遇到某些灾祸或逆境的时候，往往需要在相当长的时间后才能振作起来。不过这类人却能找到很多的技巧和策略来获取个人的利益。

总分高于25分者，应付逆境的弹性极佳。不理想的境遇虽然会对其造成伤害，但伤害不会持久。这类人在情感上常相当成熟，对生活也充满热爱，他们不承认有失败，纵或一时失败，仍坚信有"东山再起"的一天。

▼ 单元活动

活动一 辩论：挫折利弊之我见

全班同学分成两大组，每组推选出4名代表进行辩论。

第九章　磨砺成功之剑——大学生压力管理与挫折应对

正方：挫折对人有利。
反方：挫折对人不利。

活动二 压力日记

（1）请在表 9-1 中列出最近 1 个星期所有对你造成压力的事件。

（2）如果对你造成最大压力事件的评分是 100 分，请分别为以上压力事件赋分，并将造成最大压力的三件事标注出来。

（3）各小组成员相互交流压力事件，并评价对自己的后续影响。

表 9-1　压力日记

序号	最近 1 个星期的压力事件	评分	后续影响

提升篇

10 第十章　掌舵人生航向——大学生职业生涯规划

▼ 课堂活动

生涯九宫格

你了解自己当下生涯发展的现状吗？请用生涯九宫格看自己的生涯发展。

学习进修（　分）	职业发展（　分）	人际交往（　分）
1. 课程表上要求的课程有哪些 2. 除了课程表上的内容，你还需学什么 3. 针对未来的目标职业，你需要积累什么 4. 你的学习习惯怎么样	1. 你理想的职业有哪些 2. 你为此可以做哪些准备 3. 你现在做得怎么样	1. 哪些人令你感觉难以应对 2. 哪些场合让你感到不自在 3. 为了将来更好地适应社会，你打算从改善与哪些人的关系开始
个人情感（　分）	身心健康（　分）	休闲娱乐（　分）
1. 你怎么看待爱情、友情等感情 2. 你建立并维系亲密关系的能力如何 3. 重要他人对你的影响有哪些	1. 你有没有坚持运动的习惯 2. 适合你的运动方式有哪些 3. 你如何保持愉悦的心情 4. 你如何处理焦虑、压力、沮丧等负性情绪	1. 你有哪些兴趣爱好 2. 你业余时间会做哪些事情让自己感受那种创造和成就感 3. 除了学习工作，你还会做什么
财务管理（　分）	家庭生活（　分）	服务社会（　分）
1. 你每月的生活费如何管理 2. 你是否了解过个人的理财知识 3. 你是否尝试过为自己增加收入 4. 财富在你未来的生涯发展中比重如何	1. 你跟父母的关系怎样 2. 你是否从内心接纳与尊重父母 3. 父母对你是影响还是掌控 4. 你和父母的关系是如何影响你今天的人际交往的	1. 你是否参加过志愿服务 2. 你怎样理解一个大学生的社会责任感 3. 你怎样看待社会公益组织

评分：请给每项打分，最满意的为 100 分。

如果你的第一行的三格，即学习进修、职业发展与人际交往三项最基本的事情都达到60分以上，则你的生涯发展等级为"合格"，若这三个任何一个都不到60分，总评即为"不合格"；第二行个人情感、身心健康、休闲娱乐是提升我们生活品质的保障，它们与第一行的三方面都达到60分以上，你的生涯发展现状则可评为"优秀"等级；第三行财务管理、家庭生活及服务社会这三项与前六项事情全部做到60分以上，你在大学阶段的生涯发展现状就可达到"卓越"等级。

生涯幻游活动——"典型的一天"

指导语：请闭上眼睛，放松身体。接下来，让我们一起坐进时光隧道机，来到五年后的世界，也就是公元××××年时的某个世界。算一算，这时你多少岁？容貌有变化吗？请你尽量想象五年后的情形，越仔细越好。

好，现在你正躺在家里卧室的床铺上。这时候是清晨，和往常一样，你慢慢地睁开眼睛，首先看到的是卧室里的天花板。看到了吗？它是什么颜色的？

接着，你准备下床。尝试去感觉脚趾头接触地面那一刹那的温度，凉凉的还是暖暖的？经过一番梳洗之后，你来到衣柜前面，准备换衣服上班。今天你要穿什么样的衣服上班？穿好衣服，你照一照镜子，然后你来到了餐厅，早餐吃的是什么？一起用餐的有谁？你跟他们说了什么话？

接下来，你关上家里的大门，准备前往工作的地点。你回头看一下你家，它是一栋什么样的房子？然后，你将搭乘什么样的交通工具上班？

你快到达工作的地方，首先注意一下，这个地方看起来如何？好，你进入工作的地方，你跟同事打了招呼，他们怎么称呼你？你还注意到哪些人出现在这里？他们正在做什么？

你在你的办公桌前坐下，安排一下今天的日程，然后开始上午的工作。早上的工作内容是什么？跟哪些人一起工作？工作时用到哪些东西？

很快，上午的工作结束了。中餐如何解决？吃的是什么？跟谁一起吃？吃中餐的过程还愉快吗？

接下来是下午的工作，跟上午的工作内容有什么不同吗？还是一样的忙碌吗？

快到下班的时间了，或者你没有固定的下班时间，但你即将结束一天的工作。下班后你直接回家，要先办点什么样的事，还是有一些什么其他的活动？

到家了。家里有哪些人呢？回家后你都做些什么事？晚餐的时间到了，你会在哪里用餐？跟谁一起用餐？吃的是什么？晚餐后，你做了些什么？跟谁在一起？

就寝前，你正在计划明天参加一个典礼的事。那是一个颁奖典礼，你将接受一项颁奖。想想看，那会是一个什么样的奖项？给你颁奖的是谁？如果你将发表获奖感言，你打算讲什么话？

是该上床的时候了，你躺在早上起床的那张床铺上，你回忆一下今天的工作与生活，今天过得愉快吗？是不是要许个愿？许什么样的愿望？

渐渐地，你很满足地进入梦乡。睡吧！一分钟后，我会叫醒你……我们渐渐地回到这里，还记得吗？你现在的位置不是在床上，而是在这里。然后，现在我从10开始倒数，当我数到0的时候你就可以睁开眼睛了。好，10、9、8、7、6、5、4、3、2、1、0。睁开眼睛。你慢慢地醒过来，静静地坐着。

分享与讨论：

（1）幻游时有无困难？如果有，那是哪里有困难？当你感到为难时有何情绪反应？外面的杂音困扰你吗？

（2）幻游各阶段的转换，让你有何特殊的感觉？有特别高昂或低落的情绪吗？在哪些地方的停留有困难？

（3）你最强烈的感觉是什么？是正面的还是负面的？

（4）有哪些关键的人物出现？他们是谁？扮演什么角色？

（5）在了解自己或自己的问题过程中，你能学到什么？

（6）幻想中间是否出现了难解的问题？

兴趣岛测试

有六个不同的美丽岛屿，你将选择其中一个作为你一生生活的地方。

R 岛：自然原始的岛屿。岛上的自然生态保持良好，有各种野生动物。居民以手工见长，自己种植花果蔬菜、修缮房屋、打造器物、制作工具，喜欢户外运动。

I 岛：深思冥想的岛屿。有多处天文馆、科技博物馆及图书馆。居民喜好观察学习，崇尚和追求真知。常有机会和来自各地的哲学家、科学家、心理学家等交流心得。

A 岛：美丽浪漫的岛屿。岛上遍布美术馆、音乐厅、街头雕塑和街边艺人，弥漫着浓厚的艺术文化气息。居民保留了传统的舞蹈、音乐与绘画技能。许多文艺界的朋友都喜欢来这个地方找寻灵感。

C 岛：现代、井然的岛屿。岛上建筑十分现代化，是进步的都市形态，以完善的户政管理、地政管理、金融管理见长。岛民个性冷静保守，处事有条不紊，善于组织规划，细心高效。

E 岛：显赫富庶的岛屿。居民善于企业经营和贸易，能言善道。经济高度发展，处处是高级饭店、俱乐部、高尔夫球场。往来者多是企业家、经理人、政治家、律师等。

S 岛：友善亲切的岛屿。居民个性温和、友善、乐于助人，社区均自成一个密切互动的服务网络，人们重视互助合作，重视教育，关怀他人，充满人文气息。

依次写下你最想去的三个岛屿：1._____ 2._____ 3._____

你最不想去的岛屿是：_____

R，I，A，C，E，S 6个岛分别代表6种职业类型，你的选择体现了你最显著的职业兴趣特征，最喜欢的活动类型以及最喜欢或者最适合的大致职业范围。具体如下所述。

R 岛——实用型（realistic）

总体特征：个性平和稳重，看重物质，追求实际效果，喜欢动手进行操作实践。

喜欢活动：愿意从事事务性活动，如户外劳作或操作机器，而不喜欢待在办公室里。

喜欢职业：总体来讲，喜欢与户外动植物、实物、工具、机器打交道的工作内容。如：农业、林业、渔业、野外生活管理业、制造业、机械业、技术贸易业等行业的职业。

I 岛——研究型（investigative）

总体特征：自主独立，好奇心强烈，敏感，慎重，重视分析与内省，爱好抽象推理等智力活动。

喜欢活动：喜欢独立的活动，比如独自去探索、研究、理解，思考那些需要严谨分析的抽象问题，独自处理一些信息、观点及理论。

喜欢职业：总体来讲，喜欢以观察、学习、探索、分析、评估或解决问题为主要内容的工作。如：实验室工作人员、物理学家、化学家、生物学家、工程师、程序设计员、社会学家。

A 岛——艺术型（artistic）

总体特征：属于理想主义者，具有独创的思维方式和丰富的想象力，直觉强烈，感情丰富。

喜欢活动：喜欢创造和自我表达类型的活动，如音乐、美术、写作、戏剧。

喜欢职业：总体来讲，喜欢"非精细管理的创意"类和创造类的工作。如：音乐家、作曲家、乐队指挥、美术家、漫画家、作家、诗人、舞蹈家、演员、戏剧导演、广告设计师、室内装潢设计师。

C 岛——常规型（conventional）

总体特征：追求秩序感，自我抑制，顺从，防卫心理较强，追求实际，回避创造性活动。

喜欢活动：喜欢固定的、有秩序的活动，如组织和处理数据。愿意在一个大的机构中处于从属地位，并希望确切知道工作的要求和标准。

喜欢职业：总体来讲，喜欢有清楚的规范和要求的、按部就班、精打细算、追求效率的工作。如：税务专家、会计师、银行出纳、行政助理、秘书、档案文书、计算机操作员。

E 岛——企业型（enterprising）

总体特征：为人乐观，喜欢冒险，行事冲动，对自己充满自信，精力旺盛，喜好发表意见和见解。

喜欢活动：喜欢领导和影响别人，或为达到个人或组织的目的而说服别人，成就一番事业。

喜欢职业：总体来讲，喜欢那种需要运用领导能力、人际能力、说服能力来达成组织目标的职业。如：商业管理者、市场或销售经理、营销人员、采购员、投资商、电视制片人、保险代理、政治运动领袖、公关人员、律师。

S 岛——社会型（social）

总体特征：洞察力强，乐于助人，善于合作，重视友谊，热情关心他人的幸福，有强烈的社会责任感，总是关心自己的工作能对他人及社会做多大贡献。

喜欢活动：喜欢与别人合作的活动，帮助别人解决困难。

喜欢职业：总体来讲，喜欢帮助、支持、教导类工作。如：牧师、心理咨询师、社会工作者、教师、辅导员、医护人员、其他各种服务性行业人员。

你的专业是什么？你准备从事的职业是什么？这个职业需要哪些上岗证书？你准备参加哪些技术证书的认定？你已经取得了哪些技术证书？请你认真思考以上问题，并填写表10-1。

表10-1　证书信息

序号	证书名称	预期取得时间	用　　途
1	计算机等级证书	在校二年级	工作基本技能
2			
3			
4			
5			

我的职业道路

有一位同学学的是数控专业，他的职业目标是做个总工程师。为此他设计了个人职业道路，具体如下：

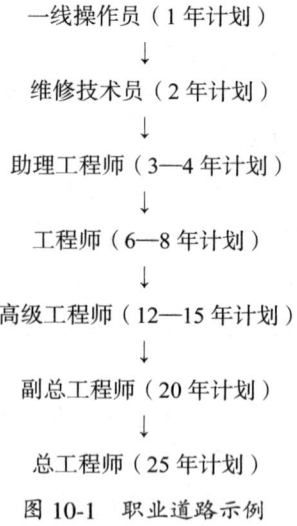

图10-1　职业道路示例

请你参照图10-1设计属于你的人生计划。

（1）长程计划：（人生目标）_____

（2）中程计划：（今后5年）_____

（3）短程计划：（半年—1年）_____

（4）迷你计划：（1—3个月）_____

我的职业生涯目标

通过对本章的学习,大学生对自己的职业世界已经有了一定的了解。请结合自身特点,初步制定自己的职业生涯目标。在此之前,请先梳理:达到此目标需要具备哪些条件;个人现阶段的条件情况和主要的难点在哪里;有哪些资源可以利用;有哪些注意点;具体时间如何分配。梳理后请根据以上信息填写职业生涯规划表(表10-2)。

表10-2 职业生涯规划表

姓　名		性别		年龄	
学　校		专业		政治面貌	
职业生涯目录		就业	升学	出国	创业
自我认知	性格和能力				
	专业知识特长				
环境认知	国家、社会、行业方面				
	学校学习、生活方面				
对要从事职业的认知					
今后要培养的能力					
职业目标	短期目标				
	中期目标				
	长期目标				
	人生目标				
目前的难点					
目前可利用的资源					
要注意的问题					
时间的分配					

第十一章 搭建心灵桥梁——大学生有效沟通

> ▼ 课堂活动

挤眉弄眼

增进班级同学之间的交流和互动,增进同学们对非口语信息的观察能力,通过限定面部、肢体表达的方式,可以加强同学们对其他表达方式的注意与观察。

1. 准备四则运算题目卷数张。
2. 将全班进行分组,各组推选三位同学(可以运用各种方式,如猜拳、黑白猜方式)上前担任出题者。
3. 说明活动方式:用五官代表数字,眉毛代表千位数、眼睛代表百位数、鼻子代表十位数、嘴巴代表个位数;用头部晃动的方式代表数学运算符号,如:头向上仰代表加号、头向下低代表减号。各组三位出题者以接力方式呈现题目,其他同学负责算出正确答案,每位出题者只有两次呈现机会,切记不能开口说话或以任何手势提供暗示。
4. 活动开始,各组齐声高喊正确答案。
5. 同学分享参与活动的心得。

你善于沟通吗?

如果你想了解自己的沟通水平,请你用下面这套小测验进行自测。测验方法很简单,请选择与你的经历最相近的答案,尽量如实回答。如果你的回答是"从不"就选1,回答"有时"选2,回答"经常"选3,回答"总是"选4。

1. 我适时地把适当的信息传递给合适的人。	1	2	3	4
2. 在决定该如何沟通前,我认真思考信息内容。	1	2	3	4
3. 我表现出自信,讲话时信心十足。	1	2	3	4
4. 我希望对方就我的沟通提供反馈。	1	2	3	4
5. 我注意聆听并在回答前检查我的理解是否正确。	1	2	3	4
6. 评价他人时,我努力排除各种个人成见。	1	2	3	4
7. 会见他人时,我态度积极、礼貌周到。	1	2	3	4
8. 我及时向他人提供他们需要与想要的信息。	1	2	3	4
9. 我利用单独会见检查员工的表现并辅导他们。	1	2	3	4
10. 我通过提问了解他人的想法以及他们的工作进展。	1	2	3	4

11. 我分发书面指示以提供关于某一任务的所有相关信息。	1	2	3	4
12. 我运用专业的电话技巧改进沟通。	1	2	3	4
13. 我通过所有可以利用的电子媒介进行沟通。	1	2	3	4
14. 我把写文章的规则应用到外部与内部沟通。	1	2	3	4
15. 会见、调查或做会议记录时,我使用有效的记录方法。	1	2	3	4
16. 写重要信件或文件时,在定稿前,我常征求可信赖的批评者的意见。	1	2	3	4
17. 我运用快速阅读技巧来提高工作效率。	1	2	3	4
18. 做演讲前,我认真准备并多次试讲,演讲取得了成功。	1	2	3	4
19. 进行内部培训时我发挥着明显的积极作用。	1	2	3	4
20. 我安排的大型会议已达到了专业水平。	1	2	3	4
21. 我用软性和硬性推销技巧说服他人接受我的观点。	1	2	3	4
22. 谈判前我已经对问题进行了深入研究,并熟知对方的需要。	1	2	3	4
23. 我写的报告结构合理,内容准确、简明、清晰。	1	2	3	4
24. 提出提议前我往往进行彻底的调查。	1	2	3	4
25. 我努力了解有关听众对组织的看法。	1	2	3	4
26. 我认真思考技巧娴熟的顾问是如何帮助我解决公关问题的。	1	2	3	4
27. 我与记者及其他媒体工作人员进行有益的接触。	1	2	3	4
28. 我确保由合格的专业人员来完成设计之类的专门工作。	1	2	3	4
29. 我交给广告代理商的书面指示是以明确的商业目标为基础的。	1	2	3	4
30. 我把定期与员工沟通看作重要工作。	1	2	3	4
31. 我积极接收并回应来自员工和他人的反馈。	1	2	3	4
32. 我确定了沟通目标,并且不允许任何行为阻碍这一目标的实现。	1	2	3	4

结果分析:

现在你已经做完自我测评题目,请把各题得分加起来,然后通过阅读相应评语检查你的表现。无论你在沟通方面已经取得了多么大的成功,一定要记住:永远有改进的余地。检查一下你在哪一方面做得最差,找到实用的建议和提示以改进沟通技巧。

32—64:你不能有效地沟通。要倾听反馈,努力从失败中吸取教训。

65—95:你在沟通方面表现一般。要针对弱点,努力提高。

96—128:你能极好地沟通。但要记住:沟通多多益善。

倾听与回馈

这个活动有助于同学们学习人际沟通的基本态度、技巧,即倾听,请认真体会"倾听"与"回馈"在人际沟通中所产生的效果。

提升篇

1. 3人为一组，未满3人的，则分派到任意一组，使其组成4人小组。

2. 每组3人（或4人）轮流当说话者（一次1人）、倾听者（一次1人）与观察者（1至2人），每人皆须分别当过三种角色，体会每种角色的立场与感觉。

3. 每人皆当过三种角色后，小组进行经验分享，说话者与倾听者分享彼此的感觉，观察者则说出所观察到的情形。

三种角色的任务如下：

（1）说话者，在5分钟内主动引发各种话题。

（2）倾听者，只扮演听与响应的角色，不主动引发任何话题。

（3）观察者，不介入说话者与倾听者的对话，只负责观察两人对话的情形。

戴高帽

5~10人组成一组并围圈坐下。请一位成员坐或站在团体中央，然后其他人轮流说出他的优点及令人欣赏之处（如性格、相貌、处事方面）。接着被称赞的成员说出哪些优点是自己以前察觉的，哪些是自己不知道的。每个成员都要轮流到中央"戴一次高帽"。

必须说出每个人的优点，态度要真诚，努力去发现他人的长处，不能毫无根据地吹捧（这样反而会伤害别人）。参加者要注意体验：被人称赞时的感受如何，怎样用心去发现他人的长处，以及怎样做一个乐于欣赏他人的人。

说"不"

同学们每两人为一组，分A、B角色，扮演者根据以下情境进行表演。

情境一：同学向你借作业抄，你不想给，但又怕伤害同学间的感情。

情境二：同学晚上请你逛街，但正好那时你有课。

情境三：同学逃课，要你为他在老师面前说假话，你不想没有原则，又怕得罪同学。

请根据情境，想办法拒绝对方的要求。表演后，A、B角色换位再进行表演。然后，A、B角色扮演者交流彼此的感受体会。

▼ 单元活动

活动一 情景剧表演

邀请舍友参演下列情景剧，并思考下列问题：

（1）你认为结果会怎样？

（2）运用所学的方法试着处理此"风波"。

一个电话引起的风波

罗佳：高洁……高洁……，还打呀？

高洁：干吗呀？有事吗？

罗佳：你都打多长时间了，都1个小时了！

高洁：我们还没聊完呢。

罗佳：但你已经影响我们睡觉了。

高洁：睡觉？

罗佳：啊，你没看我翻过来调过去，半天没睡着吗？

高洁：你睡不着是吗？你睡不着关我什么事啊？

罗佳：你打电话影响宿舍同学睡觉，你自己知不知道啊？

高洁：我已经这么小声了，别的同学怎么没反应啊？

罗佳：你都一连几个晚上打电话了，昨天我就是十二点睡的，今天又已经一点了，太过分了。

高洁：有什么过分的，就你事儿多吧。

活动二 学会欣赏和赞美他人

1. 发掘他人的优点。

（1）全班同学以5～6人为一组进行分组。

（2）让每个成员认真发掘自己所在小组其他成员的优点。

（3）由一名成员讲述自己的优点。

（4）其他成员用真诚的言语把自己对该成员的美好印象描述出来。

（5）成员轮流主持，收集大家的优点。

2. 收获"赞美心"。

（1）每位小组成员拿到4～5张赞美心卡片。

（2）成员在每张赞美心卡片上写上小组内其他成员的姓名。

（3）在姓名下面写上对该成员的良好印象。

（4）按姓名把赞美心卡片交给每位成员。

3. 谈谈体会和感受。

请参加活动的同学们谈谈活动后的感受，并根据以下几点，检测一下你的赞美是否有效。

（1）对方知道你所赞扬的具体行为吗？对方知道他的行为对你的帮助吗？

（2）你知道对方对你的赞扬的感受吗？对方是否感受到了你的真诚？

（3）对方是否受到鼓励，并重复类似的行为？对方是否知道你对他的行为的感受？

第十二章　凝聚团队力量——大学生团队精神

▼ 课堂活动

电流传递

1. 所有人围坐成一个圆圈（图 12-1）。
2. 每个人把双手平放在自己的大腿上方，左右手依次拍大腿一下表示电流传递一次。
3. 由第一名同学开始，电流顺时针依次传递，到最后一名同学停止。请大家预估电流传递一圈所需的时间。
4. 电流传递过程中，教师需计时。
5. 电流传递第一圈完成后，教师询问大家的感受，并告知大家所用的时间。
6. 重新准备，再进行 2～3 次电流传递的尝试，争取每一次传递所用时间越来越短。在这个过程当中，进一步理解"团队"的含义。

图 12-1　电流传递

我的雪花

1. 每名同学各拿一张面巾纸。
2. 指导老师说指导语：大家看一下手中的纸，先对折一下，然后再一次对折，接着在右上角撕下一个边长为 1 厘米的正方形；继续对折，在左上角撕下一个边长为 1 厘米的正方形；再对折一次，在右上角撕下一个弧长为 1 厘米的扇形。
   同学们根据指导语进行活动。在这个过程中任何人不能说话和左顾右盼。
3. 把纸打开，看看自己撕的纸的形状，在班级内寻找和自己撕的形状完全相同的同学。
4. 思考：为什么会出现这种现象？

心有千千结

1. 把班级同学分组，每组以 15～20 人为宜。
2. 每组同学手拉手站成一个面向圆心的圆圈，并记住自己左手边和右手边的同学。
3. 组内所有同学闭上眼睛，原地转三圈后随意走动。听到喊"停"后，脚不再移动，并把眼睛睁开。然后每个人找到之前与自己左右手相握的同学，并在身体不移动的情况下，按照原来的位置把手拉在一起，这样就形成了一个错综复杂的大网。
4. 在不松开手的情况下，想办法把这张乱网解开，可以采用跳、转、跨等方式，但是不允许把手松开，时间限制为 15 分钟，如图 12-2 所示。
5. 网解开或者失败后，大家一起分享整个过程中的想法与感受。

图 12-2　心有千千结

▼ 单元活动

团队合作之我见

1. 由 3～4 名同学自由组成小组，其中一人为讨论组织者，任选以下其一进行讨论，在 5～8 分钟内完成讨论，并派一人当众反馈沟通结果。
   （1）你和你的几个朋友组建了一个文学社团，请为社团制订发展计划。
   （2）个人学习与团队学习相比哪个更重要？
   （3）团队学习如何保证每位队员都能够得到提高？
2. 当你的团队成员学习能力与水平参差不齐时，你会如何协调这种情况？
3. 结合实际分析团队合作的必要性。
4. 结合自身经历，谈一谈团队合作过程中会遇到哪些困难。